2019年度浙江省哲学社会科学规划课题“省友与清代地方政治运作研究”（课题编号：19NDJC250YB）研究成果
浙江师范大学出版基金（Publishing Foundation of Zhejiang Normal University）资助

省友与清代地方政治运作研究

裴丹青 著

上海社会科学院出版社

前　言

自从瞿同祖的《清代地方政府》于20世纪60年代出版以来，中外学术界对清代地方政治的研究已经取得了非常丰富的成果。清代地方政治，特别是对州县政府的各个方面，包括体制、人员、经费、实际运作，以及与地方精英（主要是士绅）的互动等，都有了深入细致的研究。特别是进入21世纪以来，可以说是新作、佳作迭出。这些研究成果大大丰富和深化了我们对清代地方政治，乃至整个帝制时代中国地方政治的认识和理解。

不过，对于清代地方政治的运作有一个环节，我们的研究还是很薄弱，甚至还有大量空白，这就是州县官府与省府衙门之间日常的公私事务往来是如何具体进行的，谁在两者之间打理这些公私事务？在清朝的关于地方政治的官私文献中时不时会提到一个群体，叫作“省友”或“坐省家人”，也有叫作“省书”的。这是一个在正规体制中近乎隐身的群体，正是他们在州县和省府之间协调打点，两者之间的许多官私事务才能推进和展开。这些人主要受雇于州县正印官（知县、知州等），代表州县常驻省城以处理本州县官府与省府衙门之间的各种交涉和公私往来。

长期以来，学界虽然知道这群人的存在，但对他们的研究相对有限,主要原因是缺少关于他们的第一手资料。不像各级政府衙门里的胥吏差役——我们在地方政府的档案里还可以看到大量的这些吏役的活动记录——省友的活动却很少在这些地方政府的档案里留下记录,因为他们的活动通常不在这些政府衙门里,而是受州县官个人私雇,游走于上下级衙门之间,所以他们在清代历史文献中留下的记录相对稀少和细碎,就如隐身一般,多年来“躲过”了学界对他们的审视和探究。裴丹青的新著《省友与清代地方政治运作研究》终于填补了清代地方政治史研究的这块空白,让我们能较为全面地窥见清代地方政治中这个群体的面貌和他们的活动。

裴丹青在撰写博士论文期间,为了搜集清代河工资料,偶然看到了晚清甘肃省友宋树森留存的禀稿信件簿。该资料收录了宋树森本人在光绪年间担任甘肃多个府厅州县省友时的禀稿和书信。当时她做清代河工的题目似乎遇到了一些瓶颈,就和我讨论是否可以改以省友这个题目做博士论文。虽然我觉得这份史料很有价值,可以拓展和深化我们对清代地方政治的理解,但考虑到她在河工这个题目上已经投入了很多时间和精力,并且已经取得了很大的进展,不应中途放弃,就劝她还是按照原先的设想把河工做下去。另外我也建议她用这份资料先写一篇论文发表,因为学校对学生读博期间有发表论文的要求。结果,她用这份资料写出了一篇高质量的论文《清代“省友”初探》。该论文于 2015 年顺利发表,获得学界的好评。

博士毕业后,裴丹青一面修改关于清代河工的博士论文,一面继续展开对省友这个课题的研究,并先后发表了多篇讨论省友的论文。她还申请了浙江省哲学社会科学规划课题的研究资助，经过六年的勤奋努力，完成了这部《省友与清代地方政治运作研究》的书稿。裴丹青的这部书稿首先是一部填补了学术空白的著作，她充分挖掘搜集了翔实的清代官私史料，对省友做了全方位的深入研究，使我们第一次看到了清代省友完整的有血有肉的图像。全书除绪论和结语外，分八章讨论了省友的方方面面，包括省友这个概念的分析考证，省友的来源、聘任和收支情况，省友如何帮助处理州县交代、钱粮领解、刑名案狱、文书造报、使费垫支及打探消息等州县在省各类事务，省友与州县官及其幕友和家人的关系，以及省友的权力空间及其受到的来自省和州县官府的各种震慑和牵制。通过这样全面的讨论，不仅帮助我们了解了清代省友的面貌、活动和作用，也让我们从省友这个视角对清代的地方政治，特别是州县与省府的关系和互动有了新的更深入的理解。从这个意义上说，这部著作是对清代地方政治史研究的一个重要推进。

裴丹青的这部著作史料丰富翔实，除以十多种晚清甘肃省友的信件禀稿簿为核心史料外，作者还搜集查阅了大量清代档案与官私著述，并参考了大量今人的相关研究著作和论文。其用力之勤，用功之深，令人印象深刻。她的研究以晚清甘肃的案例为中心，但对清代全国各地省友的情况也做了充分的观照，并且注意到省友现象在清代的历时性变化。以往人们通常认为省友与州县是“一对一”的关系，即一个省友受雇于一个州县官，而她发现至迟在乾隆初年省友已出现专职化趋势，发展成专职承揽州县省事的中介机构。省友之间在业务上相互竞争，一个省友往往受雇于多个州县官,“一对多”地服务于有需求的州县官,并根据业务多寡雇请职员来帮忙协同开展业务。另外,省友与雇用他们的州县官之间是一种平等的聘用关系,任何一方不满意都可以随时解除聘用关系,而不是如“坐省家人”这样的称呼所暗示的主仆关系。说到这里,我们是否可以进一步推想,关于省友的不同称呼,可能也在某种程度上反映了其身份地位的历史变化?

在清代的官方话语中,省友常常顶着“最为地方之害”的恶名,如雍正年间一位巡抚所说,他们“串通书役,捕风捉影,遇事生波,欺骗本官,花销银两,作奸犯科,最为可恶”。清政府因此对其屡加禁革,但禁而不止,收效甚微。裴丹青的研究力图挖掘省友产生的历史和制度原因。她认为清代的中央集权体制和“小政府”模式,以及当时落后的交通通信等技术条件,是省友产生和存在的历史环境。尽管省友要对地方吏治的败坏负一定责任,但她从地方“政务运行”这一视角来审视省友现象,指出省友的存在是沟通处理州县与省府衙门之间公私事务的必需。他们利用体制外的非正式和私人因素从事州县在省事务的运作,在一定程度上弥补了清代在省和州县关系方面的制度设计与实际运作相背离的缺陷,使两者之间的政务得以沟通、协调、运行和展开。所以省友的存在有其合理的一面,至少可以说是一种必要的恶。

这部著作不仅立体全面地呈现了清代省友的面貌,而且也揭示了清代地方政治的许多暗黑面相,使我们对其有更生动鲜活的了解。比如,州县和省府衙门之间,就像一个钱权交易场,“事无论公私,非费不成”,而省友就是这交易场上的掮客。所有的文牍款项往来交接,州县都要向省府衙门的书吏支付相应的费用,“投一文有费，掣一批有费，解款领款有费，甚至一解一领同时皆须有费”，“此外如房费、小费、站堂、过帐、挂号又无不有费”。另外，州县在新旧官员的交接（即州县交代）、工程申报和奏销，以及刑案审理等事项上都需要向省府衙门的书吏支付使费。除随案索要的规费外，州县还要向省府衙门支付额定的书吏饭食银。此外，州县还需向督抚和藩臬两司（即布政使司和按察使司）长官定期孝敬节寿规礼，附带打点门包（指给长官家门房的小费），给督抚和藩臬两司的幕友致送节敬（年节的孝敬）银。上述所有的公私开销加在一起，常常超过了州县官的廉俸（俸禄和养廉银）。州县廉俸银不再是用于养廉，而主要用于州县在省府各衙门的公私开销。由此自雍正时推行的养廉银制度，至光绪时期已失去养廉本意，沦为州县开支各种在省事务费用的主要款项来源。道光年间，甘肃岷州知州陈昌言称他在任 8 年，送上级长官和官府的节寿、门包、公帮等项，共用银 13 723 两，年均合银约 1 715 两。而他每年的廉俸公费银共约 815 两，只有上述支出的一半！妥妥印证了瞿同祖所推测的清代州县供应上司的费用远远超过州县官的全部薪俸。

通读全书，类似的精彩讨论和鲜活细节随处可见，这里就不再啰嗦了。通过对省友的探讨，拓展和深化了我们对清代地方政治的认识。那么，这种认识对于我们理解帝制时代的中国政治，是否具有一般意义？省友是清代的特产，还是在帝制中国时代的普遍现象？特别是与清代集权体制最为接近的明代，地方政治中是否也有类似省友的群体？若有，他们和清代省友有何异同？这些都值得我们进一步探究。联想到早些年坊间先后出版的多部以“驻京办”为题材的热门小说，可见相关话题一直为人们所津津乐道。这是纯属巧合，还是历史的某种“闪现”？读罢此书，掩卷沉思，就此打住。

刘　昶

2025 年 5 月 6 日

目　录

绪　论

第一节　本书选题缘起

清代君主官僚体制的一个显著特征是权力逐级集中于上，下级向上级负责。州县官为亲民之官，肩负治事之责，事无巨细都要向府道、藩臬、督抚等上级官员禀报请示。府道为州县官的亲临上司，有承勘印结、核转文书、考核察举官员等职责；督抚、藩臬则掌控着州县官的考核选任、州县钱粮刑案汇奏与禀详批准等实权。其中，布政使、按察使负责提出具体处理方案，督抚作为省内最高决策者予以审批。鉴于督抚、藩臬在地方政治中的关键地位，州县官几乎皆派人长期坐省，打探省城信息，代为处理州县相关事务。

本书的研究对象是省友视野下的清代州县在省事务的审转与运作，包括钱粮领解、案件解审、文书禀详、信息打探等。因在清代高度集权体制下，督抚、藩臬对州县官的仕途命运、州县事务的审核与题报发挥着关键作用，州县在省事务的运作，诸如钱粮领解、刑名案狱、交代册造报等事务，成为州县行政事务中至为重要的一环。因此，从州县省务角度，以省友的政务运作为切入点，观察州县与藩臬、督抚上下机构间的行政运作逻辑，揭示省级衙门的结构与政务处理机制，将会对清代地方政治史研究有所补益，也可使清代政治制度史研究更加立体和丰满。

将“政务运行”的概念引入清代地方行政制度的研究中，关注制度的实际运作情况和政务运行过程，特别是官僚机构对政务的处理机制，还依赖于新资料的影印出版。晚清甘肃省友宋树森留存的禀稿信件簿，是光绪七年至二十七年寄呈碾伯、陇西、平罗、抚彝、丹噶尔、化平、毛目、董志原、清水、东乐、狄道、贵德等府厅州县的禀稿书信资料集，涉及州县交代、钱粮领解、刑名案狱、使费垫支等在省事务。该资料的发掘和利用，为深化清代“坐省家人”研究，重新审视清代文书核转、地方行政机构运作等问题提供了可能。

在“甘肃省友禀稿信件簿”基础上，以政务文书为基础，结合档案、正史资料，对清代省级政权及政务处理机制进行考察，不仅有助于丰富学界对省级衙门构成及其职掌的认识，而且可以加深对清代地方政务内容的理解，并在总结前人对清代地方行政制度研究成果的基础上，进一步梳理州县与省级政务运行的具体过程和官僚制度的实际运作情况，为探究清代政治制度运行的内在机制开辟新的问题空间。

第二节 学术史回顾

过去的政治制度史研究，偏重于机构设置、官员职掌的考察。

传统律令规制资料，会更多地揭示机构及其体现出来的政务运行程序，却难以反映地方政务运行的实态。清代“甘肃省友禀稿信件簿”的发现和利用，有助于进一步推进清代地方政务运行机制研究。由于研究视角和关注重点的不同，现有的清代各级地方行政机构研究、上下级机构关系研究等，都在不同层面上与本书的研究有关，并为本书的写作提供了许多帮助和启示。围绕本书研究的中心问题，本节拟进行如下几方面的学术史回顾。个别相关问题的研究成果，将在后续各章节中进行回顾和介绍，此处不再单独列出。

一、省友概念、职责及相关问题

驻京办、驻省办作为一种极具中国特色的制度，长期发挥着沟通协调中央与地方、省级与府县间政务的作用。本书所研究的清代省友，长期驻扎省城，运作州县在省事务，实为州县的驻省办。省友在地方政务运作中起到十分重要的作用，只是该群体属于下层小人物，进不了正史专传，承担的角色又上不了台面，仅当官方采取管制行动(禁革)时，才会被作为惩治对象载入文字，留存的史料非常有限，使其一直未能得到深入研究。

省友群体的称呼屡有变更，以“坐省家人”之名较为常见。学界曾围绕坐省家人问题展开初步探讨。日本学者佐伯富专文讨论了坐省家人的职能、性质和在地方政治中的作用。①瞿同祖肯定了

① ［日］佐伯富：《清代における坐省の家人》，载佐伯富《中国史研究第二》，京都：东洋史研究会，1971年，第379—391页。

坐省家人在省城的联络职能。[①]郭润涛将坐省、坐府家人明确界定为州县派驻省级、府级衙门的办差家人（长班），专门探听上司衙门关于本州县事务的安排，以及上司和其官亲生辰寿诞等信息。[②]刘增合《“常”与“变”：光绪前期清理州县积亏及制度因革》一文谈到，为妥当办理奏销与交代事宜，州县官“会设法寻找各种有影响的幕员、随僚在内接应”[③]。该研究涉及甘肃狄道州省友代为处理奏销、交代文册的职能，惜乎未能进一步深究。

江晓成撰文梳理了坐省家人在清代的存在状况、人员构成、职责及其与吏治的关系等，分析明确了坐省家人致送礼物、侦探情报、打点关系、代理杂务等职能，肯定他们在清代地方政治中不可或缺的作用。就坐省家人所带来的吏治腐败、地方财政亏空问题，他认为这是专制制度的伴生品，单靠颁布政令和法律约束难以根除，但就坐省“代理财务”“经理公文”，以及坐省家人与地方财政亏空问题，仍留有较多的探讨余地。[④]

邱捷对杜凤治日记的研究发现，杜凤治在广宁、四会、罗定任上，均向省城、府城派出坐省、坐府家人，办理向省城、府城各衙署送礼、接待等事务，并打探、通报省城衙门信息，甚乃各种传闻、谣言。杜凤治抄录坐省家人禀函；赞赏坐省家人为其着想——光绪元年正月两广总督交替的关节点，坐省家人表示“向来四直州从不

---

① 瞿同祖：《清代地方政府》，范仲信等译，北京：法律出版社，2011 年，第 119、130 页。

② 郭润涛：《清代的“家人”》，载朱诚如、王天有主编《明清论丛》第 1 辑，北京：紫禁城出版社，1999 年，第 376—395 页。

③ 刘增合：《“常”与“变”：光绪前期清理州县积亏及制度因革》，载刘增合《嬗变之境：晚清经济与社会研究疏稿》，北京：中国社会科学出版社，2017 年，第 159—176 页。

④ 江晓成：《清代的坐省家人》，《中国史研究》2018 年第 3 期。

上省拜年”、目前也只有广府六大县进省，建议署理罗定知州杜凤治不必上省拜年，以免白白多花数百两银子。杜凤治在广东首县南海知县任上，也设有“听事家人”，随时报告上司的活动。邱捷指出坐省、听事家人的设置，可保证上下级衙门的消息畅通，以便杜凤治根据自己在官场的位置和权责，及时合规地应对各级上司。①该研究之贡献有二：其一，利用杜凤治在日记中的相关反馈，就坐省家人信息打探及相关事务的处理展开研究，足补既有研究中州县官主体缺失之憾；其二，揭示当时首县也设有听事家人，以便与上司衙门沟通交流。听事家人的存在，说明州县距省城遥远并非州县官设置坐省家人的充分条件，上下级衙门间的沟通和交流需求才是该群体长期存在、屡禁不止的原因所在。

从坐省家人的总体研究现状来看，其史料来源多为正史及官箴书、日记中为数不多的记录，鲜有充分挖掘、使用坐省群体留存史料者。研究成果主要集中于坐省的来源、职责与吏治方面，对坐省家人如何运作地方政务着墨不足，大有深入拓展的空间。

二、清代地方政治史研究

地方政治史研究作为中国古代政治制度史研究的一个重要分支，大家辈出，成果丰硕。

1. 清代府县研究

知府作为州县官之上的地方中级官员，虽非治民亲民之官，却有宣达政令、监督稽核州县官之权，在地方政治中起着承上启下的

---

① 邱捷：《晚清官场镜像：杜凤治日记研究》，北京：社会科学文献出版社，2021年，第204—206页。

作用。但囿于史料限制，知府层面的研究目前相对薄弱。赵秀玲较早地考察了知府的设置、职掌、选任、考迁问题，指出知府在督抚与州县之间作为信息沟通桥梁，具有协助两级机关正常行使权力的作用。①近年的知府研究则围绕《安顺、黎平府公牍》展开，分别讨论了知府常恩的官场交往，以及贵州安顺、黎平两府的境况民情、征粮课税、治乱平讼等问题。②黄昭仁在考察台湾府组织、职掌等基础上，对台湾府的知府选任原则和经费分配构成做了探讨。③

州县为地方基层行政单位，州县官肩负治民重责，一直是清代地方政治史的研究焦点。瞿同祖系统分析了清代州县官的职能，兼及州县衙门内书吏、衙役、长随、幕友等行政人员的职责及其对基层行政的影响，系清代地方政治制度研究的奠基之作。④John R. Watt 就清代知县的权力、资格、选任、任期及施政中的问题与理念进行了研究。⑤徐炳宪从吏、户、礼、兵、刑、工 6 个方面详细考述了清代知县的政治权力。⑥Bradly W. Reed 的研究揭示了巴县书吏与差役在职业化的行为中创造并奉行着一套精密的惯例、规则与程序，弥补了正式规则缺失所造成的漏洞。⑦魏光奇从现代政治学的

---

① 赵秀玲：《论清代知府制度》，《清史研究》1993 年第 2 期。

② 李坤：《道光、咸丰时期贵州知府的官场交往——从〈安顺、黎平府公牍〉所见》，《贵州文史丛刊》2010 年第 4 期；丁武光：《〈安顺、黎平府公牍〉与知府常恩》，《贵州文史丛刊》2018 年第 3 期。

③ 黄昭仁：《清代台湾知府之研究》，新北：花木兰文化出版社，2013 年。

④ 瞿同祖：《清代地方政府》，范仲信等译，北京：法律出版社，2011 年。

⑤ John R. Watt, *The District Magistrate in Late Imperial China*, New York: Columbia University Press, 1972.

⑥ 徐炳宪：《清代知县职掌之研究》，台北：东吴大学中国学术著作奖助委员会，1974 年。

⑦ Bradly W. Reed, *Talons and Teeth: County Clerks and Runners in the Qing Dynasty*. Stanford: Stanford University Press, 2000.

视角深入剖析了清代州县制度及其运作实况，指出州县官府的宗法性、州县财产“家产制”这两大特征。①

近年来学界还围绕杜凤治日记、巴县档案、淡新档案等，探析州县政务运行机制。邱捷指出杜凤治在南海首县任上因经常参与各级上司公务讨论、官员任免等事务，成为广东省高级官员的重要助手。②郑金刚以川东巴县为个案，引入“文书转述”概念，从清代地方州县行政如何沟通成文制度与乡村日常规则的角度出发，动态地解读清代国家成文法令法规与乡村日常生活法则之间的互换过程。③张研在考察县级政权如何控制乡村问题时，述及杜凤治履任广宁县时的交代过程，但对州县交代在府级、省级的处理流程语焉不详。④王泰升等从淡新档案出发，对县级层面的审案机制进行了精彩分析，但对刑名案件如何在府、道、省层面“审转”着墨不足。⑤

总的来说，受史料与研究视角等限制，府县研究目前多局限于单一层面，对上下级衙门间的公务运转探讨不足。事实上，知府为州县的监督官，在征粮、治安、吏治等方面，和州县官有着休戚与共之责，府县两级机构运作问题理应引起学界的足够重视。冯贤亮曾专文探讨清代府县秩序与行政控制问题，指出知府面临州县级

① 魏光奇：《有法与无法——清代的州县制度及其运作》，北京：商务印书馆，2010 年。

② 邱捷：《同治、光绪年间广东首县的日常公务——从南海知县日记所见》，《近代史研究》2008 年第 4 期。

③ 郑金刚：《文书转述：清代州县行政运作与文字·技术》，北京：人民出版社，2016 年。

④ 张研：《清代县级政权控制乡村的具体考察：以同治年间广宁知县杜凤治日记为中心》，郑州：大象出版社，2011 年。

⑤ 王泰升等：《论清朝地方衙门审案机制的运作——以〈淡新档案〉为中心》，《历史语言研究所集刊》第 86 本第二分册（2015 年 6 月）。

的棘手问题时，仍需借助省级力量的介入。[①]如果能够结合更多新的史料，这一问题完全可以继续深入探究。

2. 省级行政机构研究

省级行政机构的研究主要集中于对督抚自身的制度化建设、督抚与中央关系的探讨。傅宗懋较早地对清代督抚的设立、职权及其与中央的关系进行了颇有价值的探讨。[②]R. Kent Guy 在大量统计基础上，对 1644—1796 年督抚制度的演进及其在区域整合中的作用进行了系统论述。[③]魏秀梅以陶澍为个案，从督抚的具体施政方针来看督抚权力的运作。[④]孙洪军注意到清代按察使法定"职掌"角色内涵的变化与临时"差委"角色的多样化问题。[⑤]现有省级行政机构研究的优势在于，从典制角度梳理了清代督抚、藩臬的职权，并探及省级行政建构、制度特征及其与中央的关系；不足之处在于，多孤立、静态地考察单个衙门的职责与权力状况，未将督抚与藩臬两司作为一个整体放在复杂的权力关系、上下交织的行政网中加以理解。

3. 清代信息传输与控制研究

在社会学研究中，卡斯特指出权力乃基于对传播和信息的控制[⑥]；

---

① 冯贤亮：《从国家到地方：清代江南的府县秩序与行政控制》，《学术月刊》2010 年第 5 期。

② 傅宗懋：《清代总督巡抚制度之研究》，台北：政治大学，1963 年。

③ R. Kent Guy, *Qing Governors and Their Provinces: The Evolution of Territorial Administration in China, 1644—1796*, Seattle: University of Washington Press, 2016.

④ 魏秀梅：《陶澍在江南》，台北：近代史研究所，1985 年。

⑤ 孙洪军：《清代按察使研究》，合肥：合肥工业大学出版社，2014 年。

⑥ [美]曼纽尔·卡斯特：《传播力》，汤景泰、星辰译，北京：社会科学文献出版社，2018 年，第 2 页。

在历史学研究中，墨安另亦表明“清史学者普遍认为帝国通信体系塑造了皇权”①，可见信息是塑造权力的关键。

清代皇帝借助题本章奏和庞大的驿传系统，形成以北京为中心的信息网络，以此实现对帝国的管理和对中央、省级官员的控制。以清朝外务信息的搜集与决策为例，马世嘉利用多语种档案与资料，考察了 1800 年以后至鸦片战争前后清朝边疆信息的流通、翻译和中央政府的决策过程，探讨了清朝外务自边疆政策到对外政策的转变。②在清朝内政管理与信息搜集方面，学界主要通过研究大臣奏折和各部题本两种信息流来探讨清朝皇帝对帝国的管理和对中央、省级官员的控制。皇帝对信息控制的效力，学界公认在乾隆中后期大减。孔飞力在 1768 年妖术恐慌的研究中生动地记录了乾隆皇帝日益增长的、近乎偏执的担忧，即他认为省级官员正在隐瞒信息。③戴史翠也认为尽管大量的信息流向中央部门，但更多的信息并没有带来更牢固的控制力，也未能提升皇帝的信心。早在清朝初期，皇帝就对他们从各省收到信息的质量和准确性感到焦虑，并确信省级和县级官员正在串通起来，掩盖行政错误以及渎职。随着信息和报告揭示出更多的腐败、渎职和勾结，清帝陷入不确定、焦虑和失败的感受中，从而确信王朝已经进入了衰落时期。④

---

① Emily Mokros, *The Peking Gazette in Late Imperial China: State News and Political Authority*, Washington: University of Washington Press, 2021, p.14.

② 马世嘉：《破译边疆·破解帝国：印度问题与清代中国地缘政治的转型》，罗盛吉译，台北：台北商务印书馆，2019 年。

③ Philip A. Kuhn, *Soulstealers: The Chinese Sorcery Scare of 1768*, Cambridge, Mass.: Harvard University Press, 1990.

④ Maura Dykstra, *Uncertainty in the Empire of Routine: The Administrative Revolution of the Eighteenth-Century Qing State*, from Harvard East Asian Monographs Series, Cambridge Mass.: Harvard University Asia Center, 2022, pp.3 - 4.

确如乾隆帝所担忧的那样，省级官员通过邸报获取全国信息，借助驻京提塘、驻京家人等获取法外信息，并以此掌握信息主动权。①与此同时，在地方信息向上流动时出现的有意截流与改编，则体现出地方对国家信息控制的反控制。正如韦伯指出的那样，政府的运行通常采取委托—代理的形式，即上级政府委托下级政府承担政策执行的任务，信息在跨层传递时存在信息不对称，即下级政府居于信息优势地位，加之层级间的激励设置差异会导致信息损耗和信息失真②。

若谓孔飞力的研究从乾隆帝的视角证实了皇帝对省级信息失真的隐忧，戴史翠则从各省向中央报告的法律案件中揭示了省级和县级官员面临的违纪责罚使他们串通起来“捏造事实”，掩盖行政错误。至于州县与省级衙门如何“捏造事实”，进而实现对信息的反控制，戴史翠进行了尝试性的研究。但因为其“关于省级档案的所有陈述都是推测”③，使其立论的可靠性备受学界的质疑。省级档案与史料的发掘，将有助于我们澄清事实，如省县两级官员是否会为避免行政处罚而进行捏造或隐瞒，并弄清中央对省县的监

① 茅海建指出，戊戌政变前后，湖广总督张之洞在北京、天津和上海均有坐探，以便洞察时局（参见茅海建：《戊戌变法的另面：“张之洞档案”阅读笔记》，上海：上海古籍出版社，2014 年，第 231—232 页）。赵诺的研究也表明中法战争前期，直隶总督李鸿章掌握着清朝的主要信息传输渠道，并成为军机处、总理衙门的主要信息来源（参见赵诺：《中法战争前期清政府情报工作片论》，《理论月刊》2014 年第 9 期）。

② 周雪光：《从“黄宗羲定律”到帝国的逻辑：中国国家治理逻辑的历史线索》，《开放时代》2014 年第 4 期。

③ Bradly W. Reed, “Review of Dykstra, Maura, Uncertainty in the Empire of Routine: The Administrative Revolution of the Eighteenth-Century Qing State”, *H-Asia*, *H-Net Reviews* (September, 2023), https://www.h-net.org/reviews/showrev.php?id=59763.

督是否持续存在等问题。

综上所述,学界在省友、清代地方政治制度运作,以及信息控制的研究方面已经取得一定成果,但仍有较大的拓展空间,具体表现在以下几个方面。

第一,省友概念、性质、职能等问题分析有待加强。

受史料限制,目前的研究主要集中于省友的来源、信息沟通职能及其与地方吏治的关系等方面,对省友的发展演变、性质、地域特征关注不够,对省友与地方政治、府县财政关系缺乏综合性的深入研究。

第二,府县与省级衙门间政务运行机制研究不足。

学界的地方政治史研究,多局限于本级衙门的行政组织、权力结构等静态的制度史研究,间或涉及某个行政机构的某项政务运作研究。而地方政务处理流程是一个包括州县、府道、督抚各级机构在内的有机整体,单纯的某个层级的行政运作研究,难以呈现地方政务运行的具体过程与完整环节。要研究"活"的制度,必须把关注点从机构和职官等静态制度转移到行政事务处理机制上来。有鉴于此,需要加强清代上下级衙门间(州县与府道、府县与抚藩)的政治运作研究,系统总结和分析清代地方行政机构的运转实况与政治实态。

第三,新发现的省友资料拓展了研究空间。

甘肃省友宋树森的省务禀稿、信件,几乎以日志的形式记载了相关事务的全部处理过程,为系统研究州县与省级衙门政务运作机制、省友在地方政治中的作用等问题提供了契机。

第三节　选题价值、研究思路与创新

一、选题价值

基层行政和国家体制的关系，是清代政治史研究应持续关注的议题。若以朝廷和中枢层面作为着眼点，可以看到顶层的相关制度和律令势必会对地方社会或者基层生活产生影响并具有塑造作用。这种作用是通过自上而下的行政传导体系和科举制度造就的文人官僚阶层来发挥影响力的。而若以基层作为着眼点，那么地方经验或者基层行政机制对国家体制和政务运行机制产生的影响会更受关注。若要进一步进行基层行政和国家体制的交叉研究，则不仅要关注顶层制度设计和基层实际运作，而且要寻找合适的案例以探究两者之间的互动和关联，或许才是能更加贴近历史真实的有效办法。

本书拟以清代州县与省城衙门的沟通者——省友的政情禀帖为切入点，对清代基层行政和国家体制之间的关系进行深入解读，研究价值体现在以下几个方面。

其一，省友名称与职能演变，关系到省友的性质、地位和作用，影响着地方政治权力的博弈和政务运行，是省友问题与地方政治研究的重要内容。本书将对清代省友演变进行全方位、多角度的细致考察，以深化学界对省友在清代普遍广泛存在的认识，揭示省友与政治制度变革、地方财政亏空的关系，从而把地方政治史研究推向深入。

其二，省友是州县与省级衙门间政务沟通的桥梁。通过对省友笔下州县省务运作中的部文法令与官场规则、人际关系等因素进行解读剖析，有助于我们准确把握清代地方政治的细节和特点，深化以政务为中心的综合性制度史研究。

其三，省友问题是清代小政府模式、督抚权势加重、政治运作不规范等问题的综合反映。通过对清廷严令禁革省友、地方官阳奉阴违、省友更名以继等问题的探讨，可以深化我们对清代政治体制设计缺陷、行政经费配备不足等问题的认识，推动清代政治制度史研究不断深入。

二、主旨和研究架构

所谓政务运行，就是指行政机构对政务的处理方式和裁决程序。这是一种观察角度，研究中心还是对以机构为依托的某种机制的探讨。省友与清代地方政务运行机制的研究主旨是通过对县级文书在省城的处理方式、程序及与之相关的行政手段和模式的分析，探讨省级政权的运转方式和运作模式，分析其与上下行政层级之间的关系和互动。

对政务运行的研究离不开对公文形态和处理程序的考察，但是政务运行机制这一论题的内涵远大于公文形态和文书流程两个方面的内容。研究政务运行的主旨是探讨依托于一个或几个机构的某种运行机制。公文形态可以反映这种运行机制的某些特点，但无法涵盖整个体制和机制。对县级政务运行机制的研究，除了对公文相关运作程式的分析，还应包括其他与政务运作相关的内容，如与政务处理相关的问责机制、上下信息传递、册籍造报等，都是省级政务运行机制的组成部分。

在上述主旨下,本书各章主要探讨以下几个方面的具体内容。

1. 省友的概念、来源及其收支

本书第一章将省友放在坐省家人的脉络中,梳理该群体的来源、雇聘方式、职业收入,指出光绪时期的甘肃省友已非传统意义上的州县官自派坐省家人,而是专职承揽州县与省级衙门政务的中介机构。他们同时受多个州县官的聘用,以州县驻省代表身份接受省级衙门的传唤,按省级衙门的指令协助处理州县事务。

2. 省友与州县的信息流通

信息是塑造权力的关键。清帝在"本章制度"之外发展出了奏折制度以获取并垄断来自全国的机密信息从而加强君主专制,并借助庞大的驿传系统形成以北京为中心的信息网络。在这一信息格局下,地方官员通过邸报等官方途径从中央获取全国信息,借助驻京提塘、驻京家人等获取法外信息以掌握官场主动权,从而形成了中央控制与地方反控制的信息博弈态势,这背后体现的是一种对权力的争夺。本书第二章从省友对省级衙门信息的打探与传递角度,考察州县的信息获取渠道,探讨州县与省级衙门间的信息博弈;从省友与州县幕友对信息的截流和加工,考察信息自州县向省级衙门传递时的损耗和失真,分析信息跨层传递时不对称问题所带来的施政偏差。

3. 省友与州县文书册报的核转

上下流通的文书被视为清朝信息流通的基本载体,其制作、处理过程,受到制度的约束与人为的调适。本书第三章通过州县文书册报在省城的审核、奏转咨报过程，探讨省级“文书政治”的运转模式，考察省级衙门书吏在刚性制度下的灵活与变通，剖析制度与运行实践的差异。

4. 省友与州县在省行政事务

州县交代与钱粮领解，是州县两大常规行政事务。本书第四章在梳理清代州县交代律例、甘肃交代省例的基础上，通过对碾伯钱粮交代风波、毛目分县交代迟延革职案以及庄浪钱粮交代欠款运作的探究，分析州县交代的常态与变态；通过对州县钱粮领支与州县工程款项申报的剖析，对省友在州县领款中的积极作用予以肯定，揭示省友在州县省事中不可或缺的居间协调作用。

5. 省友与州县在省案件的审理

处理州县刑名重案与士绅上控案件，是州县在省城的重要事务之一。本书第五章通过对甘肃碾伯县差车控案、李九儿殴妻致死案、高台县浮征粮草禀揭案的梳理，阐明发审局的审案流程及其在省级司法体系中的关键地位，分析省级衙门判决案件时在比照律例成案与顾及案件实情间的平衡与取舍，揭示 19 世纪地方司法审判实况及其对成文法规的变通。

6. 省友与州县的省城财政支出

藩司作为州县的财政审计与核发机构，主管州县赋税征解、廉俸支发等事务，与州县有着密切的财政往来。本书第六章通过考察州县在省衙的各种经费开支，揭示藩司衙门在财政审核与收支工作中的常态与变态；通过梳理州县在省城规费节礼、采购应酬的开支，考察州县官的财政负担，探究 19 世纪州县养廉银制度有名无实的制度根源。

7. 省友与州县官的幕友家人

省友与州县官的亲属、幕友、家人互相荐举——其中既有向州县官推荐幕友、家人的层面，也有请州县官的幕友、家人引荐州县省事的情况。他们之间函信往来频繁，互通省、县政情与商情。本书第七章中，我们可以看到，正因为省友与州县之间有着长期合作关系，其与幕友之间建立了亲密情谊，使省友成为州县官与幕友关系的居间协调者。

8. 省友的权力空间

省友在清代地方政治运作过程中，既有促进上下级行政机构有效沟通、提高地方衙门行政效率的积极作用，也有败坏地方吏治的一面。不过在本书第八章中，我们可以看到，省友对地方政治的擅专程度，主要还是受到州县官处事方式、上宪执政态度、司院书吏协作程度等因素的制约。

最后，本书在结语部分将省友纳入清代地方政治史的全局视野，对全书主要观点进行归纳，指出州县与省级衙门对省友存在着共同的需求，这使省友得以与官衙内的幕友、书吏一同利用体制外的非正式和私人因素，从事州县与省级衙门的事务运作。省友的存在，在一定程度上弥补了清代制度设计与实际运作之间的差距，起到简化行政程序和提高行政效率的作用。

三、主要创新

1. 开拓新领域

国内外针对清代省友与地方政治的研究存在明显缺漏，本书的研究正是针对这一不足所进行的查漏补缺和进一步开拓。

2. 采用新视角

受传统政治学的影响，学界关于清代政治史的研究，主要集中于以职官为中心的政治制度史研究，而从行政运作、信息流通和政务处理流程等角度来分析清代政务运行机制的综合性制度史研究并不多见。本书通过梳理省友对州县省务的运作情况来观察文书体系中的信息流通与权力运行机制，探讨省友与地方政治的密切关系，视野较为独特。

3. 使用新资料

学界受资料所限，以往对省友的研究相对粗疏，而地方政治史研究则又多局限于关注单一机构的制度、文书层面。本书利用新发掘的清代"甘肃省友禀稿信件簿"资料，结合中国第一历史档案馆未刊档案、台北故宫博物院的"宫中档""军机处档"，以及"循化厅"地方档案，将省友与清代地方政治研究推向深入。

4. 提出新观点

本书所提出的新观点主要包含以下几个方面。

(1) 本书所研究的清代省友由州县官所派遣的坐省家人逐渐演变为专职包揽州县省务的中介机构。这一演变因省友所处的地域环境、政治生态、社会文化不尽相同而具有地域性、阶段性和多样性，反映了省友的适应性和国家控制地方社会的局限性。

(2) 本书所研究的省友作为州县与省级衙门的信息沟通者，较好地发挥了其在省级衙门中的信息打探作用。在州县信息向上传递的过程中，省友与州县官会有意地截流、改编信息。这种人为造成的信息向上传递时的损耗与失真，也是州县对上级政府进行政治反控制的一种手段，反映了信息传递背后的权力博弈。

（3）本书所研究的省友作为州县的合法代表，以使费为依托，与上司书吏、幕友联手运作州县省务，规避律例条文、章程规则的制约与惩处，维护并最大化州县利益。省务运作中所产生的规费、使费，成为州县在省城的一项重要公务开支。这项开支多由省友从其代领的州县廉俸工食银中抵扣，若廉工银不敷支用，则需州县官另外筹款弥补。

（4）省友的存在，是清代小政府管理模式、督抚人事权和省级财政分配权扩张的结果，本书所研究的省友以代州县办理上级行政机构相关事务的方式为州县衙门服务，有促进上下级机构有效沟通、提高地方衙门行政效率的积极作用。但其不规范的运作方式，也带来了败坏吏治、侵蚀州县经费、弱化中央对地方的有效监督和控制等隐患。

第四节　甘肃省友禀稿信件簿考证

清代"甘肃省友禀稿信件簿"系省友宋树森、宋克用父子自光绪七年至二十七年寄呈碾伯、陇西、平罗、抚彝、丹噶尔、化平、毛目、董志原、清水、东乐、狄道、贵德等府厅州县的禀稿书信资料集。该资料共40余万字，主要散见于《清代(未刊)上谕　奏疏　公牍　电文汇编》与《清代边疆史料抄稿本汇编》等丛书中，包括《碾伯公牍禀稿簿》《陇西信件簿》《平罗底稿簿》《抚彝禀稿簿》《丹噶尔分府禀稿簿》《化平厅草簿》《董志潘草稿簿》《清水县草簿》《东乐草稿簿》《光绪朝法律公牍》《宋克用信稿》《各友启事稿簿》《狄道草稿簿》等子目，故以清代"甘肃省友禀稿信件簿"称之。因各子目散见于多部丛书中，为避免烦冗，本书脚注中仅列明其所在丛书之卷数与页数，而其具体所在丛书名，读者可参见本书"参考文献"部分。

一、禀稿信件簿的性质

该批资料之所以被判定为晚清"省友""省书"禀报州县官的资料，而不是州县正印官留存的禀稿底簿，理由如下。

其一，禀稿体式与州县官禀详上宪的格式有异。该批禀稿簿，除《宋克用信稿》《各友启事稿簿》外，大多以"敬禀者"开头，与禀稿体式类似。但与光绪初年甘肃省甘州府抚彝厅通判魏永春所留存的公牍、私函底稿①相比，宋稿禀报对象单一，固定为某个州县官，而魏稿则比较多样，有总督、道台、知府等上宪。禀函结尾处，宋稿多有"恭叩任喜""升安"等信息②，魏稿则多以"恭请勋安"结尾。落款上，宋稿自称"书"或"晚"，无明确的官阶，魏稿落款则为"卑职""卑厅"。

其二，禀稿中有被委任处理省务的信息。例如，《平罗底稿簿》升字一号内载："书奉派省务，黾勉勤慎，不敢少怠，有负宪恩。"③《化平厅草簿》升字元号内载："晚碌碌庸材，毫无知识，谬荷垂青，委理省务，自当矢勤矢慎，源递禀报，以冀少答鸿慈于万一耳。"④此

① 魏永春：《蓼泉拙集》，载全国图书馆文献缩微复制中心《清季西北函电折奏八种》第33册，北京：全国图书馆文献缩微复制中心，2010年，第891、921、929、952—953页。

② 《狄道草稿簿》，光绪十五年十月，第17册，第3—4页。

③ 《平罗底稿簿》，光绪七年四月廿四日，第49册，第22777页。

④ 《化平厅草簿》，光绪十二年冬月廿五日，第33册，第15309页。

外,《清水县草簿》《狄道草稿簿》等 6 份禀稿簿,以及《宋克用信稿》《各友启事稿簿》等信件簿中,也均有“省务”“省事”等关键词,其主题亦为州县省事。

其三,禀稿中经常出现 “省友”①、“省书”②等称呼,又显示其人承办州县的省城事务,职能类似于官方史书中的“坐省家人”。

二、禀稿信件簿作者考辨

由于该禀稿信件簿中有确切署名者很少,或者直接略去,或以“ムム”指代,间有少量以“宋”“树森”“克用”“宋克用”署名。作者是谁,当予一番考证。

1. 宋树森

以“树森”落款的稿簿,多见于逢年过节的禀稿中,或是在他奉委之初,可见于光绪七八年间的《礮伯公牍禀稿簿》③、《平罗底稿簿》④和《光绪朝法律公牍》⑤,光绪九年的《抚彝禀稿簿》⑥,光绪十一年的《丹噶尔分府禀稿簿》⑦,光绪十三年的《宋克用信稿》⑧,光绪十八年的《各友启事稿簿》⑨,时间跨度自光绪七年至十八年。

化平、清水、狄道、陇西、东乐等州县禀稿簿以及《董志潘草稿簿》

---

① 《化平厅草簿》,光绪十三年三月初十日、闰四月初一日,第 33 册,第 15324—15325 页。
② 《光绪朝法律公牍(宁朔县)》,光绪九年正月二十六日,第 51 册,第 24155—24156 页。
③ 《礮伯公牍禀稿簿》,光绪七年正月初四日,第 29 册,第 13722 页。
④ 《平罗底稿簿》,光绪八年三月十七日,第 49 册,第 22821—22822 页。
⑤ 《光绪朝法律公牍(渭源县)》,光绪九年三月廿九日,第 51 册,第 24205—24206 页。
⑥ 《抚彝禀稿簿》,光绪十年正月十一日,第 31 册,第 14647—14648 页。
⑦ 《丹噶尔分府禀稿簿》,光绪十一年六月十三日,第 33 册,第 15295 页。
⑧ 《宋克用信稿》,光绪十三年冬月初六日,第 52 册,第 24517—24518 页。
⑨ 《各友启事稿簿》,光绪十八年十二月十三日,第 34 册,第 16129—16131 页。

中，虽无“树森”这一署名，但从“此后如与敝处赐信，请马封面填候选巡政厅宋收折”①、“倘蒙赐信，请于马封面填候选巡检宋即可接到”②、“此后赐信，请于马封面填候选巡检宋某即可收到，不致有错误之虞也”③，可知宋氏在光绪十六七年也为化平、清水、狄道的省友。此外，以“宋ムム”落款者颇多，可见于《化平厅草簿》④、《各友启事稿簿》⑤、《宋克用信稿》⑥中。

“宋”与“树森”是否为同一人？光绪十二年五月初二日，宋树森与毛目分县县丞财务纠纷的相关记录，为我们揭开了谜底：

> 顷闻藩司接到来禀，内开：卑职（按：毛目分县县丞）……忽于月之十三日，接办省事宋树森函称，此项银两，渠已领用。……书办省事，凭有关书，并未招摇，亦未撞骗。⑦

从中可知，省友宋树森承办毛目分县省事，原为毛目分县县丞聘定，立有关书，即聘书。据此推断，宋树森在兰州代办州县省务，确为这批禀稿簿的主体作者。

2. 宋克用

《宋克用信稿》⑧、《各友启事稿簿》⑨中提到的“克用”“宋克用”

---

① 《化平厅草簿》，光绪十六年正月十二日，第33册，第15402页。

② 《清水县草簿》，光绪十七年正月二十一日，第33册，第15567—15568页。

③ 《狄道草稿簿》，光绪十七年新正廿三日，第17册，第101页。

④ 《化平厅草簿》，光绪十二年冬月廿五日，第33册，第15309页。

⑤ 《各友启事稿簿》，光绪十四年腊月廿七日、光绪十五年正月十三日，第34册，第15785—15786、15791—15792页。

⑥ 《宋克用信稿》，光绪十三年十一月廿四日、光绪十四年正月十八日，第52册，第24524、24534页等。

⑦ 《毛目分县稿簿》，光绪十二年五月初二日，第33册，第15487—15488页。

⑧ 《宋克用信稿》，光绪十四年二月初七日、廿日，第52册，第24536—24537、24539—24542页。

⑨ 《各友启事稿簿》，光绪十八年二月初九日、冬月十五日，第34册，第16035、16116页。

也参与州县省事的处理工作。他是谁,和宋树森是什么关系,值得玩味。他自称“幼而失学,壮性庸愚”①,应为壮年人士;他请蔡百川代买狐皮,说是为其父做皮袍用,并言:“念日夜半,公余便笔,幸勿哂其草鸦也”②,可见此人上有父亲,自己正当壮年,参与州县省事的处理。

与此同时,《宋克用信稿》与《各友启事稿簿》中亦有言“弟龙钟株守”③者,自称“厶久甘蠖伏,不觉龙钟,每倦意于款资,即陶情于传盏。幸小儿得举一子,牵裙呱呱,聊娱暮境”④。从举荐宋耀卿为狄道州税差一节来看,这位龙钟之士当为宋树森,他称宋耀卿为“舍侄”⑤。而《各友启事稿簿》中称耀卿为“族兄”者,言:“家父以下均叨平安”⑥,很可能为宋克用。再从“愚弟树森安,十二月十三日,犬子侍叩”⑦、“弟父子干事,断不至此”⑧,可以断定宋树森为父、宋克用为子。另有“闻犬子因索贷项,冒触尊烦,益深歉仄,遵已从严痛责”⑨、“至彼此来往各项,遵令犬子逐细查核”⑩,说明宋树森是州县省务的承揽者,宋克用协办财务收支、欠债讨索、写信禀事等事务。

3.“松浦”

在宋氏父子庞杂的禀稿信件簿中,另有“松浦”之署名、收件信函。《各友启事稿簿》光绪十八年十一月十五日致“翟峰贤契大人”书

① 《各友启事稿簿》,光绪十八年冬月望日,第 34 册,第 16115 页。
② 《宋克用信稿》,光绪十四年二月廿日,第 52 册,第 24538—24539 页。
③ 《各友启事稿簿》,光绪十七年十月,第 34 册,第 16002 页。
④ 《宋克用信稿》,光绪十三年桂月廿五日,第 52 册,第 24491 页。
⑤ 《狄道草稿簿》,光绪十五年冬月廿一日,第 17 册,第 14—15 页。
⑥ 《各友启事稿簿》,光绪十五年冬月廿一日,第 34 册,第 15865 页。
⑦ 《各友启事稿簿》,光绪十八年十二月十三日,第 34 册,第 16131 页。
⑧ 《各友启事稿簿》,光绪二十年四月廿五日,第 34 册,第 16183 页。
⑨ 《各友启事稿簿》,光绪十五年六月廿三日,第 34 册,第 15821—15822 页。
⑩ 《各友启事稿簿》,光绪十六年正月廿六日,第 34 册,第 15900 页。

信的落款为“松浦顿启”。[1]《光绪朝法律公牍》中混杂有一封七月二十一日袁昌鹗致“松浦”的书信，信内提及其侄孙少溪赴省采办海菜应用各物，言其侄孙不知何故“在省日久，延不回丹”，请松浦接到信后“务望覈催，刻即起程，所办各件，星夜解付丹城”[2]。据此，该信当为丹噶尔同知袁昌鹗写给其省友“松浦”的书信。若将该信置于《丹噶尔分府禀稿簿》中，可以发现袁信中赴省采办海菜的“少溪”，省友称之为“绍翁少爷”，其已于七月十五日自兰州起程返回[3]，信中所言领款与藩司扣款百金一节[4]相互印证。据此可知，“松浦”很可能为省友宋树森的字或号。

三、禀稿信件簿的功用

这批禀稿信件簿之所以被宋树森、宋克用父子留存下来，当有记档存案、记账查账的用意。

1. 底稿备案

州县省事繁杂，加以省友同时代理多个州县省务，故随手留存禀函、信件底稿，以便将来依据底案禀叙相关事务。例如，光绪七年腊月二十四日，宋树森在给陇西县令的禀函中写道：“月之廿一日肃具芜禀，计邀慈鉴。廿三日接奉钧谕，备领一切。请领俸银，由院批准，饬司核发。司友援承藩宪批示，署事人员例不支俸，以归画一等因。书将情形已于冬月廿五由升字卅七号禀内报陈矣。”[5]宋树森先确定

---

① 《各友启事稿簿》，光绪十八年十一月十五日，第 34 册，第 16118—16119 页。

② 《光绪朝法律公牍》，光绪十一年七月廿一日，第 51 册，第 24051—24052 页。

③ 《丹噶尔分府禀稿簿》，光绪十一年七月十七日，第 33 册，第 15297 页。

④ 《丹噶尔分府禀稿簿》，光绪十一年七月二十八日，第 33 册，第 15298 页。

⑤ 《陇西信件簿》，光绪七年腊月廿四日，第 29 册，第 13880 页。

十二月二十一日发去的禀函是否收到，随之就陇西县令请领署任期间俸银一节，解释说藩宪批示署事人员例不支俸，这在十一月二十五日升字三十七号内已经禀明。

中间若有漏记，省友随后也会补上。例如，光绪七年九月的《陇西信件簿》中，省友即在九月十九日的升字十二号与二十二日的升字十三号间，补录了九月十七日的升字十一号。[①]光绪十七年五月二十一日至二十八日之间，宋氏补录了《狄道草稿簿》五月十三日的第廿八号禀函。[②]光绪十八年八月初三日省友致融生的书信，于该年冬月初十日补记，相隔三个月之久。[③]类似的补录、补记，不一而足。

2. 财务记账

因省友经手州县在省事务较多，对于物品采办、银钱收领、使费垫付等，均记账禀报，以便将来与州县核销。例如，光绪七年为碾伯采办物品后，省友报告“月之十三日，肃具升字四十八号芜禀，备陈各节，并呈菲物、瓜菜、点心、水菸，以及需用过出入银两细数、实在帐目清折、现银一百两，如数均交罗少爷代呈电阅”[④]。省友就平罗省务收支表示“所有银钱出入一切，除随时禀报外，书暂记案，待至年底总具清折，统祈核算，谅不有误”[⑤]。即各州县在省银钱出入，省友除随时禀报外，另为记存备案，待至年底汇造收支清折，请州县官汇总核算。其他财物记账，诸如“买湖茶弍斤银八钱，蓝油布一尺银三分，买大山纸弍百张银弍钱七分，大小洋广针六包共银三钱七分，买南笺一

① 《陇西信件簿》，光绪七年九月十九日、十七日、廿二日，第29册，第13850—13852页。
② 《狄道草稿簿》，光绪十七年五月十三日，第17册，第133页。
③ 《各友启事稿簿》，光绪十六年二月初四日，第34册，第16088页。
④ 《碾伯公牍禀稿簿》，光绪七年七月十四日，第29册，第13767—13768页。
⑤ 《平罗底稿簿》，光绪七年闰七月初四日，第49册，第22789—22792页。

百张银六分，荜茇一斤、板梨二斤共银四钱，以上共用银一两九钱三分。敝处垫付，望祈记档是祷”[①]、“此次敝处计又垫银廿五两六钱四分，谨开细帐，呈请记档”[②]，随处可见。

清代“甘肃省友禀稿信件簿”作为宋树森所留存的非官方公务档案，既载有州县官的谕示，也录有督藩大吏的意旨；既载有司房、院房书吏对法律法规的遵循和执行，也记有书吏、幕友对法规条例的变通和规避。无论是对清代坐省家人的深化研究，还是对州县与省级行政机构的运作机制，该史料都提供了新的史料与研究视角。唯一的缺憾在于，省友在州县官员离任、聘期结束时，会退回州县官的信件及相关档案。[③]因此，禀稿簿中鲜见州县官寄给省友的信件，在还原省友处理州县省事的过程中，只能依据省友前后禀稿来推测州县官的态度。

四、禀稿簿所涉州县官考

1.《光绪朝法律公牍》

收录于《清代(未刊)上谕　奏疏　公牍　电文汇编》中的《光绪朝法律公牍》，为宋树森致多位州县官的禀信稿之合集。

以下按宋树森所致官员，分如下五部分，对各官员任期及相关禀稿日期进行考证。

(1) 徽县左寿源任，光绪八年腊月至九年五月

《清代(未刊)上谕　奏疏　公牍　电文汇编》第51册第24045—

---

① 《化平厅草簿》，光绪十三年二月十六日，第33册，第15312—15313页。

② 《狄道草稿簿》，光绪十五年十二月廿七日，第17册，第17—18页。

③ 《抚彝禀稿簿》，光绪十一年二月廿八日，第31册，第14682页。

24050页，即《光绪朝法律公牍（徽县）》，当为光绪九年正月至五月省友致徽县左寿源的禀稿簿。

左寿源，约生于道光十二年（1832年），湖南长沙人，原名左寿棠，同治壬戌（同治元年，1862年）恩科举人，同治辛未（同治十年，1871年）科大挑一等举人，分发东河以知县用。该年五月到工缴照，于开归道属当差；六月请假回籍；八月赴甘筹措资金，经陕甘总督左宗棠留营差遣。光绪元年陕甘总督左宗棠奏请试署镇原县①，左寿源未经到任，于二年十二月丁父忧。光绪五年三月，左寿源服满起复，六月初五日到甘肃省，七年四月委署平罗县事。②光绪八年五月，左寿源交卸平罗县③，当年腊月至徽县任④。光绪十三年，左寿源奉命与高台县罗佐清对调⑤，该年十一月病故于高台县任⑥。

该禀稿簿原未注年，据光绪八年二月初十日藩宪牌示徽县缺拟以拣发知县左寿源请补⑦，光绪八年三月二十日陕甘总督谭钟麟

① 《陕甘总督左宗棠奏请准以大挑补用知县左寿棠署理镇原县知县》，光绪二年四月初五日，宫中档，编号：故宫142247。

② 《陕甘总督谭钟麟奏请以左寿源试署甘省徽县知县由》，光绪八年三月二十日，军机处档，编号：故机122725。

③ 《平罗底稿簿》，光绪八年五月初一日，第49册，第22824—22825页。

④ 《光绪朝法律公牍（华亭县）》，光绪八年腊月十一日，第51册，第24107—24108页。

⑤ 《陕甘总督谭钟麟奏请徽县知县左寿源与高台县知县罗佐清对调事》，光绪十二年九月二十六日，录副奏折，档号：03-5214-055；《宋克用信稿》，光绪十三年三月初三日，第52册，第24438页。

⑥ 《宋克用信稿》，光绪十三年十一月，第52册，第24526—24528页；《陕甘总督谭钟麟题甘肃高台县知县左寿源病故日期事》，题本，光绪十三年十二月二十日，档号：02-01-03-12292-056。

⑦ 《光绪朝法律公牍（华亭县）》，光绪八年二月初十日，第51册，第24095页；《平罗底稿簿》，光绪八年二月初十日，第49册，第22818页。

奏请以左寿源试署徽县知县[①]，可知光绪八年甘肃上宪拟以左寿源试署徽县。另据光绪八年腊月徽县左寿源请领半廉[②]，四月初九日徽县前任差人解缴八年下忙地丁银至藩库[③]，可知左寿源于光绪八年腊月至徽县任，省友留存的左大老爷禀稿日期当为光绪九年正月至五月。

(2) 华亭县正堂雷文渊任，光绪七年二月至光绪九年六月

《清代（未刊）上谕　奏疏　公牍　电文汇编》第 51 册第 24053—24128 页，即《光绪朝法律公牍（华亭县）》，为省友致华亭县雷文渊的禀稿簿。

雷文渊，道光十一年（1831 年）生，四川绵竹人，咸丰乙卯（咸丰五年，1855 年）科举人，同治辛未（同治十年，1871 年）科大挑一等举人，以知县用，分发甘肃，旋丁母忧。同治十三年（1874 年）起复，署静宁州知州。光绪二年十二月丁父忧，五年五月二次起复。[④]光绪七年署华亭县知县[⑤]。光绪八年二月初十日，藩司牌示拟以雷文渊请补礼县缺[⑥]，二月三十日谭钟麟奏请以雷文渊署任礼县[⑦]，四月吏部议准[⑧]。

---

① 《陕甘总督谭钟麟奏请以左寿源试署甘省徽县知县由》，光绪八年三月二十日，军机处档，编号：故机 122725。

② 《光绪朝法律公牍（华亭县）》，光绪八年腊月十一日，第 51 册，第 24108 页。

③ 《光绪朝法律公牍（徽县）》，光绪九年四月初十日，第 51 册，第 24048 页。

④ 《陕甘总督谭钟麟奏请以雷文渊署甘省礼县知县》，光绪八年二月三十日，军机处档，编号：故机 122728。

⑤ 《光绪朝法律公牍（华亭县）》，光绪七年二月初九日，第 51 册，第 24053 页。

⑥ 《平罗底稿簿》，光绪八年二月初十日，第 49 册，第 22818 页。

⑦ 《陕甘总督谭钟麟奏请以雷文渊署甘省礼县知县》，光绪八年二月三十日，军机处档，编号：故机 122728。

⑧ 《知会军机处雷文渊署礼县知县奉旨依议（粘连原奏一纸）》，光绪八年四月三十日，军机处档，编号：故机 123562。

光绪九年四月，雷文渊署任华亭县已近三年，陕甘总督谭钟麟等集体商议令雷文渊交卸进省，待至秋后赴礼县新任①。光绪十年，雷文渊署任期满，实任礼县②，十二年十月雷文渊署任期满实授题本送出③。光绪二十一年，雷文渊因病开缺回籍调理④。

需要说明的是，禀稿簿中"光绪七年二月至光绪九年六月"是雷文渊华亭县任上的省友禀稿资料。雷文渊改任礼县期间(光绪十年至二十一年)，省友宋树森很可能也为其代理礼县任上的省务。例如，光绪十四年，省友宋氏给礼县少爷石卿写信，请他赶紧赐寄一两套空印文禀，以筹办拨粮事宜。⑤光绪十五年四月初十日，雷文渊赴省拜谒各上宪，省友向礼县三老爷汇报雷文渊在省城行踪。⑥

(3) 礼县郑业启任，光绪八年正月至四月

《清代(未刊)上谕　奏疏　公牍　电文汇编》第51册第24129—24146页，即《光绪朝法律公牍(礼县)》，为省友致"礼县正堂郑大老爷"郑业启的禀稿簿。郑业启，湖南长沙人，同治九年(1870年)举人，光绪八年署任礼县⑦，后历任文县、平番县、西宁县⑧。

---

① 《光绪朝法律公牍(华亭县)》，光绪九年四月二十八日，第51册，第24121—24122页。

② 光绪《重纂礼县新志》卷3《官职》，清光绪十六年刻本，第10页。

③ 《陕甘总督谭钟麟题为署甘肃礼县知县雷文渊期满请实授事》，光绪十二年十月二十八日，题本，档号：02-01-03-12244-020。

④ 《陕甘总督杨昌濬题为礼县知县雷文渊因病请开缺回籍调理事》，光绪二十一年九月初二日，题本，档号：02-01-03-12638-038。

⑤ 《各友启事稿簿》，光绪十四年腊月廿七日，第34册，第15785页。

⑥ 《各友启事稿簿》，光绪十五年四月十三日，第34册，第15814—15815页。

⑦ 光绪《重纂礼县新志》卷3《官职》，清光绪十六年刻本，第10页。

⑧ 《陕甘总督谭钟麟奏请郑业启试署文县知县事》，光绪十二年四月初四日，录副奏折，档号：03-5208-066；《陕甘总督杨昌濬奏请郑业启调补平番县知县事》，光绪十八年四月二十二日，朱批奏折，档号：04-01-12-0554-012；《陕甘总督杨昌濬奏请郑业启调补西宁县知县事》，光绪二十一年五月二十八日，朱批奏折，档号：04-01-12-0567-034。

(4) 宁朔县湛美成任,光绪八年十月至九年五月

《清代(未刊)上谕　奏疏　公牍　电文汇编》第51册第24147—24177页"宁朔县正堂湛大老爷"禀稿簿,即《光绪朝法律公牍(宁朔县)》,当为光绪八年十月至九年五月史料。对其考据过程如下。其一,宁朔县升字一号禀稿提及陕甘总督谭钟麟前在浙江出力,奉部文加级,现存档案表明吏部于光绪八年七月题请为谭钟麟加级。①其二,二月十六日升字十三号提及现署兰州府陶模奉谕升授兰州道②,此乃光绪九年年初之事③。其三,四月升字二十五号禀稿中提及造报八年报销册事务④,清例规定于次年四月前后造办上年奏销册,该份禀稿当写于光绪九年四月。

至于禀稿中所称的"湛大老爷",当为光绪九年三月宋树森致宁朔县邵大爷信中提及的湛美成。⑤因省友在禀稿信件簿中常以字号相称,湛美成是否是光绪三年署理文县知县湛宗和⑥,目前尚难确定。

(5) 湑源县黄元珍任,光绪七年腊月至九年四月

《清代(未刊)上谕　奏疏　公牍　电文汇编》第29册《陇西信件簿》后附有3页"湑源县黄禀稿簿",标注"光绪七年腊月朔日记"并于腊月初二日发出"升字第一号"禀稿。⑦这说明省友宋树森刚刚

---

① 《大学士管理吏部事务宝鋆题为议得前浙江巡抚谭钟麟布政使德馨征运光绪六年份漕粮出力请加级记录事》,题本,光绪八年七月二十一日,档号:02-01-03-12068-027。

② 《光绪朝法律公牍(宁朔县)》,光绪九年二月十六日,第51册,第24161页。

③ 光绪九年正月,陶模"权知兰州府事。才两旬,擢兰州道"。参见杜宏春编著:《陶模行述长编》,合肥:黄山书社,2019年,第28页。

④ 《光绪朝法律公牍(宁朔县)》,光绪九年四月十四日,第51册,第24169页。

⑤ 《光绪朝法律公牍(宁朔县)》,光绪九年三月十五日,第51册,第24167页。

⑥ 《陕甘总督左宗棠奏请准以拣发大挑知县湛宗和署理文县知县》,光绪三年三月初四日,宫中档,编号:故宫142282。

⑦ 《陇西信件薄》,光绪七年腊月初二日,第29册,第13882—13884页。

接手渭源县黄元珍省务。遗憾的是，该禀稿簿仅记至第一号，便戛然而止。万幸的是，在《清代（未刊）上谕　奏疏　公牍　电文汇编》第 51 册《光绪朝法律公牍》中还列有省友发给渭源县黄元珍的禀稿，即《光绪朝法律公牍（渭源县）》①，可与第 29 册中的“渭源县黄禀稿簿”衔接。

以下梳理渭源县黄元珍及其相关事务，可资佐证。黄元珍，字石生，镇州人。②同治八年十月初六日，以蓝翎甘肃补用知县身份到左宗棠军营，同治九年十月初六日试看一年期满，堪任简缺。③光绪五年任岷州知州。④光绪七年二月陕甘总督杨昌濬奏请以黄元珍署理渭源县知县⑤；十一月上旬，甘肃藩宪牌示渭源县黄元珍立即赶赴本任⑥，遂有省友于十二月初二日发出的第一号禀信。光绪九年六月，黄元珍署任渭源县一年期满，陕甘总督奏请实授⑦，吏部议准⑧。

《光绪朝法律公牍（渭源县）》之具体年月，当在光绪八年至光

---

① 《光绪朝法律公牍（渭源县）》，光绪八年四月十五日、六月初五日、八月廿日，光绪九年正月廿六日，第 51 册，第 24183—24184、24189—24190、24196—24197、24202 页。

② 光绪《岷州志稿》卷 2，民国三十三年抄本，第 26 页。

③ 《陕甘总督左宗棠奏为查蓝翎甘肃补用知县黄元珍试看一年期满堪胜简缺由》，同治十年七月初九日（朱批时间），军机处档，编号：故机 109142。

④ 光绪《岷州志稿》卷 2，民国三十三年抄本，第 26 页。

⑤ 《护理陕甘总督杨昌濬奏请黄元珍署理渭源县知县事》，光绪七年二月二十四日，录副奏折，档号：03-5159-048。

⑥ 《陇西信件簿》，光绪七年冬月初十日，第 29 册，第 13870—13871 页。

⑦ 《陕甘总督谭钟麟题为署甘肃渭源县知县黄元珍期满请实授事》，光绪九年六月初五日，题本，档号：02-01-03-12102-002。

⑧ 《大学士管理吏部事务宝鋆题为遵旨议准现署甘肃渭源县知县黄元珍期满实授事》，光绪九年十月十三日，档号：02-01-03-12109-004。

绪九年四月间。这是因为黄元珍试署期满详请实授发生在光绪九年六月初,宋树森于二月至三月运作黄元珍期满实授事宜[①],故《清代(未刊)上谕 奏疏 公牍 电文汇编》第51册第24201—20209页当为光绪九年事,此前的第24179—24199页当为光绪八年事。再者,省友十月初九日的第六十二号禀信中,记载有陕甘总督谭钟麟在浙江征漕出力被加级信息。[②]经查,吏部于光绪八年七月题请加级[③],甘肃于十月接到加级谕旨。

"渭源县黄禀稿簿"以及与其在内容和写作时间上相衔接的《光绪朝法律公牍(渭源县)》,目前仅可确认为光绪七年十一月至九年四月时段资料,而宋树森代理渭源县省事或可延至光绪十六年十月黄元珍病故时。[④]《光绪朝法律公牍(渭源县)》中所载钟大爷[⑤],为渭源县门上钟华宾[⑥],在宋氏的《各友启事稿簿》中被屡次提及,宋氏多因渭源公事而与之联络[⑦]。光绪十七年五月,宋树森为讨索渭源县垫款,给钟华宾写信,谴责渭源县黄少爷[⑧]口是心非,"不但弟帐支吾不给,所应各费亦不肯付",无奈之余,只得请各房友"向少爷自行索取,能给者则已,如少爷不给何项,惟垫付以顾信

---

① 《光绪朝法律公牍(渭源县)》,光绪九年二月初三日、三月廿九日,第51册,第24203、24205页。

② 《光绪朝法律公牍(渭源县)》,光绪八年十月初九日,第51册,第24198页。

③ 《大学士管理吏部事务宝鋆题为议得前浙江巡抚谭钟麟布政使德馨征运光绪六年份漕粮出力请加级记录事》,题本,光绪八年七月二十一日,档号:02-01-03-12068-027。

④ 《陕甘总督杨昌濬题报甘肃渭源县知县黄元珍病故日期事》,光绪十六年十月初五日,题本,档号:02-01-03-12417-021。

⑤ 《光绪朝法律公牍(渭源县)》,光绪九年三月十五日,第51册,第24204页。

⑥ 《各友启事稿簿》,光绪十五年三月初五日,第34册,第15803页。

⑦ 《各友启事稿簿》,光绪十五年九月初八日,第34册,第15842页。

⑧ 省友称州县官为老爷,称州县官儿子为少爷。

义”，言："敝处欠项，窥其光景，少爷执意狡展，弟亦未便向其争论，惹人笑议，至损老爷同弟二十余年之交好"，表示将在五月十五日后亲自赴渭讨账。①

因《光绪朝法律公牍》中未细分所涉州县，原禀稿仅具月日，故需对其具体所涉州县及其禀稿年月进行考证。本书引注时，除补充禀稿时间外，按考证结论，在原目录《光绪朝法律公牍》上附注州县，分别称之为《光绪朝法律公牍(徽县)》《光绪朝法律公牍(华亭县)》《光绪朝法律公牍(礼县)》《光绪朝法律公牍(宁朔县)》《光绪朝法律公牍(渭源县)》。其他史料若有类似情况，亦做此处理。

2.《清水县草簿》

清水县本任高蔚霞，字赤城，湖南湘阴人，于光绪十三年坐补清水县本缺。②光绪十六年后辗转署任宁远县、通渭县等③，二十二年病故于永昌县④。光绪十七年八月，省友打听到"清水本任，闻高君必不重来"⑤，可见清水县令署任频繁，《清水县草簿》所涉州县官如下。

---

① 《各友启事稿簿》，光绪十七年五月初八日，第 34 册，第 15964—15965 页。

② 《陕甘总督左宗棠奏为查明告病开缺前清水县知县高蔚霞堪以起用请准坐补原缺事》，光绪六年二月二十四日，录副奏折，档号：03-5807-105；《署理吏部尚书崑冈题为议准陕甘总督请以高蔚霞坐补甘肃清水县知县事》，光绪十三年闰四月二十日，题本，档号：02-01-03-12281-018。

③ 《清水县草簿》，光绪十七年八月朔六日，第 33 册，第 15595 页；光绪《重修通渭县新志》卷首，清光绪十九年刻本，第 25 页。

④ 《署理陕甘总督题报永昌县知县高蔚霞病故日期事》，光绪二十二年八月三十日，题本，档号：02-01-03-12690-039。

⑤ 《清水县草簿》，光绪十七年八月朔六日，第 33 册，第 15594—15595 页。

(1) 署理清水县王开甲任，光绪十七年正月至十二月[①]

王开甲，湖北武昌人[②]，光绪十六年十二月赴清水县任[③]，十七年腊月卸任[④]。后在正宁县任因亏空粮石被参革职，陕甘总督为此咨文湖北巡抚查追。[⑤]

(2) 署理清水县方传获任，光绪二十三年正月至二十四年六月[⑥]

方传获，安徽人，监生。光绪十七年六月署理华亭县[⑦]，十九年补任巴燕戎格厅通判，二十三年正月至二十四年六月署理清水县，二十五年病故[⑧]。该官员署任时间及相关簿册时间断定依据如下。

其一，禀稿呈送对象是清水县。因该官员署任伊始，便筹办“清水交代”事务。[⑨]清水本任“邓庚翁”，因办理保甲时派索门牌费被撤任，省友断言：“如此一来，清水本任必难速到”[⑩]，言外之意现任署理者有望长期署理清水县。

---

① 《清水县草簿》，第 33 册，第 15563—15614 页。

② 光绪《武昌县志》卷 15《仕宦》，清光绪十一年刻本，第 3 页。

③ 《清水县草簿》，光绪十六年全月三十日，第 33 册，第 15566 页。

④ 《清水县草簿》，光绪十七年冬月十五日、十二月十四日，第 33 册，第 15604—15607 页。

⑤ 《陕西巡抚魏光焘奏为已故前署正宁县知县王开甲在任亏短地丁银两屡催未清请革职勒限家属清缴事》，光绪二十六年正月二十六日，录副奏折，档号：03-6267-015；《陕甘总督崧蕃奏报查抄亏空地丁等项银两之已故前署正宁县知县王开甲原籍家产》，光绪二十九年四月二十日（朱批日期），军机处档，编号：156847。

⑥ 《清水县草簿》，第 33 册，第 15615—15663 页。

⑦ 《高台县禀稿簿》，光绪十七年六月初四日，第 17 册，第 388 页。

⑧ 《陕甘总督陶模奏为巴燕戎格通判出缺拟以张作霖补授》，光绪二十五年正月二十六日，宫中档，编号：故宫 139393。

⑨ 《清水县草簿》，光绪二十三年二月十一日，第 33 册，第 15619 页。

⑩ 《清水县草簿》，光绪二十三年四月廿二日，第 33 册，第 15623 页。

其二，该员自巴燕戎格厅本任调署清水县任。光绪二十四年正月，省友领取该员“本任巴燕戎半廉”①。该员在巴燕戎格厅交代中，因城防报销不实无法交代，后任邓庚翁不肯为其担责②，省友建议他致信巴燕戎格厅新任张明府妥为关照③。再据民国《西宁府续志》，新任张明府为张若金，邓庚翁为邓朝卿，由此推断该员很可能为方传获。④经查，方传获于光绪十九年补任巴燕戎格厅通判⑤；二十四年三月，仍回巴燕戎格厅本任，清水县缺委袁范（字福先）往署⑥；二十五年病故开缺⑦。

(3) 邓朝卿署理巴燕戎格厅（光绪二十二年八月至二十三年六月）、贵德厅任（光绪二十三年七月至光绪二十四年二月）⑧

邓朝卿，号虎臣⑨，江西金溪县监生，道光十四年（1834 年）生。投效楚军，历保、加捐至知县。光绪八年赴部引见，十八年委署海城县，二十二年补任清水县⑩，二十八年免清水县缺⑪。将《清水县草簿》第 15665—15708 页断为邓朝卿任内省友的禀稿，依据如下。

---

① 《清水县草簿》，光绪二十四年正月廿日，第 33 册，第 15644 页。

② 《清水县草簿》，光绪二十三年正月廿四日，第 33 册，第 15618—15619 页。

③ 《清水县草簿》，光绪二十三年四月廿二日，第 33 册，第 15623 页。

④ 民国《西宁府续志》卷 10《志余》，民国二十七年青海印刷局铅印本，第 27 页。

⑤ 《陕甘总督杨昌濬奏请方传获补巴燕戎格通判事》，光绪十九年五月初四日，录副奏折，档号：03-5306-076。

⑥ 《清水县草簿》，光绪二十四年三月初十日，第 33 册，第 15649 页。

⑦ 《陕甘总督陶模奏为巴燕戎格通判出缺拟以张作霖补授》，光绪二十五年正月二十六日，宫中档，编号：故宫 139393。

⑧ 《清水县草簿》，第 33 册，第 15665—15692、15693—15708 页。

⑨ 《各友启事稿簿》，光绪十八年全月初九日，第 34 册，第 16124 页。

⑩ 《头品顶戴署理陕甘总督新疆巡抚陶模奏请以邓朝卿补清水县知县缺》，光绪二十二年五月二十五日，宫中档，编号：故宫 139153。

⑪ 《头品顶戴陕甘总督崧蕃奏请准以袁范补清水县知县》，光绪二十八年十二月十五日，宫中档，编号：故宫 145424。

其一，草簿中记载该位官员赴任巴燕戎格厅。草簿中收有该员妻子托省友自省城发给他的书信：

夫君大人足下：敬肃者。忆自别后，沿途平安，计已早抵戎署矣。惟是诹吉履新，在于何日？交代一切，有无轇轕，殊为悬念。戎地百姓，当此颠沛之余，举凡迁安赈抚善后一切事宜，虽曰俱属目前当务之急，在在均关紧要，而夫君总宜节劳珍重，是为至嘱。家中大小平安，诸事遵当谨慎，妥为料理，不必远念。肃此。启候。敬颂任喜，暨问近安。妻氏肃启。八月廿四日。①

从其妻信中，可推测八月中下旬该员已抵达“戎署”，其妻关心交代事宜是否顺利，叮嘱他在做好戎地百姓赈抚、善后公务的同时，保重身体。“戎署”即巴燕戎格厅，可与省友“光绪二十六年清水县草簿，巴燕、贵德附内”②中的记载相印证。

其二，据草簿中上下文推断，此时署理巴燕戎格厅的官员为邓朝卿。《清水县草簿》中显示，该位官员的前任为方大老爷。③方忻翁于九月到省拜谒各宪④，次年正月赴清水县任⑤，与前述方传获署任清水县的履历相吻合，可知其即为方志中记载的方传获⑥。再结合次年四月省宪委任张若金署理巴燕戎格厅信息⑦，次年七月省

---

① 《清水县草簿(巴燕戎格厅)》，光绪二十二年八月廿四日，第 33 册，第 15669 页。
② 《清水县草簿(巴燕戎格厅)》，光绪二十六年，第 33 册，第 15665 页。
③ 《清水县草簿(巴燕戎格厅)》，光绪二十二年冬月初四日，第 33 册，第 15675 页。
④ 《清水县草簿(巴燕戎格厅)》，光绪二十二年九月廿九日，第 33 册，第 15672 页。
⑤ 《清水县草簿(巴燕戎格厅)》，光绪二十三年正月廿一日，第 33 册，第 15684 页。
⑥ 民国《西宁府续志》卷 10《志余》，民国二十七年青海印刷局铅印本，第 27 页。
⑦ 《清水县草簿(巴燕戎格厅)》，光绪二十三年四月廿二日，第 33 册，第 15686 页。

友言“邓少爷到兰”的信件[①],可基本断定该位官员为邓朝卿。

其三,邓朝卿署任巴燕戎格厅的时间为光绪二十二年八月至光绪二十三年七月。在该部分草薄中,省友提及邓朝卿补任清水县一事[②],该事发生在光绪二十二年,当年五月陕甘总督陶模出奏请补[③],十二月陕甘总督接到邓朝卿准补清水县的部文[④]。在讨论补任清水县的时间内,省友又提及核办前任方传获光绪二十二年正月初一日至八月二十一日的驿站领款事务[⑤],可初步断定邓朝卿在光绪二十二年八月二十二日接任巴燕戎格厅。

光绪二十三年四月,邓朝卿因派索门牌费,被藩宪撤任[⑥],并令西宁道委员查覆。西宁道覆称并无此事,还在端午节至省城拜谒上宪时极力称赞邓朝卿。六月,藩宪正拟札委邓朝卿会办巴燕戎格厅善后事宜,恰逢贵德厅同知张晖旸(字春谷,四川灌县人)禀请交卸,藩宪当即札委邓朝卿署理贵德厅。[⑦]

其四,邓朝卿署任贵德厅的时间为光绪二十三年七月至光绪二十四年二月。光绪二十三年七月,邓朝卿料理完巴燕戎格厅交代事宜后,赴贵德新任。[⑧]光绪二十四年二月,邓朝卿请假禀文获得

---

① 《清水县草簿(巴燕戎格厅)》,光绪二十三年七月十二日,第33册,第15694页。
② 《清水县草簿(巴燕戎格厅)》,光绪二十二年九月初三日,第33册,第15670页。
③ 《署理陕甘总督陶模奏请邓朝卿补授清水县知县事》,光绪二十二年五月二十五日,录副奏折,档号:03-5342-022;《吏部为抄录核议邓朝卿补清水县知县展限折事致军机处知会》,光绪二十二年七月二十二日,录副奏折,档号:03-5343-071。
④ 《清水县草簿(巴燕戎格厅)》,光绪二十二年十二月十九日,第33册,第15682页。
⑤ 《清水县草簿(巴燕戎格厅)》,光绪二十二年冬月十七日,第33册,第15677页。
⑥ 《清水县草簿》,光绪二十三年四月廿二日,第33册,第15623页。
⑦ 《清水县草簿(巴燕戎格厅)》,光绪二十三年六月初八日,第33册,第15688—15689页。
⑧ 《清水县草簿(贵德厅)》,光绪二十三年七月十三日,第33册,第15693页。

上宪批准，藩宪委任候补通判张作霖署理贵德同知。①该年八月，陕甘总督陶模出奏拟以张作霖补授抚彝厅②，再据张作霖于光绪二十三年十一月丁忧期满起复到省，先署贵德同知，二十四年十一月署理循化同知，二十五年正月拟补巴燕戎格厅通判，可以推测邓朝卿在光绪二十四年二月卸任贵德厅。

(4) 邓朝卿清水县任，光绪二十五年七月至二十八年六月③

光绪二十五年七月二十九日禀信中，省友言及“荣补清水及此次赴任二层，院司吏房应需喜费各给若干”④，当为清水县禀稿。光绪二十六年十月，省友筹办清水县钱粮交代册费，提及前任袁君称自己应摊的一半册费已移交现任。⑤核查方志，袁姓县令仅袁范一员，其后任为邓朝卿。⑥光绪二十七年省友禀信中称“老伯寿高古稀”，“老伯大人精神矍铄”⑦，按邓朝卿于光绪二十二年补任清水县时已 63 岁，二十七年已 68 岁，符合省友年近古稀的描述。⑧光绪二十八年六月，藩宪牌示清水县邓朝卿调省，遗缺委候补知县史文光署理。⑨唯据《清水县志》所载，在邓朝卿与史文光之间，另有黄河

---

① 《清水县草簿(贵德厅)》，光绪二十四年二月初九日，第 33 册，第 15706 页。

② 《陕甘总督陶模奏为抚彝通判出缺拟以张作霖补授》，光绪二十四年八月初一日，宫中档，编号：139340。

③ 《清水县草簿》，第 33 册，第 15709—15733 页。

④ 《清水县草簿》，光绪二十五年七月廿九日，第 33 册，第 15710 页。

⑤ 《清水县草簿》，光绪二十六年十月初六日，第 33 册，第 15717 页。

⑥ 袁范于光绪二十四年三月往署清水县。参见民国《清水县志》卷 9《职官志》，民国三十七年石印本，第 11 页。

⑦ 《清水县草簿》，光绪二十七年八月廿日，第 15722—15723 页。

⑧ 《头品顶戴署理陕甘总督新疆巡抚陶模奏请以邓朝卿补清水县知县缺》，光绪二十二年五月二十五日，宫中档，编号：故宫 139153。

⑨ 《清水县草簿》，光绪二十八年六月廿一日，第 33 册，第 15732 页。

带、潘丙辰两员[①]，目前尚难确定黄、潘两员的确切任职原因与时间。

3.《狄道草稿簿》

(1) 狄道州喻炎丙任，光绪十五年小阳月吉日至十九年正月初八日[②]

喻炎丙，道光十三年(1833年)生[③]，字健秋[④]，湖南郴州廪生，同治十二年(1873年)科举人，拣选知县，投效甘肃军营，于荡平新疆南北两路案内，经前督臣左宗棠保以知县留甘肃补用，加同知衔。光绪六年请咨赴部引见，经钦派王大臣验放。光绪七年五月到甘肃省，八年十月补任两当县知县。[⑤]光绪十年三月因年强才裕、勤政爱民，被调任敦煌县[⑥]，四月试署期满，称职实授[⑦]。光绪十二年四月调补张掖县知县[⑧]，十五年署理狄道州，捐廉俸整兴书院，亲课士子，文风大振[⑨]。光绪十九年正月初八日离任。

---

① 参见民国《清水县志》卷9《职官志》，民国三十七年石印本，第11页。

② 《狄道草稿簿》，第17册，第1—258页。

③ 参见《陕甘总督谭钟麟奏请以喻炎丙补两当县知县事》，光绪八年六月二十四日，军机处档，编号：故机125080。

④ 宣统《甘肃新通志》卷59《职官志·循卓上》，清宣统元年刻本，第13页。

⑤ 《陕甘总督谭钟麟奏请以喻炎丙补两当县知县事》，光绪八年六月二十四日，军机处档，编号：故机125080。

⑥ 《陕甘总督谭钟麟奏请准以喻炎丙调敦煌令事》，光绪十年三月十六日，军机处档，编号：故机126518。

⑦ 《陕甘总督谭钟麟题为甘省署两当县知县喻炎丙试署期满称职请实授事》，光绪十年四月十六日，题本，档号：02-01-03-12153-008。

⑧ 《陕甘总督谭钟麟奏请敦煌县知县喻炎丙调补张掖县知县事》，光绪十二年四月初四日，录副奏折，档号：03-5208-067。

⑨ 宣统《甘肃新通志》卷59《职官志·循卓上》，清宣统元年刻本，第13页；《陕甘总督杨昌濬奏为委任喻炎丙署理狄道州知州等各员缺事》，光绪十六年正月十九日，录副奏折，档号：03-5260-070。

(2) 高台县陈昌任,光绪十五年五月至二十年六月[①]

陈昌,道光二十二年(1842 年)生,四川重庆府铜梁县人,原籍贵州,同治十三年(1874 年)进士,由分部主事改就知县,光绪九年八月选授甘肃庆阳府安化县知县[②],十年七月调任两当县[③],十五年五月十七日到高台县任[④]。高台县任期间,于光绪十七年六月调帘至省,由袁范代理[⑤];二十年六月再次调帘至省,由候补熊存澍代理[⑥];二十二年四月,陈昌自高台县调补皋兰县[⑦];二十四年升补丹噶尔同知[⑧]。

4.《平罗底稿簿》

署理平罗县左寿源任,光绪七年四月至八年五月。[⑨]

左寿源,又名左寿棠,自镇原县调署平罗县。[⑩]其前任明邦忠于光绪五年正月经陕甘总督左宗棠奏请补授平罗县[⑪],并聘用省书张子贞

---

① 《高台县禀稿簿》,第 17 册,第 259—515 页。

② 秦国经主编:《清代官员履历档案全编》第 27 册,上海:华东师范大学出版社,1997 年,第 569 页。

③ 《陕甘总督谭钟麟奏请以陈昌等委署两当县知县等缺》,光绪十年七月初二日,军机处档,编号:故机 129633。

④ 《署理陕甘总督新疆巡抚陶模奏请以高台县知县陈昌调补皋兰县知县员缺》,光绪二十二年四月初一日,宫中档,编号:故宫 139130。

⑤ 《高台县禀稿簿》,光绪十七年六月初八日,第 17 册,第 389—390 页。

⑥ 《高台县禀稿簿》,光绪二十年六月初六日,第 17 册,第 512—513 页。

⑦ 《署理陕甘总督新疆巡抚陶模奏请以高台县知县陈昌调补皋兰县知县员缺》,光绪二十二年四月初一日,宫中档,编号:故宫 139130。

⑧ 《陕甘总督陶模奏为仍请以皋兰县知县陈昌升补丹噶尔同知事》,光绪二十四年八月十二日,宫中档,编号:故宫 139350。

⑨ 《平罗底稿簿》,第 49 册,第 22775—22825 页。

⑩ 《平罗底稿簿》,光绪七年七月十三日,第 49 册,第 22785 页。

⑪ 《陕甘总督左宗棠奏请以明邦忠补授平罗县知县事》,光绪五年正月二十四日,档号:04-01-12-0526-072。

处理省事[①]。光绪八年五月，明邦忠重新出任平罗县，左寿源卸任。[②]

5.《碾伯公牍禀稿簿》

署理碾伯县姚长龄任，光绪七年正月至八年六月。[③]

光绪六年(1880年)年底，碾伯知县杜世勋署任年满，新补知州姚长龄接署。[④]姚长龄，号九如[⑤]，道光二十八年(1848年)生，云南富民县附生，因军功劳绩历保至知州。同治十三年四月，咨部验看，掣签甘肃；九月十七日，经吏部带领引见。光绪元年四月二十三日，到甘肃省缴照，准留甘肃补用。光绪二年四月，试看一年期满，准以知州原官留甘肃，以繁缺知州照例补用。[⑥]光绪七年正月至八年六月署任碾伯县，十八年有补宁州知州之议[⑦]，二十八年十二月回宁州本任[⑧]。

6.《毛目分县稿簿》

王梦龄任，光绪十一年四月至十三年四月。[⑨]

王梦龄生平不可考。据宋树森禀函透露，王梦龄自光绪十一年四月署任毛目分县县丞[⑩]，十二年年底因交代册造报迟延被部议

---

① 《平罗底稿簿》，光绪七年六月廿日，第49册，第22779—22780页。

② 《平罗底稿簿》，光绪八年五月初一日，第49册，第22825页。

③ 《碾伯公牍禀稿簿》，第29册，第13719—13835页。

④ 《陕甘总督左宗棠奏为委署碾伯县等处知县各员事》，光绪六年十二月二十三日，录副奏片，档号：03-5154-111；《碾伯公牍禀稿簿》，光绪七年正月廿七日，第29册，第13724页。

⑤ 《各友启事稿簿》，光绪十八年四月廿日，第34册，第16051页。

⑥ 《陕甘总督左宗棠奏陈姚长龄堪以知州留任甘肃照例补用缘由》，光绪二年六月十七日，宫中档，编号：故宫142256。

⑦ 《各友启事稿簿》，光绪十八年春，第34册，第16082页。

⑧ 《陕甘总督崧蕃奏报宁州知州姚长龄调署古浪知县事等由》，光绪二十八年十二月十九日，军机处档，编号：故机153531。

⑨ 《毛目分县稿簿》，第33册，第15457—15509页。

⑩ 《董志潘草稿簿》，光绪十二年八月八日，第33册，第15525页。

处革职①,后经陕甘总督谭钟麟等咨部开除销案②。光绪十七年六月,王梦龄为甘草店厘局委员。③

7.《抚彝禀稿簿》

周氏任,光绪九年八月至十年十一月。④

抚彝厅通判周氏⑤,光绪九年八月十八日到任⑥,十年十一月卸任⑦,其子名周慎吾⑧。其前任为杜恩培,因派买军米,押毙生员被革职。⑨其后任为宋金坛⑩,号杏楼,祖籍直隶⑪。

8.《丹噶尔分府禀稿簿》

袁昌鹗任,光绪十年十二月至十一年十月。⑫

袁昌鹗,字竹泉⑬,湖南长沙人,由俊秀历保直隶州。光绪十年十二月二十九日署任丹噶尔分府同知,在任时洁己爱民。⑭光绪十一年十月十一日亥时逝于任。⑮

---

① 《董志潘草稿簿》,光绪十二年冬月初十日,第 33 册,第 15535 页。
② 《毛目分县稿簿》,光绪十三年二月廿日,第 33 册,第 15502 页。
③ 《各友启事稿簿》,光绪十七年六月初九日,第 34 册,第 15973 页。
④ 《抚彝禀稿簿》,第 31 册,第 14631 14682 页。
⑤ 《抚彝禀稿簿》,光绪九年八月吉日、光绪十一年二月,第 31 册,第 14631、14682 页。
⑥ 《抚彝禀稿簿》,光绪九年十一月廿二日,第 31 册,第 14641 页。
⑦ 《抚彝禀稿簿》,光绪十年冬月十三日,第 31 册,第 14677—14678 页。
⑧ 《抚彝禀稿簿》,光绪十年二月初十日,第 31 册,第 14651 页。
⑨ 《抚彝禀稿簿》,光绪十年新正十一日,第 31 册,第 14647 页;(清)谭钟麟:《谭钟麟奏稿校注》,赵维玺标点、校注,长沙:岳麓书社,2023 年,第 210—211 页。
⑩ 《抚彝禀稿簿》,光绪十年二月十九日,第 31 册,第 14652 页。
⑪ 《抚彝禀稿簿》,光绪十年八月廿五日,第 31 册,第 14672 页。
⑫ 《丹噶尔分府禀稿簿》,第 33 册,第 15285—15304 页。
⑬ 《丹噶尔分府禀稿簿》,光绪十一年二月吉日,第 33 册,第 15285 页。
⑭ 光绪《丹噶尔厅志》卷 1,清宣统二年甘肃官报书局铅印本,第 30 页。
⑮ 《丹噶尔分府禀稿簿》,光绪十一年十月廿日,第 33 册,第 15303 页。

9.《陇西信件簿》

叶氏任，光绪七年正月至八年五月。①

叶氏履历，遍寻无得。从陇西禀稿信件簿可知，叶氏先任永昌县②，后任贵德厅、陇西县。叶氏接任陇西县后，省友代办其在贵德厅、陇西县任交代事宜③。宋树森言："叶大老爷在于贵德，幸叨平善，口声嫌苦，互相咀怨，书之过也"④，并代领叶氏前在贵德任俸银⑤。其陇西县的前任为郑先懋⑥；后任为李寿芝，字荇仙，湖南长沙廪生，光绪十年任张掖县⑦。

10.《化平厅草簿》

张彦笃任，光绪十二年十一月至十七年七月。⑧

张彦笃，咸丰二年（1852 年）生，字筱山，监生，河南光山县人，由监生报捐通判，分发甘肃分缺补用，并加提举衔。同治十二年三月十九日验放到省，嗣经补授化平直隶抚民通判。光绪十二年十二月到化平任，二十七年调署泾州直隶州知州，二十八年升补洮州同知。其在化平厅历俸 16 年，无参罚案件。上宪评价张彦笃"朴实精明，通达

① 《陇西信件簿》，第 29 册，第 13839—13881 页；《陇西县稿底簿》，第 31 册，第 14343—14360 页。
② 《陇西信件簿》，光绪七年冬月十五日，第 29 册，第 13872 页。
③ 《陇西信件簿》，光绪七年十月初九日，第 29 册，第 13857—13858 页。
④ 《陇西信件簿》，光绪七年冬月二十日，第 29 册，第 13873 页。
⑤ 《陇西县稿底簿》，光绪八年四月廿九日，第 31 册，第 14353 页。
⑥ 宣统《甘肃新通志》卷 29《祠祀志》，清宣统元年刻本，第 47 页；《陇西信件簿》，光绪七年冬月初六日，第 29 册，第 13869 页。
⑦ 宣统《甘肃新通志》卷 61《职官志・循卓下》，清宣统元年刻本，第 42 页；《陇西县稿底簿》，光绪八年五月十九日，第 31 册，第 14355 页；《护理陕甘总督杨昌濬奏请试用知县李寿芝试署陇西县知县事》，光绪七年四月二十四日，录副奏折，档号：03-5160-075。
⑧ 《化平厅草簿》，第 33 册，第 15307—15454 页。

政体，于番回边情尤为熟悉”①。

11.《董志潘草稿簿》

潘文镜，庄浪分县、董志原分县县丞任，光绪十二年五月至十三年十一月。②

董志原分县县丞潘，名不见经传。唯据陕甘总督谭钟麟奏报光绪十三年下忙钱粮未解州县时，提及董志原分县县丞潘文镜病故③，始知该县县丞可能为潘文镜。另据《董志潘草稿簿》于光绪十三年十月底戛然而止④，十一月二十四日省友致潘文镜之子潘润生的唁信⑤，提及“院接文报，惊悉令尊父台大人跨鹤仙逝……遗篆廿三日藩宪牌委县丞杨德霖署理”⑥以及《庆阳府志》所载“杨得（按：德）霖，光绪十四年任”等⑦，可知董志原分县县丞为潘文镜无疑。

潘文镜长期任职甘肃布政司照磨。⑧光绪十一年二月二十日至

① 光绪《洮州厅志》卷10《职官》，清光绪三十年抄本，载《中国方志丛书·华北地方》第349号，台北：成文出版社，1970年，第516页；《陕甘总督崧蕃奏为洮州同知出缺拟以张彦笃升补》，光绪二十八年十月十六日，宫中档，编号：故宫145123；《陕甘总督崧蕃奏以张彦笃等调署所属泾州等处州县各缺》，光绪二十七年十二月初三日，军机处档，编号：故机147119。

② 《董志潘草稿簿》，第33册，第15513—15560页。

③ （清）谭钟麟：《谭钟麟奏稿校注》，赵维玺标点、校注，长沙：岳麓书社，2023年，第573页。

④ 《董志潘草稿簿》，光绪十三年十月三十日，第33册，第15560页。

⑤ 潘文镜在庄浪分县、董志原分县县丞任，有子协理政务，此人很可能为潘润生。参见《董志潘草稿簿》，光绪十二年六月初八日、九月初十日，第33册，第15515—15516、15531页。

⑥ 《宋克用信稿》，光绪十三年十一月廿四日，第52册，第24523—24524页。

⑦ 杨景修编纂：《庆阳府志续稿》，庆阳市地方志办公室整理，王立明点校，兰州：甘肃文化出版社，2013年，第122页。

⑧ 《吏部尚书宝鋆题为掣签同治十一年九月份急选候选布政司照磨潘文镜等员开列职名恭候命下事》，同治十一年十月十七日，题本，档号：02-01-03-11636-011；《大学士管理吏部事务宝鋆题为甘肃布政司照磨潘文镜办事勤慎初次六年俸满准保荐事》，题本，光绪六年十月初五日，档号：02-01-03-11963-018；《陕甘总督谭钟麟题为特举甘肃布政司照磨潘文镜堪膺卓异之选事》，光绪九年十二月十九日，题本，档号：02-01-03-12120-011。

十二年三月二十一日代理库厅①，约于十二年三月交卸照磨②，赴庄浪分县，七月调署董志原分县③。光绪十三年十一月逝于董志原分县县丞任④。

12.《东乐草稿簿》

吴沆任，光绪十八年闰六月至十九年正月。⑤

吴沆，湖南湘阴监生，同治十年署任东乐分县县丞，光绪十七年任狄道州沙泥分州州判⑥。光绪十八年六月代理红水分县县丞，闰六月署理东乐分县县丞⑦，十九年正月二十日病故于任⑧。

13.《各友启事稿簿》与《宋克用信稿》所涉州县官

(1) 平凉县高心伯任，光绪十三年七月至十六年六月⑨

高心伯，原名梦璧，字仲陶，别字卧琴，江西湖口县举人。⑩光绪十三年任平凉县，"为人崖岸自高，性情拘执，不洽舆情"⑪，因与本府龃龉被诘开缺⑫，十五年年底办齐平凉县交代册⑬，十六年请假

---

① 《董志潘草稿簿》，光绪十三年二月初五日，第 33 册，第 15541 页。
② 《毛目分县稿簿》，光绪十二年二月廿七日，第 33 册，第 15482 页。
③ 《董志潘草稿簿》，光绪十二年七月初一日，第 33 册，第 15517 页。
④ 《宋克用信稿》，光绪十三年十一月廿四日，第 52 册，第 24523—24524 页。
⑤ 《东乐草稿簿》，第 35 册，第 16223—16297 页。
⑥ 民国《东乐县志》卷 3《县丞》，民国十二年克业石印馆石印本，第 2 页；宣统《狄道州续志》卷 7《职官表》，清宣统元年刻本，第 3 页。
⑦ 《东乐草稿簿》，光绪十八年闰六月初四日，第 35 册，第 16229 页。
⑧ 《东乐草稿簿》，光绪十九年二月初四日，第 35 册，第 16284 页。
⑨ 《宋克用信稿》，光绪十三年七月十三日，第 52 册，第 24481—24482 页；《各友启事稿簿》，光绪十六年六月十二日，第 34 册，第 15927—15928 页。
⑩ 同治《湖口县志》卷 7《选举志·举人》，清同治九年刻本，第 21 页。
⑪ 民国《平凉县志》卷 2《职官四》，抄本，第 9 页。
⑫ 《各友启事稿簿》，光绪十六年正月十四日，第 34 册，第 15898 页。
⑬ 《各友启事稿簿》，光绪十五年十二月廿五日，第 34 册，第 15888 页。

南归，携带眷属东下，往东河总督许振祎处别图事机[1]。光绪十八年五月二十七日，高心伯以同知衔前甘肃平凉县知县身份，列入河南河防局员保奏名单中。[2]

其账房幕友侯滋斋[3]，于光绪十三年随着高心伯的赴任，映入省友视野[4]，至十六年依然为平凉幕友[5]，十七年仍与省友宋克用保持联系[6]。

(2) 古浪捕厅(右堂)

① 胡松亭任，光绪十六年正月至十七年六月

胡松亭，光绪十六年正月到任[7]，十七年六月离任[8]，十七年八月于闱内当差[9]，兼行医术[10]。

② 张渭川任，光绪十七年六月起

张渭川，直隶籍，言辞豁达，人极畅快。[11]光绪十七年六月起，宋树森为其省友[12]，双方合作愉快。光绪十七年八月，省友派其亲戚练生向古浪县张守栋催领借项时，顺道带有薄礼，并言“来人(舍亲练生)系初出茅庐，诸凡未谙，堂翁处一切还使鼎言婉转，俾免久

---

① 《各友启事稿簿》，光绪十六年八月廿六日，第34册，第15931页。
② (清)许振祎:《督河奏疏》卷5，载沈云龙主编《近代中国史料丛刊续辑》第997册，台北:文海出版社，1984年，第239—248页。
③ 《化平厅草簿》，光绪十四年三月初六日，第33册，第15347页。
④ 《宋克用信稿》，光绪十三年七月十三日，第52册，第24481—24482页。
⑤ 《各友启事稿簿》，光绪十六年六月十二日，第34册，第15927—15928页。
⑥ 《各友启事稿簿》，光绪十七年，第34册，第16019—16021页。
⑦ 《各友启事稿簿》，光绪十六年二月廿二日，第34册，第15904页。
⑧ 《各友启事稿簿》，光绪十七年五月廿八日，第34册，第15966页。
⑨ 《各友启事稿簿》，光绪十七年八月十八日，第34册，第15991页。
⑩ 《高台县禀稿簿》，光绪十五年冬月初六日，第17册，第292页。
⑪ 《各友启事稿簿》，光绪十七年五月廿八日，第34册，第15966页。
⑫ 《各友启事稿簿》，光绪十七年六月初九日，第34册，第15974—15975页。

羁。费神之处,容后图答”[①]。

(3) 平番县

① 吴莹任,光绪七年宋树森为吴莹省友。光绪七年十月初二日,宋树森发出平番六号禀信,十月初六日发出平番七号书信。[②]

吴莹,光绪五年补授平番县[③],七年七月因与土司鲁如皋互相禀揭被撤任[④],闰七月初发审局连日讯鞫,札调吴莹进省堂质以定案[⑤],十月吴莹交卸回省[⑥],十一月病故[⑦]。宋树森分析,吴莹因“花场去年取利”被撤任,并非全因土司控案。[⑧]

② 米协麟任,光绪十一年至十五年宋树森为米协麟省友

米协麟,生于道光九年(1829 年),济宁直隶州进士。光绪三年任直隶东明县知县[⑨],因海运出力,保奏以直隶州知州升用。光绪四年十月丁忧[⑩]。丁忧服满,于光绪十年五月掣签甘肃阶州文县

① 《各友启事稿簿》,光绪十七年八月十八日,第 34 册,第 15991—15992 页。

② 平番六号书信提到“平凉陈延芬辞署,另准委人”,与碾伯县禀信内容相同,即“初一日平凉县陈延芬不愿赴任,业经告辞,藩台允准,有委他人之说”。参见《碾伯公牍禀稿簿》,光绪七年十月初二日、初六日,第 29 册,第 13785—13787、13803 页。

③ 《陕甘总督左宗棠奏请以吴莹补授平番县知县事》,光绪五年三月二十日,朱批奏折,档号:04-01-12-0526-085。

④ 《光绪朝法律公牍(华亭县)》,光绪七年七月二十日,第 51 册,第 24073 页。

⑤ 《碾伯公牍禀稿簿》,光绪七年闰七月初一日,第 29 册,第 13776 页。

⑥ 《陇西信件簿》,光绪七年十月二十九日,第 29 册,第 13867 页。

⑦ 《陇西信件簿》,光绪七年冬月卅日,第 29 册,第 13877 页;《陕甘总督左宗棠题报甘省平番县知县吴莹病故日期事》,光绪八年正月二十八日,朱批奏折,档号:02-01-03-12043-019。

⑧ 《碾伯公牍禀稿簿》,光绪七年闰七月初一日,第 29 册,第 13776 页。

⑨ 《大学士管理吏部事务宝鋆题为议准直隶总督请以米协麟补授东明县知县事》,光绪三年七月二十八日,题本,档号:02-01-03-11807-035。

⑩ 《直隶总督李鸿章题报东明县知县米协麟丁忧日期事》,光绪四年十月十四日,题本,档号:02-01-03-11862-010。

知县缺。[1]光绪十一年十一月，调补平番县知县。[2]光绪十五年七月至八月调帘至省，九月回任[3]，后改为教职回籍。米协麟在甘肃三迁冲繁，宋树森侍奉九载。[4]其长子米献臣常年在署打理账房。米协麟还聘有幕友蔡百川、门上苑雨亭。省友宋树森、宋克用父子，与米献臣、蔡百川书信往来颇多。[5]

(4) 迪化州巡检

周芳煦任，光绪七年八月至十年二月任。[6]

周芳煦，号曙谷[7]，生于道光二十三年(1843年)，湖南湘乡人，同治九年由文童报捐从九职衔，十年投效甘肃军营。光绪二年在关陇肃清案内保准以从九品选用。光绪七年八月，委署迪化州巡检。[8]光绪十年二月，委署呼图壁巡检；十二年六月，调署精河巡检；十六年十一月，借补迪化府[9]经历，十七年五月经部覆准，十八年初

---

① 秦国经主编:《清代官员履历档案全编》第27册，上海:华东师范大学出版社，1997年，第608　609页。

② 《陕甘总督谭钟麟奏请米协麟调补平番县知县事》，光绪十一年十一月二十九日，录副奏折，档号:03-5203-077。

③ 《各友启事稿簿》，光绪十五年七月初十日、九月十六日，第34册，第15826、15874页。

④ 在米协麟与米献臣离开甘肃时，其子汝惠不愿离开，携带眷口隐迹于其戚周姓家。当米协麟寻子家信于光绪十八年闰六月转至宋树森处时，汝惠又移居山子石巷孙姓院中。虽经宋树森竭力劝归，汝惠口应心非，节次推延，羁留不归。参见《各友启事稿簿》，光绪十八年又六月二十八日，第34册，第16078—16079页。

⑤ 《各友启事稿簿》，光绪十四年腊月廿七日，光绪十五年三月初八日、冬月廿日，第34册，第15784—15785、15805、15856—15858页。

⑥ 《碨伯公牍稟稿簿》，光绪七年十月，第29册，第13786、13788页。

⑦ 《各友启事稿簿》，光绪十六年仝月十一日，第34册，第15955页。

⑧ 《陇西信件簿》，光绪七年十月廿一日，第29册，第13864页。

⑨ 光绪十年新疆建省，光绪十二年迪化州升为迪化府。参见周振鹤主编:《中国行政区划通史》(清代卷)，上海:复旦大学出版社，2013年，第417页。

十日到任；二十三年五月，调署莎车州回城巡检，六月初一日交卸迪化府经历；二十七年六月二十一日，仍回迪化府经历本任。光绪三十一年，升补新平县知县。①

① 《甘肃新疆巡抚潘效苏奏请以周芳煦升补新平县知县事》，光绪三十一年正月二十四日，朱批奏折，档号：04-01-12-0642-006。

第一章
省友的概念、来源及其收支

本章首先对清代坐省家人、省友的概念与内涵进行辨析，以勾勒出该群体自州县官家人中择派赴省到州县官自省城雇募的演变过程。通过梳理甘肃省友的不断更名，探究更名原因，管窥省友的生存方式；通过对省友雇募方式、办公场所等问题的讨论，考察其在清代地方政治中“私”而“非公”的性质。最后，以宋树森父子为个案，对晚清省友的收入与支出进行考察，指出省友收入的多样性且有一定的余润。

第一节　省友概念及其异名考略

据清代则例可知，府州县官若无公事，不能随便赴省谒见上宪。对于州县投文解犯、领解钱粮等事务，可派妥当书役携带文领前往省城办理；交代册、钱粮奏销册和赦案奏销册，应由各州县造册详报府道，经府道递至藩臬两司，由司房核册汇总造办，严禁州县书役携带预印空白册赴省造办。藩臬两司不得擅提印官，亦不得徇纵司房书吏提传州县书吏到省造册。[①]然而,在实际操作中,州县官担心临时派办书役人地生疏,有延误错漏之忧,遂设长班坐省照料,此即州县官的坐省家人。[②]他们代表州县处理藩司、臬司及督抚衙门相关事务,在地方行政机构运作中起着沟通协调作用,对我们考察清代地方政务运行机制来说非常重要。

一、何谓省友

长期以来,学界多据官箴书等文献记载,从州县官的长随家人视角来解读坐省家人。瞿同祖定义"坐省家人"是被州县官安排在省城专门从事联络工作的长随。[③]郭润涛称之为"长班",即州县官派往省城专门探听上司衙门关于本州县事务的安排,以及上司和其官亲生辰寿诞等信息的家人,属于州县官办差家人中的一个分支。[④]江晓成也倾向性地认为坐省家人是府州县等基层地方政府正印官派遣常驻省城打理事务的家人。[⑤]这在清前期的官方资料中也得到印证,雍乾之际江西按察使凌焘在《饬禁长随坐省檄》中有言:

> 照得家人坐省,例禁甚严,原以伊等藉事生风,饰无捏有,欺诳招摇,故特申禁令以绝诓骗之端,杜钻营之渐。近查各属

---

① (清)于敏中等修:《钦定户部则例》卷16《田赋·奏销考成》,载故宫博物院编《故宫珍本丛刊》第284册,海口:海南出版社,2000年,第138—139页。

② (清)钱景星:《露桐先生年谱·前编》卷4,载北京图书馆编《北京图书馆珍本年谱丛刊》第109册,北京:书目文献出版社,1999年,第389页。

③ 瞿同祖:《清代地方政府》,范仲信等译,北京:法律出版社,2011年,第128页。

④ 郭润涛:《清代的"家人"》,载朱诚如、王天有主编《明清论丛》第1辑,北京:紫禁城出版社,1999年,第388页。

⑤ 江晓成:《清代的坐省家人》,《中国史研究》2018年第3期。

虽无坐省家人，而有种不法长随，专行包揽，名为坐省探事，每以一人包管数郡州县。凡遇大小公事，动称打点名色，不云某衙门书役应如何斡旋，则称某衙门官府应如何交际，恣行冒捏，图饱私囊。甚或造作妄言，关说利害，捏捕风捉影之词，为勾利营私之计。无识之员，方且委心任使而不知其早堕术中。①

从凌焘檄文称坐省探事为专行包揽的长随，可知坐省探事、坐省家人均划为州县官的长随家人名下，该群体主要在省城打点州县的大小公事。学界将之视为州县官家人、专职处理省事的研判基本成立。唯凌焘檄文所揭示的坐省探事每人包管数个州县省事一节②，表明至迟在乾隆初年州县省事已出现专职化发展面相，虽然凌焘仍称之为“长随”。换言之，随着时间推移，清代传统意义上的“坐省家人”已发生变化，他们与州县并非一对一的关系，即非州县官自派，且并非仅代办本官、本州县事务。此时的坐省探事，显为专职承揽州县省事的中介机构，一对多地服务于有需求的州县官。

这种专职承办州县省事的中介性坐省群体，在甘肃称为“省友”或“省书”。嘉庆二十年，陕甘总督先福称“甘肃向有省友名目”③。

---

① (清)凌焘:《西江视臬纪事》卷3《文檄·饬禁长随坐省檄》，载《续修四库全书》编纂委员会编《续修四库全书》史部第882册，上海:上海古籍出版社，2002年，第98页。

② 学界对该问题关注不多，唯江晓成在讨论土著专业人员时，对坐省家人同时包揽好几个府州县业务、有固定的从业群体、父子相承、长据此业等特征进行初步描述。参见江晓成:《清代的坐省家人》，《中国史研究》2018年第3期。

③ 《陕甘总督先福奏报甘肃查拿省友严肃吏治情形事》，嘉庆二十年九月十二日，录副奏折，档号:03-1859-032。

道光十年，吏科给事中牛鉴称“甘肃候补各州县于到省之时，俱招募一人在省办事，名曰省书”①。道光二十九年，祁寯藻赴甘肃查办岷州知州陈昌言禀讦上司案时表示“查询省书一事，即系外州县坐省家人”②，其承办州县提省犯人口粮、差役盘费，代州县官买办物件，照料公馆。③

坐省家人的职能在“甘肃省友禀稿信件簿”中得到进一步证实。宋树森称其同侪为省友、省书。其中，以省友相称者，如“西宁县省友陈子隐”④。处理化平厅奏销册费时，宋树森请化平厅现任催其前任“令伊省友早为托应”⑤。宋树森还对新任化平厅张彦笃抱怨道：“前任省友言未见信，不肯应承”，“前任省友李姓云及接准石函，交代册规并未提及，不能垫给”。⑥以“省书”相称者，有平罗县省书张子贞。光绪七年平罗县交代中，前任明邦忠任内领解动支各款不遵定章，藩司坚持驳诘。宋树森担心驳诘后交代延期，拟与明邦忠的“省书张子贞公同商办”⑦。至于平罗交代册结应付规费，宋树森言有旧章可循，“前任省书均有帐簿，需用一切，两任分出，设有多用，显而易见”⑧。

宋树森在给州县官的信函中则经常以“书”自称。在《平罗底

---

① 《吏科给事中牛鉴奏请严禁甘肃坐省书吏事》，道光十年九月十五日，录副奏折，档号：03-2850-057。

② 任国维主编：《祁寯藻集》第 1 册《日记 · 甘肃查办全案》，太原：三晋出版社，2009 年，第 313—314 页。

③ 任国维主编：《祁寯藻集》第 1 册《日记 · 甘肃查办全案》，太原：三晋出版社，2009 年，第 328 页。

④ 《碾伯公牍禀稿簿》，光绪七年八月初六日，第 29 册，第 13792 页。

⑤ 《化平厅草簿》，光绪十三年二月廿二日，第 33 册，第 15317 页。

⑥ 《化平厅草簿》，光绪十三年三月初十日、闰四月初一日，第 33 册，第 15319、15325 页。

⑦ 《平罗底稿簿》，光绪七年六月廿日，第 49 册，第 22779 页。

⑧ 《平罗底稿簿》，光绪七年六月廿五日，第 49 册，第 22780 页。

稿簿》《抚彝禀稿簿》中以“书树森谨禀”落款。[①]在毛目分县县丞脚粮领取风波中，宋树森也自称为“书”：

脚粮银两，实因各债逼迫，无奈商及请领，以济眉急，将稿拟就，书即具禀呈请电阅，赐文具领，稍还客利，免生风波。余银若干，再请拨用。讵料父台误会其意，以为书已投领，全数扣债，直禀藩宪追缴等情到司。藩宪饬查各房，并无只字片纸，始免诘问。所禀太恨(按：狠)，既称并无加害，不见□□□□□父台宽仁厚德，无微不至，捧诵之下，令人钦佩。书禀各语，如有牴犯，均望原宥。[②]

由上可知，省友与省书，当为甘肃官场对坐省家人的通称。坐省家人、省友、省书名目之所以在清代兼存并用，很可能是清廷查禁坐省家人的产物。陕甘总督杨遇春奏请禁革省书时称：“嗣后但有省书之名及变易其名而仍办省书之事者，即逐名拏究”，旨在防止省书更换名称，仍然操持旧业。[③]可见该群体通过更换名称来规避上宪的查拿惩治。

二、驻省办：小人物宋树森

1. 宋树森履历

宋树森，浙江山阴人，监生。[④]宋树森先在甘肃营幕做事，光绪

---

① 《平罗底稿簿》，光绪八年三月十八日，第 49 册，第 22822 页；《抚彝禀稿簿》，光绪十年新正十一日，第 31 册，第 14648 页。

② 《毛目分县稿簿》，光绪十二年六月十一日，第 33 册，第 15491 页。

③ 《陕甘总督杨遇春呈酌拟甘肃省杜亏章程十条清单》，道光十一年八月十八日，录副奏折，档号：03-3368-069。

④ 《缙绅全书·中枢备览》(光绪二十三年秋)，载清华大学图书馆、科技史暨古文献研究所编《清代缙绅录集成》第 61 册，郑州：大象出版社，2008 年，第 342 页。

十七年十月十四日其致古浪朱稿爷的信函中载：

> 前练先生回省，据称贵同事唐兄云，先室墓处，渠忆尚记。弟闻之不胜欣慰，拟令练先生此次来古，立一小碑记，能搬与否，俟弟明春来看，再作计较。缘亡妻殁时，弟在营幕，犬子幼小，一切均系舍九弟同友安置，故弟莫视其处。若不早立碑记，倘隔年久，则愈难视矣。望兄代恳唐兄，领指立碑，则存亡均感激不啻于世世矣。请代面恳，容后图谢，是为至祷。专此。①

可见宋树森在营幕做文案时，其子年幼。而光绪十七年宋树森之子宋克用信函中称自己“年未半甲”②，而六十年为一甲子，可知宋克用不到30岁。若以光绪十七年宋克用30岁计算，结合宋树森妻子去世时其子幼小一节，大概可以推测宋树森在营幕做文案工作的时间是在同治年间。

光绪六年或者更早一些时间，宋树森已开始代理陇西县省务。③光绪七年，宋树森开始在曾国藩的督院号房当差，同时代理州县省务。在给华亭县正堂雷文渊的禀稿中，他说来信“马封袋写督院号房宋某开折”，“抑或填注兰省南府街红巷子”。④可见在督院号房当差的宋树森，居住于兰州南府街红巷子。光绪七年他致碾伯县令禀稿中自称“初办省事，诸多不谙”。⑤

光绪八年，宋树森转为藩司李慎的执帖家人。光绪八年正月

---

① 《各友启事稿簿》，光绪十七年十月十四日，第34册，第16003页。

② 《各友启事稿簿》，光绪十七年年末，第34册，第16019页。

③ 《陇西县稿底簿》，光绪八年五月十九日，第31册，第14355页。

④ 《光绪朝法律公牍（华亭县）》，光绪七年二月十五日，第51册，第24055—24056页。

⑤ 《碾伯公牍禀稿簿》，光绪七年七月初一日，第29册，第13760页。

二十九日，宋树森在致碾伯县姚长龄的禀函中写道："书现在藩司派管执帖，如有好音，即为飞报。"[①]藩司作为一省钱粮、人事总汇之地，宋树森以藩司执帖家人身份，兼理州县省事，对解决州县在藩司的诸多事务很有帮助。

省友的修金收入，使宋树森得以捐做佐杂官员。光绪十六年他捐职为候选巡检[②]，十九年正月以典史身份被分发到甘肃试用，二十三年四月补任庆阳府正宁县典史[③]。

2. 宋树森的驻省办事处

宋树森作为甘肃布政使、陕甘总督的门上、家人，熟识衙门幕友和书吏，了解衙门内幕，有承办州县省事的便利。然而，宋树森身兼多职，又患有旧疾，天冷时行动不便[④]，遂雇请亲戚朋友协助打理他承揽的州县省事。

通过绪论第四节"甘肃省友禀稿信件簿等考证"的论述，我们已知道宋树森主要在外包揽、应酬，宋克用帮他打理内务，承担账房、书启、采买等工作。除此之外，宋树森还雇请先生来协助处理信稿、收账、递信、采买之类的事务。光绪十三年正月，宋克用致彭愓如函载：

> 敝处事繁钱少，兄不言，弟自备悉。束修一层，弟已禀商家严，新春为始，与阁下酌量加增，公事一切，全赖足下（此话

---

① 《碾伯公牍禀稿簿》，光绪八年正月廿九日，第 29 册，第 13822 页。

② 《化平厅草簿》，光绪十六年正月十二日，第 33 册，第 15402 页。

③ 《缙绅全书》（光绪十九年春），载清华大学图书馆、科技史暨古文献研究所编《清代缙绅录集成》第 53 册，郑州：大象出版社，2008 年，第 221 页；《缙绅全书·中枢备览》（光绪二十三年秋），载清华大学图书馆、科技史暨古文献研究所编《清代缙绅录集成》第 61 册，郑州：大象出版社，2008 年，第 342 页。

④ 《化平厅草簿》，光绪十五年七月廿四日，第 33 册，第 15388 页。

拟十五日吃饭时，均要说明)。设难兼顾，拟另请人相助帮缮，均无不可。至于银钱，弟等看得极其轻松。如去岁阁下束修共应得银卅六两，依兄自算，统共使过亦在六十金以外，弟等并无异言，总未亏负于人。何以近观我兄终日懈怠，屡有不悦之意。既是不愿，亦该说明有何难哉。元旦至今共有(十)一日，致弟处公事叠叠积压案头，各官问罪之信纷至沓来。误人衣食，咎有应得，言念及此，深堪痛恨。阁下鸿才素著，请扪胸自问，已心何安？乘此一元复始，正值大鹏高飞之际，请即另图大业。敝处事宜，业已另用有人。俟后如有相烦阁下之处，再效刘先生四顾茅庐故事可也。……阁下修金十一二两，年长使若干，请自核算，照数掷下为感。……新正十二日夜，灯右呵冻。①

从"相助帮缮"可知，彭惕如的工作是抄写缮录，年薪 36 两。彭惕如可能嫌弃工资低而消极怠工，致使宋处公事积压颇多，各官问罪之信不断，引起了宋克用的不满。宋克用表示，若因工资低，他已经和宋树森商量给彭惕如加薪；若不愿意做，也请讲明有何难处。这样积压公事，着实可恨，故拟元宵节吃饭时摊牌，炒掉彭惕如，另雇书吏帮缮。从后来的信函可知，彭惕如被解雇，到靖远县去做师爷了。②

彭惕如之后，宋氏父子也雇有其他书吏来帮办州县省事。光绪十四年，宋树森添雇一二人，但在宋克用看来均不可靠。③光绪十

① 《宋克用信稿》，光绪十三年新正十二日，第 52 册，第 24428—24429 页。

② 《各友启事稿簿》，光绪十五年七月十九日，第 34 册，第 15837 页。

③ 《宋克用信稿》，光绪十四年七月初七日，第 52 册，第 24575 页。

六年后，宋树森分别雇有曹先生、罗先生、陈先生。①可以说，宋树森、宋克用与其雇聘的先生彭惕如、曹先生等，共同组成一个专职包办府厅州县省事的中介机构。其中，宋树森凭借在督藩衙门的家人身份，在外承揽州县省事。其子宋克用主管财政、书函事务。雇请的先生帮助缮录文册。这种情况不独甘肃一省，也见于晚清的广州，如杜凤治的坐省家人施高、潘泰在督署前开设有驻省机构。②

三、兰州的省友行当

甘肃府州县在省城设坐省，不仅各州县皆然，而且历史悠久。乾隆四十九年(1784 年)，陕甘总督福康安于年终循例奏报甘肃有无坐省家人时，即言“坐省家人，甘省从前多有此恶习”③。嘉庆二十年(1815 年)，陕甘总督先福称甘肃向有省友名目。④道光十年(1830 年)，牛鉴表示“甘省无一县不有坐省之书吏”⑤。可见，甘肃坐省群体在乾隆中期以前即已存在，直至光宣之交。

省友职业呈现出父业子继的特征，光绪年间宋树森、宋克用父

---

① 《各友启事稿簿》，光绪十六年六月十二日、光绪二十年八月廿一日，第 34 册，第 15927、16202 页；《狄道草稿簿》，光绪十八年七月初四日，第 17 册，第 230 页。

② 邱捷：《晚清官场镜像：杜凤治日记研究》，北京：社会科学文献出版社，2021 年，第 85 页。

③ 《陕甘总督福康安奏报甘省州县等官并无坐省家人等弊事》，乾隆四十九年十二月初一日，录副奏折，档号：03-0187-034。

④ 《陕甘总督先福奏报甘肃查拿省友严肃吏治情形事》，嘉庆二十年九月十二日，录副奏片，档号：03-1859-032。

⑤ 《吏科给事中牛鉴奏请严禁甘肃坐省书吏事》，道光十年九月十五日，录副奏折，档号：03-2850-057。

子故不在话下，道咸年间甘肃省友佘升、佘奎父子也是如此。据甘肃布政使张集馨言：

余奎[①]者，其父余升[②]，本兰城厨役，各署宴会，皆所承办，因其人诚实，外府州县，托其坐省，或申送文书，或请领库款，按节酬给，历有年所。余升死，其子余奎习其业，小有家业，各官每与通挪，余奎亦藉各衙门大吏之势，在外拉扯。……（陕甘总督）乐斌初到任，令余奎至署，假以颜色，将大门外栅栏，一概换易行马，约数百根；又于大门内起造高牌楼，雕文刻镂，极其高大华瞻；于花园起造观音阁，塑像庄严，皆令余奎垫办。余奎小人也，其奔走伺应者，冀沾余润耳，乃不给一钱，以致退有后言。……余奎报销钱局，由府县申详到司，计用实银九千余两。余奎暗中系将督署工程费用一并销捺，而司中无款筹给，是以亲加批驳。……批驳去后……又据余奎禀详，复经批驳在案。[③]

其中的佘奎，很可能就是《祁寯藻集》中提到的佘奎，安徽泾县人，皋兰县管号家人。未当长随以前，名佘维藩。道光二十九年甘肃清查案中载其“先充长随，业已辞退，辄借包办酒席，出入衙署，并代售衣物”。丁忧岷州知州陈昌言指控佘奎为前任陕甘总督布彦泰的“招财童子”，称“布彦泰遇有升调缺出，只要黄金四百、白银二千，佘奎、布克慎乃‘招财童子’，一说即成”，传言佘奎置买房产

① 原文如此，疑为点校编辑错误，应为佘奎。

② 原文如此，疑为点校编辑错误，应为佘升。

③ （清）张集馨：《道咸宦海见闻录》，杜春和、张秀清整理，北京：中华书局，1981年，第205—206页。

耗资 30 万两。后虽经钦差祁寯藻、陕甘总督琦善核查，佘奎房产花费实只 1 万余两，但确实代布彦泰买过燕窝 8 匣、蟒袍 10 件，并包办酒席，经常出入总督衙署。佘奎遂因"不安本分"，照幕宾长随盘踞衙门例，被议处——递回安徽泾县原籍，枷号一个月，满日杖一百，折责发落。[①]从张集馨咸丰七年（1857 年）的记载来看，佘奎并未离开兰州。这在福建道监察御史裘德俊奏参陕甘总督乐斌不法折中得到证实。裘德俊奏称，坐省书吏佘奎与乐斌幕友彭雨亭[②]朋比为奸，"凡一切赃私，皆系佘奎为之过付"[③]。

各省坐省人数，与该省政务繁简程度相关。政事繁巨省份，省友较多，每名兼理三五州县省事。乾隆初年江西坐省探事，每人包管几个州县。[④]湖南共有 102 个府厅州县，乾隆四十五年（1780 年）有坐省数十辈。[⑤]甘肃省政务较简，领厅州县 76 个，每个时期约有省友数位，每位兼理十余州县省事。例如，嘉庆二十年（1815 年）甘肃有 6 名省友：苏生兰、龚世禄、边升时、际春巩、万程、董以晟。[⑥]道光二十九年，有省书郭升、师福麟、刘鉴堂 3 名。[⑦]

---

① 任国维主编：《祁寯藻集》第 1 册《日记 · 甘肃查办全案》，太原：三晋出版社，2009 年，第 315、321、327、331 页。

② 彭雨亭即张集馨笔下的"督幕彭沛霖"。参见（清）张集馨：《道咸宦海见闻录》，杜春和、张秀清整理，北京：中华书局，1981 年，第 202—203 页。

③ 《福建道监察御史裘德俊奏为特参陕甘总督乐斌贪污大吏请查办事》，咸丰十一年十月二十四日，录副奏折，档号：03-4581-042。

④ （清）凌焘：《西江视臬纪事》卷 3《文檄 · 饬禁长随坐省檄》，载《续修四库全书》编纂委员会编《续修四库全书》史部第 882 册，上海：上海古籍出版社，2002 年，第 98 页。

⑤ 咸丰《青州府志》卷 49《人物传》，清咸丰九年刻本，第 15—16 页。

⑥ 《陕甘总督先福奏为访获省友苏生兰私求空白印文报充典吏为害地方比例定拟事》，嘉庆二十年十二月初十日，朱批奏折，档号：04-01-01-0558-003。

⑦ 任国维主编：《祁寯藻集》第 1 册《日记 · 甘肃查办全案》，太原：三晋出版社，2009 年，第 313—314 页。

光绪时期，在甘肃省城办理州县省事者，并非宋树森“一家一人”①。据禀稿簿记载，光绪七年，宋树森包揽平番、平罗、贵德、碾伯、庆阳、平凉、毛目、陇西、庄浪、华亭、靖远、甘州府共12府州县，以及周曙谷(迪化州巡检周芳煦)等省事②，并包揽清水、中卫等厘金局省务③。宋树森之外，光绪七年，陈子隐承办西宁县省事④，张子贞代理平罗省务⑤，沈溥泉为泾州贾太尊的省友⑥，常某代理肃营陈军门省务⑦。光绪十四年，宋树森承办平番、秦州等处省务。⑧光绪十八年，宋氏为吴沆代理红水分县县丞、署理东乐分县县丞期间省务；沈氏为署理东乐分县县丞曾纪安省友⑨；彭氏为红水分县县丞衍昌省友⑩。

据不完全统计，宋树森、陈子隐、张子贞、沈溥泉、常某等，均为光绪时期州县省事承办者。相关信息见表1-1。

表1-1 光绪朝甘肃省友代理州县省事表

省友姓名	时间⑪	州县	官员姓名	相关信息	资料来源
陈子隐	光绪七年	西宁县	—	驿站三连印票费用	《碾伯公牍禀稿簿》，光绪七年八月初六日，第29册，第13791页

---

① 《光绪朝法律公牍(礼县)》，光绪八年正月初六日，第51册，第24132页。
② 《碾伯公牍禀稿簿》，光绪七年十月初二日、初六日、初七日、初九日，第29册，第13785—13788页。
③ 《各友启事稿簿》，光绪十五年二月廿日、三月十六日，第34册，第16164—16166、15797—15798页。
④ 《碾伯公牍禀稿簿》，光绪七年八月初六日，第29册，第13791页。
⑤ 《平罗底稿簿》，光绪七年六月廿日，第49册，第22779页。
⑥ 《各友启事稿簿》，光绪十八年冬月望日，第34册，第16115页。
⑦ 《光绪朝法律公牍》，光绪七年冬月初九日，第51册，第24211页。
⑧ 《宋克用信稿》，光绪十四年五月廿九日，第52册，第24563—24564页。
⑨ 《东乐草稿簿》，光绪十八年十月初四日，第35册，第16259页。
⑩ 《东乐草稿簿》，光绪十八年八月十二日，第35册，第16249页。
⑪ 因省友常在官员到任前开始代理省务，因此时间上并不完全与该官员的任期一致。

续　表

省友姓名	时间	州县	官员姓名	相关信息	资料来源
张子贞	光绪七年	平罗县	明邦忠	交代镐镠，册造不清，旧例不合，不遵章程	《平罗底稿簿》，光绪七年六月廿日，第 49 册，第 22779 页
常某	光绪七年	肃营	陈军门及各营主	肃营陈军门及各营主均与常某不甚相宜，拟择善者换专省务等	《光绪朝法律公牍》，光绪七年冬月初九日，第 51 册，第 24212 页
宋氏父子	光绪七年	靖逆营	马裕翁	汇报谭钟麟赴任信息，请领旧款等	《光绪朝法律公牍》，光绪七年冬月初九日，第 51 册，第 24212 页
宋氏父子	光绪七年四月二十四日至光绪八年五月初一日	平罗县	左寿源	左寿源为湖南长沙人，大挑一等举人，历任镇原县、平罗县、徽县、高台县	《平罗底稿簿》，第 49 册，第 22775—22825 页
宋氏父子	光绪九年正月至五月	徽县	左寿源	—	《光绪朝法律公牍（徽县）》，第 51 册，第 24045—24050 页
宋氏父子	光绪七年正月初一日至光绪八年六月二十日	碾伯县	姚长龄	姚长龄为云南富民县人，附生，历任碾伯县、宁州	《碾伯公牍禀稿簿》，第 29 册，第 13719—13835 页
宋氏父子	光绪七年正月至光绪八年五月	陇西县	叶氏	叶氏历任永昌县、贵德厅、陇西县	《陇西信件簿》，第 29 册，第 13839—13881 页；《陇西县稿底簿》，第 31 册，第 14343—14360 页
宋氏父子	光绪七年十月	平番县	吴莹	吴莹于光绪五年补授平番县，七年十一月病卒	《碾伯公牍禀稿簿》，光绪七年十月初二日、初六日，第 29 册，第 13785—13787、13803 页

续 表

省友姓名	时间	州县	官员姓名	相关信息	资料来源
宋氏父子	光绪十一年至光绪十五年	平番县	米协麟	米协麟为济宁直隶州进士，长子米猷臣在署打理账房	《陕甘总督谭钟麟奏请米协麟调补平番县知县事》，光绪十一年十一月二十九日，录副奏折，档号：03-5203-077；《各友启事稿簿》，光绪十八年又六月二十八日，第34册，第16078—16081页
宋氏父子	光绪七年二月至光绪九年六月	华亭县	雷文渊	雷文渊为四川绵竹人，大挑一等举人，历任静宁州、华亭县、礼县	《光绪朝法律公牍（华亭县）》，第51册，第24053—24128页
宋氏父子	光绪七年十一月至光绪九年四月	渭源县	黄元珍	黄元珍为镇州人，历任岷州、渭源县，卒于任	《光绪朝法律公牍（渭源县）》，第51册，第24179—24209页；《陇西信件簿》，第29册，第13882—13884页
宋氏父子	光绪七年八月至光绪十年二月	迪化州巡检	周芳煦	周芳煦为湖南湘乡文童，历任迪化州巡检、呼图壁巡检、精河巡检、迪化府经历、莎车州回城巡检、新平县知县	《碾伯公牍禀稿簿》，光绪七年十月，第29册，第13786、13788页
宋氏父子	光绪八年十月十一日至光绪九年五月二十五日	宁朔县	湛美成	宁朔县正堂湛大老爷	《光绪朝法律公牍（宁朔县）》，第51册，第24147—24177页
宋氏父子	光绪八年正月至四月	礼县	郑业启	郑业启为湖南长沙人，历任礼县、文县、平番县、西宁县	《光绪朝法律公牍（礼县）》，第51册，第24129—24146页
宋氏父子	光绪十四年、光绪十五年	礼县	雷文渊	—	《各友启事稿簿》，光绪十四年腊月廿七日、光绪十五年四月十三日，第34册，第15785、15814—15815页
宋氏父子	光绪九年八月至光绪十年十一月	抚彝厅	周氏	子周慎吾	《抚彝禀稿簿》，第31册，第14631—14682页

续　表

省友姓名	时间	州县	官员姓名	相关信息	资料来源
宋氏父子	光绪十年十二月至光绪十一年十月二十日	丹噶尔分府	袁昌鹗	袁昌鹗为湖南长沙人,病卒于任	《丹噶尔分府禀稿簿》,第33册,第15285—15304页
宋氏父子	光绪十一年六月至光绪十三年四月二十二日	毛目分县	王梦龄	王梦龄历任毛目分县、甘草店厘局	《毛目分县稿簿》,第33册,第15457—15509页
李氏	光绪十二年	化平厅	石君	分半垫支交代册规费	《化平厅草簿》,光绪十三年闰四月初一日,第33册,第15325页
宋氏父子	光绪十二年十一月至光绪十七年七月	化平厅	张彦笃	张彦笃为河南光山人,监生,历任化平厅、泾州、洮州	《化平厅草簿》,第33册,第15307—15454页
宋氏父子	光绪十二年五月至光绪十三年十一月	庄浪分县、董志原分县	潘文镜	潘文镜历任甘肃布政司照磨、庄浪分县县丞、董志原分县县丞,卒于董志原任	《董志潘草稿簿》,第33册,第15513—15560页
宋氏父子	光绪十三年至光绪十六年六月	平凉县	高心伯	高心伯为江西湖口人,后投效东河总督	《宋克用信稿》,光绪十三年七月十三日,第52册,第24481—24482页;《各友启事稿簿》,光绪十六年六月十二日,第34册,第15927—15928页
宋氏父子	光绪十三年	高台县	左寿源	左寿源履任开销银96两,更缮字工纸张钱6 700文	《高台县禀稿簿》,光绪十五年六月初九日,第17册,第263—264页;民国《高台县志》卷4,民国十四年铅印本,第9页
翟氏	光绪十三年	高台县	高继陈	高继陈履任开销银110两,更缮纸笔钱5 500文	《高台县禀稿簿》,光绪十五年六月初九日,第17册,第263—264页;民国《高台县志》卷4,民国十四年铅印本,第9页

续 表

省友姓名	时间	州县	官员姓名	相关信息	资料来源
宋氏父子	光绪十五年五月初六日至光绪二十年六月二十日	高台县	陈昌	陈昌为四川进士，历任安化县、两当县、高台县、皋兰县、丹噶尔分府	《高台县禀稿簿》，第17册，第259—515页
宋氏父子	光绪十五年	靖远县	—	该县常书揽办领款业务，省友仅负责交代等省事	《各友启事稿簿》，光绪十五年年初，第34册，第15799—15802页
宋氏父子	光绪十五年小阳月吉日至光绪十九年正月初八日	狄道州	喻炎丙	喻炎丙为湖南郴州举人，历任两当县、敦煌县、张掖县、狄道州	《狄道草稿簿》，第17册，第1—258页
某省友	光绪十五年	合水县	严明府	合水县严明府函嘱省友催索尊处应归二百，何时能给，并望便示，以资转答	《高台县禀稿簿》，光绪十五年九月初八日，第17册，第284页
宋氏父子	光绪十六年正月至光绪十七年六月	古浪捕厅	胡松亭	胡松亭兼行医术	《各友启事稿簿》，光绪十六年二月廿二日、光绪十七年五月廿八日，第34册，第15904、15966页；《高台县禀稿簿》，光绪十五年冬月初六日，第17册，第292页
宋氏父子	光绪十七年	古浪捕厅	张渭川	张渭川为直隶人，言辞豁达，人极畅快	《各友启事稿簿》，光绪十七年五月廿八日、六月初九日，第34册，第15966、15974—15975页
张氏	光绪十七年	—	罗明府	还罗明府银150两，呈寄罗君收条	《高台县禀稿簿》，光绪十七年三月十四日，第17册，第375页
彭氏	光绪十八年	红水分县	衔昌	交代册造办	《东乐草稿簿》，光绪十八年八月十二日，第35册，第16249—16250页
宋氏父子	光绪十八年	红水分县	吴沆	吴沆历任东乐分县县丞、沙泥分州州判、红水分县县丞	《东乐草稿簿》，第35册，第16223—16297页

续　表

省友姓名	时间	州县	官员姓名	相关信息	资料来源
宋氏父子	光绪十八年闰六月至光绪十九年正月二十日	东乐分县	吴沆	吴沆病故于任	《东乐草稿簿》,第35册,第16223—16297页
沈氏	光绪十八年	东乐分县	曾纪安	宋树森向东乐分县前任省友沈氏咨询交代册费	《东乐草稿簿》,光绪十八年十月初四日,第35册,第16258页
清水县前任省友	光绪十六年	清水县	冯椿荫	宋树森向清水县前任省友咨询交代册费	《清水县草簿》,光绪十七年四月初二日,第33册,第15576页
宋氏父子	光绪十七年正月至十二月	清水县	王开甲	王开甲为湖北武昌人,历任正宁县、清水县	《清水县草簿》,第33册,第15563—15614页
宋氏父子	光绪二十三年正月至光绪二十四年六月	清水县	方传获	方传获为安徽监生,历任华亭县、巴燕戎格厅、清水县,病故于任	《清水县草簿》,第33册,第15615—15663页
宋氏父子	光绪二十五年七月至光绪二十八年六月	清水县	邓朝卿	邓朝卿为江西金溪监生,历任海城县、巴燕戎格厅、贵德厅、清水县	《清水县草簿》,第33册,第15709—15733页
宋氏父子	光绪二十三年	贵德厅	邓朝卿	—	《清水县草簿》,第33册,第15693—15708页
贵德厅前任省友	光绪二十三年	贵德厅	张晖旸	宋树森向贵德厅前任省友寻借印册7本,以资缮更	《清水县草簿(贵德厅)》,光绪二十三年九月初一日,第33册,第15699页
宋氏父子	光绪二十二年八月至光绪二十三年六月	巴燕戎格厅	邓朝卿	—	《清水县草簿》,第33册,第15665—15692页
某省友	光绪十九年	狄道州	姚世贞	姚仲容刺史百金,询伊省友,犹未见信,不识与我父台有覆函否。应否催取,伏候示遵	《高台县禀稿簿》,光绪十九年三月廿八日,第17册,第453页;宣统《狄道州续志》卷7《职官表》,清宣统元年刻本,第2页

省友们在业务上既竞争又合作，为获得新官聘用而竞争，为公事私谊而合作。宋氏父子笔下有位名叫陈梦彪的省友，得益于兰州道黄云推荐①，占得新任蒋刺史省事委任先机，宋克用犹豫再三后选择放弃竞争②。若有物资需要转给州县官或其幕友，宋树森也会托请陈梦彪遇便带呈。③其他如前后任州县交代册费的支应④，州县空白册页的挪借⑤，州县官的债务讨索⑥，省友们也会互相给予方便。

四、甘肃省友的性质

宋树森在给州县官的禀函中经常以“书”自称，对其同侪以省书、省友兼称并用。例如，“姬明府太太之奠礼，遵同朱堂大令会做呢幛一轴，交伊省友托便送去，摊分若干，敝处照垫”⑦；“藩宪札委照磨设局，出票差提各处省书造册核办”⑧；“藩司札委库、照二官设

① 黄云，湖南衡州府清泉县人，光绪十六年至二十年任兰州道。参见秦国经主编：《清代官员履历档案全编》第7册，上海：华东师范大学出版社，1997年，第539页；《花翎新授甘肃兰州道黄云奏为奉上谕着黄云补授甘肃兰州道员恭谢天恩事》，光绪十六年十月初五日，宫中档，编号：故宫141843；《署甘肃按察司按察使兰州道黄云为恭报接署篆日期谢恩由》，光绪二十年六月初二日，军机处档，编号：故机134234。

② 《各友启事稿簿》，光绪十八年冬月，第34册，第16116页。

③ 《各友启事稿簿》，光绪十六年十月初九日、光绪十八年八月初四日，第34册，第15938、16103页。

④ 在化平厅禀稿簿中，有“前任省友李姓”。宋氏为处理化平厅交代事务，多次向前任石君的李姓省友讨要交代规费。参见《化平厅草簿》，光绪十三年三月初十日、闰四月初一日，第33册，第15319、15325页。

⑤ 《各友启事稿簿》，光绪二十三年九月初一日，第34册，第15699页。

⑥ 《高台县禀稿簿》，光绪十五年九月初八日，第17册，第284页。

⑦ 《各友启事稿簿》，光绪二十年五月十六日，第34册，第16188—16189页。

⑧ 《平罗底稿簿》，光绪八年正月廿二日，第49册，第22817页。

局办理各处有无事故……局官出票,差提省书赴局核造”①。那么该如何界定省友群体?

一方面,省友属于坐省家人的一种。光绪三十二年甘肃布政使丰伸泰称:“甘省僻居边隅,领解款项无多,各州县又以道路僻远,往往仿坐省家人之例,延用一人代办省事,似幕非幕,名曰省书,领解等事亦即归其一手经理。”②可知坐省家人,当为清代省书、省友的雏形,但省书、省友又非传统意义上州县官自派的坐省家人。

另一方面,省友又具有州县坐省书吏的特征。除宋树森在禀稿中以“书”自称外,宣统二年巩秦阶道巩昌府所属州县秋季入款出款报告册中,“因公用款”开支项下列有:伏羌县支省友一名修金节敬银 25 两;会宁县支省书薪水银 13 两;通渭县支在省候办公事书办笔资银 25 两;岷州支坐省书识纸笔口食钱 12 串文。③可见除伏羌县称之为“省友”外,会宁县、通渭县、岷州皆称之为“省书”,即在省候办州县公事的书办或书识。但若因之将其界定为州县“书吏”的一种,似乎也不妥当。一则其办公地点不在官衙之内,二则其为州县官私人雇聘,随着州县官职任变动而变动,又有州县幕友的“私”的特质。④

---

① 《光绪朝法律公牍(渭源县)》,光绪九年二月初三日,第 51 册,第 24203 页。

② 《西宁府裕为移各州县所用省书应饬报明姓名并取连环互结挂名应差事致循化厅》,光绪三十二年十一月初五日,青海档案,全宗号 07,案卷号 1795,第 11—12 页。

③ 《甘肃巩秦阶道并所属巩昌府属各州县宣统二年秋季分入款出款报告汇册》,第 16 册,第 176、221、243、262 页。

④ 陕甘总督先福奏请驱逐省友时,称“若辈假托幕友,情同衙蠹”。参见《陕甘总督先福奏报甘肃查拿省友严肃吏治情形事》,嘉庆二十年九月十二日,录副奏片,档号:03-1859-032。

有鉴于此,本书仍以“省友”称之。可以说光绪朝的甘肃省友是以州县驻省代表的身份,专职承办州县的文书册报、案狱解审、钱粮领解等工作。他们作为一种驻省中介机构,同时包揽多个州县省事,成为清代地方行政机构中不可或缺的组成部分。

第二节　省友的来源与聘任

坐省家人的来源,顾名思义,当为府州县官从家人中择派。但与传统意义上的坐省家人在职能上类同的甘肃省友、省书,多以书吏、督藩家人充当①,鲜见有州县官从家人中择派者。

一、省友的来源

1. 书吏

熟悉文书册报流程的书吏,当为坐省群体的主要来源。前面提及宋树森在同治年间曾有营幕文案工作的经历,后来以督院号房、藩司执帖家人的身份,长期兼职坐省一职,可以说是以书吏起家。再从嘉道以来甘肃处理省友、省书的案件可知,兰州确有一批专业承办州县省事的书吏。在嘉庆二十年“省友苏生兰私求空白印文报充典吏”案中,与苏生兰同当省友的龚世禄,即为书吏出身。据甘肃臬司查明:

> 龚世禄,籍隶皋兰县,现年六十五岁,曾充安化县典吏,着

① 道光十年,吏科给事中牛鉴称甘肃省书皆由“积滑书吏或识字长随”充当。参见《吏科给事中牛鉴奏请严禁甘肃坐省书吏事》,道光十年九月十五日,录副奏折,档号:03-2850-057。

> 役未满五年，捐纳从九品职衔……龚世禄系一未满吏捐职，即身充省友，久居会城，交结官员、县书、长随。①

龚世禄为甘肃首县皋兰县人，以安化县典吏身份捐纳从九品职衔，充任省友。他先于嘉庆十五年为玉门县代造驿站册籍，得银34两；十八年，代中卫县更造钱粮奏销册，得银60两；十九年，又为西宁县代造奏销册籍，得银60两。所得银两，除用于纸张、字工等开销外，余银均已用完。②

2. 上宪长随人等

《清稗类钞》言各府州县之坐省家丁，除本官自派者外，“其有以藩司门丁兼之者，则由府州县给以工食，岁时亦有犒”③。藩司关涉一省钱粮征收、廉俸工食银支发、官员选任与委署、州县交代册结、钱粮奏销册审转，可谓省城衙门中的关键机构。宋树森从光绪七年在督院号房当差，到八年换至藩司执帖家人，当有州县省事多与藩司关系密切的因素。

3. 州县官的家人

《清稗类钞》言各府州县之坐省家丁，“以本官自派者为多”④。坐省家人大致是州县官在藩司报到前后、等候藩司悬牌赴任期间选派⑤，

---

① 《陕甘总督先福奏为访获省友苏生兰私求空白印文报充典吏为害地方比例定拟事》，嘉庆二十年十二月初十日，朱批奏折，档号：04-01-01-0558-003。

② 《陕甘总督先福奏为访获省友苏生兰私求空白印文报充典吏为害地方比例定拟事》，嘉庆二十年十二月初十日，朱批奏折，档号：04-01-01-0558-003。

③ （清）徐珂：《清稗类钞》第11册，北京：中华书局，1984年，第5268页。

④ （清）徐珂：《清稗类钞》第11册，北京：中华书局，1984年，第5268页。

⑤ “知府俱有坐省长班”，官员初到省城时，彼辈远迎，并代为选定下榻之处，官员“待之如长随，不过加以词色”，每月分别酌量赏给薪水。参见佚名：《偏途论》，载章伯锋、顾亚主编《近代稗海》第11辑，成都：四川人民出版社，1988年，第641页。

省友也有类似情况。同治五年九月二十九日，杜凤治接到藩宪赴广宁县任的札文，遂一一拜辞省中督抚、藩臬各官。十月初八日两广总督堂期，杜凤治前往辞别，“因未带门包及一切小费，门口不肯上辞行手本，叫坐省家人来订定初九全付，始上手本禀辞”①。

4. 生员与捐官

清代读书人在通往科举、仕宦途中，需要一个等待期，他们经常以教读或担任幕友、书吏为生。以文案处理为主的省书职业，成为读书人的一种选择。道光二十九年查办甘肃岷州知州陈昌言禀讦上司案时，省书师福麟和刘鉴堂便牵涉其中。经兰州府查核，省书师福麟为陕西富平县人，“于道光八年由监生遵酌增二卯事例加捐县丞，签掣第二，归部注册，遇缺即选”，可谓以候选官员的身份从事省友职业；省书刘鉴堂即刘照藜，“于道光十九年考取第七名文生，拨入府学”，实以文生身份做省友之事。②省友宋树森也具有监生资格，捐纳为佐杂候补官员后，依然操持省友旧业。

二、省友的聘任

1. 辗转举荐

至于何人代理哪个州县的省务，是由州县官与省友双向选择的结果。州县官若与省友相识已久，会直接托付省事。光绪十八年条城厘局候补知县邓朝卿被委任为海城县令后，径直函委与他有二三十年交情的宋树森办理省城事务。宋树森当即办妥邓朝卿

① (清)杜凤治:《杜凤治日记》第1册，邱捷点注，广州:广东人民出版社，2021年，第93页。
② 任国维主编:《祁寯藻集》第1册《日记·甘肃查办全案》，太原:三晋出版社，2009年，第313—314页。

应上本管上司及同寅诸友的履历、禀启各稿，待邓朝卿进省后斟酌缮发。①

不过省友作为谋差人员，实则更为积极主动。但凡听闻官员有补署代理动向，或州县官有更换省书之意，乃极力请托熟识的官员、幕友、门上为之引荐。光绪九年，宋树森听说灵州孙大老爷拟更换省书，遂积极谋取其坐省之职。②光绪十四年四月，宋克用听说"庄浪王司马有更省人之谣"，便给蔡百川写信询问虚实，并托其代为谋求该职。③光绪十七年七月，代理狄道州王令赴任，宋氏得知王令省务乏人，除托人在省城帮忙推荐外，还致信狄道州门上王连山，请其在王令面前代为吹嘘。④

省友在州县以幕友、门上之职为生的亲朋好友，也会趁机向州县官推荐省友。光绪十八年闰六月，平番县门上苑雨亭推荐宋树森为新任县令宋东轩的省友⑤；十一月崇信师爷秦融生⑥将宋克用推荐给即将赴任的蒋刺史⑦。若州县官与其省友不合，其他省友也会尽力去谋取该职位。宋克用得知泾州贾太尊与沈溥泉相处不洽，于是给蔡百川写信，请他就近代为推荐泾州坐省一席，"现闻泾州贾太尊与沈溥泉不大相宜，省务有另换人之说，不识我

① 《各友启事稿簿》，光绪十八年十月初三日、全月初九日，第 34 册，第 16106—16107、16124 页。

② 《光绪朝法律公牍(宁朔县)》，光绪九年正月二十六日，第 51 册，第 24156 页。

③ 《宋克用信稿》，光绪十四年四月廿日，第 52 册，第 24556—24557 页。

④ 《狄道草稿簿》，光绪十七年七月十六日，第 17 册，第 143 页。

⑤ 《各友启事稿簿》，光绪十八年四月初四日、闰六月二十五日，第 34 册，第 16043—16044、16076—16077 页。

⑥ 《各友启事稿簿》，光绪十七年全月十五日，第 34 册，第 16013—16014 页。

⑦ 《各友启事稿簿》，光绪十八年冬月，第 34 册，第 16116 页。

兄能为弟为一谋也。但事之确否，阁下近水楼台，谅有所闻。如无其事，则作罢论”①。

2. 书函致谢，恭贺任喜

省友接到州县官委办省务的定信后，一般会发函感谢。光绪十三年，宋氏《致袁寅楼》的信函中，就表达了被委省务后的欢喜之情：

> 寅翁仁兄大人阁下：敬启者。久违鸿仪，恒切蚁慕，望天山而骧首，对皓月以倾心，正在渴思，忽奉华椷，欣悉荣膺差委，不禁踊跃三百，遥经升祺茂介，履祉绥和，当兹古城宣勤，钦上游以器重，定卜枫陛锡宠，即善地以荣迁，载颂之余，倾诚靡既。厶家门株守，蔗境毫无。所幸诸务顺遂，舍下清吉，足以上纾记念耳。尚乞不遗在远，时锡良规，俾免丛脞耳。专此。敬请升安。所希心照不尽。②

对即将到来的省务，省友请袁寅楼不时赐教，以免省友有擅专、陨越之嫌。这种谨慎心态，在其他信函中也反复表述。光绪二十年八月二十一日，宋氏在致宕昌局王柳臣的信函中说道：

> 敬禀者。兰垣近侍，芝教时亲……晚以无似之材，频叨有加之德，竭勤慎以作为，恐贻陨越，随时事而锡教，裨深遵循。禀陈补缺班次并更正到省日期，闻司中皆已批示，计早接见矣，云云。恭请升安。③

待州县官赴任后，坐省便祝贺任喜，同时向州县官汇报近日省

---

① 《各友启事稿簿》，光绪十八年冬月望日，第 34 册，第 16115 页。
② 《宋克用信稿》，光绪十三年三月底四月初，第 52 册，第 24444—24445 页。
③ 《各友启事稿簿》，光绪二十年八月二十一日，第 34 册，第 16204—16205 页。

事，提醒其及早办结交代事务。光绪七年四月二十四日，宋树森给平罗县左寿源的禀函言：

> 敬禀者。书违侍钧颜，瞬经匝月，指日荣迁，弥殷鹊报。书奉派省务，黾勉勤慎，不敢少怠，有负宪恩。交代案件，最紧要。如有阻延，即由本道呈请舛错，报部展限，必不有虞。恭叩任喜。（差役口食廿六日起支，每日六百廿文。）
>
> 四月廿四日申刻发，升字壹号。[①]

此乃省友宋树森给新任平罗县左寿源发出的升字一号信，即第一封禀函。从“书违侍钧颜，瞬经匝月”可知左寿源在省城等候赴任期间，宋树森便已开始办理省务，自言被委派省务后勤勉谨慎，不敢稍有懈怠，并建议左寿源抓紧时间处理交代事务。交代中若有阻延，可请本道呈报错误之处，以便省宪报部展限。

3. 下聘关书

甘肃州县官聘用省友时，会像聘任幕友那样订立关书[②]，作为省友承办州县省事的依据。宋树森为毛目分县县丞省友时，言及“书办省事，凭有关书”[③]。关书意味着州县官与省友间雇聘关系的确立，省友作为州县的合法代表，处理州县在藩司、臬司及总督衙门的相关事务。

这种合法性，得到陕甘总督与甘肃藩司等地方大吏的默认。光绪七年（1881年）腊月初三日陕甘总督谭钟麟接印视事不久，即

---

① 《平罗底稿簿》，光绪七年四月廿四日，第49册，第22777页。

② 清水县雇聘书启幕友彭惕如，经其省友“由省就近备聘下关”。参见《清水县草簿》，光绪二十七年八月廿日、十月十八日，第33册，第15723、15726页。

③ 《毛目分县稿簿》，光绪十二年五月初二日，第33册，第15488页。

令州县省友“照依班次，传禀谒见，面询公事”，拟“自月之十一日见起，至十六日完竣”①。司房、院房书吏处理奏销、交代等事务时，也会差传省友前来办理。光绪九年甘肃藩司设局汇办全省钱粮奏销事务，委员、承差等人传唤省友携带底案入局会同办理。臬司办理赦案，也传唤省友赴局核办。②究其原因，实乃省友群体的存在，确实有便利地方政务处理的因素。

三、省友聘期的终结

1. 聘期终结原因

(1) 州县官的职任变动

州县官与省友间雇聘关系的终结，多因州县官署任期满或者病故离任。随着州县官的变更，省友也会有所更代，如化平厅省务，光绪十二年前后曾由李姓省友与宋树森先后承办。③

省友在州县官出现职任变动时，也可以选择继续代办省务或者坚决辞谢。光绪十七年九月前后，承办狄道州省务的宋树森，听闻狄道州喻老爷被委赴张掖本任，新委王竹翁明府署任狄道州，于是分别函告喻大少爷和狄道州黄师爷早做准备。然而，宋树森坚辞不受新任狄道州王竹翁省务之托。王竹翁托平番县宋东轩代为托请，宋树森言：“王竹翁司马处省务一层，厶早已肃函辞谢”，“兹承示嘱，遵复专禀请辞矣。阁下晤见竹翁时，尤恳代达一切为恳”。④

---

① 《陇西信件簿》，光绪七年腊月初十日，第 29 册，第 13879 页。

② 《陇西信件簿》，光绪七年十月十六日，第 29 册，第 13860 页。

③ 《化平厅草簿》，光绪十三年四月初一日，第 33 册，第 15324 页。

④ 《各友启事稿簿》，光绪十七年九月廿四日、光绪十八年四月初四日，第 34 册，第 15995、16044 页；《狄道草稿簿》，光绪十七年八月二十六日，第 17 册，第 146 页。

若省友与州县官相处融洽，双方会形成长期合作关系。从《董志潘草稿簿》中光绪十二年、十三年的内容来看，光绪十二年五月至七月是潘文镜在庄浪分县县丞任的省务禀报[①]，光绪十三年七月至十月是潘文镜在董志原分县县丞任的省事禀函。这说明宋树森因潘文镜就任职位不同，而随之代理相应州县省务。更有州县官与省友结为朋友，在双方解除雇聘关系后，省友依然会根据其需要而提供相应的咨询与服务。光绪十八年四月，宋树森给京城的部友写信，请部吏及早审核原碾伯县姚长龄的宁州知州新缺：

> 京华聚首，关爱铭心。荷隆情之稠叠，实感谢以情殷，恭维么翁仁兄大人福同夏大，祉偕时新，遥祝公私凡百庆宜。弟揖别就道，于去冬抵甘，随班听鼓，善状毫无，欣托远荫，贱躯犗适，堪以告慰锦关耳。兹恳者，有敝友姚长龄，系云南人，由劳绩知州于光绪元年分发甘肃归班候补，几近廿载，困苦异常，幸于月前蒙方伯牌示以宁州知州具详请补，约四月内即可由院出奏。查宁州本系偏僻简缺，应由本班候补人员按依到省名次先后照章序补，则姚君到省最久，名次居先。今补此缺，想无不合，但部书笔资不能不勉力应酬，以期妥速。因忆我兄古道照人，浼弟为之介绍，转托执笔，尤恳垂情旧雨，转托执笔者妥为援办，迅速发覆。至需笔资，已由天成亨票号兑汇百金，到乞查收，以资安置。设有不敷，尚望担承赐示，刻即照数补呈，断不致误，有负厚爱也。附呈姚君履历一纸。专此禀恳。恭贺午喜，虔请金安，暨候回玉。[②]

---

① 《董志潘草稿簿》，光绪十二年七月初一日，第 33 册，第 15517 页。

② 《各友启事稿簿》，光绪十八年四月，第 34 册，第 16081—16083 页。

此信未署寄信人、收信者，从内容推测为宋树森写给京城吏部某位书吏的书信。宋树森曾于光绪十七年在京城见过此人，之后到甘肃赴缺候补。信中提及的姚长龄，在光绪七年碾伯任时，曾聘宋树森为其省友，与宋树森至为交好。光绪十八年姚长龄得补宁州缺时，宋树森经省城天成亨票号汇去笔资银100两，以便对方能托请吏部主管书吏及早覆文。

（2）省友禀辞

对那些相处不快、因嫌生怨的州县官，省友会选择主动禀辞省务。光绪十三年前后，宋树森为镇番县苏令省友①，为其省事垫款不少。光绪十三年年关时百债追呼，宋树森自言“日不胜鼠窟是觅”。他给镇番县幕友东鲁岩写信，请其在苏令前美言，早为掷还垫款。②待光绪十五年苏令转任两当县，宋树森发函禀贺。③苏令仍委宋树森操办两当县省务，宋树森谢绝了：

> 敬禀者。厶一介庸愚，毫无知识。客岁〇④荣还广香，仰荷殷殷念旧，仍以省务见委。厶前于真（按：镇）番，愆尤丛集，实不敢再事恋栈，蹈其前辙。乃承□谊敦古道，坚蒙赐给，本应如〇命报效，何敢推却，自外〇生成。念厶老马颓唐，去腊前赴化平，沿途感受风寒，时发时愈，精力委顿，而且街道壅滞，迥异曩昔，遇有垫办公事，周转维艰。若委儿子照顾，恐致

① 苏令卸任镇番县时，宋树森致信道：“省中近来别无公牍，书时照拂，谅无他虞。”参见《宋克用信稿》，光绪十四年九月初十日，第52册，第24586页。另据“两当县黄花义塾，光绪十八年知县苏重熙改修”，苏令当为苏重熙。参见宣统《甘肃新通志》卷36《学校志》，清宣统元年刻本，第4页。

② 《宋克用信稿》，光绪十三年十一月，第52册，第24519—24520页。

③ 《各友启事稿簿》，光绪十五年腊月，第34册，第15875—15876页。

④ 原文如此，非缺字，照录，下同。

> 贻误，亦不放心。再四思维，与其贻误于后，何若辞退于先，反觉公私两裨。兹特不揣冒昧，敢祈□原谅鄙衷，另许他人，以免遇事延误。至于省门新政，仍旧递呈，以副素爱。其束修则不敢领，以后祈勿再施，是为叩祷，迫切之至。专此奉渎，敬请升安，伏惟涵宥。①

由此可见，宋树森不愿意代办苏令省事的原因有这几个：其一，镇番省事“愆尤丛集”，不敢再为恋栈；其二，宋树森赴化平途中染患风寒，精力不佳；其三，因“街道壅滞”，省务垫款难以周转；其四，若令其子宋克用照顾，恐有贻误。为此，宋树森请苏令另委他人代办省事且不要再施送修金。

2. 后续省务的处理

州县官即将离任时，省友会报告新任州县官的赴任日期，提醒其早日筹备交代事宜，并代其在省城租赁寓所。光绪十七年十二月，署任清水县王开甲将届期满，省宪安排惠福接署。省友探得“薇宪以我父台瓜期未满，有面示惠君（按：惠福）俟腊半启行念间接印之说，确定何日出省接篆，晚仍不时探询，如有把握，刻即飞报，不致有误”。同时，省友提醒王开甲早日着手衙署交代事务，并将他经手各账明细发给王开甲阅看。②光绪十八年三月，省友在省城为其租定公馆，以便王开甲到省城后居住。公馆位于宋树森所住木塔巷赵姓院内，“厢房两只间，厨房一只间，下庭、客房三间，共计九间，每月租银二两四钱。顶首十两，业已交付”。③

---

① 《各友启事稿簿》，光绪十六年正月初八日，第34册，第15898—15899页。

② 《清水县草簿》，光绪十七年冬月十五日，第33册，第15606—15607页。

③ 《清水县草簿》，光绪十八年三月十七日，第33册，第15613—15614页。

州县官交卸回省，省友会做好相关接待安顿工作，同时处理一些遗留事务。一则，向州县官或其亲属讨索已垫未清钱款。光绪十三年潘润生父亲潘文镜在任上逝世，宋克用发函吊唁，除提醒潘润生料理交代事务外，还请其清理他垫付各账，表示“敝处经手公私各帐，令尊莅任至今未给分文，以故拮据万状。奈何奈何！所有一切，俟阁下进省，面为清厘也”①。二则，交回省友手中留存的信件与公文。光绪八年，碾伯县新任黄大老爷自平番县径赴碾伯县接任，宋树森提醒碾伯县前任派差来省取走他这儿收存的契尾、医官钤记、户部则例以及草价银库收等件，以备交代使用。②光绪十一年二月二十八日，宋树森向卸任抚彝厅周氏交回手中所存原信34封、谕帖1纸、批回1张、封袋2个、申文2件等文件。③

对于那些合作愉快、交情深厚的州县官，若其官亲有难，省友也会竭诚相助。光绪十二年(1886年)夏甘州府知府吴协中赴任途中，其子被水冲走。宋树森应吴协中之托，自派车夫赴中卫厘局寻觅。次年(1887年)，宋氏又将吴协中寻子告白，分别寄给彭惕如、侯滋斋、蔡百川诸友，请他们张贴于所在州县的城门、路口及街市等处，广为寻找。④州县官离任后，省友仍会顾念旧情，帮忙处理一些杂事。例如，光绪十三年，宋树森曾代理袁寅楼省务。光绪十六年，宋氏得知因公被议官员，督抚可援光绪十五年、十六年的恩诏

① 《宋克用信稿》，光绪十三年十一月廿四日，第52册，第24524页。
② 《碾伯公牍禀稿簿》，光绪八年六月廿日，第29册，第13831页。
③ 《抚彝禀稿簿》，光绪十一年二月廿八日，第31册，第14682页。
④ 宣统《甘肃新通志》卷52《职官志·职官表》，第41页；《宋克用信稿》，光绪十三年四月初六日，光绪十四年二月廿日、三月初六日，第52册，第24455—24456、24539—24542、24545—24548页。

奏请开复，便函知在新疆当差的袁寅楼：

> 寅楼仁兄大人阁下：数年阔别，渴慕良多。望旧雨以殷情，时临风而增慨。每询新省来友，欣悉阁下办工度支，历任大差……厶兰垣株守，蔗味毫无。怅驹光之虚度，恐鸠拙而难藏。幸年来顽躯粗适，舍下平泰，弄孙苟安，聊以消遣暮景耳。叨在深交，敢陈近况，上纾远廑。因不识停云何处，以故有稽裁候。彼此至好，谅不我怪也。去、今两年，重颁恩诏，凡因公被议者，皆令督抚援请开复，足见圣恩洋溢，无微不至。甘肃候补知府安振，亦因凭限迟违，议降通判。荷蒙宫保援案疏请，业邀允准。想我兄事同一律，岂能独令向隅？遵商吏友，据云若禀请奏定可如愿。弟即详细飞函上达，递由藩署就近觅交，而迄半载未奉还云。路途迢远，岂为邮筒所误耶？怅怅。此事或由新省禀请专奏，抑仍归甘肃办理，总期早为斡旋，尤宜勿失其机为要。李聚农兄谅已抵新，刻下荣膺何处，尚望示我佳音，俾释鄙怀，并乞叱名问候。是祷。耑此。恭贺任禧。敬颂升安。除月十一日。袁大老爷。①

从此信中可知，据光绪十五年、十六年恩诏，因公被议官员可经督抚奏请开复。甘肃候补知府安振曾因凭限迟误而被降职为通判，后经陕甘总督杨昌濬援此恩诏请准开复原职。宋树森认为袁寅楼被议处缘由与安振相同，吏友也说若经本人禀请、陕甘总督奏定，当可如愿开复。宋氏遂经藩署飞函询问。只是半年多了，未收到任何回信，于是宋树森再次发函询问是否收到信。他建议袁寅

① 《各友启事稿簿》，光绪十六年除月十一日，第34册，第15945—15947页。

楼无论是从新疆奏请开复，还是仍在甘肃办理，都要把握时机，及早处理。

第三节　省友的收入与支出

省友收入有修金、年节规费、垫支各款利息等项。因文献记载不多，无法细化其年度收入的具体数额及各项收入的比例。此处仅以“甘肃省友禀稿信件簿”所载数据为主体，以宋树森为个案，对之进行初步的描述。

一、省友的收入

1. 修金

作为坐省抄报工墨报酬①，州县官向省友支付修金。修金多寡，视州县政务繁简、缺分肥瘠而定。光绪七年（1881 年）陇西县、贵德厅邓朝卿付给省友的年薪为银 30 两②，华亭县向省友支付的年薪大约为 84 两③。若照年薪 30 两核算，宋树森光绪七年的年收入约在 300 两开外，与其充任督院号房、藩司执帖的额定工食银④相比，实属丰厚。

---

① 广东丰顺县每年应解本府（潮州府）坐省抄报工墨银 12 两，遇闰加银 1 两。参见光绪《丰顺县志》卷 3《赋役志・支解・解款・应解捐款》，清光绪十年刻本，第 30 页。

② 《陇西信件簿》，光绪七年腊月廿四日，第 29 册，第 13880 页；《清水县草簿（贵德厅）》，光绪二十三年九月十二日，第 33 册，第 15701 页。

③ 《光绪朝法律公牍（华亭县）》，光绪七年七月初三日，第 51 册，第 24072 页。

④ 清代地方吏役工食银，不分衙门级别高低，依职业类型或工作难易程度，在 6 两上下浮动。参见周保明：《清代地方吏役制度研究》，上海：上海书店出版社，2009 年，第 248 页。

但这仅是账面数额，官员经常拖欠省友修金，影响省友的实际收益。省友的修金多在代领州县廉俸工食银时由其自行划扣，如光绪十一年八月，省友从所领丹噶尔分府工料银 69 两中，扣留 30 两自用。①若无足额廉俸工食银可以抵扣，则需州县官另行筹措。若官员手头宽裕，或交差人顺便带至省城②，或汇寄至兰州③。若州县官延不支给，省友则需登门讨索，如陇西县令应支付省友修金 30 两，因省城无俸银及署任半额养廉银可领，宋树森请其弟前往领取④。此次索欠，几无收效，自光绪六年四月至八年五月，省友仅收到修金银 6.08 两⑤。

2. 节敬

逢年过节时，州县官或其门上人等会赠予省友财物。

光绪二十年二月，宋氏接到西和厘金局赐银 2 两，表示“万不敢当，遵暂存储，以备后需。如有省中应购之件，请便示知，照购寄呈”⑥。在西和厘金局的一再坚持下，宋氏方才收下，但表示下不为例，言：“晚蒙惠赐之项，前已具禀璧谢。兹乃复荷谆嘱，曷敢再事推辞，致辜雅意。虽长者之厚赐，实受而惭怍，稽首拜登，倾心感篆，后乞勿复乃尔，是为至祷。”⑦这种温文尔雅、谦谦君子的态度，

---

① 《丹噶尔分府禀稿簿》，光绪十一年八月初二日，第 33 册，第 15300 页。

② 光绪十六年十二月，狄道州朱爷到省，带来省友薪水银 12 两。参见《狄道草稿簿》，光绪十六年全月廿一日，第 17 册，第 90 页。

③ 杨葆丞应付宋树森笔资银 40 两，交给周芳煦转寄。光绪十六年十二月，宋树森给远在新疆、任精河巡检的周芳煦写信，请其自新疆通过票号将银款汇至兰州。参见《各友启事稿簿》，光绪十六年全月十三日，第 34 册，第 15952—15953 页。

④ 《陇西信件簿》，光绪七年腊月廿四日，第 29 册，第 13880 页。

⑤ 《陇西县稿底簿》，光绪八年五月十九日，第 31 册，第 14355 页。

⑥ 《各友启事稿簿》，光绪二十年二月初八日，第 34 册，第 16150 页。

⑦ 《各友启事稿簿》，光绪二十年三月二十九日，第 34 册，第 16174 页。

在其禀稿信件簿中并不多见。较为常见的是,宋氏向州县官频频索要文领与银钱,以偿还商铺、票号的借款。

3. 放贷营生

(1) 从垫支款项中获取利息

州县省事所需各款,省友先为垫付者居多,州县官随用随支者较少。省友每次所垫数额自几钱至几十两不等,但积少成多,半年或者一年的功夫便可滋生出数百两不等的垫款。超过一定的期限,省友将会按本起利①,如宋树森办理平罗县省务 5 个月,已代垫交代册费、各房饭食费、解费、差役口食费 400 余两。②若平罗县左寿源不能及时还清省友的垫款,以利息每月 3 分合计③,平罗县拖欠一年即要承担息银 140 余两。毛目分县王梦龄,由省友经手借贷四百七八十两银子,自光绪十一年(1885 年)夏至十二年(1886 年)五月初已有利息一百数十两之多。④宋氏垫支礼县王元元案差犯口食钱,合银 21 两,已将利息计算在内。⑤当然,州县官在息银问题上可以与省友讨价还价,如宋树森曾代平番县垫支银 400 两,平番县吴莹拟以 100 两了事,宋氏表示代垫各项并无虚冒,如利息及其他少许款项不对,可酌情折减,但万难如此折扣。⑥

---

① 宋氏代狄道州垫支火耗库平、投文扯批等钱时,即嘱咐狄道州喻大少爷及早清还,以免背负利息。参见《狄道草稿簿》,光绪十六年三月初三日,第 17 册,第 39—41 页。

② 《平罗底稿簿》,光绪七年九月二十日,第 49 册,第 22804—22805 页。

③ 《光绪朝法律公牍(华亭县)》,光绪七年三月初六日,第 51 册,第 24058 页。

④ 《毛目分县稿簿》,光绪十二年五月初二日,第 33 册,第 15488 页。

⑤ 《光绪朝法律公牍(礼县)》,光绪八年三月初九日,第 51 册,第 24139 页。

⑥ 《各友启事稿簿》,光绪十五年六月廿五日,第 34 册,第 15830 页。

(2) 放债生息

从禀稿信件簿中的点滴信息可以看出,省友还利用手头的余钱从事放债、典当业务。光绪十七年时,省友宋树森请古浪县朱映斗稿爷代取土门堡铺家七月期票银 43.6 两,并拟派遣其亲戚练生前往领取①,后来如数领获②。

在数量极多的省友禀稿簿中,有三四封与卫瑞卿③相关的信件,讲述了宋树森、宋克用竭力讨索本利银的经过:

辛香圃之事,业将房屋卖与马子久了。厶处之项,日催王四哥根讯。弗料此人居心陷害,置若罔闻,竟致袖手不理。回忆当初我们本与辛姓无半面之识,穿针引线者你也,拍胸承揽者尔也,今陷人于火坑之中袖手旁观亦尔也。更可怪者,从中调唆、狼狈为奸者又尔也。观此诸情,令人实堪痛恨。交此无始无终人类、不齿之徒,皆由咱们见识不到,致遭此殃,悔之何及!情逼无奈,厶与辛姓大破杀戒,吵闹至再,始据辛姓请人来说,意连阁下之项统给若干,并为清给,将契约抽去了事。厶见势头不佳,当对来人云,卫姓之事与我无涉,且字据一切带往秦州,可俟伊来另再办理。我处银两说恳再三,本利共给一百四十两,抽约完结。厶因见孤嫠本属可怜,只得忍气吞声,如说允结,于银交过后,业于前月搬下处,住真武宫内。现闻辛大嫂已将省中事情办有头绪,即往乡里。尊处之项,虽云

① 《各友启事稿簿》,光绪十七年八月十八日,第 34 册,第 15990—15991 页。

② 《各友启事稿簿》,光绪十七年十月中下旬,第 34 册,第 16002 页。

③ 亦作"魏瑞卿"。参见《各友启事稿簿》,光绪十八年八月初四日,第 34 册,第 16095—16096 页。

红契在手,不怕另生枝节,但王某在内播弄,恐俟日久,又费唇舌。如我兄目下能挪身前来,乘时催办,亦觉妥帖。想阁下老成练达,诸事精见有素,勿须鄙人哓哓至再耳。总祈速来,以了此事,免之日久,前途有所藉遵,实为切嘱。[①]

从中可知,经王四哥牵线,一位名叫辛香圃的人为周转资金,将其兰州房产抵押给宋树森、卫瑞卿。光绪十四年,宋克用对其妹夫彭惕如抱怨,辛姓债务难讨,“日推一日,迄无头绪,约俟房屋何日变获,方可有望,弗则终无了期”[②]。即宋氏债款的偿付,以变卖辛姓房屋为前提。光绪十六年,宋克用得知辛妻将房屋卖给马子久,便催促中间人王四哥前往索讨。不料王四哥置若罔闻,袖手旁观,宋克用被逼无奈,亲自前往与辛姓吵闹多次,辛妻始请人来说合,将宋处本利银 300 多两减半归还,只给银 140 两。宋克用言:“家父体念孤嫠,忍气吞声,允其了结”,但因宋氏尚住辛姓楼房,辛姓以宋氏搬出为交银的条件,宋克用无奈之下,“将下处仍搬原地,始据辛姓交来银一百四十两,抽约了事矣”[③]。

卫瑞卿因于光绪十六年赴秦州投奔其父[④],故而错过辛姓还款的窗口期。为此,宋克用给瑞卿写信,催他早日来兰州了结此事,以免夜长梦多。

半年后,宋克用迟迟未收到瑞卿回信,怀疑之前的信件寄丢了,于冬至日再次函告瑞卿近日辛姓偷卖楼厂之事:

---

① 《各友启事稿簿》,光绪十六年六月初十日,第 34 册,第 15924 页。

② 《宋克用信稿》,光绪十四年七月初七日,第 52 册,第 24575 页。

③ 《各友启事稿簿》,光绪十八年四月十八日,第 34 册,第 16047—16048 页。

④ 《各友启事稿簿》,光绪十八年八月初四日,第 34 册,第 16095—16096 页。卫瑞卿之父在秦州包过厘金税并在秦州置有产业。

瑞卿仁兄大人阁下：夏间曾布一笺，交邮递呈，想迓钧鉴。但半载于北，未奉还云，令人悬悬，岂为洪乔所误，或于驲筒浮沉何处，皆意中事。故详细沥陈，免误要件。缘辛姓业将房屋卖于马子久矣。么处之事，大费唇舌，舍去本百陆拾金，勒令弟将房腾出，银契两交，始得结局。楼厂一层，弟孤掌难鸣，未敢举动，意俟阁下旋兰再作计较，且有渠红契为据，或不致另生他变。弗料前途朋比为奸，居心险（按：陷）害，于日前偷将楼厂以银弍百两又当彭厚庵。弟闻之下，不胜诧异，即持老契并将所当情形与彭师爷托人达到矣。而当价已出，彭姓亦无可奈何耳。似此日久，定生不测，非阁下早来清厘，恐归乌有，故特飞函奉迓，务请迅速拔冗临省料理此事，幸勿耽误。①

此信表明，宋树森以舍去本银 160 两、本利折半的代价讨回辛姓贷款。卫瑞卿虽握有辛姓楼厂的红契，但辛姓之妻仍以 200 两的价格将楼厂偷卖给彭厚庵。宋克用听说后，当即拿着老契前往托人说明内情，但彭姓已支出当价，无可挽回。因此，宋克用再次催促瑞卿早日来兰州清厘，以免化为乌有。光绪十八年春，宋克用突然接到瑞卿的来信，于是再次详述辛姓债务，言辛香圃之妻卖房后即到乡里居住，督促瑞卿速来省城了结此事。②可惜这次信件依然未能寄到瑞卿手中，故而八月宋克用又托秦州友人打听瑞卿的下落。③

4. 暗中侵渔经手款项

省友经手寿礼备送、使费开销、采购垫款时，难免染指一二。

---

① 《各友启事稿簿》，光绪十六年冬至日，第 34 册，第 15939—15940 页。
② 《各友启事稿簿》，光绪十八年四月十八日，第 34 册，第 16047—16048 页。
③ 《各友启事稿簿》，光绪十八年八月初四日，第 34 册，第 16095—16096 页。

乾隆四十五年(1780 年)德隆曾言坐省“或藉上司有喜庆等事,即耸令本官购备礼物以冀开销,或遇工程而勾串经书勒索使费”①。陕甘总督先福亦言省友勾结串通衙门书吏,遇事开销使费,以无为有,以少报多。②官方所言省友染指使费的现象,虽难从“甘肃省友禀稿信件簿”中得到直接印证,但从其他文献记载可知,官方指责当非空穴来风。道光后期,甘肃岷州知州陈昌言的包案费用中,其省书师福麟从中赚银 7 两,郭升赚银 10 余两。③

5. 银钱比价的余润

省友在银价、钱价与物价的起伏波动中,以不同的收款方式保本增值。省友与州县间的款项收支原则上以银为核算单位,省城开支中使用钱文者,省友记账时多折合为银两④,但在省城银价日减的情况下,省友会转向州县官讨索制钱。光绪十六年(1890 年)三月和十七年(1891 年)年终,省城银价低减,宋氏致信狄道州喻炎丙,请求赐运制钱,以便接济开销。⑤由此可见,省友在银钱比价中,会以商人般的精明经营其已垫款项,规避银钱比价浮动带来的折损。

6. 粮价涨跌,转卖粮食

省城粮价高昂时,省友会以眷属口食需要为由,请州县官转卖

① 《署贵州按察使兼署布政使粮道德隆奏为对地方事务敬陈管见仰祈圣鉴事》,乾隆四十五年六月十五日,军机处档,编号:故机 028076。

② 《陕甘总督先福奏报甘肃查拿省友严肃吏治情形事》,嘉庆二十年九月十二日,录副奏片,档号:03-1859-032。

③ 任国维主编:《祁寯藻集》第 1 册《日记 · 甘肃查办全案》,太原:三晋出版社,2009 年,第 328—329 页。

④ 《碾伯公牍禀稿簿》,光绪七年新正初六日,第 29 册,第 13722 页。

⑤ 《狄道草稿簿》,光绪十六年三月十九日、光绪十七年十二月十三日,第 17 册,第 44、171 页。

给他一些麦、豆。光绪十四年二月，宋克用致信好友蔡百川言："现省每斗小麦卖钱二千有奇，舍下食指浩繁……想平邑价必低小，若能购买，烦兄代定小麦四十石、元豆十石，以备急需。"①作为多年老友，蔡百川托人带去小麦样品，以便宋克用决定是否购买，宋克用表示：

> 买粮一层，弟看来样，较之省麦差之多矣。如斯种者，现仓官粜每斗钱一千五百文。就近采买得搅费反觉便宜，不知尚有好的否？而车至省，脚价若干，每车能装若干，平斗较省若干，请便询明，覆示酌夺，或与少东面商亦可。元豆有干元洁净者，祈代定买五石，总要稞小色绿，我乡俗呼铁豆者才佳。其价暂由帐房垫给，或弟送上，惟命是遵。②

搅费③，即花销、费用。从引文可知，宋克用觉得平凉麦样稍差，省城官仓粜价仅 1 500 文，询问蔡百川是否有成色好的麦子。考虑到粮食的运输成本，宋克用请蔡百川打听从平凉雇车至省城兰州，每车能装多少粮食，脚价多少，平凉仓斗与省城相较是大是小等细节。元豆即大豆，宋克用请蔡百川代买 5 石干净、色绿大豆，豆价由平凉账房代垫，或者他另外送上，听蔡百川决定。后因挽运费力，购买元豆一事即作罢论。④

光绪十八年开年之初，省友言省城亢旱不雨，粮价腾涨，食指浩繁，请狄道州喻炎丙赏售仓斗大豆二三十石，以便渡过难关。⑤二

---

① 《宋克用信稿》，光绪十四年二月初七日，第 52 册，第 24537 页。

② 《宋克用信稿》，光绪十四年二月廿日，第 52 册，第 24539 页。

③ 甘肃永登及周边俗语。参见陈立正：《永登及周边方言词语汇释》，兰州：甘肃文化出版社，2013 年，第 66 页。

④ 《宋克用信稿》，光绪十四年四月廿日，第 52 册，第 24556 页。

⑤ 《狄道草稿簿》，光绪十八年正月底二月初，第 17 册，第 180 页。

月十三日，省友又给狄道州的喻大少爷写信，称“省中麦价日昂，弟眷口过重，殊深焦愁，禀恳老爷赐售大豆仓斗二三十石”①。

对年征正粮仓斗粮 4 866 余石的狄道州②而言，省友请赏售二三十石不算什么。但若按 1 仓石黑豆合 176 斤③粗略估算，30 石大豆约合 5 000 斤之谱，显非省友一家所能消耗的。喻炎丙意识到省城大豆价格昂贵的商机，于四月二十四日派李师爷进省，与省友商量运卖大豆之事。省友禀言：

> 李师爷等来兰，商及运卖大豆一事。遍询粮行，若到秋冬尚能销些，目下价值过小，又无承售大主，且计豆价反较狄道为贱，拉运一切尚多费力，揆此诸情，反觉在狄出粜为妥。④

从省友汇报可知，目前省城兰州大豆价格反较狄道州价格低，且无大宗收购者，运至兰州销售尚需费力拉运，不如在狄道州本地出售为好。

然而，兰州粮价似乎并未低减，至六月初九日，省友言：“近日省中粮价胜昂，民情甚惶，如晚食指浩繁，更深焦虑”，禀请狄道州无论麦、豆，“赏售数石，以备不虞”。⑤

直至六月底省中降雨、粮价大减，狄道州才答应向省友转售麦、豆各四五十石。省友此时也不便拒绝狄道州美意，称“所售麦

---

① 《狄道草稿簿》，光绪十八年二月十三日，第 17 册，第 182 页。

② （清）傅秉鉴编：《甘肃清理财政说明书》，载北京图书馆出版社影印室辑《清末民国财政史料辑刊》第 19 册，北京：北京图书馆出版社，2007 年，第 97 页。

③ 胡铁球：《清代各地“仓斗”形成的机制考释》，《清华大学学报（哲学社会科学版）》2021 年第 2 期。

④ 《狄道草稿簿》，光绪十八年四月二十四日，第 17 册，第 203 页。

⑤ 《狄道草稿簿》，光绪十八年六月初九日，第 17 册，第 210 页。

豆，渥荷鸿施，敢不恪遵”，“惟省中自落雨后，粮价大减，且恐数多难以挽运”，“所云各存四五十石，如系仓石，即请全留，以便走运”，只是希望狄道州能减价出售。①

狄道州大概同意了省友的减价请求，省友禀称“蒙赐麦豆，即乞各留仓斗百石，容于下月初旬专车载运”②。七月初四日，省友派陈先生前往狄道州领运③，函托狄道州门上史湧泉“代雇车辆，催速运省，以资食用”，“由狄开需车价若干，请由帐房或尊处通融借发，如数归赵，决不有误，致负雅意也”④。因狄道州仓储元豆不多，省友称“尽发小麦更臻妥妙”，“缘舍下食指浩繁，需麦过多，豆只喂牲，所消无几，尤恳俯准统赐小麦，饬令敝价速为领运”⑤。

若以狄道州赐售省友麦百石来看，甘肃仓斗粮 1 石约合官秤 200 斤⑥，100 仓石小麦合 2 万斤。对兰州粮价了若指掌的省友⑦，将狄道州小麦运回存储下来，可待价而沽。

二、省友的支出

省友的开支中，除满足家庭日常生活基本开销外，还有与其职业相关的支出，诸如雇请先生帮办公事、与州县官的礼节性应酬

---

① 《狄道草稿簿》，光绪十八年闰六月初二日，第 17 册，第 218—219 页。
② 《狄道草稿簿》，光绪十八年闰六月十四日，第 17 册，第 221 页。
③ 《狄道草稿簿》，光绪十八年七月初四日，第 17 册，第 226 页。
④ 《狄道草稿簿》，光绪十八年补七月初四日，第 17 册，第 229—230 页。
⑤ 《狄道草稿簿》，光绪十八年七月十九日，第 17 册，第 228—229 页。
⑥ “仓斗粮一石约官秤二百斤之谱。”参见（清）傅秉鉴编：《甘肃清理财政说明书》，载北京图书馆出版社影印室辑《清末民国财政史料辑刊》第 18 册，北京：北京图书馆出版社，2007 年，第 113 页。
⑦ “谨将银粮近日时估寄呈电览。”参见《狄道草稿簿》，光绪十八年闰六月十五日，第 17 册，第 222 页。

等，甚或积聚一定的资金，以实现其社会地位的向上流动。

1. 家庭日常生活开支

宋氏自称其家食指浩繁，阖府眷属 20 余口。①兰州城的生活成本因人而异，如清水县仆人徐德之母每月在省城生活费用为 2 两②，郑大老爷眷属郑太太月费 5 两③。若以此作为参照，宋氏全家以宋氏父子及其孙为主的 20 余口人的衣食开销，每月应在 25 两开外。

衣食之外，还应考虑省友的住房开支。光绪七年(1881 年)二月，宋氏住在兰州市南府街红巷子，该年六月移居陕山会馆巷，十八年(1892 年)三月住木塔巷。④若其所住公馆为租借而来，按照甘肃省城公寓每间每月租银 5 钱的标准⑤，以一进院十间房屋估算，每月需银 5 两⑥。如果置买房产，宋树森亦需积攒数百两银子⑦。若以宋树森租借房屋来核算，宋氏每月在衣食住行上的开支，从俭估算亦需 30 两开外。

2. 省友的职业性开支

职业性的开支，分为对内、对外两种情况。对内主要是支付先

---

① 《光绪朝法律公牍(渭源县)》，光绪八年七月十一日，第 51 册，第 24193 页。

② 《清水县草簿》，光绪十七年五月廿九日，第 33 册，第 15585—15586 页。

③ 《毛目分县稿簿》，光绪十二年三月初七日，第 33 册，第 15483 页。

④ 《光绪朝法律公牍(华亭县)》，光绪七年二月十五日，第 51 册，第 24056 页；《陇西信件簿》，光绪七年八月廿五日，第 29 册，第 13841 页；《清水县草簿》，光绪十八年三月十七日，第 33 册，第 15613 页。

⑤ 《陇西县稿底簿》，光绪八年五月十九日，第 31 册，第 14354 页。

⑥ 宋树森寓所不仅要供阖府 20 余口家眷居住，有时也会作为州县官的家眷、师爷、差役到省城后的下榻之所，故在房租估算上，按一进院十间正房的标准从宽核计。参见《抚彝禀稿簿》，光绪十年冬月廿三日，第 31 册，第 14679 页；《化平厅草簿》，光绪十四年七月廿日，第 33 册，第 15351 页。

⑦ 光绪十八年闰六月，兰州道署对面一进十二间正房寓所，售银 360 两。参见《东乐草稿簿》，光绪十八年闰六月十六日，第 35 册，第 16238—16239 页。

生年薪及其他额外开支。光绪十三年(1887年)宋树森所雇先生彭惕如,每年束修银36两,而彭惕如实际支用60余两。①

对外主要是官场应酬费用、赴州县衙署索债路费等。州县官于年节时会赐给省友节敬,省友也会利用州县专差便车,给州县官及其幕友、门上捎带时鲜蔬菜、年糕、糖等,以表心意。②若州县官长期拖欠债务,省城又无足额领款可以抵还,省友或亲自束装前往州县索债,或委派亲属、先生赴署讨要,来往应酬与路费花费不少。光绪十三年年初,宋树森遣杨姓亲戚代往毛目分县讨债,往返路费花去60余两,仅讨得银40两③,与欠款总额560余两④相比,可谓得不偿失。

3. 省友的捐纳开支

此处仅就宋树森捐官所需银数做粗略估计。宋树森为浙江山阴人,监生,光绪十六年(1890年)为甘肃候选巡检,十九年(1893年)在新海防例中以典史身份分发甘肃试用,二十三年(1897年)四月补任庆阳府正宁县典史。⑤其监生资格应来自捐纳。清代捐监的通常价格为108两,清末减成报捐,多为标准的半额或以下,故宋树森捐监用银在54两以下。宋树森按新海防例以典史身份分发

---

① 《宋克用信稿》,光绪十三年新正十二日,第52册,第24428页。

② 《狄道草稿簿》,光绪十五年十二月廿七日、十六年闰二月廿日,第17册,第18、36—37页;《毛目分县稿簿》,光绪十二年腊月十一日,第33册,第15498页。

③ 《毛目分县稿簿》,光绪十三年四月二十二日,第33册,第15508—15509页。

④ 《毛目分县稿簿》,光绪十三年三月初二日,第33册,第15505页。

⑤ 《化平厅草簿》,光绪十六年正月十二日,第33册,第15402页;《缙绅全书》(光绪十九年春),载清华大学图书馆、科技史暨古文献研究所编《清代缙绅录集成》第53册,郑州:大象出版社,2008年,第221页;《缙绅全书·中枢备览》(光绪二十三年秋),载清华大学图书馆、科技史暨古文献研究所编《清代缙绅录集成》第61册,郑州:大象出版社,2008年,第342页。

甘肃，若统照新海防例核算宋氏捐纳总数，其候选巡检资格的取得约费银 60 两 4 钱；要想尽早铨选得缺，宋氏还需依次加捐“分缺先银”336 两、“分缺间银”302.4 两、“本班尽先银”200 两有余，其指省分发另需加银 220 两，共需正项捐纳银 1 100 余两。[①]此外仍需开支饭费、结费及其他各种零费。光绪十八年(1892 年)前后，他又两度进京，路费应酬当亦不少。[②]即使分发到省，补缺上任也需多方打点。宋树森为得到正宁县典史之职，所用银数，当属不赀。

从宋树森个案来看，省友的收入不仅可以满足全家每月 30 两开外的日常开支、每月 5 两左右的先生薪金支付，并积有余资来置买房产或者捐纳官职。从总体上来说，省友的收支应该是平衡的，省友的职业并非宋树森所言“蔗味毫无”[③]，应有一定余润。

以上仅是清代甘肃省友收支的大致情况，中间尚有很多问题有待进一步研究，诸如省友是否染指司房使费等。不过可以确定的是，省友收入高低与州县政务繁简、官缺肥瘠、经手款项的多少有一定关系。

小　结

“省友”是“坐省家人”的一种。充任甘肃省友者，或有本省书

---

① 笔者对宋树森捐纳开支的估算，得到伍跃老师的指点，特此致谢。相关资料参见许大龄:《明清史论集》，北京:北京大学出版社，2000 年，第 77—78、95、107、120 页；伍跃:《中国的捐纳制度与社会》，南京:江苏人民出版社，2013 年，第 107、132 页；(清)佚名辑:《增修现行常例》，清光绪刻本，第 78—79 页。

② 《各友启事稿簿》，光绪十八年，第 34 册，第 16081—16082、16087 页。

③ 《狄道草稿簿》，光绪十七年七月二十四，第 17 册，第 144 页。

吏背景，或系上宪长随，或由其他佐杂差役兼任，而不是州县官从其家人中选派。宋树森、宋克用父子雇用书吏，代办许多州县的省事，说明晚清甘肃省友已成为专职探听官场职任变动、银粮时价信息，包揽州县交代、钱粮领解、投文解犯、刑名案狱等事务的中介机构。

至于省友代理哪个州县的省事，当有很大的因缘在里面。若省友与州县官彼此相知、合作愉快，省友则会随着该州县官的调动而代办相应州县的省事；若省友与州县幕友师爷关系融洽，也会受幕友引荐长期担任某州县多任官员的省友；至于其他任职机会，则需省友关注官缺变动，请人代为说合。州县省事的代理，也常会随着州县官的卸任或出缺而终止。

省友一旦受州县官雇聘为省友，则由州县官下定关聘。州县官每年向省友支付修金、节敬。修金之外，省友还利用放贷、办事侵渔、银钱比价波动、粮价地域差等方式来提高收入，以满足家庭日常生活需求，并筹措职业升迁所需的资金。

第二章
省友与州县的信息流通

上下传递的文书被视为帝国信息流通的基本载体，反映出政治权力的具体运作方式。学界研究清代信息流通问题时，往往聚焦于以皇帝为核心的最高决策层如何获取信息，对基层官员如何有效获取上级甚至最高决策层信息的关注度不够。本章通过梳理省友对省级衙门信息的打探、传播情况，讨论州县官对信息的获取、利用，以深入理解文书体系之外的政治运作模式。

第一节　省城信息的打探

宋树森向州县官报告全省文武官员的迁转黜陟信息、各上宪及相关官员的节寿喜丧事宜，呈报京报、省抄、银钱比价时估册等。①这与《清稗类钞》对坐省家人“职掌”的描述类似，即“通省大小文武官

① 《平罗底稿簿》，光绪七年六月廿五日，第 49 册，第 22781 页；《碾伯公牍禀稿簿》，光绪七年三月初一日，第 29 册，第 13730—13731 页；《狄道草稿簿》，光绪十六年六月十七日，第 17 册，第 68 页；《各友启事稿簿》，光绪十八年五月初十日，第 34 册，第 16062—16063 页。

吏之黜陟、迁转、庆吊诸事，无不先日报告，曰坐省条子。间若干日，辄附辕门抄以寄之，且大吏及其父母、夫人之寿辰，皆列一表，以红纸印之，年月为纲，以次叙列”①。

一、官场职任消息

1. 州县官委署迁黜

清代地方升调各缺，向来“皆由藩臬先酌拟数人，开列名单，呈请巡抚派委。俟巡抚圈出，即一面发委，一面具详”②。省友坐驻省城，时刻关注官缺变动与上宪委署动态，及时向州县官禀报。光绪七年二月护理陕甘总督杨昌濬奏请皋兰县知县余泽春升补秦州③，五月陕甘总督衙门接到准令升补部文，唯补任前需先进京陛见。六月省友便将该消息告知碾伯县④。

甘肃各缺中，首县缺繁差重，任者日久难支，唯秦州缺分最优。⑤皋兰县知县余泽春升补秦州优缺，应有护理陕甘总督杨昌濬调剂之意。遗缺皋兰县，省中有以新委平凉县陈延芬（字然轩）调补之说。⑥光绪七年闰七月二十八日藩宪牌示，秦州余泽春、调补皋兰县

---

① （清）徐珂：《清稗类钞》第 11 册，北京：中华书局，1984 年，第 5268 页。

② 中国第一历史档案馆编：《嘉庆道光两朝上谕档》第 2 册，桂林：广西师范大学出版社，2000 年，第 63 页。

③ 《护理陕甘总督杨昌濬奏请余泽春升补秦州直隶州知州事》，光绪七年二月二十四日，录副奏折，档号：03-5159-050。

④ 《碾伯公牍禀稿簿》，光绪七年六月廿五日，第 29 册，第 13756 页。

⑤ （清）张集馨：《道咸宦海见闻录》，杜春和、张秀清整理，北京：中华书局，1981 年，第 207 页。

⑥ 《碾伯公牍禀稿簿》，光绪七年五月廿六日，第 29 册，第 13751 页；《平罗底稿簿》，光绪七年六月廿五日，第 49 册，第 22781 页。

李裕泽各赴新任①；十月，陈延芬不愿赴平凉任，因公告退，藩司另委他人②。这些消息皆由省友通报州县官。

晚清候补官员众多，甘肃州县署任频繁，官场夤缘奔竞之风颇盛。若有缺出，省友除向有轮委希望的候补官员禀报外，还积极在藩司运作。光绪二十年二月下旬，省友宋氏听说靖远县宝善请假修墓，遗缺应当轮委。按照光绪十九年甘肃新定轮委章程九缺一轮，庆阳厘金局陈仁斋排在第4位，省友便托请吏房书吏运作该缺。③出乎意料的是，省友从吏房书吏处得知，陈仁斋已成为清水县令头号人选。光绪二十年三月初三日，藩宪牌示清水县缺委任陈仁斋前往署理，省友密探清水县征支各数，抄录禀呈陈令。④

藩司在选报官员中的关键地位，使省友与书吏有了权力寻租的空间。藩司书吏出卖官缺信息，省友遂许以丰厚报酬，优先推荐手中符合条件的州县官。据光绪十二年七月初一日《董志潘草稿簿》载：

> 顷入藩司，吏友谈及董志业经年满，拟要委人。书闻之下，雀跃无地，即托房友鼎力婉为，如能玉成，从丰酬谢，于廿九日申刻送稿。荷蒙批准，七月初一日寅刻藩宪牌示：董志县丞缺以我父台调署，所遗庄浪县丞缺委补用县丞栗国珠署理等因。所需喜费，应付多寡，伏望训示祇遵。⑤

---

① 《光绪朝法律公牍(华亭县)》，光绪七年闰七月廿八日，第51册，第24077页。
② 《平罗底稿簿》，光绪七年十月初二日，第49册，第22808页。
③ 《各友启事稿簿》，光绪二十年二月二十四日，第34册，第16160—16161页。
④ 《各友启事稿簿》，光绪二十年三月初三日，第34册，第16163—16164页。
⑤ 《董志潘草稿簿》，光绪十二年七月初一日，第33册，第15517页。

从中可知，藩司书吏透露董志原分县现任县丞任期将满，需另外委员赴任。省友闻知，立即许诺重酬，请藩司吏房书吏鼎力帮衬，以现任庄浪分县县丞潘文镜调署董志原分县。

当然，这种运作仍需符合甘肃省的轮委章程，否则恐难如愿。光绪二十年五月，宁灵厅郭司马因交代亏粮，逾限被参[①]，时任花定厘金局者请省友代为打听。六月初六日，省友反馈宁灵同知是要缺，且系参革人员遗缺，“例应专归军功班内人员拣选请补，惟待截缺报部，奉到覆文准其扣留外补，方能请补”。省友密托院司吏房书吏帮办，并随时侦探禀报。[②]七月二十四日，省友分析宁灵厅其余两位竞争者的优劣，言：“易滋堂虽系曾任实缺，应列在先，而伊起复部文叙明仍发原省按班序补，不必坐补原缺，是宁灵之缺伊无所望。吴松龄系开复未经引见之员，亦与补例未符，是以托房援办，将吾太尊列在先，呈请奏补……满谓此次必能获愿，讵闻宫保拟令由知县拣选升补。”藩宪很快牌示，宁灵同知缺以宁夏县方仰欧升补。省友安慰花定厘金局官员，言：“虽是事之未成，或酬贤以有方，尚望达观耐守，勿以暂时之塞翁过为杞郁，是所至祷。”[③]光绪二十年十一月，循化厅长赟病故出缺，省友再次为该花定厘金局官员运作，只是易滋堂也竭力谋取该职位，省友不敢保证成功。[④]

2. 州县官赴任

当藩司悬牌饬令州县官赴任，省友需操持其应上本管上司及

① 《各友启事稿簿》，光绪二十年五月初七日，第 34 册，第 16187—16188 页。
② 《各友启事稿簿》，光绪二十年六月初六日，第 34 册，第 16190—16191 页。
③ 《各友启事稿簿》，光绪二十年七月二十四日，第 34 册，第 16195—16196 页。
④ 《各友启事稿簿》，光绪二十年冬月二十六日，第 34 册，第 16217 页。

同寅诸友履历和禀启各稿①，兑交门包②。光绪十二年平番县米协麟到任时，宋克用所记省城各衙门开销清折见表 2-1。

表 2-1 光绪十二年平番县米协麟到任时省衙开销底账

<table>
<tr><th></th><th>院衙</th><th>藩衙</th><th>臬衙</th><th>道衙</th><th>府衙</th></tr>
<tr><td>巡捕</td><td>19.8 两</td><td>—</td><td>—</td><td>—</td><td>—</td></tr>
<tr><td>执帖</td><td>6 两</td><td>4 两</td><td>3 两</td><td>2 两</td><td>2 两</td></tr>
<tr><td>跟班</td><td>6 两</td><td>4 两</td><td>3 两</td><td>2 两</td><td>2 两</td></tr>
<tr><td>号房</td><td>2 000 文</td><td>800 文</td><td rowspan="3">1 200 文</td><td>300 文</td><td>300 文</td></tr>
<tr><td>茶房</td><td>800 文</td><td>300 文</td><td>200 文</td><td>200 文</td></tr>
<tr><td>承差</td><td>400 文</td><td>300 文</td><td>200 文</td><td>200 文</td></tr>
<tr><td>大堂</td><td>—</td><td>150 文</td><td>—</td><td>—</td><td>—</td></tr>
<tr><td>头门</td><td>150 文</td><td>150 文</td><td rowspan="2">150 文</td><td>—</td><td>—</td></tr>
<tr><td>二门</td><td>150 文</td><td>—</td><td>—</td><td>—</td></tr>
<tr><td>军锣</td><td>150 文</td><td>—</td><td>—</td><td>—</td><td>—</td></tr>
<tr><td>东西栅</td><td>300 文</td><td>—</td><td>—</td><td>—</td><td>—</td></tr>
<tr><td>总计</td><td>银 31.8 两，
钱 3 950 文</td><td>银 8 两，
钱 1 700 文</td><td>银 6 两，
钱 1 350 文</td><td>银 4 两，
钱 700 文</td><td>银 4 两，
银 700 文</td></tr>
</table>

资料来源：《宋克用信稿》，第 52 册，第 24599—24600 页。

平番县到任规礼中，以陕甘总督衙门开支最巨，共银 31.8 两、钱 3 950 文；掌握人事提名与委任权的藩司衙门次之，支银 8 两、钱 1 700 文；臬司又次之，支银 6 两、钱 1 350 文；兰州道与兰州府衙则皆支银 4 两、钱 700 文。省城 5 个衙门共支银 53.8 两、钱 8 400 文。

---

① 《各友启事稿簿》，光绪十八年十月初三日，第 34 册，第 16107 页。

② （清）杜凤治：《杜凤治日记》第 1 册，邱捷点注，广州：广东人民出版社，2021 年，第 93 页。

若州县官“资斧不足以及到任旅费不周”，坐省“必当代为张罗”，为州县官筹措赴任钱物。①光绪十五年六月，代理平番县谭令拟于七月初四日启程接印②，但窘迫至极，无资出省。皋兰县传唤平番县省友宋氏至署，当面命令宋氏设法筹措接济。宋氏推脱不过，只好挪垫银 20 两，以便谭令赴任。宋氏随即飞函平番县门上苑雨厅，请将所垫银两派差飞速送省。③光绪二十年六月，代理高台县熊存澍在省城“听鼓年久，异常拮据”，无所筹措出省盘费，托人向省友预支规费。省友思虑再三，借其兰平银 50 两，并叮嘱现任陈昌从包规中照数扣除。④

若州县官拟由旧任直接赶赴新任，省友会向省城各衙门打点喜费，以便其尽早领获委任牌文。光绪二十年（1894 年）三月初三日，庆阳厘金局陈仁斋被委任清水县令，省友宋氏催促司房书吏赶办委牌。房友称藩宪拟先扣留委牌，待陈仁斋厘务交代完毕、赴省晋见后再为核发。藩司扣发委牌的做法，本为例行公事，并无不妥之处，但对陈仁斋而言，若绕道省城后再赴新任，不仅徒增跋涉之劳，且省中应酬繁多，花费不少。省友遂付给司院各房书吏喜费及门上茶敬等费，领出委牌，由驿递送，以便陈仁斋直接赴清水县新任。⑤

州县官上任后，亦会请省友探听久任的可能性。狄道州喻炎

① 佚名：《偏途论》，载章伯锋、顾亚主编《近代稗海》第 11 辑，成都：四川人民出版社，1988 年，第 641 页。
② 《各友启事稿簿》，光绪十五年六月廿六日，第 34 册，第 15828 页。
③ 《各友启事稿簿》，光绪十五年六月廿五日，第 34 册，第 15831 页。
④ 《高台县禀稿簿》，光绪二十年六月十八日，第 17 册，第 514 页。
⑤ 《各友启事稿簿》，光绪二十年三月初三日、初八日，第 34 册，第 16163、16171—16172 页。

丙于光绪十五年十月到任，次年六月，喻大少爷请省友打探喻炎丙能否久任狄道州。省友探得“今年可无更易”。此时恰遇水冲河堤之事，省友推测“若将来加以河工之任，万难遽易生手，势必久留矣”，只是“列宪办事虽然公正廉明，但其中变态多端，非鄙人敢预料忘（按：妄）陈耳”，表明“惟有不时侦探，有何消息，随时布陈”。①

3. 州县官考处

清代外官考课三年一次，地方官逐级考核属员德才，由布政使司、按察使司衙门考核后，再由督抚考核，汇总册籍，咨送吏部。②督抚藩臬的考核评价，对州县官仕途影响至重。省友会帮州县官探听上宪的考语，如省友侦得光绪十八年（1892 年）布政使对狄道州的考语为“明干有为，从公勤奋”③八字，光绪十七年（1891 年）安肃道对高台县的考语为“才具明敏，舆情爱戴”④。

驿马不足，是甘肃州县官被处分的一个原因。甘肃作为西部边防重地，驿递系统的有效运转是国家信息情报畅通、军饷及时送达的重要保证。驿马足数，以及夫马工料的正常发放，是维持驿递系统有效运转的前提。但据甘肃省友所记，当时存在州县夫马工料迟领、驿马不足的问题。⑤更有甘肃官亲、差役和家人随意借骑驿马的现象。例如，光绪九年正月，东乐分县县丞吴沆二弟吴诏翁到达兰州，得知长兄吴沆因病出缺，在省友处借用盘川银 10 两，借骑驿马西上。⑥为加强监管，臬宪会禀请陕甘总督委员查验各地驿马，

① 《狄道草稿簿》，光绪十六年七月初四日，第 17 册，第 71—72 页。
② 魏光奇：《清代州县官任职制度探析》，《江海学刊》2008 年第 1 期。
③ 《狄道草稿簿》，光绪十八年冬月廿八日，第 17 册，第 248、404 页。
④ 《高台县禀稿簿》，光绪十七年十二月十三日，第 17 册，第 404 页。
⑤ 《碾伯公牍禀稿簿》，光绪七年闰七月初六日，第 29 册，第 13777 页。
⑥ 《东乐草稿簿》，光绪十九年二月初九日，第 35 册，第 16285—16286 页。

将驿马不足的州县官撤任查办。光绪七年闰七月，金县封汝弼因此被撤任。[①]

二、省宪衙署动态

1. 院司职任变动

(1) 曾国荃不愿来甘

光绪七年二月初一日，曾国荃奉谕补授陕甘总督。他心里清楚，“陕甘为西北形胜之区”，“自昔汉、回杂处，地广而物产未丰；今兹患难初平，事繁而仔肩特重”，兼及自己右足经络渐缩，行动不便，“亟思避位让贤”，奏请先到天津就医半个月，待足疾稍愈，即赴京陛见。[②]二月二十七日，曾国荃以右足足疾未痊愈为由，请求赏假三四个月，南下汉口、长沙就医调治。[③]

曾国荃请假南下就医的消息，于光绪七年三月二十七日通过吏部部文传到兰州。宋树森向碾伯县姚长龄报告曾国荃未到任期间，仍由杨昌濬护理陕甘总督。[④]至七月初，甘肃官场一度有曾国荃自南方起程、八月抵达兰州的传闻。[⑤]该传闻当基于曾国荃四月初到达湖南长沙，全七月初假满后应当北上的推测。然而，七月初四日曾国荃奏称右足尚未完全康复，“思欲力疾北上，则右足不良于行，道路寒暑靡常，未秋先凛。倘或途次加剧，微躯尤觉难支”。而

① 《光绪朝法律公牍(华亭县)》，光绪七年闰七月初五日，第51册，第24075页；《碾伯公牍禀稿簿》，光绪七年闰七月初六日，第29册，第13777—13778页。

② (清)曾国荃撰，梁小进主编：《曾国荃集》第2册，长沙：岳麓书社，2008年，第88页。

③ (清)曾国荃撰，梁小进主编：《曾国荃集》第2册，长沙：岳麓书社，2008年，第92—94页。

④ 《碾伯公牍禀稿簿》，光绪七年三月廿七日，第29册，第13739页。

⑤ 《碾伯公牍禀稿簿》，光绪七年七月初五日，第29册，第13764页。

陕甘总督统摄西北关陲重地，不容久旷职守，故而奏请开缺调理。光绪帝又赏假三个月，以便曾国荃安心调理身体。①九月初三日，兰州方得知曾国荃再次请假并得到批准，推算他于光绪八年三月初方能来甘肃。②

曾国荃在奏折中也委婉表示自己身体与西北气候不合，致使光绪七年闰七月初甘肃官场流传曾国荃现在天津、不愿意来甘肃的消息，省友宋树森听说护理陕甘总督杨昌濬有奏催曾国荃来甘肃之议。③果然，光绪七年七月十六日，杨昌濬奏请曾国荃销假赴任。④闰七月十四日，光绪帝以500里驿递询问曾国荃是否痊愈，期望他能立即前赴陕甘总督新任，镇抚西北边陲重镇，以解朝廷西顾之忧。曾国荃收到谕旨后，于八月初五日回奏称：

> 伏念臣上年三月在晋抚任内，病势日增。本年四月到湘，百方调治，旧患足疾不良于行，至今步履蹒跚，筋络未舒，即耳聋目眩等证(按：症)亦常旋愈旋发，迄未痊可，盛夏酷暑之时，偶一受风即成感冒。微臣德薄福浅，长子纪瑞，兵部职方司员外郎，以痛母之故遂获沈(按：沉)疴，上年六月病殁于家。臣兄次子纪鸿，兵部武选司郎中，本年三月病殁于京；臣之次子纪官，前年供职户部广东司员外郎，闻兄病笃奔归，又以痛兄

---

① (清)曾国荃撰，梁小进主编：《曾国荃集》第2册，长沙：岳麓书社，2008年，第94—95页。

② 《平罗底稿簿》，光绪七年九月初二日，第49册，第22801页。

③ 《平罗底稿簿》，光绪七年闰七月初四日，第49册，第22792页；《光绪朝法律公牍(华亭县)》，光绪七年闰七月初五日，第51册，第24075页；《碾伯公牍禀稿簿》，光绪七年闰七月初六日，第29册，第13778页。

④ 《护理陕甘总督杨昌濬奏请饬督臣曾国荃销假赴任事》，光绪七年七月十六日，录副奏折，档号：03-5161-198。

> 致病，本年六月旋殁于湘，诸孙悉皆幼稚。臣以病躯迭逢家难，忧郁益增，体气因之愈乏。前此吁请开缺，实虑耽延日久，贻误滋咎，乃蒙圣恩，又复赏假三个月，不觉感激涕零。窃计十月二十日即系假满之期，冀幸精神略能自振，冬间即可力疾北上，仰副圣主成全之德。无如深秋凉爽，服药已百余剂，病势尚无起色，臣心愈切悚惶。①

由上可见，曾国荃不仅足疾未痊，步履蹒跚，耳聋目眩等旧疾也常发作。自身病痛之外，曾国荃子侄接连病逝，更令其心痛不已。此时的曾国荃可谓身心俱疲，萌生退志，请求开除其陕甘总督一缺，安心调养。

就在曾国荃请辞陕甘总督时，其湘系至交彭玉麟道出内幕，言："曾国荃系心（按：心系）君国，感奋图报之念，亦实始终不渝，徒以体气虚弱，最畏风寒，又因两子相继病殁，忧郁成疾。若令处东南温暖之地，水土相合，必当尽心效职，不至畏难自沮。"而曾国荃兼通军务、洋务，彭玉麟向朝廷密保由曾国荃出任两江总督。②

（2）谭钟麟奉命履任

光绪七年八月二十四日，清帝旨准曾国荃开缺养病③，谕令浙江巡抚谭钟麟补授陕甘总督。④九月十六日，兰州接到谭钟麟补授陕甘总督的吏部咨文⑤，甘肃官场悬宕已久的要缺终于落地。然

---

① （清）曾国荃撰，梁小进主编：《曾国荃集》第2册，长沙：岳麓书社，2008年，第95—97页。

② （清）彭玉麟：《彭玉麟集》上册，长沙：岳麓书社，2008年，第276页。

③ （清）曾国荃撰，梁小进主编：《曾国荃集》第2册，长沙：岳麓书社，2008年，第97页。

④ （清）谭钟麟：《谭钟麟奏稿校注》，赵维玺标点、校注，长沙：岳麓书社，2023年，第184页。

⑤ 《陇西信件簿》，光绪七年九月十七日，第29册，第13851页。

而，十月初六日兰州传闻新授两江总督左宗棠、新授陕甘总督谭制军（谭钟麟）均有告病之说。①十月底，兰州官场才有谭制军于九月初自湖南起身、冬月定能进省的确切消息。②十一月初，护理陕甘总督杨昌濬拟迁住衙门街行台公馆，并选派巡捕戈什驰往陕西迎接。③传闻谭钟麟拟于十一月初十日至西安。宋树森判断谭制军当月一定能进入甘肃省，并言杨宪已迁移至大公馆，奏请进京陛见。④

十一月十五日，兰州接到谭钟麟的来文，言十月初八日自浙江起程，水陆兼程，约于腊月中旬方能进省。⑤十一月二十日，兰州打探到谭钟麟于十五日至西安，十六日或十八日自陕西起程，腊月初一或初二日能够到兰州接印。护理陕甘总督杨昌濬定于二十一日移往行台公馆，执意告辞甘肃布政使职务。⑥二十五日，兰州进一步明确谭制军于十七日自陕西起身，拟于二十九日进入兰州城，十二月初二日接印。⑦

光绪七年十二月初二日，谭钟麟抵达兰州。初三日，护理总督杨昌濬委令兰州府知府恩霖、督标中军副将郑连拔，给谭钟麟送去陕甘总督关防一颗，以及王命旗牌、文卷各件。谭钟麟“谨设香案，望阙叩头，祗领任事”⑧。十二月初五日，宋树森向陇西县叶令详细

---

① 《陇西信件簿》，光绪七年十月初六日，第29册，第13857页。
② 《陇西信件簿》，光绪七年十月二十九日，第29册，第13867页。
③ 《陇西信件簿》，光绪七年冬月初三日，第29册，第13868页。
④ 《陇西信件簿》，光绪七年冬月初十日，第29册，第13871页。
⑤ 《陇西信件簿》，光绪七年冬月十五日，第29册，第13873页。
⑥ 《陇西信件簿》，光绪七年冬月二十日，第29册，第13874页。
⑦ 《陇西信件簿》，光绪七年冬月廿五日，第29册，第13876页。
⑧ （清）谭钟麟：《谭钟麟奏稿校注》，赵维玺标点、校注，长沙：岳麓书社，2023年，第191页。

汇报了谭钟麟接任后的家法与人事动态：

> 腊月初二日辰刻，谭督宪进省。初三日寅时接印督篆。所有公事一切，均照先年老例。无谕，何官不准擅入宅门。带来门印金、刘二人，执帖王姓一人，俱系爷们。凡有大小公事，书等回明巡捕，巡捕转告爷们，爷们方望（按：往）上呈。文武巡捕，遵照旧例，移住大堂之侧原日官厅。现见各事，尚未举办。谒会钦宪，商令接任藩篆，并仍办善后营务事宜。伊接督篆，专办文职。地方一切事宜，凡有营员善后公务等件，业经奏明如旧，钦宪办理。钦宪坚意推诿，不接藩篆，况业经奏明，请旨陛见，俟奉批回，或接藩篆，或办善后，再为定夺。院署幕友带一席，现与钦宪商酌举荐。钦宪已将前办奏折监印委员知县王荣绶①举荐，仍办奏折监印事务，余席尚未荐定。②

由上可知，谭钟麟随行带来门印金、刘二人，以及执帖王姓一人、幕友一人。据省友宋树森分析，谭钟麟关防严密。没有他的谕令，任何官员不得擅入宅门。州县大小公事，由省友回明巡捕，再由巡捕转告门印、执帖，由他们再向督宪呈报。与此同时，宋树森也向陇西县禀报了谭钟麟与前任杨昌濬的会面内幕，大意是谭钟麟接任督篆，专办文职事务，商请杨昌濬接任甘肃布政使和善后营务事宜。然而，杨宪以业经奏请进京陛见为由，推诿不接藩篆，表示待接到圣谕后，再为定夺是接任布政使，还是只办理善后事宜。

---

① 王荣绶，咸丰四年（1854 年）生，字荻村，湖南善化县监生，曾任山丹县。参见秦国经主编：《清代官员履历档案全编》第 28 册，上海：华东师范大学出版社，1997 年，第 483 页；（清）陶保廉：《辛卯侍行记》，刘满点校，兰州：甘肃人民出版社，2000 年，第 274 页。

② 《陇西信件簿》，光绪七年腊月初五日，第 29 册，第 13878 页。

光绪七年十二月初十日，省友宋树森向华亭县雷令细述谭钟麟莅任后督衙幕友与家人安排，以及省城的政局变动：

省城官场局面大变，均要（按：原文缺）。向例督院差官以及亲兵、文武随员，谭制宪莅任后扫出节署，全行不用。禁令宅门，文武巡捕照旧安置大堂官厅之侧，东文西武。如遇公事，书等告明巡捕，巡捕转告门印堂官，堂官方禀大人。一切公牍，俱派签押爷们经理。钦宪杨推荐李勉齐经理刑席，汪云浦仍管文案，王篴（按：荻）村仍办折奏兼理监印，其余各事尚未派定。昨委首府考试佐式，验写履历，挑取巡捕，风言明春调考外官。现饬书等按依班次传禀谒见，递呈履历，面询公事，自月之十一日为始，十六日验完。如此办法，尚不知吉凶定在何人耳。院署头、二、三门，每门每日准给灯油大钱六文，朴俗俭慎，已可概见。谣言乱讲，省垣制（按：织）呢、军装、保甲各局均皆酌裁，投效各官全行遣撤，节慎饷项。初八日谭督宪奏报到任日期，并请杨中丞仍留钦会办善后兼管营务，接任藩篆各事宜。同日，钦宪具奏卸任日期，并请陛见，销汇钦差关防，交卸善后各事宜。互相折奏，不知皇上批回如何耳。……晋省之事，切勿轻动，察夺为要。补缺一层，照依班次，且在天定，遵托鼎力，先此鹊报。①

由此可见，下至督院差官家人，上至甘肃官场官员，均感受到了谭钟麟新官上任三把火的威力。首先，陕甘总督衙门的差官、亲兵、文武随员，全部被谭钟麟逐出督院衙门，唯文武巡捕仍照旧供

① 《光绪朝法律公牍（华亭县）》，光绪七年腊月初十日，第51册，第24090—24092页。

差。省友等若有公事向陕甘总督报告，须先报告给督衙的巡捕，巡捕再报告给掌管门印的堂官，由门印堂官禀告谭钟麟。其次，督衙幕友选派，较前几天有了新的进展。文案幕友汪云浦、折奏兼理监印幕友王荻村保持不变，李勉齐经杨昌濬推荐担任刑席幕友，其他幕友尚未派定。再者，谭钟麟考核佐杂官员、外官，召见省友。省友称“如此办法，尚不知吉凶定在何人耳”，甘肃官场的气氛瞬间紧张起来。

其中，谭钟麟为节省经费，裁撤织呢局、军装局、保甲局并遣撤投效各官的做法，想必在兰州官场产生一定的震动。谭钟麟奏稿载其抵任后，裁撤合并省城各局，只留粮台、厘金局、交代局、善后局、保甲局。①迨光绪九年八月二十一日，善后局完成同治八年至光绪八年的报销任务后，也随之裁撤。②原本打算利用西北盛产羊毛优势而筹建的织呢局，因亏损严重，也于光绪九年九月十六日被裁撤。这是因为谭钟麟发现甘肃只出产羊毛，织呢机器、颜料等物购自外洋，“其价固昂，转运尤艰，且洋匠辛(按：薪)工甚贵”，“计自六年八月开办起，至八年八月止，用费七八万，织成粗细呢毯一千数百匹，质厚而松，叠经减价出售，无人过问”。③光绪七年九月宋树森受陇西县之命前往织呢局购买洋呢洋毡，发现产品“形似粗□，不惟不佳，价值甚昂，制造铺垫亦不能用”，“合算至再，购买大红必吉一板”代之。④光绪八年九月至九年八月，织呢局生产的1 000 余匹

① (清)谭钟麟：《谭钟麟奏稿校注》，赵维玺标点、校注，长沙：岳麓书社，2023 年，第 201 页。

② (清)谭钟麟：《谭钟麟奏稿校注》，赵维玺标点、校注，长沙：岳麓书社，2023 年，第 212—213 页。

③ (清)谭钟麟：《谭钟麟奏稿校注》，赵维玺标点、校注，长沙：岳麓书社，2023 年，第 215—216 页。

④ 《陇西信件簿》，光绪七年九月十五日，第 29 册，第 13849 页。

呢毯虽较前稍为精致,但"分运各府厘局出售,而民贫货贵,购者绝少"。鉴于甘肃呢毯苦无销路、长期亏损,谭钟麟决定裁撤织呢局,将机器运至江南交给左宗棠使用。①光绪十一年五月初二日,甘肃新疆总粮台、军装局等局先后被裁撤。②至光绪十一年十一月,甘肃省城仅存厘金局、保甲局、制造军火局。③被撤裁各局官员,需另寻出路。

甘肃政局的走向,是省友关注的重点。据宋树森言,光绪七年十二月初八日谭钟麟奏报到任,并以自己刚刚到任、情形不熟为由,奏请杨昌濬留任甘肃布政使,兼办善后营务等事。这是因为杨昌濬原本以四品顶戴帮办甘肃、新疆善后事宜,旋署布政使,光绪七年又护理督篆,并会办新疆善后事宜。但杨昌濬见新任陕甘总督谭钟麟到任,便奏请缴销关防北上。面对前后两任总督互相冲突的奏请,宋树森说不知皇上如何批回。④在省城局势不明的情况下,宋树森建议华亭县雷令暂时不要进省。

2. 院司折奏与谕旨部咨

若陕甘总督有专折具奏或接奉上谕之事,省友亦随时向州县官禀报。如光绪十年正月十一日,宋树森向抚彝厅禀告:初十日陕

① (清)谭钟麟:《谭钟麟奏稿校注》,赵维玺标点、校注,长沙:岳麓书社,2023年,第215—216页。

② (清)谭钟麟:《谭钟麟奏稿校注》,赵维玺标点、校注,长沙:岳麓书社,2023年,第266页。

③ (清)谭钟麟:《谭钟麟奏稿校注》,赵维玺标点、校注,长沙:岳麓书社,2023年,第279页。

④ 清廷考虑到谭钟麟初来乍到,需人佐理,将杨昌濬赴京陛见时间推迟至光绪八年夏秋之间。参见(清)谭钟麟:《谭钟麟奏稿校注》,赵维玺标点、校注,长沙:岳麓书社,2023年,第191页。

甘总督部院接奉上谕,“钦赐福字匾额”,“顷院接邸抄,去腊廿二日奉上谕:甘州府奎交部议处,抚彝厅杜思培即行革职等因”。①

甲午中日战争期间,省友向花定厘金局报告战事动态及甘肃省城大宪举措:

> 海面军情,叠登邸报,谅早接见。近闻倭寇势甚猖獗,吞并高丽,啸众泛海,扑犯我界。屡次接仗,虽已击退,尚未一律荡平,以致内廷忧顾。凡沿海各口加兵增饷,严行防堵,并令各省就地筹捐,以助饷项,俟何日走报红旗,容侦再布。闻宫太保杨及陕提雷均有奏请带兵临敌报效之说,准否另禀。②

从中可知,邸报是地方州县官及厘金局委员获取甲午海战信息的主要来源,省友的禀报则是其另一信息来源。甲午战争期间,日本吞并朝鲜,进犯清朝海疆,中日双方接仗,沿海各口岸加兵布防,加捐筹饷,了然纸上。省友附禀陕甘总督杨昌濬及陕西提督有带兵临敌、报效清廷的说法。后来,省友还向花定厘金局抄呈李鸿章办理东洋军务不善、被京官纠众弹劾的奏折。因该折留中未发,省友叮嘱花定厘金局不要外传。③

京城六部对甘肃官员集体问责时,省友会向州县官汇报省级上宪的应对方案。光绪十八年年底,新疆有递发总理衙门限行夹板一副,“经过各驿,均有延缓,被内行查,照例议处”。光绪十九年三月,省友向高台县禀报称:“现藩臬集商,拟令经过州县,量缺肥瘠,酌凑部费,由首台总汇安置,以了斯事之说。”④

---

① 《抚彝禀稿簿》,光绪十年正月十一日,第31册,第14647页。
② 《各友启事稿簿》,光绪二十年九月初八日,第34册,第16211—16212页。
③ 《各友启事稿簿》,光绪二十年冬月二十六日,第34册,第16217—16218页。
④ 《高台县禀稿簿》,光绪十九年三月十五日,第17册,第449页。

省友时常向州县官抄录陕甘总督奏稿和其他州县官的禀详稿件。光绪八年(1882年)初,陇西县叶令托省友抄录贵德厅若乙开释案禀稿(按:叶令曾任贵德厅),省友称"谭制军关防甚严,房书出入最惟谨慎。凡抄各案,多需时日。书托催赶录,何时抄出,刻即禀呈"。五天后房书抄出禀稿,省友禀呈陇西县叶令,并垫付房书笔规钱1 500文。此时,省城又风言陇西县与巩昌府在祭庙时发生争吵,进而互相禀揭,谭钟麟知道后十分不悦。省友颇为惊诧,先向藩司查得并无此禀,继而托院房书吏查有无此禀。随后,巩秦阶道谭继洵、巩昌府颜士璋先后进省,省友又向陇西县令抄呈他们与藩司杨昌濬之间的对话。①此外,若陕甘总督专折出奏,省友也请房书抄录折稿,飞禀州县官。②

3. 上宪节寿

打点上宪节寿,是省友的常规事务。上宪寿诞,原则上由首县牵头送寿礼,其余州县官附名,分摊费用。光绪八年三月陕甘总督谭钟麟生日,巩秦阶道谭继洵、巩昌府颜士璋、狄道州奎绂、碾伯县姚长龄、渭源县黄元珍等纷纷赴省拜寿。藩臬两司、兰州道及现任各道、府、厅、州、县,"公做寿屏、对联、寿礼等物,首府县率镇公祝,照依旧例,备具门包四十两、巡捕官礼六两八钱以及小费、随封各项,即于十七日抬送院署,禀明制宪,验收寿屏、对联二色,余物全璧"。各官因有首县公送,未再另送礼物。所需费用,各官照数分摊。③

---

① 《陇西县稿底簿》,光绪八年二月十二日、十五日,三月十七日、十九日,第31册,第14346—14351页;宣统《甘肃新通志》卷52《职官志·职官表》,清宣统元年刻本,第21、32页。

② 《平罗底稿簿》,光绪八年三月初十日,第49册,第22819页。

③ 《平罗底稿簿》,光绪八年三月十八日,第49册,第22821页。

除附名公送外，州县官也可单送。光绪十八年八月，省友向东乐分县县丞吴沆禀报，前此布政使寿辰，东乐分县除随首县附名公送，又另行私送。现在陕甘总督生日，他已托首县附名庆祝。若吴沆打算另外致送，可备好门包，由他来办理。①光绪十六年七月二日兰州道寿辰，狄道州省友代喻炎丙办送寿礼，虽然道台仅收对联，但省友仍垫支货物、抬盒6两、钱320文。②若新任上宪有意隐瞒寿辰日期，省友则有失职之咎。光绪十六年十月初八日，兰州府丁大人③对外隐瞒寿辰，即使有送礼者也一概推辞。待省友知道消息，为时已晚，故而请求狄道州原谅。④

若州县官有特殊需求，省友会单独办送节礼。光绪十七年九月，省城上宪打算令狄道州喻大老爷署理武威县，省友探报待武闱事竣，上宪就会悬牌令其赴任。⑤省友在给狄道州黄师爷的信中透露，"闻方伯面示喻翁，将渠经手征支一切，统令截至小阳望日为止，此后各款概归竹东接征造报。喻大老爷闻俟悬牌，即行回狄清厘交代"⑥。竹东，即王竹翁明府，上宪有意令他署理狄道州。可能是因喻炎丙闻风运作，十月武闱结束后，喻炎丙仍回狄道州任，来春再作调动。⑦

---

① 《东乐草稿簿》，光绪十八年八月廿六日，第35册，第16250—16253页。
② 《狄道草稿簿》，光绪十六年七月十一日，第17册，第73—74页。
③ 兰州府丁振铎于光绪十六年七月十二日接印。参见《狄道草稿簿》，光绪十六年七月十一日，第17册，第74页；宣统《甘肃新通志》卷52《职官志·职官表》，清宣统元年刻本，第30页。
④ 《狄道草稿簿》，光绪十六年除月十一日，第17册，第88页。
⑤ 《狄道草稿簿》，光绪十七年九月二十二日，第17册，第149—150页。
⑥ 《各友启事稿簿》，光绪十七年九月廿四日，第34册，第15995页。
⑦ 《狄道草稿簿》，光绪十七年十月望日、廿二日，第17册，第153、154页。

在狄道州喻炎丙即将改署武威县的关节上，甘肃新任藩宪沈晋祥上任。狄道州喻炎丙于十一月十四日到省城，下榻连升店，拜谒沈晋祥等宪。[①]年关之际，喻炎丙又派李爷到省，向各宪致送节礼，省友言：

> 李爷到省，接奉钧谕，备聆一切。列宪节礼，遵办呈送，均叨温语。荷蒙宫保点收清油四篓、羊烛乙箱。方伯点收清油式篓、羊烛乙箱、洮香四匣、橘五斤。廉访点收清油二篓、羊烛一箱。道、府宪各收羊烛一箱，刘太守清油一篓、羊烛一箱，并信送去，亦蒙收受。所有送过礼单以及取获谢帖，均交李爷面呈电览。[②]

春节期间，狄道州喻炎丙于新正初四日到达兰州，于初五日早晨拜见各宪，受到各宪的亲切接见。[③]

狄道州喻老爷对上宪节寿的毫不含糊，或许也有助于他度过此次调任危机。兰州府于年终甄别所属人员时，称其“秉性刚方，办事勤奋”[④]。上宪的正面评价，以及喻炎丙在礼节上的细致，使他得到荐举。光绪十八年二月十八日，省友自藩司打探到部文，内称“于卓异案内催调我父台并甘凉道奎、秦州张、循化厅长请咨引见”[⑤]，这有助于喻炎丙久任狄道州，直至光绪十八年年底。

---

① 《狄道草稿簿》，光绪十七年冬月十五日，第 17 册，第 157—158 页。
② 《狄道草稿簿》，光绪十七年补十二月十三日，第 17 册，第 165 页。
③ 《狄道草稿簿》，光绪十八年新正人日，第 17 册，第 177 页。
④ 《狄道草稿簿》，光绪十七年腊月初三日，第 17 册，第 159 页。
⑤ 《狄道草稿簿》，光绪十八年二月十八日，第 17 册，第 184 页。

三、驿路上流动的官员

1. 总督出巡大差

光绪十七年三月二十九日，省友向狄道州喻炎丙禀报陕甘总督杨昌濬拟前往河州检阅营伍。他与狄道州派来的张爷执持狄道州之柬，到督署衙门左巡捕王荻村处探听虚实，得知"宫保往河已定，但行期尚无把握，大约启节当在四月望念之间，俟有定期，再为飞布"。省友请狄道州及早准备宫保大差，当务之急是雇觅厨子。省友表示厨子工价过高，"据云如来狄应差，自出省日起回省日至，无论闲做，每名每日要钱五百，往返车价尚须我们照付"。省友请狄道州喻炎丙明示雇备几名厨子，并请狄道州账房开具应需各物清单，派专人前来取运。①

四月初，狄道州派王大爷到省，探问宫保是否来狄道州查验河堤。省友再次找王荻村问询，据称："宫保定于五月初八日由省启行，拟先到尊治履验堤工后，再往河州。"为此，王荻村给狄道州回信，由王大爷收存面呈。就宫保大差的供应，省友先购办海菜交车运回，所需水菜拟于端午节狄道州派人来兰州送节礼时再买，厨子拟于宫保启程前几日赴狄道州衙署。唯沿途公馆破损厉害，宋树森请狄道州早备桌凳。②

四月十八日，省友禀告宫保自省城起程时，拟带文武巡捕各 1 员、戈什 20 名、亲兵 50 名，至于马队标兵是否随行，尚未确定。唯雇请厨子，遇到难题。住在乾丰栈的刘厨子不愿前往应差，省友托

① 《狄道草稿簿》，光绪十七年三月廿九日，第 17 册，第 114—115 页。
② 《狄道草稿簿》，光绪十七年四月初七日，第 17 册，第 117—118 页。

请狄道州周师爷去说，仍不肯来。省友言："省中厨子虽多，而善于调烹者尚属寥寥。现闻河州文武纷纷觅雇，厶恐迟误，遵觅手艺精详者四人，各给定钱壹千文，言明赶节前之一二日由敝处雇车送来，以资办差。"可见因事机不顺，省友只好退而求其次，雇定 4 名"手艺精详"的厨子前往应差。①

一周之后，省友汇报称宫保的随行人员安排为："酌定派带文巡捕林寿钧、武巡捕王有德，戈什十二名，亲兵三十四名，书办四名，号书、茶房各一名，标兵、马队闻均不带。"狄道州为备办大差，还令省友前往王大老爷处借用博古瓷碗，可惜对方推诿不借，省友设法另外租赁。②

五月初一日，狄道州的厨子来到兰州，一则携来省城上宪节礼与幕友的节敬，二则采购供应宫保出巡大差菜品，省友购办所有应需鱼鸭菜蔬籂碗各件，交厨子带回。省友还探得宫保出行路线，即"先往河州，次至尊处履验堤工，再往巩昌验工，阅兵后由东路安定一带返省"。至于另外雇备的厨子，省友打算让他们于初四日、初五日前往狄道州，以免宫保出行时车脚紧张，雇募不便，耽误大差。③

初三日，省友最终确定了宫保出巡的随行人员及出行路线：

> 侦得宫保前拟由巩昌返省一节，因路难行，仍作罢论。随行人役均已派定，王篴（按：荻）村、文巡捕林、武巡捕王，戈什十二名，亲兵三十四名，管印、跟班爷们三位，号房、茶房、舍人

---

① 《狄道草稿簿》，光绪十七年四月十八日，第 17 册，第 119—120 页。

② 《狄道草稿簿》，光绪十七年四月二十四日，第 17 册，第 122 页。

③ 《狄道草稿簿》，光绪十七年五月初一日，第 17 册，第 122—123 页。

各一名，督抚经贴书办共五名，定于朔八日巳刻启节，初站住瓦岗□，余则按程行走，照站宿歇。闻蒙吩示，随行人等，切宜谨慎奉公，不得藉端需索，各处供应俱令俭啬，不准格外花费。每宿站酒饭议定价银二十四两，尖站价银十二两，均于差后照例具文，由司请领，等因。①

从中可知，宫保出巡携带幕友、文武巡捕、戈什、亲兵、家人、书办共计 60 名，按程行走。每宿站酒食饭银 24 两，尖站银 12 两。大差结束后，州县官可具文向藩司请领。五月初五日，省友探得宫保的随员名单中，增添内夫、担夫、马夫各 1 名，轿夫 10 名，厨夫 3 名，练军 20 名，共 100 余名。途中所需供应，已由首县传知沿途州县。②

五月初五日，省友如约派 10 名厨子赴狄道州供差，并托带铜箍 2 个、肥鸭 4 只、鳝鱼 10 斤、抄表纸 20 刀、各种新鲜水菜 1 篓。此次省友共垫钱 20 800 文，包括鸭子钱 4 000 文、表纸钱 2 400 文、水菜钱 3 400 文、厨子盘费钱 3 000 文、车价钱 8 000 文。其中，厨子车价开支尚欠 3 000 文未付，即共计 11 000 文，几居省友垫款的一半。对此，省友解释道："近日因宫保启节在即，已来之车全行扣留，省外之车避差不来，以故车价过昂且难觅雇。此次厨子坐车二辆，说商至再，言定钱壹十壹千文，除敝处付钱八千外，尚欠钱三千文，祈令帐房由署给发为祷。"③

五月初十日，省友推测宫保一行已离开狄道州，前往河州，询

---

① 《狄道草稿簿》，光绪十七年五月初三日，第 17 册，第 124—125 页。
② 《狄道草稿簿》，光绪十七年五月初五日，第 17 册，第 127—128 页。
③ 《狄道草稿簿》，光绪十七年五月初五日，第 17 册，第 125—126 页。

问狄道州供应是否妥当，并提醒狄道州喻炎丙宫保不久将从河州返回临洮，狄道州仍需照旧供应。①十二日，省友选购一篓新鲜水菜，交给便车带往狄道州。②

此次宫保出巡大差，狄道州勉力承办，受到宫保嘉许。五月二十一日省友探悉，“宫保业于今日申刻平安返辕矣，侦及尊处河工并供应一切，悉臻妥贴，深邀喜悦”③。为了此次大差，狄道州喻炎丙及其幕友、家人、省友前后奔忙。省友在省中打探宫保出行日期、行程路线与随行人员，雇备应差厨子，购买海菜、水菜等物品。喻炎丙及其子喻香山安排供应，门上王连山多次往返省城，传信带货，可谓辛苦万分。④

2. 驿站上的过境大差

甘肃作为西部驿路必经之地，驿站差务繁忙。光绪十九年四月初七日，省友向高台县禀报：

> 解运新疆头起军火委员神机营参领耀保等昨日抵省，定于初八日启身。经过各处，闻每站供支翅席二桌，每席折钱三千。中席七桌，每席折钱六百文，草料足用。前站茶仪三两四钱，又钱二千，用马十四匹，内折八匹，每匹钱六百文。二、三起委员，不日亦可续接到。⑤

由此可知，神机营参领耀保等押解新疆头起军火，于四月初六日到省。省友将沿途州县的供应标准告知高台县，并提醒其做好

① 《狄道草稿簿》，光绪十七年五月初十日，第17册，第128—129页。
② 《狄道草稿簿》，光绪十七年补五月十三日，第17册，第133页。
③ 《狄道草稿簿》，光绪十七年五月廿一日，第17册，第132页。
④ 《狄道草稿簿》，光绪十七年五月十二日，第17册，第129页。
⑤ 《高台县禀稿簿》，光绪十九年四月初七日，第17册，第454—455页。

接待二起、三起军火委员过境的准备，避免州县官因供应不周而失礼。但从翅席2桌每席折钱3 000文、中席7桌每席折钱600文的供应标准来看，这无疑加重了过境州县的供支负担。

3. 官员进出省驿兰州

省友逐日记载官员进出兰州的信息，并向州县官汇报。光绪七年九月初七日省友宋树森发出陇西县第六号禀报，内载：初五日坐补肃州续增、县丞陈荣寿和廖振懋由京城来到省城，丹噶尔协朱祖贵、循化营参将李长富进省；初六日，府经历茅缵由京城来到兰州，安西军喻军门、宣威中营吴禧德、庄浪协刘仁和、阶州文治、江苏知县王东垣、留甘副将彭先尧进省，知府武条箴、知县何泰庠返回湖南。①

四、省城银粮时估

1. 粮价时估②

清朝有自下而上、按月汇报粮价和银钱比价的制度，以便上级官员了解地方物价与民生民情。州县官应以上、下半月为期，开折呈报本地粮价与银钱比价时估，如道光二十八年四月，丹噶尔向省宪报告四月下半月本地粮价与银钱时价，银钱时价为库平纹银每两换大钱1 900文。③藩司汇总各州县所报数据，详赍陕甘总督奏报中央。④

---

① 《陇西信件簿》，光绪七年九月初七日，第29册，第13846页。

② 时估即时价，因粮食的市场价格会不断波动，相关信息十分重要。与之对应的是例价，即部定价格，额定不变。

③ 《丹噶尔厅为申报地方粮价情形事》，道光二十八年，奏折，青海档案，全宗号05，案卷号45，第1页。

④ 《晚清甘肃米粮时估价格史料》，《档案》1997年12月30日。

相较清制规定的州县粮价、银钱比价信息向上流动，省友随时向州县官寄呈省城粮价、银钱比价的做法，则构成了这类信息的反向流动。光绪十六年三月二十三日，宋氏给狄道州的升字二十号禀函中写道："查目下省中小麦，皋兰每市斗价钱一千五百五十文，每兰斗合仓斗二石，以仓斗计之，每仓石小麦只值钱七百七十五文，约合银五钱之谱。兹将银粮时估二纸，呈请电核。"①光绪十八年五月，省友向狄道州禀言："省中迄今未得透雨，夏禾枯槁，秋粮不能下种，麦价日昂，人心惶惶。银价近亦微涨，谨将米粮银价各项时估，附呈电鉴。"②

地方粮价时估之所以成为省友常规汇报内容，是因为此种信息除有助于州县官了解省县之间的粮价差外，也发挥着追补州县仓谷亏空时的价格参考作用。光绪二十四年五月十二日，署理清水县袁范向藩司禀报，前署任清水县、现任巴燕戎格厅邓朝卿亏短仓粮500多石。邓朝卿想按照部定章程每石1两折价移交，袁范不答应。这是因为部定粮石例价1两，与甘肃粮价时估大相径庭，恳请藩司批令邓朝卿如数买粮还仓，以免赔累。省友得知后非常惶恐，他分析道：

> 窃缘今岁全甘荒旱，粮价腾昂，制军以省垣粮缺，军民嗷嗷，札提各处采运接济，日呼庚癸，焦灼万状，拮据情形，谅在洞鉴。兹亏之粮，不但数巨价昂，采买赔垫，势有不逮，况粮甚缺，向准购买，交限綦严，展转延缓，必致迟逾。遵商房友，有（按：与）其赔累迟误获咎于将来，曷若应酬设法补救于事先。

---

① 《狄道草稿簿》，光绪十六年三月二十三日，第17册，第45—46页。

② 《狄道草稿簿》，光绪十八年五月二十一日，第17册，第206页。

> 但该管允力援办，奈需酬所望甚大者。商说至再，事能如愿，共得百子图一幅，分酬言明，办妥再行致送。惟是晚未奉钧示，不敢擅专。若弗允，恐经批定，难再挽回。再四踌躇，大公诚关，势处□□，只得斗胆承应，托办斡旋，以释重负……事办如愿，刻再飞禀。袁君来禀，俟托录出，即为禀呈。攸关重件，迫难待命，擅专之愆，并希鉴谅。①

省友认为今年甘肃全境干旱，非常缺粮，粮价腾贵，而邓朝卿亏粮高达500多石，若要照数采买还仓，则面临买粮难、赔垫多、交粮期限紧等困难。省友直言，与其将来赔累迟误而被处分，不如现在应酬些费用，请托主管房友准许折价交还亏短仓粮。他当机立断，请主管书吏竭力帮办，允诺事成后予以重酬。之后省友答应司房书吏，此事若能办成，每石给付使费银1钱5分。②

司房主管书吏遂以"各任历交，相沿已久，现价过昂，断难赔采各情"拟就底稿，禀呈上宪，请求准许按例价折交。藩宪批示："查交代册内如何造报，再行核夺"，即根据交代册内的交付办法来决定补还方式。这让省友和司房书吏颇感棘手，因为"查核各任钱粮交册，均以本色实储列造，且遍查并未详立有案"。他们商量后，决定行文清水县上级秦州直隶州，请对方就近查核，酌议亏短粮石的交付方式，待秦州直隶州详文到司后，再由司房书吏设法斡旋。③省友希望邓朝卿能与秦州妥当商议，若有问题禀明藩宪，他再托司房书吏想法办理，或可维持按例价折价还仓前议，避免重负赔贴之累。④

---

① 《清水县草簿》，光绪二十四年五月十二日，第33册，第15652—15653页。
② 《清水县草簿》，光绪二十四年五月十八日，第33册，第15654页。
③ 《清水县草簿》，光绪二十四年五月十九日，第33册，第15654—15655页。
④ 《清水县草簿》，光绪二十四年五月廿二日、廿六日，第33册，第15655—15656页。

事情终如省友所议，秦州知州详文到达藩司后，省友托司房书吏援案办理，使现任清水县袁范按每石例价 1 两的折价，接收前任 500 多石的亏粮。省友也按照先前的承诺，以每石给银 1 钱 5 分的标准，向司房书吏支付使费。①

若无省友从中运作，邓朝卿可能会遭遇参革处分，最终要按市价买粮还仓。光绪二十年，宁灵厅郭司马因交代亏粮，屡向上宪禀请以例价折缴。因与部章不符，均被上宪驳回。后因久逾交代限期，郭司马有被二参之忧，“又禀请免揭，愿按市价如数补缴”，五月初解清，“惟交册尚未出详”。②宁灵厅郭司马交代亏粮案，可谓省友运作清水县亏粮的前车之鉴。与其逾限被参革，照市价补交，不如重酬使费，照例价折交。对亏粮的州县官来讲，司房书吏索要的笔资看似不少，但与按市价买粮还仓相比节省很多，也无逾限参革之忧，实属上策。

2. 银钱比价时估

清代银两平色较多。除户部收放的库平银外，各地方平色不同，如省友禀稿中出现的兰平、湘平、清平等。各行业平色也不同，如河平银、漕平银等。其中，库平银、兰平银是甘肃官方收支款项时使用较多的两种平色。③其次为湘平银，甘肃土勇口食银以湘平银核算，折

① 《清水县草簿》，光绪二十四年七月初七日，第 33 册，第 15657 页。

② 《各友启事稿簿》，光绪二十年五月初七日，第 34 册，第 16187—16188 页。

③ 平远县县学杨“借领之项，蒙准银四十两，内除藩台堂扣银一两八分外，实发库平银三十八两九钱二分，应合兰平银四十两四钱七分七厘，内除付司房办费银三两、库房小费银七钱，付吏房委费银五两，在省使银二十六两外，计余银五两七钱七分七厘，遵暂收存，以备需用”。参见《各友启事稿簿》，光绪二十年二月廿四日，第 34 册，第 16154—16155 页。

为库平银发放。[①]再次为各州县使用的银色，如清平银[②]、秦平银[③]。

甘肃省城交易，大宗用银，小额用钱。甘肃省城的银钱比价，便成为省友向州县官汇报的信息之一，个中缘由有二。

其一，州县官在省城兰州有财务结算的需要。对于州县向藩司解缴税银时的使费支出，以及那些在省城小额用钱支付者，省友根据当时银钱比价折合为兰平银，记档备查。例如，光绪十三年化平厅运来地丁银 330.986 两，由省友带领来差前往缴纳。短银、加耗银共合库平银 11.37 两，合兰平银 11.825 两，库书等项小费银 6.5 两，投文扯批钱 1 200 文合银 8 钱，共计不敷银 19.122 两，由省友代为垫交，并请化平厅记档。[④]

这些银价时估，成为省友核算代垫银钱的依据。光绪八年五月，平罗县左寿源离任前，对省友开报账款的钱文折银提出疑问。宋氏称："易换银价，均有时估，岂能隐瞒。大行大市，曷敢捏词，自取咎戾，望祈电鉴。设有捏报，甘心领咎。"[⑤]

其二，州县官有易钱为银的内在需求。甘肃省东南州县多征银，"民以钱完纳，官易银批解，盈余之多寡，视银价之涨落为转移"[⑥]。

---

① "自八月廿一日到任起至十月底止，土勇口食照章应支湘平银三百六十六两三钱五分五厘，折合库平银三百五十一两七钱一厘，内除堂扣银九两四钱九分六厘，领费银七两外，计实应存库平银三百卅五两二钱五厘，遵已领获，如数送交当铺查收矣。"参见《清水县草簿(巴燕戎格厅)》，光绪二十六年冬月十七日，第 33 册，第 15676 页。

② 光绪十八年二月，清水县魏稿爷运清平银 2050 两、库平银 100 两至兰州，用以解缴清水县赋税。参见《清水县草簿》，光绪十八年二月十三日，第 33 册，第 15610 页。

③ 《各友启事稿簿》，光绪十七年全月十五日，第 34 册，第 16014 页。

④ 《化平厅草簿》，光绪十三年三月初十日，第 33 册，第 15319—15320 页。

⑤ 《平罗底稿簿》，光绪八年五月初一日，第 49 册，第 22825 页。

⑥ (清)傅秉鉴编：《甘肃清理财政说明书》，载北京图书馆出版社影印室辑《清末民国财政史料辑刊》第 18 册，北京：北京图书馆出版社，2007 年，第 210 页。

以狄道州为例，其应征地丁正银 9 679.363 两，每两连耗折收钱 2 380 文，共收钱 23 036 884 文。[①]若能利用银贱钱贵的机会，将州库所存钱文折换为银，对需易银解缴地丁银的狄道州而言，则是保本逐利的一条途径。

3. 狄道州运钱易银

鉴于省友与州县官的共同需要，省友不时向州县官附送兰州银钱比价时估的报告。以狄道州为例，光绪十六年六月省友宋氏附呈"近日银价时估一纸"，十八年三月"附呈时估一张"，十八年十月表示"近日省中银价减小，附呈时估一张"，不一而足。[②]谨据"甘肃省友禀稿信件簿"中的易银换钱信息，粗略统计光绪年间甘肃省银钱比价时估如表 2-2 所示。

表 2-2　光绪朝甘肃省银钱比价时估表[③]

时间	白银 1 两 合制钱数	引文内容	资料来源
七年正月下旬	1 638	用钱一十七千二百文，合银十两零五钱	《碾伯公牍禀稿簿》，第 29 册，第 13722 页
七年七月十三日	1 600	司院号房投文钱四百文，合银二钱五分	《平罗底稿簿》，第 49 册，第 22785 页
七年九月十七日	1 600	投领各费用钱八百文，合银五钱	《平罗底稿簿》，第 49 册，第 22803 页
七年十月十二日	1 450—1 460	月给口食五六十串，近日银价一千四百五六十文，约在足平	《平罗底稿簿》，第 49 册，第 22810 页

① （清）傅秉鉴编：《甘肃清理财政说明书》，载北京图书馆出版社影印室辑《清末民国财政史料辑刊》第 19 册，北京：北京图书馆出版社，2007 年，第 96 页。

② 《狄道草稿簿》，光绪十六年六月十七日，光绪十八年三月初六日、十月廿九日，第 17 册，第 68、191、243 页。

③ 省友禀稿信件簿中的银钱比价时估，多数情况下未指明是兰平银、库平银，为数不多的记录中显示为兰平银。

续 表

时间	白银1两合制钱数	引文内容	资料来源
七年十一月十五日	1 200—1 300	省垣银价一千二三	《光绪朝法律公牍(华亭县)》,第51册,第24089页
八年三月十二日	1 100—1 200	街道严禁小钱,顶高纹银每两换钱一千一二百文。凡有色银,全行炼销	《平罗底稿簿》,第49册,第22820页
八年五月初一日	1 320—1 330	现时银价,每两换钱一千三百二三十文	《平罗底稿簿》,第49册,第22824页
八年三月二十日	1 300+	银价每两易钱一千三百有奇	《光绪朝法律公牍(礼县)》,第51册,第24141页
十三年三月初十日	1 500	投文扯批钱一千二百文合银八钱	《化平厅草簿》,第33册,第15320页
十四年二月初五日	1 500	银价每两一千五百之谱	《宋克用信稿》,第52册,第24535页
十四年四月二十日	1 520—1 530	银价一千五百二三十文	《宋克用信稿》,第52册,第24560页
十五年十一月十五日	1 520	以九七钱一千五百廿文合银一两	《狄道草稿簿》,第17册,第8页
十五年十一月十五日	1 520	以九七(钱)一千五百廿文合银一两	《各友启事稿簿》,第34册,第15855页
十五年十二月初八日	1 510	目下市价以九(七)钱一千五百一十文易银一两,若至望间每两则以一千五百文足能买换	《狄道草稿簿》,第17册,第13—14页
十六年二月十四日	1 497.8	丸药钱三串四百文,合银二两二钱七分	《高台县禀稿簿》,第17册,第306页
十六年三月初三日	1 550	近日省垣银价腾涨,每两换九七钱一千五百五十文	《狄道草稿簿》,第17册,第41页
十六年三月十九日	1 509	付投文扯批钱八百文,合银五钱三分	《狄道草稿簿》,第17册,第44页

续 表

时间	白银1两合制钱数	引文内容	资料来源
十六年三月二十三日	1 550	每仓石小麦只值钱七百七十五文,约合银五钱之谱	《狄道草稿簿》,第17册,第45页
十六年三月二十九日	腾涨	银价腾涨,尚未减落。昨呈时估,谅邀洞悉	《狄道草稿簿》,第17册,第47页
十六年四月二十四日	1 510—1 520	近日省中银价虽减,每两尚在一千五百一二十文	《狄道草稿簿》,第17册,第63页
十六年六月初三日	1 550—1 560	省中近日因外来制钱过多,银价日增,兰平每两现换九六(按:七)钱一千五百五六十文	《狄道草稿簿》,第17册,第62页
十六年六月初九日	1 550—1 560	近日省中银价较前有增,兰平每两易九七钱一千五百五六十文	《狄道草稿簿》,第17册,第66页
十六年六月初九日	1 538.46	道府大计册费银二千文,合银一两三钱	《狄道草稿簿》,第17册,第65页
十六年七月初六日	1 500+	近日省中银价,兰平一两易换足钱一吊五百有奇	《狄道草稿簿》,第17册,第71页
十七年三月十一日	1 600	以九八四底钱一千六百文,准换库平足纹一百两(按:原文如此,经核上下文,应为九八四底钱1 600文可换库平银1两),保兑缴库	《狄道草稿簿》,第17册,第108页
十七年十一月初二日	1 500—1 529.4	钱二百六十文合银一钱七分,钱六十文合银四分	《各友启事稿簿》,第34册,第16008页
十八年二月二十七日	1 500	目下诸宪出示严禁小钱,每百并定用九七钱数,以致银价日落,现兰平每两一千五百之谱	《狄道草稿簿》,第17册,第189—190页
十八年三月十六日	1 460—1 470	但严禁小钱,定用九七钱,银价过低,每两易钱一千四百六七十文	《各友启事稿簿》,第34册,第16042页

续　表

时间	白银1两合制钱数	引文内容	资料来源
十八年八月二十六日	1 550	复以钱一千五百五十文合银一两	《东乐草稿簿》，第35册，第16252页
十八年十月二十八日	1 515	《黄帝内经》一部并铜人图四张，共需钱一千文，合银六两六钱（按：从此次总支出24.26两来看，“六两六钱”为省友笔误，应为“六钱六分”）	《高台县禀稿簿》，第17册，第427页
二十三年四月二十二日	1 270—1 280	银价每两易九二钱一千二百七八十文	《清水县草簿》，第33册，第15624页
二十八年五月二十五日	1 100+	省垣亦米珠薪桂，每银一两只易钱一千一百余文	《清水县草簿》，第33册，第15731页

从表2-2数据中可以看出以下几点。（1）以年为周期，当年冬季至次年春季是银价低落期，特别是春节前后兰州商铺需钱较多，适合易钱为银；夏、秋两季是银价的腾涨期，当与上、下忙钱粮征收，需要易钱为银交纳密切相关。（2）从光绪七年至光绪二十三年的长时段数据来看，光绪七年冬至八年初、光绪二十三年四月、光绪二十八年五月，兰州银价较低，1 100—1 300文可换银1两。光绪十三年至十八年，兰州银价保持高位，1 500文左右可换银1两。

每逢年终，市场急需制钱，银价减落，钱价增昂，是官府将收存钱文兑换为白银的有利时机。省友会提醒州县官，若署中有多余钱文，尽快运钱至兰州，及时换买。①光绪十五年十一月，狄道州派

① 《狄道草稿簿》，光绪十五年腊月初八日，第17册，第14页；《各友启事稿簿》，光绪十五年腊月初九日，第34册，第15870页。

兰福押运制钱赴省。省友宋树森与兰福多次与协同庆票号李致唐面商兑换时机。十一月的银钱比价是九七钱1 520 文合银 1 两①,李致唐觉得“目下银价过大,碍难买易,俟届腊半价值减小,再行兑买”②。腊月上旬兰州银价减至 1 510 文,省友建议等到月中银价降至 1 500 文再换。

其他时间若遇银价低减,省友也会通知州县运钱至省易换银子。光绪十八年三月初六日,省友向狄道州禀言:“省中银价,日渐减落,如拟兑换,请早运省。现闻藩宪发钱易银,迟则恐有增涨(按:长)。”③按照该年二月的银钱时价,1 500 文可换兰平银 1 两④,较当年八月的 1 550 文合银 1 两⑤,确属低减。若州县存有大量铜钱,此时换钱为银,可得更多的银子,实为划算。若能碰上委员以银换买钱文,更是天赐良机,当设法多换。⑥

银钱时估册的呈报和易换银钱良机的禀告,说明省友借助省城商铺票号的时估信息,把握省城兰州的银钱比价变动时机,代州县官追逐利润的最大化。

---

① 《狄道草稿簿》,光绪十五年冬月十二日、十五日,第 17 册,第 7—8 页。
② 《狄道草稿簿》,光绪十五年冬月二十六日,第 17 册,第 9 页。
③ 《狄道草稿簿》,光绪十八年三月初六日,第 17 册,第 190—191 页。
④ 《狄道草稿簿》,光绪十八年二月二十七日,第 17 册,第 190 页。
⑤ 《东乐草稿簿》,光绪十八年八月廿六日,第 35 册,第 16252 页。
⑥ “既新疆委员以银换买,颇有裨益。设能从丰买易,尤祈愈多愈妙。如此一来,较省易换之便易,何啻霄壤,足见吉人天相,此语真不谬也。”参见《狄道草稿簿》,光绪十六年四月廿四日,第 17 册,第 63 页。

第二节　文报信息的传递

一、转递文报信函

1. 转递督院文报

坐省的一项主要职责是向州县官抄呈督抚部院、藩臬两司的辕门抄。①从甘肃省友的信息收集与汇报情况来看，省友的信息汇报内容更为多样。一方面，省友不仅抄呈陕甘总督衙门接到的文报，还会附带补充更多信息。光绪十七年十二月，陕甘总督接到河州沈镇因病作古的文报，省友抄呈狄道州时还汇报河州最新人事安排称："宫保悬牌，河州镇篆务委记名总兵沈福田署理，并委总兵李祥德、县丞李润霖驰往河州料理一切矣。"②若省友效劳的州县官病故，宋树森除确认文报信息外，还一道叮嘱其家属安排好交代事宜：

> 精翁仁兄老夫子大人几下……弟龙钟株守，鸠拙依然，幸贱躯尚堪耐劳，用以附慰锦关耳。省中自新正念间以来，谣传溥东有病沉之信。厶虽听闻，意系浪传，不足为信。讵于日昨由司侦悉已接文报，竟于前月廿日仙去，闻之令人实深哀悼。藉以溥东英敏干练，正期鹏程万里，理繁治巨，为民

① "各府俱有坐省长班，每日辕门抄按期寄到。"参见（清）延昌：《知府须知》卷3《到省事宜》，载《四库未收书辑刊》编纂委员会编《四库未收书辑刊》第4辑，第19册，北京：北京出版社，2000年，第245页。

② 《狄道草稿簿》，光绪十七年十二月廿四日，第17册，第164页。

造福。今若此,情实难堪,只有付之一声浩叹而已。请劝女东节哀珍重,以襄大事为祷。吴二老爷由南到省,正拟起程间,陡闻此信,不胜焦急。弟给盘费拾金,借骑驿马,业于昨晨趱程来东。公事最要者,只易换粮色耳。弟已面嘱二老爷,请阁下催房核造,倒填日期,速为详赍,遵托批示,以免后任藉端狡展。遗篆有令张德俊回任之说,俟牌悬出,另再驰陈。①

引文中的"溥东",当为东乐分县县丞吴沆之号,精翁可能是吴沆的师爷。光绪十九年二月,宋树森从藩司打听到东乐分县县丞吴沆病故文报,他赶紧给精翁写信。一来表示慰悼,请精翁"劝女东节哀珍重";二来告知吴二老爷自兰州赶赴东乐时,他代垫盘费银10两,代借驿马;三来告知精翁赶紧筹办易换粮色事宜,需催房核造,倒填日期,赶紧将详文送省;四来告知东乐遗篆由本任张家驹回任,须注意筹备交代事宜②。

另一方面,省友随时向州县官抄呈省宪衙门的"牌示"。牌示是陕甘总督与藩司、臬司、学宪等发布文告的主要方式。学宪牌示乡试时间、帘官正副考官进省日期。③臬司、陕甘总督牌示招审案件的审理时间与批词。④在官员任免升黜通告中,陕甘总督部院牌示

---

① 《东乐草稿簿》,光绪十九年二月初四日,第35册,第16283—16285页。

② "如此一来,张德翁展转履任,尚需时日。交代一切,俾得从容料理,幸免猝迫之误,殊为欣甚。"参见《东乐草稿簿》,光绪十九年二月十五日,第35册,第16287页。

③ 《光绪朝法律公牍(渭源县)》,光绪八年七月十一日,第51册,第24194页。

④ "招审王元元子业经画供,廿五日督宪牌示定于月廿九日过堂,四月中旬可能发回。"参见《光绪朝法律公牍(礼县)》,光绪八年三月廿七日,第51册,第24142页;《碾伯公牍稟稿簿》,光绪七年五月十九日,第29册,第13749页。

武职官员调动[①]、道台的委任[②]，藩宪牌示州县官及佐杂文职官员的调动[③]，发布重要财政通知。光绪十一年十一月初三日，省友向毛目分县抄呈藩宪牌示：同治八年至光绪八年（1869—1882 年）未发文武官员俸饷，因库款支绌永远停发。[④]

2. 寄呈京报省抄

京报与省抄是地方人士了解政情的两个重要渠道。京报提供中央信息，省抄提供地方信息。[⑤]宋树森在禀稿簿中留下不少向州县、厘金局官员递送京报、省抄的记载。[⑥]光绪七年六月二十五日，宋树森向碾伯县寄呈京报 1 本，向平罗县寄呈 2 本，京报内容的截止日期均为发信日六月二十五日。[⑦]光绪十一年三月二十八日，宋树森向丹噶尔分府寄呈京报、省抄各 1 份。[⑧]

京报是官员们获知朝政要闻的主要渠道。据方汉奇研究，地方官员获取京报渠道有三：一是由各省在京提塘提供官报，或直

---

① 《陇西信件簿》，光绪七年八月廿九日，第 29 册，第 13843 页；《碾伯公牍禀稿簿》，光绪八年五月廿二日，第 29 册，第 13829—13830 页；《清水县草簿（巴燕戎格厅）》，光绪二十六年九月初七日，第 33 册，第 15670 页。

② "初六日督宪牌示：安肃道沈铭告病，遗缺拟委候补道雷声远往署。"参见《光绪朝法律公牍（宁朔县）》，光绪九年正月初六日，第 51 册，第 24151 页。

③ "顷藩宪牌示，华亭县黄政勤进省就医，遗缺委候补通判方传获往署，高台县典史朱南光着回本任等因。"参见《高台县禀稿簿》，光绪十七年六月初四日，第 17 册，第 388 页。

④ 《毛目分县稿簿》，光绪十一年冬月初三日，第 33 册，第 15477 页。

⑤ 方汉奇主编：《中国新闻事业通史》（第一卷），北京：中国人民大学出版社，1992 年，第 227 页。

⑥ "京报遵嘱按期递送，谅不致误。……碾伯局升字　号。"《各友启事稿簿》，光绪二十年二月初七日，第 34 册，第 16148—16149 页。

⑦ 《碾伯公牍禀稿簿》，光绪七年六月廿五日，第 29 册，第 13756 页；《平罗底稿簿》，光绪七年六月廿五日，第 49 册，第 22781 页。

⑧ 《丹噶尔分府禀稿簿》，光绪十一年三月廿八日，第 33 册，第 15288 页。

接向北京各报房订阅京报；二是向地方的提塘及其报房订阅在当地翻印出版的京报；三是向当地报房或抄报人订阅或购阅辕门抄类的地方报纸。他认为仅有在职官员和离北京较近省会、府县官员有望通过第一种渠道获得京报，其余官员大多通过后两种渠道获取报纸阅读。①光绪时期陕甘总督、藩臬两司官员所阅为在京提塘提供的官报，所需报资由全省各属官员分摊捐助。②光绪七年陇西县需摊捐京报院银 80 余两。③省友向各州县官寄呈的京报，应来源于第二种渠道，即由甘肃省中报局翻印，州县官需支付报资。④

京报局费按节收取，订阅州县官每节支银三四两不等。例如，光绪十八年高台县支付报局费用，每节应给银 4 两。⑤光绪十六年六月狄道州支付京报局银 3 两⑥，十八年八月东乐分县支付京报局节费2 000 文⑦，十九年十二月高台县向京报局送银 4 两⑧。因京报费用常有拖欠，报局为了催缴报费，印制催费通稿递呈各州县。光绪十六年年初，化平厅收到京报局催费通知，托省友查明欠缴者虽多，但该厅只欠去腊一节。⑨

省抄(钞)，又称辕门抄(钞)、省报，以报道地方官场消息为

① 方汉奇主编:《中国新闻事业通史》(第一卷)，北京:中国人民大学出版社，1992 年，第 220 页。

② 《清水县草簿》，光绪十七年十月廿六日，第 33 册，第 15600 页。

③ 《陇西信件簿》，光绪七年腊月廿四日，第 29 册，第 13880 页。

④ 《清水县草簿》，光绪十七年十月廿六日，第 33 册，第 15600 页。

⑤ 《高台县禀稿簿》，光绪十八年三月十七日，第 17 册，第 410 页。

⑥ 《各友启事稿簿》，光绪十六年六月初十日，第 34 册，第 15927 页。

⑦ 《东乐草稿簿》，光绪十八年八月廿六日，第 35 册，第 16254 页。

⑧ 《高台县禀稿簿》，光绪十九年十二月二十四日，第 17 册，第 488 页。

⑨ 《化平厅草簿》，光绪十六年二月十四日，第 33 册，第 15405 页。

主。省抄的发行者，方汉奇认为除省级提塘外，也由省中官吏听差或各道府州县驻省听差担任。[①]刘晓伟认为省抄主要由坐省长随、民间报馆经营者（报房）印行，甚或由督抚号房直接印行。[②]从宋树森禀稿来看，宋氏与其他官绅均是省抄的阅读者。[③]光绪年间甘肃省抄印行者似非坐省家人或坐省长随，应为宋树森禀稿信件簿中的“报局”。宋树森代办报局局费转交事项，光绪十年正月向抚彝厅呈交报局收条[④]，十三年五月代董志原分县兑交报资银 2 两[⑤]，十四年六月代化平厅呈交报资银 2 两[⑥]。光绪十八年五月宋树森代西宁府经历向报局垫交银 1 两[⑦]，十八年八月代古浪右堂向报局转交钱 1 500 文并禀呈报局收条[⑧]，十九年五月代东乐分县县丞吴沆支付报资钱 2 贯[⑨]。该“报局”很可能为《甘肃清理财政说明书》中记载的官报书局，设于省城西关贡院内，光绪三十二年移至农工商矿总局附近，用机器排印官报、省抄及一切公文、书籍。[⑩]

甘肃省官员、幕友、省友等，通过省抄获得上谕、督抚藩臬牌

---

① 方汉奇主编：《中国新闻事业通史》（第一卷），北京：中国人民大学出版社，1992 年，第 220—222 页。

② 刘晓伟：《新旧之间：清代的辕门抄与地方政治信息传播》，《新闻界》2024 年第 5 期。

③ 光绪十三年八月宋氏阅读省抄后得知王绍虞明府委任安定厘局，遂发信祝贺，提醒他安定厘局为著名繁差，地当孔道，奸商侥幸偷漏厘税者恐纷至沓来，几乎防不胜防。参见《宋克用信稿》，光绪十三年八月廿三日，第 52 册，第 24487 页。

④ 《抚彝禀稿簿》，光绪十年正月廿八日，第 31 册，第 14649 页。

⑤ 《董志潘草稿簿》，光绪十三年五月十三日，第 33 册，第 15549 页。

⑥ 《化平厅草簿》，光绪十四年六月廿一日，第 33 册，第 15351 页。

⑦ 《各友启事稿簿》，光绪十八年五月十五日，第 34 册，第 16063 页。

⑧ 《各友启事稿簿》，光绪十八年八月十六日，第 34 册，第 16097—16098 页。

⑨ 《东乐草稿簿》，光绪十九年五月二十二日，第 35 册，第 16292—16293 页。

⑩ （清）傅秉鉴编：《甘肃清理财政说明书》，载北京图书馆出版社影印室辑《清末民国财政史料辑刊》第 18 册，北京：北京图书馆出版社，2007 年，第 216—218 页。

示、省内官员职任变动、省城过往官员等消息。光绪十四年，宋克用对彭惕如抱怨省友营生渗淡时即以省抄为证，言："年来诸东纷纷交卸，兄阅省抄，谅在洞悉"，剩下的几处州县又债台高筑，省友只能将就糊口而已。[①]

当时省抄竖排无标点，阅读者断句不当，则会理解错误。光绪十六年年初，狄道州喻炎丙从省抄得知张掖县汪令丁忧，拟托省友在省城运作此缺。宋树森接信后颇为狐疑，"张掖汪君候谒臬宪，尚住省垣，并未丁忧"，何来丁忧之说？遂查当日省抄，发现"汪大老爷下系接写丁忧卸署贵德同知章鹤年同日晋省，而丁忧者实系章君，非汪君也，想系阅臆之讹"[②]。几天后，宋氏又给喻香山写信说明汪令并未丁忧，内称"署张掖县汪公业已禀辞，三二日内约即返甘，并无接丁之说，未悉此话从何而闻。若真有其事，弟膺何务，岂有不探确沏函飞陈钓听者耶？无稽之谈，应请置之"[③]。

3. 转递州县官相关信函

省会城市相对方便的文报传递系统，使省友经常代州县官转递信件。[④]光绪十六年闰二月十四日，省友接到古浪捕厅胡松亭的京信1封，并代为垫付信资钱200文，附上禀报内容后一道转递。[⑤]多数情况下，省友奉命将州县官发来的信件转递给省城各衙门官员、幕友，以及州县官的在省官亲。光绪七年八月，宋树森奉碾伯

---

① 《宋克用信稿》，光绪十四年七月初七日，第52册，第24575页。
② 《狄道草稿簿》，光绪十六年二月初五日，第17册，第23—24页。
③ 《狄道草稿簿》，光绪十六年二月十一日，第17册，第28页。
④ 《各友启事稿簿》，光绪十六年闰二月十四日，第34册，第15906页；《高台县禀稿簿》，光绪十六年五月初四日，第17册，第329页。
⑤ 《各友启事稿簿》，光绪十六年闰二月十四日，第34册，第15906页。

县姚长龄命，将“周、杜银信，各处贺信，全数收齐，刻即分投，遵照办理，不致有误”①。

州县官眷属亲朋的书信，也由省友安排转呈。②光绪十七年六月三十日，省友致狄道州门上王连山信言：“前由车夫带呈二笺，复驿递一函，内附老爷家信、京信并钟兄寄阁下之信，共三封，均谅早已入照矣。”③贵州安顺府的远朋信件，也是先请对方交给折差带至贵州省城花牌坊，“交元生堂倪坐省转寄安顺”④。

二、转递方式

省友转递文报信函的方式，有驿递、票号铺脚、电报、便人递交等。其中，省内公文信函多走驿递，重物由差役、家人或便车赍送，省外信函多经票号、商号铺脚寄送。

1. 驿递札禀

驿递是官方传递文报的主要途径。清朝设立驿站，“原为驰递京报及地方紧要事件”。寻常折件，督抚需自己差委兵弁（折差）赍递，不得擅用驿马。应由驿递驰奏的地方要件，须斟酌事情轻重缓急，确定驿递速度，不得任意滥用。⑤地方督抚“傥以寻常事件，及并未奉旨由驿递奏竟行由驿递奏者，军机处查出，将擅行递发之督抚

---

① 《碾伯公牍禀稿簿》，光绪七年八月十四日，第29册，第13794页。

② “日前递呈竹报二封，谅已入照矣。”参见《狄道草稿簿》，光绪十六年十月初九日，第17册，第82页。

③ 《狄道草稿簿》，光绪十七年六月卅日，第17册，第139页。

④ （清）常恩：《道光二十九年安顺府书禀稿》，载全国图书馆文献缩微复制中心《稀见清知府文档》第2册，北京：全国图书馆文献缩微复制中心，2004年，第509页。

⑤ 《高宗纯皇帝实录》卷571，乾隆二十三年九月二十六日，第247—248页；《仁宗睿皇帝实录》卷65，嘉庆五年四月十四日，第877—878页。

严行参奏，交部议处”①。

但在地方上，省级衙门与道府州县实则滥用驿递转递公文。雍正十年，湖北巡抚王士俊拆阅各属递到公文，发现兴国州知州魏钿申文内夹有一封私信，内有“探听上司新闻”之意。后经调查，该信为兴国州幕友刘容所写，原本想投递给在武昌知府做幕友的父亲，“不料投入巡抚文内”。②刘容父子作为地方衙门的幕友，平常往来信件尚依托于驿递系统，地方官员更不在话下。

光绪朝，甘肃省级衙门与州县之间的往来公文基本由驿站寄递。光绪七年九月十五日，省友代碾伯县请领到连三驿票150张，于当日早晨由按察使签发，经驿站驰递。③光绪二十二年九月，陕甘总督委任官员的札文通过驿站寄递。④

州县递送省衙禀详等公文，亦经驿站递呈。⑤光绪七年二月，碾伯交代文册经驿递至藩司，司房书吏挑剔碾伯倒填交代册发文时间，表示“碾伯衙门相距首驿，虽然路程远窎，行走廿天始行到驿”⑥，可见驿递是州县转递公文的主要方式。光绪七年三月十六日，华亭县开征报文也由驿递至陕甘总督衙门。⑦对于州县迟迟未

① 光绪朝《清会典事例》卷702《兵部一六一・邮政》，北京：中华书局，1991年，第740—741页。

② 《世宗宪皇帝朱批谕旨》卷73，载（清）纪昀等总纂《影印文渊阁四库全书》第419册，台北：台北商务印书馆，1986年，第332—333页。

③ 《碾伯公牍禀稿簿》，光绪七年九月十五日，第29册，第13801页。

④ 《清水县草簿（巴燕戎格厅）》，光绪二十二年九月初七日，第33册，第15670页。

⑤ “司接来文，请领契尾一百张，遵托办发，容俟领出，并购闱墨，即包妥固，由驲递呈。”参见《高台县禀稿簿》，光绪十五年十月初三日，第17册，第288页。

⑥ 《碾伯公牍禀稿簿》，光绪七年二月初九日，第29册，第13725页。

⑦ 《光绪朝法律公牍（华亭县）》，光绪七年三月十六日，第51册，第24059页。

寄到的文领，省友请州县官向驿站核实。[①]

省友与州县间的信息传递，更是以驿递为主。[②]光绪七年，宋树森承办华亭县省事，称“马封袋写督院号房宋某开折，由驿递省不致遗误”[③]。光绪十五年八月省友拟领取高台县廉工银来支付高台县帘费，请高台县衙陈三老爷饬令房吏将廉工文领迅速由驿站递至省城，以便领用。[④]光绪二十年省友领获清水县陈令委牌后，“恐装马封，转致迟延，谨于袋面注明地址，仍交驿递，到请鉴收，示悉为盼”[⑤]。

事实上，省友驿递的信件有一定的遗失率。光绪十四年六月，省友宋氏由兰州驿站给迪化州陈明府发函，恳请汇银百两作为其表侄任懋华搬运灵柩回乡的资金，可惜数月之后仍未有回音。至十月底，省友方从陈明府来信中得知前函丢失。[⑥]光绪二十年正月初，高台县陈昌给省友宋氏发送信函，至三月底还未寄到。宋氏感慨“各驿浮沉，如此误事，殊为可恶”，建议“复蒙赐信，请编号数，以便稽查”[⑦]。光绪十七年正月，省友向狄道州喻大少爷禀询，“承示所寄家报，查未接到，系何时驿递，请函饬知，以便根究，殊免遗误。此后赐信，请于马封面填候选巡检宋某即可收到，不致有错误

---

① “倒马文领，迄未递到，是否遗失，或未交驿，请速查究，以免有误。”参见《高台县禀稿簿》，光绪十六年二月初十日，第 17 册，第 305 页。

② “其余公件，分头催办，容将细情，由驿另布。”参见《高台县禀稿簿》，光绪十八年冬月初六日，第 17 册，第 430 页。

③ 《光绪朝法律公牍（华亭县）》，光绪七年二月十五日，第 51 册，第 24056 页。

④ 《各友启事稿簿》，光绪十五年八月廿八日，第 34 册，第 15843 页。

⑤ 《各友启事稿簿》，光绪二十年三月初八日，第 34 册，第 16172 页。

⑥ 《各友启事稿簿》，光绪十四年十月廿四日，第 34 册，第 15772—15774 页。

⑦ 《高台县禀稿簿》，光绪二十年三月廿二日，第 17 册，第 501 页。

之虞也”[①]。

针对驿递丢件问题，凡可由省衙发出的公文，省友选择由省衙发出。光绪二十四年三四月间，省友领到清水县的捐贡实收，本拟“由驿加递，诚恐沿途遗失，不如由司另文飞递”[②]。五月初四日，清水县告知省友已收到藩司驿递的 4 张捐贡实收。[③]

某些急需物资，省友也视情况选择驿递。高台县在省城购买的菜籽，一直未遇便车便人带呈，省友恐耽误播种时机，“每样酌包少许，驿呈收用”[④]。

2. 票号铺脚

省外信件，省友多经票号、商号铺脚转递。天成亨作为票号，亦有转递信件功能。光绪十七年固原电务局官大老爷送交福中堂的禀文，省友宋氏便交给天成亨票号迅速寄去，并查明福建、四川等处并无官大老爷来信，省友承诺不时前往问询，若有来信立刻呈递。[⑤]

甘肃府州县官员的家信，可先经驿站转递至省友处，再交由票号转寄[⑥]，也可直接经天成亨递送至兰州，省友宋树森再代为转呈[⑦]，或交给州县赴省办事的师爷、家人、差役带回。

---

① 《狄道草稿簿》，光绪十七年新正廿三日，第 17 册，第 101 页。

② 《清水县草簿》，光绪二十四年四月，第 33 册，第 15650 页。

③ 《清水县草簿》，光绪二十四年五月初四日，第 33 册，第 15651 页。

④ 《高台县禀稿簿》，光绪十八年二月初十日，第 17 册，第 407—408 页。

⑤ 《各友启事稿簿》，光绪十七年六月初八日，第 34 册，第 15972 页。

⑥ 光绪十八年二月，清水县王开甲寄递湖北的信件包封，由宋树森当面交给天成亨寄递，并取具收片，交给清水县押解钱粮来省的魏稿爷带回。参见《清水县草簿》，光绪十八年二月十三日，第 33 册，第 15610 页。

⑦ “谨将天成亨送来府报具禀呈阅。”参见《陇西县稿底簿》，光绪八年三月初四日，第 31 册，第 14349 页。

店铺脚夫，是省友转递州县官家书的另一种途径。光绪十八年二月，省友言高台县“寄川安报，垫付酒资，刻交店脚，附便带去”，即将高台县陈昌寄回四川的家信，交给店铺脚夫带去，并付给脚夫一定的酒资。[①]

3. 电报

光绪十六年甘肃电报局的创设，使省友于驿递、票号铺脚之外，另开电报这一新途径。光绪十六年正月，省友宋氏向李荇仙禀报，陕甘所属各地至嘉峪关拟创设电报，“现在委员勘丈地址，并购办材料，于春末夏初定能开办”，认为办电报“甚于置邮万万矣”，对其充满期待。[②]该年四月，电报局教习汪司马到省，“在城中设堂招徒，并蒙宫保委候补令易松涛明府在院署箭道建造局屋，闻拟秋初开局安线”[③]。十月初，省城兰州已安装电报线，然后往西路安装。[④]据省友所言，电报局设于陕甘总督署内，“寄传千里，回覆者顷刻而至”。唯电报费用较高，寄传电报每字需钱77文，致使开张后1个月电报局仅得钱70余吊文，省友担心这样下去，电报局“恐难永久”[⑤]。

光绪十六年十月，甘肃电报开通之初，省友便开始利用这一信息传播渠道。十月初九日，省友向狄道州汇报，陕甘总督部院接到电报，“两江曾九帅于小阳朔因病作故”。小阳指十月，朔指每月的初一日。该电报内容即指十月初一日曾国荃病故于两江总督任

① 《高台县禀稿簿》，光绪十八年二月初十日，第17册，第407页。
② 《各友启事稿簿》，光绪十六年正月十四日，第34册，第15893页。
③ 《化平厅草簿》，光绪十六年四月十七日，第33册，第15409页。
④ 《狄道草稿簿》，光绪十六年十月初九日，第17册，第82页。
⑤ 《各友启事稿簿》，光绪十六年十二月，第34册，第15942—15943页。

上。坊间传言拟调杨昌濬为两江总督。①

电报的使用，便利了甘肃省府州县与外界的联系，但也使信息核实变得更为复杂。光绪十八年新科殿试，钦点甘肃翰林礼县焦志贤、秦州哈锐两人应该分省即用，但焦志贤却不在电报局传送的名单上。②受狄道州之托，省友向电报局打听原因，对方称“系照原底钞刷，并未遗落。是否告殿缓试，各处侦讯均无确音，遵再听探，如何另禀”③。随后，省友从甘肃折差那里了解到，“焦志贤殿试以主事分部学习”，“前报因何遗漏，殊为不解”。④

光绪二十年时，电报已成为省友与府州县互通信息的主要渠道之一。该年正月，省友向高台县禀称：

> 段老爷料理一切，拟灯节前自省启行，即冰桥不稳，拟由绕道前进。讵于上元偶感风寒，起动维艰，加力医治，近虽稍愈，奈染时疫，恐非数日所能全可，以是行期碍难预定，一俟大愈，何日能行，刻再电报。昨奉电示，当即略覆，谅早邀览。附呈京信一封。⑤

关于段老爷何时自兰州启行一事，省友表示待其病愈能行时，再行电报。与此同时，省友提及昨日接到高台县的“电示”，他当即回禀，想必高台县早已看到。其他关键信息，诸如代理熊明府就道赴任时间，省友也表示用电报禀告。⑥但电报仅限于传达部分重要

---

① 《狄道草稿簿》，光绪十六年十月初九日，第 17 册，第 82—83 页。
② 《狄道草稿簿》，光绪十八年五月二十二日，第 17 册，第 207 页。
③ 《狄道草稿簿》，光绪十八年六月十三日，第 17 册，第 213 页。
④ 《狄道草稿簿》，光绪十八年六月十六日，第 17 册，第 214—215 页。
⑤ 《高台县禀稿簿》，光绪二十年正月十九日，第 17 册，第 494—495 页。
⑥ “侦得代理熊明府拟俟廿间始可就道，确定何日，容再电报。”参见《高台县禀稿簿》，光绪二十年六月初十日，第 17 册，第 513 页。

信息，省友与州县官仍主要依靠驿站系统来转递文报。

4. 便人递交

托请兰州过往官差家人递交，是州县与省城联动的另一种方式，尤其是重货的递交和转运。光绪十七年三月二十日，省友托请新任安肃道易道台趁赴任之便，将省友所购物品带交高台县陈昌，包括“空空丸一斤、来注《易经》二部、《小题正鹄》一部、《举业正□》一部、《曾文正公家书》一部、《墨选观止》一部”。批回、汇票、信函等关键物件，省友包封牢固后由驿递送。①

光绪十八年十一月初六日，省友托道台何观察、道幕高子兴便车，将“购获黄狐背袍甬一件、白狐膝一张、天马皮八张、阿胶二匣、《黄帝内经》一部并铜人图四张，包缝妥固，托交带呈”，复趁乔车夫返肃之便，“将省买黄绿水菸双秤拾斤、大小山货各廿合、鲜姜五斤、《四书体注》一部、《明文明》②一部、《小题正鹄》一部、《周礼节训》一部、贡缎皮夹小帽一顶、毛袜两双，均包严固，面交赍呈，祈请点收”。③十九日，省友函询高台县是否收到道幕和乔车夫带呈各物。④

省友从州县那儿购买或领取的物资，也会托便车代交。光绪十六年四月二十日，狄道州账房答应给省友钱 100 串，喻大少爷函催省友前来取运。省友以自省城派专人前往取回难济端午节急用为由，托请狄道州师爷趁便脚带省。⑤其实，省友实有节省脚价开销

---

① 《高台县禀稿簿》，光绪十七年三月二十日，第 17 册，第 377—378 页。

② 原文如此。

③ 《高台县禀稿簿》，光绪十八年冬月初六日，第 17 册，第 428—429 页。

④ 《高台县禀稿簿》，光绪十八年冬月十九日，第 17 册，第 435 页。

⑤ 《狄道草稿簿》，光绪十六年四月二十日，第 17 册，第 54 页。

的心理。光绪十七年五月中旬，狄道州为支应陕甘总督杨昌濬出巡大差而雇聘的厨子差竣返省，省友宋树森便托请狄道州门上王连山趁厨子返省之便带回他之前购买的木板。①

第三节　省友与东乐分县县丞吴沆的任前任后

一、探报出缺信息

光绪十八年六月十六日，省友向字“溥翁父台大人”者禀贺到任之喜，信稿中以“晚”自称，禀贺者很可能为宋树森之子宋克用。信中言：“恭维溥翁父台大人升华日茂，福履云臻，邀上游之器重，定荣酬以善地，即卜鸿迁，倾诚雀跃……晚猥以愚鲁之资，谬荷恩遇之锡，竭勤慎以作为，恐贻陨越，随时事而赐教，俾得遵循。”②禀信附呈近日省中新政，言将遵旨随时密探“喜信”，如有听闻，立即飞报。③面对“溥翁”的追问，省友禀称其署理之事需稍缓时日，“俟现途期满即可悬牌”，即现任署理官员期满后，即可悬牌委其前往署理。④

溥翁很走运，前信发走的第二天，省友便从藩司侦得署理东乐分县县丞曾纪安将被撤任查办。⑤原因是其审办商民纳妾案时，罚令被告呈缴钱200串以示薄惩，该民不堪催缴，情急服毒自尽。民

① 《狄道草稿簿》，光绪十七年五月十二日，第17册，第129页。
② 《东乐草稿簿》，光绪十八年六月十六日，第35册，第16225页。
③ 《东乐草稿簿》，光绪十八年六月十六日，第35册，第16226页。
④ 《东乐草稿簿》，光绪十八年闰六月初一日，第35册，第16227页。
⑤ 《东乐草稿簿》，光绪十八年闰六月初二日，第35册，第16228页。

母上控，又病逝于府城。一案酿出二命，曾纪安被知府禀揭，拟撤任查办。[①]省友探闻“上峰颇为心疚，约一二日内即有更动。院司案友，遵已密嘱，妥为援办。一有喜耗，刻即飞报”[②]。

果真，闰六月初四日藩宪牌示，将署理东乐分县县丞曾纪安撤任回省，“遗缺以我父台调署，递遗红水县丞缺仍委衔昌署理”[③]。再结合省友在《狄道草稿簿》中“顷蒙薇宪悬牌，署东乐县丞曾纪安撤省，遗缺以现代理红水县丞之吴沆调署，递遗红水县丞缺仍令前委之衔昌往赴署任”[④]，始知省友禀信中的“溥翁父台大人”是吴沆，目前代理红水分县县丞一职。

吴沆之所以托省友积极探报新出缺位，一则受限于代理的临时性。代理州县官多因原任官调省、出缺，临时前往代理。代理人员例不接受交代[⑤]，代理期间若遇钱粮征收，仅由本任州县官致送包规[⑥]，代理者无分成；廉工银由后任具文请领[⑦]。二则红水分县为甘肃末等最苦缺分，每年应征地丁正银仅 154.358 两。[⑧]

从红水分县到东乐分县，虽同为县丞之职，但吴沆实现了从代理到署任的转变，缺位也从原来的五等末缺，升为甘肃的三等

---

① 《狄道草稿簿》，光绪十八年闰六月初四日，第 17 册，第 220 页。

② 《东乐草稿簿》，光绪十八年闰六月初二日，第 35 册，第 16228—16229 页。

③ 《东乐草稿簿》，光绪十八年闰六月初四日，第 35 册，第 16229 页。

④ 《狄道草稿簿》，光绪十八年闰六月初四日，第 17 册，第 220 页。

⑤ 《各友启事稿簿》，光绪二十年三月初八日，第 34 册，第 16170 页。

⑥ 《高台县禀稿簿》，光绪二十年六月十八日，第 17 册，第 514 页；《宋克用信稿》，光绪十四年七月朔日，第 52 册，第 24573 页。

⑦ 《各友启事稿簿》，光绪二十年三月初一日，第 34 册，第 16162 页。

⑧ （清）傅秉鉴编：《甘肃清理财政说明书》，载北京图书馆出版社影印室辑《清末民国财政史料辑刊》第 18、19 册，北京：北京图书馆出版社，2007 年，第 445、101—102 页。

缺——每年应征银 1 100 两、钱 8 675 余千文,应征正粮仓斗粮 6 965 石有余①,与红水分县相较可谓天壤之别。征得越多,余润越多。省友当即抄录东乐每岁征支银粮各款,寄呈吴沆参阅。②

二、征期届临,妥速赴任

光绪十八年闰六月东乐分县即将开始秋征,省友明白吴沆应该速赴东乐分县新任,于是一方面加紧赶造并驿递委牌,一方面想办法缩短吴沆的交接时间。他建议红水交代嘱托前任赵公③径直交给新任。吴沆先带印进省,既可与新任红水分县县丞衍昌就近交接,速赴新任,又可拜谒各宪,可谓公私两益。④当省友侦得新委红水衍昌拟于闰六月十六日出省赴任、二十日接篆视事时,他再次催促吴沆速赴新任:

> 惟是东乐正值秋征之日,如能早到一日,则有一日之益,且曾公敏干,久在洞鉴,万不宜迟。如有应于省中购办之件,尤请开单速示,以便早为采办,俾我父台至省趋谒,作速赴新,免滞行期。红水署中设有应带器皿,则请运寄平番,便道取载,殊免带省往返之劳,是所切祷。⑤

省友提醒吴沆,东乐分县县丞曾纪安非常"敏干",最好及早赴任,谋得秋征之利。吴沆赴省拜谒上宪礼物,可先开单给他采办;

① (清)傅秉鉴编:《甘肃清理财政说明书》,载北京图书馆出版社影印室辑《清末民国财政史料辑刊》第 18、19 册,北京:北京图书馆出版社,2007 年,第 445、169 页。
② 《东乐草稿簿》,光绪十八年闰月初七日,第 35 册,第 16230 页。
③ 前任赵公很可能为赵德立。参见民国《重修皋兰县志》卷 4《职官下》,民国六年陇右乐善书局石印本,第 21 页。
④ 《东乐草稿簿》,光绪十八年闰六月十二日,第 35 册,第 16231 页。
⑤ 《东乐草稿簿》,光绪十八年闰六月初七日,第 35 册,第 16232—16233 页。

吴沆如有应带器皿重物,先顺路运到平番寄存,轻车赴省拜谒,以免负重前往,徒增往返之劳。

在省友的运作下,藩司吩咐红水分县前任赵君、新任衍昌互相接受交代。①新任衍昌遂与赵君当面商量交代事宜,通融办理交代文册。如此一来,红水交代与吴沆便毫无关系,吴沆只待交篆后便可立赴新任。②

只可惜,新任洐昌起身时间一拖再拖。他本拟闰六月十六日起身,恰逢学差出省,车辆难雇,兼受雨阻,后改于二十一日装车,二十二日起程,诹吉于二十六日接印任事。③新任不到,吴沆便无法交篆起身,可能会误了征期。省友为此非常焦灼,自言:"厶拟前往措词,怂恿单车先行,眷口随后派车再接,不识肯否。"尽管如此,省友仍不忘向吴沆抄呈东乐每年征支各款数目,以及列宪寿辰日期。④

常言怕什么来什么,面对唾手可得的开征余润,曾纪安作为官场老手,怎能就此放过。七月初四日省友探知曾纪安开征详文递到藩司。按甘肃省例,每年州县开征时,应向上级具详开征报文⑤,并循例给藩司主管书吏规银30两,以期代为援办折报、征收的各项事宜⑥。省友听说后立即托请案友严词驳斥,不准征收,并送呈藩司签发,"日内发行,计我父台早已握篆",提醒吴沆

① 《东乐草稿簿》,光绪十八年闰六月十八日,第35册,第16234页。
② 《东乐草稿簿》,光绪十八年闰六月二十一日,第35册,第16236页。
③ 《东乐草稿簿》,光绪十八年闰六月二十一日,第35册,第16235—16236页。
④ 《东乐草稿簿》,光绪十八年闰六月十六日,第35册,第16239页。
⑤ 《光绪朝法律公牍(华亭县)》,光绪七年三月十六日,第51册,第24059页。
⑥ 《高台县禀稿簿》,光绪十五年十月初三日,第17册,第288页。

接到藩司禁征批文后，即可持批向曾纪安理论，若有问题立即写信给他，由他来运作。①

曾纪安的"敏干"，果然名不虚传。他辩称东乐与山丹同日开征，比张掖只迟 3 日，开征前也并未接到撤任札文，"嗣报开征，荷奉本府批令，赶紧催征，按旬具报。所收之粮，实储在仓。其中并无临卸催征、取巧弊窦情事，仰恳俯准征收等因"。省友再次密托案友设法批驳。②八月十八日，藩司裁决，严令曾纪安催交征收串票，并批饬甘州府查办。③

三、措办省事，保驾护航

1. 红水交代

光绪十八年闰六月二十四日红水分县县丞衔昌接印视事④，遂与前任赵君完成了交代工作。七月十八日，衔昌托彭姓转来信件，内称吴沆在红水分县任内交代各项均相符合，"惟查有自闰月二十四日起至二十九日止已征未报地丁银陆两七钱六分，云已移请照数补交"⑤，称"拟按每两折收钱三千文照数移取"，省友请示是否照数办理，以便向彭姓计数结清。⑥八月二十六日，双方结清该笔地丁银 6 两有余，即衔昌以每两连耗折钱 3 500 文，复以钱1 550 文合银 1 两折收，共折兰平银 15.264 两。省友向吴沆呈交收条，以备查

① 《东乐草稿簿》，光绪十八年七月初五日，第 35 册，第 16243 页。
② 《东乐草稿簿》，光绪十八年八月初三日，第 35 册，第 16248 页。
③ 《东乐草稿簿》，光绪十八年八月十二日，第 35 册，第 16250 页。
④ 《东乐草稿簿》，光绪十八年七月廿三日，第 35 册，第 16246—16247 页。
⑤ 《东乐草稿簿》，光绪十八年七月十九日，第 35 册，第 16245 页。
⑥ 《东乐草稿簿》，光绪十八年八月十二日，第 35 册，第 16249—16250 页。

考。接下来，只需红水分县衍昌将交代册递省后，省友支应交代册费即可。[①]九月十五日，衍昌进省拜寿，省友向他确认，红水分县交代再无轇轕。[②]

2. 荐举幕丁

吴沆赴东乐分县新任之前，省友趁机向其推荐幕友与家人。闰六月十六日，省友给吴沆写信，言："东乐任重事繁，较红水有霄壤之别。该处仓廒税务皆皆（按：原文如此）均关紧要，必得妥人料理方免棘手"，推荐赋闲很久的杨小翁前往佐助治理。[③]

随后有在省城赋闲很久的仆人徐升，听说吴沆超擢升迁，求省友代为介绍。徐升是镇番人，据称老成可靠，在各处当差多年，在东乐分县也随侍数任，熟悉地方情形，省友因此"不揣冒昧，代作曹邱，尤恳收录，量材器使，俾该仆栖身得所"[④]。吴沆可能有意接受省友推荐的人选，再次询问。七月初五日，省友又详细介绍他荐举的两位仆人：一位是徐荣，湖北人，现在曾纪安处做事；一位是徐升，镇番人，前在张德任内，或经管差杂，或派司签押、跟班各役，均能勤慎供事，料理周妥。省友说对这两人很熟悉，故敢受两人之请，代为荐引。[⑤]

吴沆接受了省友的推荐，同意徐升、徐荣前往试用。八月二十六日吴沆复信称徐升不堪使用，问省友是否知根知底。省友坦陈徐升系友人转托推荐，虽与他相识，但并未共事过，既然不堪使用，

① 《东乐草稿簿》，光绪十八年八月廿六日，第35册，第16252页。
② 《东乐草稿簿》，光绪十八年九月十五日，第35册，第16257页。
③ 《东乐草稿簿》，光绪十八年闰六月十六日，第35册，第16240页。
④ 《东乐草稿簿》，光绪十八年闰六月二十三日，第35册，第16240—16241页。
⑤ 《东乐草稿簿》，光绪十八年七月初五日，第35册，第16244页。

即可辞退。①

3. 上宪寿诞

光绪十八年七月初五日，省友听说陕甘总督、藩宪“少君均获弄璋之庆”，“省中寅僚俱向馈贺，虽云概辞未受，尊处似宜肃禀称贺”，请示吴沆如何办理，并再次抄寄各宪寿辰表一张，请吴沆将其粘贴在座右，以备查阅，随时禀贺。②

4. 应费掩过

光绪十八年十月初四日，省友听闻上宪统计夏间迟延公文州县，拟予议处。原因是当年夏天，总理衙门发给陕甘总督的夹板公文，经过甘肃北路各驿时，均多延缓。督宪屡次行查，但相关人员互相推卸，后统计各站迟延时日，红水延压犹久。省友打算应承使费，托房援办，以免被议处。为此，他录呈查报迟延不符单据，请示吴沆是否付费托办。③

5. 东乐交代

吴沆履任东乐分县县丞任，应与前任曾纪安交接，完成交代册的造报工作。省友提示吴沆，若有抵交领解疑难各款轇轕不清，不能依限造报交代册，当妥速列款，禀详上宪，以免代人受累。交代定章要求随册清解欠款，不准列造库储字样，请前任自行清厘。造办交代册所需册费，上届院房、司房共支银 84 两，请吴沆向前任确认虚实。与此同时，省友提示东乐分县奏销册屡次遭驳，实因册费未付；仓谷奏销细册奉部令更造后，也需应费托办，方免驳诘。④

---

① 《东乐草稿簿》，光绪十八年八月廿六日，第 35 册，第 16254 页。

② 《东乐草稿簿》，光绪十八年七月初五日，第 35 册，第 16243—16244 页。

③ 《东乐草稿簿》，光绪十八年十月初四日，第 35 册，第 16250 页。

④ 《东乐草稿簿》，光绪十八年八月廿八日，第 35 册，第 16262 页。

尽管省友如此详细提示，东乐分县钱粮交代册草册项下存储栏仍少列应收草 36 854 束有余。该项存储草束，曾纪安接收张任册内均已列收。此次未造，显系遗漏。而此时交代例限已迫，省友请求东乐分县赶紧寄来空印册页，以备更换。局员吩咐，一两天内若无册页更换，即将各册发回重造。①

后据省友禀稿，始知曾纪安果真有欠解款项，藩司主管书吏札催二次，曾纪安拟以期票、现钱匀交。省友建议吴沆禀请藩宪专札催提，以清公私各款。若再延缓，迟逾之咎，责在曾君。至册内漏造谷草 3 万多束，省友分析如下：

> 此次未造存储五六等年谷草叁万多束，检查上届张君册内列造移交达部在案。兹倏删去，匆谓数目悬殊，司中不能核转。既经送部，定于议驳。至称张君变价移交后任，曾君此次并未移交，显系漏遗。但上届册内既载此项，兹渠漏交，我们总宜查询催收。既经变价，亦并册内申明前任自行清解方为正办，岂能容其瞒去，代受漏接不白之愆也。商之案友，此项草束屡经达部，万难凭空删去。为今之计，惟有速请父台以前接交代因限紧迫未及细核详赍，嗣调各册细心核对，查有厂储光绪五六等年谷草若干束，历任移交有案可稽，此次曾任并未移交，以致册内亦未列造。既经查出，岂容漏误，恳请饬承照案更正。至此草束因何未交，并请就近曾任明白申覆，以便造报，而免无着，实为公便云云。②

与此同时，省友言更缮各册需印册 400 多页，目前他两次共

---

① 《东乐草稿簿》，光绪十八年十月初九日，第 35 册，第 16263—16265 页。

② 《东乐草稿簿》，光绪十八年十月二十八日，第 35 册，第 16268—16269 页。

收到东乐分县寄来空印册190余页，尚缺很多，请吴沆速速签印赐寄。至于交代册费，省友向昨日抵省的曾纪安当面确认，“交代册列四十八金，系照向规”，“渠任统共花费七十二金”，“不敷之数，向由新任代垫应付”，省友请吴沆再次查实，“弗则晚万难赔贴也”。①

经过省友严密托办，曾纪安欠解库款，经藩司严批申斥，限期5日完交。②十一月初四日，曾纪安禀报藩宪，已将现钱、期票移交吴沆。至十二月二十四日，曾纪安应解草价、杂税、减平等银1 300余两，方报收库；粮价800多两，也于年前全部解清。东乐分县交代册结业已办妥，除夕前由司详院。省友抄录钱粮交代底册，呈送吴沆查考。③

四、病故出缺，善后有方

二月初三日，东乐分县县丞病故出缺文报递至藩司，省友方确信吴沆已于正月二十日去世。省友提示东乐分县县衙师爷精翁，东乐现在最重要的公事是易换粮色，请他催房核造，倒填日期，速送详文。④二月初九日，省友又给吴沆的女婿写信，告知东乐分县实任张家驹受命回任。⑤

因张家驹还需一段时间方能抵达东乐分县接任，省宪令蒋君

---

① 《东乐草稿簿》，光绪十八年十月二十八日，第35册，第16269页。

② 《东乐草稿簿》，光绪十八年冬月十一日，第35册，第16271页。

③ 《东乐草稿簿》，光绪十八年冬月初五日、十二月二十四日，光绪十九年新正八日，第35册，第16272、16277、16281页。

④ 《东乐草稿簿》，光绪十九年二月初四日，第35册，第16283—16285页。

⑤ 《东乐草稿簿》，光绪十九年二月初九日，第35册，第16286页。

代理东乐分县县丞。光绪十九年二月下旬，代理蒋君具详粜易粮色。粜易粮色，例应向司房、院房应承规费。省友不知其中有无轇轕，不敢擅行承应。①省友向吴沆之弟吴二老爷诏翁汇报，粜易下色粮每石，应向司房、院房各付费1分，计数应付，需费过巨，是否照办。②出于对州县钱粮的保护，藩司未批准代理蒋君粜易粮色的详文。因为代理人员只司印务，不准擅动仓库钱粮。现在蒋君请求易换数目过巨，有碍定例，需待实任张君接篆后再来办理。③

光绪十九年四月初，省友宋氏领出吴沆东乐分县县丞任内养廉银50余两。该笔养廉银，本应等到交代结清再为核发。宋氏出于垫支海菜的还债压力，想法托办，终得领出。唯俸工银未能如愿领出，遂移抵新任。④五月，东乐分县代理县丞蒋云翁将驿站交代册递送到省，因册造不合，臬差执票传令宋氏前往会同缮更。踌躇至再，宋氏请吴二老爷嘱托蒋云翁迅速寄来空印册页与房费，以便及早托办。⑤九月二十三日，宋克用函致吴二老爷：八月初领得吴沆任光绪十八年冬季工料银244.57两，代垫吴沆任各账共计银141两有余，并开报收支各款细目。⑥至此，省友宋氏办完了吴沆任上的所有后续事务。

---

① 《东乐草稿簿》，光绪十九年二月廿一日，第35册，第16287页。
② 《东乐草稿簿》，光绪十九年二月二十五日，第35册，第16288—16289页。
③ 《东乐草稿簿》，光绪十九年三月初三日，第35册，第16290页。
④ 《东乐草稿簿》，光绪十九年四月初六日，第35册，第16295页。
⑤ 《东乐草稿簿》，光绪十九年五月二十二日，六月十一日，第35册，第16292—16294页。
⑥ 《东乐草稿簿》，光绪十九年九月廿三日，第35册，第16296页。

小 结

信息获取与控制是权力之源。在清代权力层级式向上集中、督抚两司掌管本省官员考核大权的情况下，即时获取省城信息，对州县官规避处分、获缺晋升至关重要。为此，清代坐省群体以信息打探为主要任务，通过官方驿递、票号铺脚、电报、便人递交等方式，事无巨细地向州县官汇报省城官场动态、省衙上宪的言行举动、近日来往兰州的官员名单，以及省城的银粮时估。从东乐分县县丞吴沆的出任开缺过程中，我们可以看到，省友的信息探报对吴沆自代理红水分县到署理东乐分县的升转来说非常重要。省友在处理东乐分县省事时的干练与专业，使其俨然成为州县官不可或缺的省事专员。

第三章
省友与州县文书册报的核转

现有地方政治史研究，多集中于州县、府道、督抚各级行政结构、人员组成和相关职能的探讨，对上下级衙门间的公务运转实况大多语焉不详。即使偶有论及，也多据档案、典章律例等史料进行制度层面的研究[①]，未能对衙门上下行文书的形成机制进行深入研讨[②]。事实上，这些看似规整的文册背后，均有不为人知的幕后操作，而后者才能反映清代地方政务运行的实态。剖析州县文书在省级衙门层面的实际处理情况，是理解清代地方政务运行机制的关键。

---

① 蔡东洲等：《清代南部县衙档案研究》，北京：中华书局，2012 年，第 162—174 页。

② 王泰升以《淡新档案》为基础史料，对厅县层面审案机制运作的分析非常精彩，但对刑名案件如何在府、道、省层面“审转”，着墨略显不足。参见王泰升等：《论清朝地方衙门审案机制的运作——以〈淡新档案〉为中心》，《历史语言研究所集刊》第 86 本第二分册（2015 年 6 月）。清代“甘肃省友禀稿信件簿”中不乏此类“审转”“解审”“越控”案件，为研究州县重案在省城的审理、运作，提供了独特的视角。

第一节 省友受事之源:文书册报

司院书吏是州县文册在省审核造报的主力,藩臬两司与陕甘总督则更多是起到监督作用。若碰到谨慎细致的上宪,书吏们造报州县文册时会更加谨慎,以免上宪察觉破绽。若碰到不务实、不管事的上宪,司院书吏上下其手的运作空间就会相应变大,甚至会酿成大祸。

一、清代文书册报制度

清代官员"以一纸文书之出为政,一纸文书之入为政"①。烦琐的文册,是清代各级行政机构施政的依据。为保证文书册报按期造报,吏部规定:

> 州县承造一切册结到司,有不合式例,得由司道核正汇造者,即行造转,将底册发换送存。并无因舛错遗漏以致迟延之处,该督抚量为记过,统入年终汇报功过册内,咨部查核。若必须州县另造、随同送部之件,如有舛错遗漏以致迟延,该督抚随案声明,分别议处。预印空白令书役携带赴省之处,仍严行禁止。②

① 汪士铎:《汪悔翁乙丙日记》卷3,载李德龙、俞冰主编《历代日记丛钞》第57册,北京:学苑出版社,2006年,第160页。

② 《钦定吏部则例》卷25《盘查》,载故宫博物院编《故宫珍本丛刊》第283册,海口:海南出版社,2000年,第187页。

该段引文透露出三层信息。其一，州县册结到司，不合式例的文册由司核正汇造，并将汇造好的文册详请督抚出咨送部，底册发给州县保存。其二，州县承造册结迟延，州县官会被记过或议处。省级衙门所需册结造报迟延，督抚对州县官予以记过处分；中央各部所需册结造报迟延，州县官则有参处之忧。其三，造报文册时，禁止书役携带预印空白文册至省。但在州县册结造报的实际过程中，仍会大量使用空印册页。

二、省友与州县空印文册

空印文册是清朝律例中屡次饬禁的对象。这是因为大量预制空印文册的不法使用，会形成印官监控的盲区，使书吏、幕友等人有机可乘，得以造假作伪。但若合法地使用空印文册，确实可以简化行政程序。

这是因为州县所造册页，难免有舛错不合之处。司房书吏核查州县文册时，若发现错误，按规定应当发回，由州县重新更造后，再递转藩臬两司办理。然而，文册办理有限期，州县与省城相隔遥远，难免迟延。因此，省友请托司房书吏核造州县文册时，往往会请州县官寄递空印册页，以便随时更换重造。藩司办理光绪九年钱粮奏销时，宋树森担心“册造舛错甚多，需用印页亦属不少”，请抚彝厅饬令经管书吏多带空印册页来省，听候司房书吏更改使用。①

若州县官迟迟未寄空印册页，省友会向经办该州县省事的前

① 《抚彝禀稿簿》，光绪十年二月廿九日，第31册，第14653—14654页。

任省友借用。贵德厅邓朝卿驿站交代册错误很多，因新任未寄送空印册页，省友无法托请臬司书吏从省城修改重造。若令臬司发回贵德厅重新造报后再详送至司，恐怕有违交代期限而遭议处。省友思索再三，“由前办贵德省友寻借印册七本，以资缮更，期早核转而济急公，循旧应费，托催赶办”。为避免被动，省友提醒道：“钱粮交代如造详赍，所需印册颇为急要，务乞从丰并案递省，以备缮用而免临渴掘井，迟延贻误。”换言之，贵德厅寄送钱粮交代册时，当多寄空印册页，以备缮改使用。①

预印空白册页可以缩短文册处理时间，简化行政办事程序。但如果“司书遇事捏造，藉端冒领”，则有无从查考之忧。②为此，清廷明令“一应空白及预印白结俱着严行禁止”③。但一刀切地予以禁止，并非解决弊政的最佳办法。地方官员为解决文册造报到司时不可避免的驳改、重造问题，又囿于文册造报期限、路程较远等现实困难，选择向省友寄呈空印册页，以便其托请司院书吏及时抽换错误册页。有省友居间转手，既可使州县官避免因擅用空白预印册页而遭罚俸一年，也可使督抚司道官员避免因提用州县空白印信文结册而遭罚俸一年。④

当然，省友对空印册页的领用，会受到州县官的牵制。寄还是

① 《清水县草簿(贵德厅)》，光绪二十三年九月初一日，第33册，第15699页。

② 《四川总督琦善奏为撤回坐省册书裁禁空白印结印册整顿官风事》，道光二十九年二月初三日，朱批奏折，档号：04-01-01-0833-026。

③ (清)阿桂等修：《钦定吏部则例》，载故宫博物院编《故宫珍本丛刊》第282册，海口：海南出版社，2000年，第409页。

④ (清)阿桂等修：《钦定吏部则例》，载故宫博物院编《故宫珍本丛刊》第282册，海口：海南出版社，2000年，第409页。

不寄，寄多少，州县官有决定权。省友反复请求州县官从丰寄送空印册页，便是明证。①对于空印文册的使用情况，省友会向州县官抄送使用清单。②用剩空印册页是否留省以备将来使用，省友也会征求州县官的意见。③

三、司书票传省友造册

藩臬两司是户、工、吏、兵等部催造各项册籍的主体，也是州县册籍的审核者与汇造者。囿于州县与省衙间路途遥远，州县多向藩臬两司递送州县交代、钱粮奏销、赦案、征信等文册。藩臬两司书吏核办州县册籍时，以册造不合式例或有错误为由，传令省友前往会同核造，实有循例索费的内在需求。省友揆诸司房书吏内情，禀请州县官，承应使费，请司房书吏核造缮更册籍。州县官则向省友寄付空印册页，由省友径直委托司房书吏代办。④

每逢核造册籍的当口，藩臬两司票传、票提州县省友前往会造。光绪十五年九月，高台县赦案册送到臬司，省友请司房书吏援办，每案支付纸笔等费 2 两，按案计费，由臬司另外行文催解。⑤因赦案册费过高，高台县陈昌迟迟没有“文解册费”，致使赦案册造报延搁下来。十月二十一日，臬司差票传提省友，催令其前往办理。

---

① 《清水县草簿(贵德厅)》，光绪二十三年九月初一日，第 33 册，第 15699 页。
② 《抚彝禀稿簿》，光绪十年二月初十日，第 31 册，第 14651 页。
③ 《高台县禀稿簿》，光绪十五年九月初八日，第 17 册，第 284 页。
④ 《抚彝禀稿簿》，光绪十年七月廿九日，第 31 册，第 14671 页。
⑤ 《高台县禀稿簿》，光绪十五年九月十六日，第 17 册，第 285—286 页。

赦案册费是司房书吏核造册籍的关键，省友与司房书吏商量按照每案 1.5 两支付，禀请陈昌批示。[1]

陈昌仅拟支付援赦纸费共 4 两[2]，远不敷用，省友表示“援赦纸费，共给四金，实难敷衍。应付若干，祈询邻封，速具文缴。限期迫逾，柏辕票提，押比催办，急如星火，刻难再缓。所需纸价，如何呈解，尤乞迅速，免受烦累”[3]。陈昌批评省友听任司房书吏需索，省友辩解道：

> 顷奉钧谕，祗聆惶愧。援赦册案，正值造办，并未详咨。因报书名，故蒙柏辕票传缮办。他处差书入局稍缓，臬宪嗔怒，以抗违公事发经刑厅押比催办，均系实情，非诈语也。至需纸费，非书任听需索，不力撙节，奈少应给，前途弗允，是以不敢擅专，屡禀请示藉资遵循者，实恐有误公事耳，岂敢稍有觊觎，有负厚爱。兹复奉谕，共给六金，遵兑付给，不肯收受，拟报呈交，奈无印文。踌思至再，缮具差禀，照数呈解矣。诸望原鉴，曷胜感歉。[4]

司房书吏与高台县陈昌对援赦纸费的不同预期，使高台县赦案册迟迟未能出详咨部。臬宪作为册报迟延的责任人，颇为震怒，以抗违公事为名，将省友押送刑厅，押比催办。省友处此夹缝中，左右为难。若按州县官旨意撙节少付，司房书吏不肯收受；若按司房书吏需求之数支付，州县官又不答应。他只好遵陈昌之意，最终向司房书吏缴付 6 两纸笔费。不敷之数，由司房书吏札催陈昌补交。[5]

---

① 《高台县禀稿簿》，光绪十五年十月廿一日，第 17 册，第 290 页。

② 《高台县禀稿簿》，光绪十五年十月廿六日，第 17 册，第 291 页。

③ 《高台县禀稿簿》，光绪十五年冬月十四日，第 17 册，第 293 页。

④ 《高台县禀稿簿》，光绪十五年冬月十八日，第 17 册，第 294—295 页。

⑤ 《高台县禀稿簿》，光绪十五年十二月十一日，第 17 册，第 297 页。

四、册报逾限，记过扣廉

从清代《吏部则例》来看，督抚用记过处分来管理所属府道州县官员，有其制度依据。[①]只是督抚酌量记过、汇入年终功过册内咨部查核的警诫方式，或许无法解决州县官造报册结时的疲玩迟滞，甘肃省将记过处分权细化为官员管理与处分章程，以省例的形式固定下来。乾隆五十五年（1790 年），甘肃省确立官员记过章程，每过扣廉俸银 30 两，汇归皋兰县作为冬天开厂施粥使用。[②]

甘肃“记过扣廉”章程，将州县官的过失与廉俸银关联起来，旨在引起州县官对册结造报工作的重视。光绪二十三年贵德交代册经藩司房友更缮清整，札文发给贵德厅签印。一个多月后，贵德厅仍未将交代册赍送到司。藩司书吏具稿，拟以交代迟延为由记过。省友宋氏听说后，支应笔资，请藩司再次札文催促贵德厅速送交代册，以便藩司详文督抚，由督抚咨部。[③]

“记过扣廉”章程虽然不合规制，但作为一种“省例”在甘肃长期实施。道光二十九年（1849 年）甘肃钱粮清查案中，陕甘总督琦善等认为官员“有过罚银，究非正办”，饬令藩司停止实施该章程，州县官“如有过失，照例咨参”。[④]但该章程并未因此而彻底取消，这在光绪朝“甘肃省友禀稿信件簿”中可得到印证。

---

① 《钦定吏部则例》卷 25《盘查》，载故宫博物院编《故宫珍本丛刊》第 283 册，海口：海南出版社，2000 年，第 187 页。

② 任国维主编：《祁寯藻集》第 3 册《奏议》，太原：三晋出版社，2009 年，第 54 页。

③ 《清水县草簿（贵德厅）》，光绪二十三年冬月廿八日，第 33 册，第 15704 页。

④ 任国维主编：《祁寯藻集》第 3 册《奏议》，太原：三晋出版社，2009 年，第 54 页。

光绪九年十月，甘肃藩司办理光绪八年奏销之际，查现任抚彝厅通判周大老爷前在西固任上有欠款30多两，屡经藩司催缴，仍未解库。省友宋树森建议付8两笔费，趁机弥补悬款，了结此桩奏销悬欠。[①]在西固的30多两欠款中，有地丁银六七两。省友与司房书吏商议后，建议先交地丁欠款，然后设法销过。[②]宋树森提醒抚彝厅，收到藩司文催后，转告他文催到案日期，由他在省城填写文批，照数呈解。[③]光绪十年正月，宋树森呈缴西固地丁欠款6两[④]，二月扯获库收。剩余杂款20余两，宋树森本拟另款呈缴，适因甘肃新章钱粮欠款可以旧抵旧，遂与主管书吏商量，承诺笔规，书吏们争相核销。[⑤]

光绪十五年四月，化平厅等40余处州县上忙考成册造送迟延逾限，被藩宪集体记过。若要撤销记过处分，需向藩司造送考成册，或向省友寄送空白文册，由其就近在省城托办，并向书吏支付笔资以注销记过处分。[⑥]若延不造报文册，不早日设法注销记过处分，领取养廉银时恐被扣发。[⑦]与其因记过而致养廉银被扣充公，还不如打点书吏，免予记过注册。高台县因民控案件而被记过两次，省友即托请主管书吏暂时搁置，“勿会吏房，以免注册”[⑧]。

---

① 《抚彝禀稿簿》，光绪九年十月十六日，第31册，第14636页。
② 《抚彝禀稿簿》，光绪九年十一月廿五日，第31册，第14642页。
③ 《抚彝禀稿簿》，光绪九年十二月十四日，第31册，第14644—14645页。
④ 《抚彝禀稿簿》，光绪十年新正十一日，第31册，第14647页。
⑤ 《抚彝禀稿簿》，光绪十年四月十六日，第31册，第14661—14662页。
⑥ 《化平厅草簿》，光绪十五年四月十四日，第33册，第15376页。
⑦ 《化平厅草簿》，光绪十六年冬月二十五日，第33册，第15424页。
⑧ 《高台县禀稿簿》，光绪十九年六月二十五日，第17册，第461页。

记过注销费，每过 4—5 两不等，详见表 3-1。

表 3-1 甘肃州县记过注销费

州县	时间	事由	销过金额	出处
宁朔县	光绪九年四月	奏销册造报迟延	4 两/过	《光绪朝法律公牍（宁朔县）》，第 51 册，第 24170 页
化平厅	光绪十五年四月	地丁银册造报迟延	6 两/过	《化平厅草簿》，第 33 册，第 15378 页
高台县	光绪十八年三月	徒犯逃脱	4 两/过	《高台县禀稿簿》，第 17 册，第 413 页
高台县	光绪二十年三月	征收折报疏忽矛盾	4 两/过	《高台县禀稿簿》，第 17 册，第 499 页
高台县	光绪二十年四月	匀拨仓粮民控	15 两/5 过	《高台县禀稿簿》，第 17 册，第 508 页

“记过扣廉”章程在甘肃长期实施，自然有其内在逻辑。一则州县官的很多过失达不到督抚咨参的程度，若仅予以记过、年终汇奏咨部查核，则无关痛痒，任催妄应，亦着实令司院衙门头痛不已。将记过处分与养廉银结合起来，可作为拿捏州县官的经济手段。二则“记过扣廉”章程可给司院衙门书吏留下权力寻租的空间。在动辄得咎的官僚机制中，州县官纵然不能规避被上宪或者司院书吏记过，但在事机尚可挽回时，可请省友向书吏承应使费，注销记过处分，避免“记过扣廉”的经济惩罚与列入吏科册结、年终汇册咨部查核给州县官带来的仕途风险。

由上可知，与清代文册制度相背，使用预印空白册页是州县文书造报中的常态，省友是持预印空白册页、从事州县省务运作的居间人。本应由司院书吏负责核正汇造的州县册结，反受司院书吏把持，成为其驳斥不断、借以讨索使费的场域。州县册报逾限记过处分，演绎为甘肃地方“省例”，使州县官动辄受处，累及养廉银的实发数额。

第二节 省友与州县奏销册

奏销册是否不合式例，司院主管书吏最有发言权。为求简便，省友通过应酬字工、纸张等费用的办法，托请相关书吏代为更造州县奏销册。

一、奏销册造报规制

按照惯例，甘肃钱粮奏销应于次年四月以前，由所属州县造办草册送呈藩司，再由藩司核造总册申呈陕甘总督，由督院具题户部核销。因奏销例限很严，藩司往往设局，限期核办。尽管州县官可委派妥当书吏赴省协助司房书吏办理，但在实际操作中大多是奏销局出票传令省友携带奏销册底案，入局会同办理。省友遂相机托请司院各房书吏代为核造，并垫付字工纸费、司院房费等项费用。①

甘肃藩司办理钱粮奏销时，按照向例“由所属造册赍司，由司汇案造销”②。实际上，藩司设局奏销之际，即令州县官派遣经办书吏携案赴局汇办。若州县官不明内情，遵命派令经手书吏进省汇

① (清)于敏中等修：《钦定户部则例》卷16《田赋·奏销考成》，载故宫博物院编《故宫珍本丛刊》第284册，海口：海南出版社，2000年，第138—139页；(清)傅秉鉴编：《甘肃清理财政说明书》，载北京图书馆出版社影印室辑《清末民国财政史料辑刊》第19册，北京：北京图书馆出版社，2007年，第217页；《抚彝禀稿簿》，光绪十年四月廿五日、五月十九日、闰五月初三日，第31册，第14662—14663、14665、14666页。

② (清)傅秉鉴编：《甘肃清理财政说明书》，载北京图书馆出版社影印室辑《清末民国财政史料辑刊》第19册，北京：北京图书馆出版社，2007年，第217页。

办，则必受局中书吏勒措。而且，州县书吏赴省有路费、食宿支出，所造奏销册也未必尽合奏销局书吏之意。有鉴于此，省友请州县官先造办奏销册，由驿递送至藩司，再由他托司房书吏办理，既可避免司房书吏的挑剔，也可省去州县书吏赴省的花费①，在一定程度上简便了奏销册的处理程序。

若因州县奏销册费不到位、房友压搁不办而致奏销逾限，省友则首当其冲，备受其苦，甚至其子也会被拘押。②光绪八年，奏销局催办甚严，派差承签票捉提礼县省友携案入局核办，省友吐槽"时常凌辱，令人抱恨"③。

二、抚彝厅钱粮奏销

光绪十年二月，甘肃藩司启动九年钱粮奏销，照例饬令州县造办，并调令州县经管书吏来省。宋树森分析，经书进省协办，不论需费多寡，恐怕册造仍然多有错误，需用空印册页也不少，不如令经管书吏多带空印册页来省，听候藩司书吏传唤，及时更换册页。④抚彝厅可能还是寄来了奏销册，三月初十日宋树森汇报各案奏销册已被驳回更改，内称：

> 惟是案情分毫不懂，不但册式挑驳不合，册内各帐多有舛错。若由书办，逐款挑剔，必须应付。雇人核造，格外花费，所

---

① 《光绪朝法律公牍（宁朔县）》，光绪九年三月初七日、三月十五日，第51册，第24163、24167页。

② 《抚彝禀稿簿》，光绪十年四月廿五日、五月十九日、闰五月初三日，第31册，第14662—14663、14665、14666页。

③ 《光绪朝法律公牍（礼县）》，光绪八年三月廿七日，第51册，第24142页。

④ 《抚彝禀稿簿》，光绪十年二月廿九日，第31册，第14653—14654页。

需不少矣。务望裁酌，饬派经手帐目熟习稿书来省核造，酌商办理，两不致误，是为至祷。①

宋树森表示自己不懂奏销册造办册式与账目。若由他在省中办理，必须支付费用，请局中书吏承办；雇聘谙熟奏销册造办者办理，花费亦不少。他建议抚彝厅派熟悉经手账目和奏销册造报的稿书来省核造，并支付奏销册费。②

五月中旬，宋树森拿定主意，托司院各房书吏，就近请人代为核办抚彝厅奏销册。若有错误，代为更换册页，比照邻县代办标准，支付字工及一切规费。③据宋氏反馈，地丁、廉俸、工食、祭祀、工料各册已办有头绪；其余各案，约于闰五月初核办妥善后，抄录底稿禀呈抚彝厅。他提醒抚彝厅，不必再派人来省办理奏销册了，否则往返路费花费不少。④至五月底，省友汇报地丁各奏销册已核对妥当，舛错不合的地方也代为更改，纂修了奏销底册。现在雇人誊写，写齐后呈投局官，即将奏销底册缴案销差。⑤六月中旬，抚彝厅奏销册已经办齐，待甘州府府总奏销册办完，即可领文销差。⑥六月底，抚彝厅钱粮奏销各案办妥，省友代具甘结，呈明局官。七月初三日，藩台发给公文一封，饬令省友执持公文回县销差。宋树森领取公文，抄录各项底册4本，禀呈抚彝厅存案备考。⑦

---

① 《抚彝禀稿簿》，光绪十年三月初十日，第31册，第14655页。

② 《抚彝禀稿簿》，光绪十年三月十五日，第31册，第14656页。

③ 抚彝厅地丁、廉俸、工食、祭祀、兵马、粮料、工料、草束、额征耗羡、税务、囚粮等奏销册，雇人代办字工纸费用银24两。参见《抚彝禀稿簿》，光绪十年闰五月初三日，第31册，第14666页。

④ 《抚彝禀稿簿》，光绪十年五月十九日，第31册，第14665页。

⑤ 《抚彝禀稿簿》，光绪十年五月廿九日，第31册，第14665页。

⑥ 《抚彝禀稿簿》，光绪十年六月十六日，第31册，第14667页。

⑦ 《抚彝禀稿簿》，光绪十年七月初五日，第31册，第14669页。

三、丹噶尔分府驿站奏销

知府应汇总所属州县奏销册，若知府总办奏销册参差不齐，臬司会通催州县造办。[①]州县官接到臬司催办札文，委托省友在省打点办理。抚彝厅光绪九年驿站奏销册，由省友宋树森于光绪十年九月办妥，支付字工纸札、司院各费共银 14 两。抚彝厅逃遣通缉各册，由宋树森给钱 20 000 文，得免臬司札催。[②]

若州县官允诺支付省友禀报的册费，省友会在省城全权托办州县奏销册。若未能如期办妥，州县再次被司院札文催办，省友则会被州县官责难。丹噶尔同知袁昌鹗曾为臬司再次札催驿站奏销册而问罪省友：

> 松浦尊兄如晤。昨寄奉一械，未识已收到否。顷奉臬宪四百里札开，十年分内驲站奏销，系前任卢少棠之件。前已送费械托，请即了事，不知吾兄至今如何料理未清，致使臬宪复由四百里札催，殊不可解。接此信后，务望吾兄于臬书处妥为料理明白，毋使再行札催，是为至要。兹将四百里申文案交兄处，其应如何料理赍呈之处，悉听尊裁。[③]

原信署名"袁昌鹗"，落款时间为"七月廿一日"。从造办光绪十年驿站奏销册信息，可推知该信写于光绪十一年。信中"卢少棠"，为前任丹噶尔同知卢洞清，湖南宁乡人，光绪九年十二月二十四日到任。[④]

---

① 《抚彝禀稿簿》，光绪十年六月十六日，第 31 册，第 14667—14668 页。

② 《抚彝禀稿簿》，光绪十年九月十七日，第 31 册，第 14674 页。

③ 《光绪朝法律公牍》，光绪十一年七月廿一日，第 51 册，第 24051 页。

④ 宣统《丹噶尔厅志》卷 1，清宣统二年甘肃官报书局铅印本，第 30 页。据方志所载，卢洞清到任未几，遂卒于任。但据省友称"前任卢公春初辞世，并未造赍，亦未托办"（参见《丹噶尔分府禀稿簿》，光绪十一年七月二十八日，第 33 册，第 15298—15299 页）等语，卢洞清当逝于光绪十一年春。

袁昌鹗于光绪十年十二月二十九日到丹噶尔任[①]，因此有"十年分内驲站奏销，系前任卢少棠之件"的说法。袁昌鹗作为现任官员，应负责光绪十年驿站奏销册造办事务，并已送费托请省友办理。不知道省友为何没有料理清楚，致使臬宪再次以 400 里驿递札催。袁昌鹗附寄"四百里申文"，希望省友接到此信后妥当料理。至于如何料理赍呈，请省友裁定。

七月二十八日，省友回禀袁昌鹗，前已遵谕向卢洞清转达驿站奏销册造办事务。驿站奏销册的延搁，实因前任卢洞清于光绪十一年春初去世，此时恰值臬司刚刚启动驿站奏销，因无人主持，致使未造赍丹噶尔分府驿站奏销册，也未付费托请司院书吏造办。省友表示接信后，当即托请司院书吏代为造办，拟付 12 两字工纸费，请示袁昌鹗是否可以。[②]

第三节 省友与州县征信册

一、甘肃钱粮征信册造报

钱粮征信册，是光绪朝户部命令各省造报的钱粮征收已、未完数据册籍。[③]各省钱粮征信册除向户部呈送外，还经道、府、直隶州直接散发给绅民阅看，将赋税完欠信息公之于民。对光绪十二年至光绪二十年(1886—1894 年)前后清廷在赋税征缴领域推行的这

---

① 宣统《丹噶尔厅志》卷 1，清宣统二年甘肃官报书局铅印本，第 30 页。

② 《丹噶尔分府禀稿簿》，光绪十一年七月二十八日，第 33 册，第 15299 页。

③ 钱粮征信册定义，借鉴了郭永钦的观点。参见郭永钦：《清代钱粮奏报体例源流初探——以〈赋役全书〉、地方志、奏销册、征信册文本为中心》，《中国社会经济史研究》2020 年第 1 期。

一信息公开制度，刘增合、李光伟、陈文祥、郭永钦等先后专文探讨。[①]李光伟精辟地指出钱粮征信册制度是清廷借鉴民间慈善机构征信录的财务公开机制，旨在革除赋税征缴积弊，增加财政收入，实为赋税制度史上的一大创新性变革。[②]本部分拟用甘肃省友笔下的征信册史料，以甘肃省为中心探讨省级征信册的造报流程，分析省级与州县官员在征信册造报上的抉择和取舍，进而评估征信册的推行实效，以期稍作补益。

征信册推行伊始，甘肃省请照云南、贵州两省之例，在次年三月底钱粮截数造报后，各州县开始造送征信册，限于六月底以前送到藩司。藩司书吏磨对刊刷州县征信册，于九月内转发各属。光绪十三年十一月，陕甘总督谭钟麟奏称，甘肃兰州等 8 个府，以及秦州、泾州、肃州、安西州共 4 个直隶州下属 31 个厅向藩司申送了光绪十二年征信册，当经藩司督同委员、书吏细心校对，饬发照磨所库厅用活字印刷 2 500 余本，按州县缺分繁简酌定本数，分别发交各该管道台、知府、直隶州同知，在下乡过境、月课考试及接见绅民时随时散给，令其转交乡民公开查阅，并将甘肃省征信册咨送户部 1 份备案。[③]

---

① 刘增合：《光绪前期户部整顿财政中的规复旧制及其限度》，《历史语言研究所集刊》2008 年第 2 期；李光伟：《晚清赋税征缴征信系统的建设》，《历史研究》2014 年第 4 期；陈文祥：《膏肓之医：晚清民欠征信册制度考论》，《福建论坛》2014 年第 9 期；李光伟：《清季赋税征信制度设计探论》，《史月学刊》2016 年第 6 期；郭永钦：《清代钱粮奏报体例源流初探——以〈赋役全书〉、地方志、奏销册、征信册文本为中心》，《中国社会经济史研究》2020 年第 1 期。

② 李光伟：《晚清赋税征缴征信系统的建设》，《历史研究》2014 年第 4 期。

③ 《陕甘总督谭钟麟折》，光绪十三年十一月二十七日，载中国第一历史档案馆编《光绪朝朱批奏折》第 65 辑《财政》，北京：中华书局，1995 年，第 775—776 页。

甘肃仅需造报光绪十二年征信册，并非因甘肃征解得力、毫无民欠，实因这笔民欠已由谭钟麟奏准豁免而一笔勾销。按照征信册造报章程，“如果花户扫数全清，额赋无亏，则征信册即可免造”[①]。若有民欠未完，则须遵章造报。对承平时代岁征额赋尚不能如数完缴的甘肃省而言，民欠钱粮带征难度很大。光绪十三年六月，陕甘总督谭钟麟以甘省民贫地瘠、战后户口凋零、地亩荒芜为由，奏准豁免甘肃省光绪八年至光绪十一年所有正赋杂税民欠。[②]省友宋树森如此解读谭钟麟的奏请：“历年民欠为数甚巨，若经代（按：带）征，民情疲玩，实深掣肘。”即甘肃历年民欠数额颇巨，民情疲玩，征缴不力，州县带征难度很大，徒增州县与藩司册报之累。所幸户部准许豁免，令甘肃造报民欠豁免细册，送部审核。八月，甘肃启动豁免细册造报工作。[③]这既减轻了甘肃巨大的征信册造报负担，又可节省一笔征信册印刷费用，并使甘肃官员避免因带征不力而遭受处分。

征信册旨在清理民欠、严杜官员亏挪。[④]其信息公开原理，可防止官吏捏报荒灾、指完作欠、任意侵蚀，[⑤]可谓杜绝官吏中饱、治理官吏财政违纪的必由路径，[⑥]但却未能实现清理民欠初衷。造报甘

① 《陕甘总督谭钟麟折》，光绪十三年十一月二十七日，载中国第一历史档案馆编《光绪朝朱批奏折》第65辑《财政》，北京：中华书局，1995年，第775—776页。

② 《陕甘总督谭钟麟折》，光绪十三年六月二十日，载中国第一历史档案馆编《光绪朝朱批奏折》第65辑《财政》，北京：中华书局，1995年，第706—707页。

③ 《董志潘草稿簿》，光绪十三年八月二十三日，第33册，第15555页。

④ 《头品顶戴甘肃新疆巡抚陶模奏为新疆征收额粮查无弊窦应造征信册籍拟援案停办各缘由》，光绪二十年三月二十五日，宫中档，编号：故宫139009。

⑤ 《陕甘总督谭钟麟折》，光绪十三年十一月二十七日，载中国第一历史档案馆编《光绪朝朱批奏折》第65辑《财政》，北京：中华书局，1995年，第775—776页。

⑥ 李光伟：《清季赋税征信制度设计探论》，《史月学刊》2016年第6期。

肃征信册之初，谭钟麟已指出民间积欠仍应责成州县竭力催征。①然而后来的史实证明，征信册的信息公开原理甚至对民欠催征起了反作用。甘肃花户见到征信册后，知道欠户甚多，遂效尤成习，使州县催征更加困难。光绪十九年，陕甘总督杨昌濬声称，在征信册制度实施数年间，甘肃并无捏完作欠、征多报少、册造不符等弊，反有民欠带征不起、征信册造办费用不赀之累，奏准自光绪十八年起停办。②

二、省友与州县钱粮征信册的造报

光绪十二年推行的征信册造报，除送部备查外，另需散发绅民阅看，拟通过信息公开机制来提高钱粮征解率。此前，嘉庆二十一年(1816 年)清廷曾推行钱粮奏报新例，要求各省在钱粮年终奏报定例之上，增报上忙征解已、未完数目，增列杂项钱粮征解数据与历年缓征、带征钱粮征解款额。③该新例依然奉行自州县、抚藩上报至中央的非公开原则④，未完带征款额逐年增长，民欠越积越多⑤。征信册的实施，也未能从根本上解决民欠钱粮征解难题。从甘肃省友留存记录与陕甘总督奏报来看，负责征信册造报的州县

---

① 《陕甘总督谭钟麟折》，光绪十三年十一月二十七日，载中国第一历史档案馆编《光绪朝朱批奏折》第 65 辑《财政》，北京：中华书局，1995 年，第 775—776 页。

② 《陕甘总督杨昌濬奏请停缓造报甘肃钱粮当税征信册事》，光绪十九年四月二十八日，朱批奏折，档号：04-01-35-0104-011。转引自李光伟《晚清赋税征缴征信系统的建设》，《历史研究》2014 年第 4 期。

③ 裴丹青：《清代河南大工加价论析》，《史学月刊》2024 年第 9 期。

④ [日]夫马进：《中国善会善堂史》，伍跃等译，北京：商务印书馆，2005 年，第 719 页。

⑤ 郭永钦：《清嘉道时期地丁数字核算模式初探——兼论财政地丁类抄档使用问题》，《中国史研究》2018 年第 4 期；裴丹青：《清代河南大工加价论析》，《史学月刊》2024 年第 9 期。

官与藩司，视之如同具文，不过多造一种册籍，多支一份册费而已。

甘肃藩司汇总造报各属征信册时，按照钱粮奏销册造报办法，责令州县造册赍送藩司。省友会提示州县官及时造报。光绪十五年化平厅因有被灾缓征款项，必须按部文要求造办征信册。省友建议若化平厅书吏核造征信册生疏，可将藩司驳发签册及空印文册等封固递省，由他在藩司支应笔费，托藩司书吏代办，以免因错误而被驳回更造之烦。①七月初九日，征信册籍造报期限已经很紧了，藩司严催各属造报。②八月初五日，省友支应征信册费 8 两，就近在藩司更换造报。③九月十六日，化平厅征信册经藩司书吏更造完毕，进入誊缮阶段。省友待藩司办完后，抄录底案，禀呈化平厅存案备查。④

理论上讲，征信册造报的负责人为现任州县官，但因涉及征信册费支付，前后任官员有互相推诿扯皮者。光绪十七年六月造报征信册时，清水县现任王开甲认为各项奏销、民欠征信册“皆系前任之事，应需之费统归前任照料”，而前任冯椿荫坚决不理，省友宋树森不敢代为托办。藩宪屡次催驳无果，遂票提省友入局会造。宋树森见无法说服现任清水县官，又给清水县衙门何大爷写信，望他能从中斡旋。⑤

甘肃各州县应于六月底前将征信册寄送至藩司。⑥“如逾限未

---

① 《化平厅草簿》，光绪十五年五月十一日，第 33 册，第 15381 页。

② 《化平厅草簿》，光绪十五年七月初九日，第 33 册，第 15388 页。

③ 《化平厅草簿》，光绪十五年八月初五日，第 33 册，第 15390 页。

④ 《化平厅草簿》，光绪十五年九月十六日，第 33 册，第 15393 页。

⑤ 《清水县草簿》，光绪十七年六月廿三日、冬月廿四日，第 33 册，第 15588、15603 页。

⑥ 《陕甘总督谭钟麟折》，光绪十三年十一月廿七日，载中国第一历史档案馆编《光绪朝朱批奏折》第 65 辑《财政》，北京：中华书局，1995 年，第 775—776 页。

到，由藩司照交代例，指名揭参。逾限两个月，罚俸一年，逾限四个月，革职。”[①]事实上，州县经常性地拖延不报，而藩司又需在九月底前汇造、印刷征信册，发交州县，若逾限未发，照例议处。[②]藩司为赶造征信册，只得出票催提省友前来会同核造。光绪十三年六月，省友禀报董志原分县县丞潘文镜，言：

> 奏销、征信各项册案，现在藩宪出票提厶，会同核造，逐日严催，逼迫甚殷，遵力婉恳，诚难延缓。厶若袖手，恐碍要公，拟应笔费，托房代造。奈屡肃禀，迄未奉示，不敢擅专……是否应费，托房代办，抑差房书来省订造，如何办理，路途遥远，往返匪易，均望速示。[③]

省友接到藩司票提，若袖手不管，有碍州县公务，故打算支应费用，托请房书代造。但一直未得到潘文镜的明确授意，故省友再次催问潘文镜，是请藩司书吏代办，还是自董志原分县差遣书吏来省核办。省友后来雇请书手入局赶造，所需字工费用待缮清册页、录获底册后按页计付，潘文镜同意支应数两银子作为藩司房费。省友表示征信册款目纷繁，寥寥数两不够打点各房书吏，请潘文镜追加费用。[④]八月下旬，省友再次禀称数两实难敷衍征信、奏销房费，拟向藩司书吏照案托办，按案付费。[⑤]潘文镜可能未同意省友提议的房费支付标准，十月中旬省友再次请示房费应给多少，并声明

---

① 《户部请行钱粮民欠征信册疏》，光绪十一年，载（清）王延熙、王树敏辑《皇朝道咸同光奏议》卷27《户政类・赋役》，清光绪二十八年石印本，第15页。

② 《户部请行钱粮民欠征信册疏》，光绪十一年，载（清）王延熙、王树敏辑《皇朝道咸同光奏议》卷27《户政类・赋役》，清光绪二十八年石印本，第16页。

③ 《董志潘草稿簿》，光绪十三年六月初九日，第33册，第15551—15552页。

④ 《董志潘草稿簿》，光绪十三年七月十九日，第33册，第15553—15554页。

⑤ 《董志潘草稿簿》，光绪十三年八月二十三日，第33册，第15555页。

“所需银钱,水落石出,久后自明,非书觊觎图利,辜负厚爱。诸望鉴原,是为至祷”①。

州县官为免除造报赍送征信册之烦,甚至会代垫民欠,报解全完。光绪十六年平番县门上苑雨亭与省友商量垫支民欠款项,报称钱粮征解全完。省友与藩司主管书吏商量,司书反馈“极其妥善,请即照办,以免造赍征信之烦”②。与州县官经常性地征多报少、以完作欠的官方说辞相比,这反映了州县钱粮征解过程中的另一种面相。只不过,民欠钱粮的垫支者,或是像平番县令一样的州县官,或是州县负责征粮的粮书、书吏人等。

州县官“垫欠报完”现象,是清朝钱粮征解考成、州县官动辄得咎的结果。清代地丁钱粮征解考成规定“经征州县官欠不及一分者停其升转,罚俸一年;欠一分者降职一级,欠二分者降职二级,欠三分者降职三级,欠四分者降职四级,以上俱令戴罪征收,欠五分以上者革职”③。将钱粮征解考成与州县官的仕途命运挂钩,迫使州县官为完成征解任务另想办法。而征信册造报限期与违限参罚制度,又使州县官多出一层拖累。

小　结

清代官僚体制运转的基础是文书的造报。作为政务运行基础

① 《董志潘草稿簿》,光绪十三年十月十二日,第33册,第15558—15559页。

② 《各友启事稿簿》,光绪十六年正月,第34册,第15894—15895页。

③ 《钦定吏部处分则例》卷23《户·催征》,载故宫博物院编《故宫珍本丛刊》,海口:海南出版社,2000年,第281册,第186页。

的文书制度，诸如奏折制度，各种册籍的造办、传递过程，反映了省级衙门的实际行政运作机制。省友以州县省务合法代理者的身份，凭借手中的州县空印册页及对司院各房经办书吏使费的应承和支付，经办州县事务。“使费”的应承与“空印册页”的使用，作为州县省事处理的关键环节，成为省友权力的延展来源。需要说明的是，这种“擅专”并非毫无限制。省友与司院书吏携手操持州县省事时，书吏会根据上宪的执政态度与关防严密程度而使相关事务在法律法规及各项省规所允许的范围内弹性延伸，省友在使费支付与钱粮领解方面不同程度地受到州县官的牵制。这将在本书最后一章具体论证。

第四章
省友与州县在省行政事务

第一节　省友与州县交代

清朝定例，官员更替时，必须将仓库钱粮盘查清晰，出具并无短少亏空印结，转交后任接收。后任州县官莅任之初，须依例盘查仓库，在限期内与前任交接完毕，造办好钱粮、驿站等交代册结，分别赍送藩臬两司，再由两司详转总督部院，经院咨报户、兵各部。学界既有州县交代研究，较多地集中在州县层面，对州县交代册在省级的审核和转详咨报流程语焉不详。[①]本章拟通过考察省友所记录的交代册核转流程，对该问题展开进一步探讨。

一、州县交代制度

1. 清朝交代律例

清制规定州县官到任后应在两个月内办理仓库、钱粮、驿站、

---

① 张研细致地解析了广东广宁知县杜凤治在县级层面的交代。参见张研：《清代县级政权控制乡村的具体考察——以同治年间广宁知县杜凤治日记为中心》，郑州：大象出版社，2011 年，第 104—116 页。

刑名等交接手续，称为州县交代或交盘。以钱粮交代为例，自新任州县官到任之日算起①，旧任官以20日为限完成移交，接任官限40日内查核仓库，造办钱粮交代文册，双方结状一起禀详藩司，由藩司查核造册，转详督抚，咨送户部。若州县交代迟延，由督抚查明迟延责任人，分别咨报参处，另行勒限交代。②

若当时交代不清，将来查出钱粮亏空，须由后任赔补。按照清代官员处分则例，司道府州县新旧官员交代时，"前官有侵欺透冒挪移垫解并拖欠未清等弊，署官、新官徇隐不行揭报，交代后如行察出者"，"将亏空之官照例革职治罪，接任官照徇隐亏空例革职，欠项照例赔补"。③

2. 光绪朝交代新章

为防止州县亏空，晚清时期户部屡颁交代新章。光绪六年户部明确要求州县官交代不清者，实缺人员不准到任，调署、候补人员不准委署他缺，也不准派委各项差使。④同时，户部严查州县交代，凡有征存未解款项，责令该管上司藩司、督抚勒限严提，以免积致巨额亏空。光绪十年以后州县交代，凡是已征未解银两全部解缴藩司，册内不准捏报存库；若册内有征存未解款，藩司、督抚当以交代未清奏参，并知照吏部。然而，光绪十年的前半年，甘肃30余

① "查交代例限，如代理人员应以札委监交之日起算，并不依接印日为始也。"《东乐草稿簿》，光绪十八年闰六月十六日，第35册，第16237—16239页。

② (清)于敏中等修:《钦定户部则例》卷22，载故宫博物院编《故宫珍本丛刊》第284册，海口:海南出版社，2000年，第188—189页。

③ 光绪朝《清会典事例》卷91《吏部七五・处分例》，北京:中华书局，1991年，第177页。

④ 光绪朝《清会典事例》卷174《户部二三・田赋》，北京:中华书局，1991年，第1218页。

案州县交代，征存未解各款又积至 3 万多两。户部奏请将督催不力的甘肃藩司、陕甘总督分别由吏部议处，并限令于光绪十年十一月以前，将各州县征存未解正杂各款全部提解司库，并开单报部查核；若各属有丝毫短解，即由藩司于十二月初旬照亏空例严参。①此即“甘肃省友禀稿信件簿”中屡次提及的州县交代时册内不准列造库储定案的来源。

3. 甘肃交代省例

(1) 交代清楚，方可请领款项

为防患于未然，甘肃省严提州县征存银两，严定交代限期。一方面，甘肃省于光绪六年设立交代局清查历年交代案件，严催光绪六年以后已征未解银两，州县官升迁补署日期按月造册，报部查核。另一方面，甘肃于光绪十年新定章程，按缺减季缓发州县应领廉俸工食银，俟年终盘查仓库无亏、州县交代结清后再为补发。②这与光绪七年碾伯县交代不清、虽经藩宪批示缓发养廉银而后任仍可托请领用相比③，甘肃交代新章对前任、后任一视同仁，交代清楚以前均不得领用，且以章程形式固定下来，有利于遏制州县交代不清所致的亏空。

因此，州县交代时，藩司会冻结所有应发款项。光绪十三年十

---

① 《奏参甘肃交代征存未解督催不力大员折》，光绪十年七月十二日，载马大正、吴丰培主编《清代新疆稀见奏牍汇编(同治、光绪、宣统朝卷)》中册，乌鲁木齐：新疆人民出版社，1996 年，第 708—709 页。

② (清)谭钟麟：《谭钟麟奏稿校注》，赵维玺标点、校注，长沙：岳麓书社，2023 年，第 264—265 页；《抚彝禀稿簿》，光绪十年四月廿三日、闰五月初三日，第 31 册，第 14662、14666 页。

③ 《碾伯公牍禀稿簿》，光绪七年三月十九日、五月初五日，第 29 册，第 13737—13738、13743—13746 页。

一月，高台县左寿源在下乡办理公务途中作古，夏季工料领款一概不发，原在省城等候领取的王爷只得空手而返。①

交代时若有亏项，则从前任应领款项中抵扣。光绪二十二年，巴燕戎格厅前任方传获有应交磨价银 200 两，自其驿站领款内抵扣外，尚应补银 67 两。②短亏碾粮 60 余石，藩宪从方传获的应领款项内按价折算清款。③若无领款可抵，在前任解清所有款项、后任完成交代册造报手续之前，一概压搁不发。光绪十一年七月，毛目分县前任常君亏空仓粮 400 余石，省友宋树森催促现任王梦龄赶紧设法办结，否则请领银两不能核发。④

甘肃推行减季缓发州县应领廉俸工食银，实寓查抵亏空、清厘交代之意。⑤光绪十三年化平厅交代，前任石君亏项以领款抵交。若不能全部抵扣亏项，省友嘱咐新任张彦笃及早禀揭，以免自己赔累。⑥甘肃交代新章在藩司发款环节的有力执行，起到抵扣州县交代亏项的作用。陕甘总督谭钟麟言："近日交代尝有未清款项，借此弥补者，颇著成效。"⑦

然而，州县交代解款未清、领款不发章程，也带来许多省级财政管理上的问题。一则，留支、盈余各款正解正领，先解后领。若州县官在任内偶有开支动用，必致解款不清，领款不发。二则，候

① 《宋克用信稿》，光绪十三年十一月，第 52 册，第 24526—24528 页。

② 《清水县草簿(巴燕戎格厅)》，光绪二十二年冬月初四日，第 33 册，第 15675 页。

③ 《清水县草簿(巴燕戎格厅)》，光绪二十二年冬月十七日，第 33 册，第 15677 页。

④ 《毛目分县稿簿》，光绪十一年七月初九日，第 33 册，第 15460 页。

⑤ 《宋克用信稿》，无日期，第 52 册，第 24593 页。

⑥ 《化平厅草簿》，光绪十三年二月十五日，第 33 册，第 15313—15314 页。

⑦ (清)谭钟麟：《谭钟麟奏稿校注》，赵维玺标点、校注，长沙：岳麓书社，2023 年，第 265 页。

补人员多有宿累，不能携银赴任，到任后为债务所迫，势必亏挪，轇轕永无了期。三则，州县官交卸以后，解款不解，领款不领，俟房费议定后，再备文正领正解，又增出许多弊混。这种情形，不独甘肃省如此，但以甘肃省尤为严重。①

（2）交代清楚，官员方准进省

甘肃杜绝亏空的另一章程是州县交代办理清楚后，卸任官员方准进省。②因此，省友在安排州县官进省后的住处时，多会询问州县交代是否结清，能否进省。③若有亏空，允许官员离开原任地方，赴他处筹措款项，不致坐处困城。④若州县亏空一直未能完缴，州县官会被撤任，调省追缴。⑤

4. 甘肃州县交代程序

黄六鸿称"新官受事，以交代为第一务，而惟钱谷为尤要"⑥。州县官上任后的首要事务是办理交代，包括诉讼卷宗、赋税簿册、书差卯册、银钱仓谷、监狱囚犯、衙署房屋器物，以及钱粮盗案未完案件、上司交办案件等，尤以钱粮、仓谷交代最为重要。

州县交代在两个层面进行。其一是在州县层面，即"将任内自行审理户婚、田土、钱债等项案件，黏连卷宗，钤盖印信，造入交盘册内，仍汇录印簿，摘取事由，照依年月，编号登记，注明经承姓名，

① （清）傅秉鉴编：《甘肃清理财政说明书》，载北京图书馆出版社影印室辑《清末民国财政史料辑刊》第19册，北京：北京图书馆出版社，2007年，第224页。
② 《宋克用信稿》，无日期，第52册，第24591页。
③ 《各友启事稿簿》，无日期（约为光绪十五年十月），第34册，第15849页。
④ 《宋克用信稿》，无日期，第52册，第24591页。
⑤ 光绪九年三月，伏羌县广沣被撤任，其任内亏空被调省追缴。参见《光绪朝法律公牍（宁朔县）》，光绪九年三月初七日，第51册，第24166页。
⑥ （清）黄六鸿：《福惠全书》，周保明点校，扬州：广陵书社，2018年，第56页。

随同卷宗交代。并将累任递交之案一并检齐，加具并无藏匿抽改甘结，交与接代之员"①。此处引光绪二十二年甘肃兰州府靖远县的驿马交代清册②，以兹为证：

兰州府靖远县造赍

接收过驿站倒马银两交代清册（钤"靖远县印"）

兰州府靖远县为清查交代（按：缺字）城驿例准贰分倒马银两，理合（按：缺字）核，须至册者

计开

卑前署县阮士惠自光绪贰拾壹年拾壹月初贰日到任起至贰拾贰年拾月初陆日卸事前壹日止。

岁额贰分倒马捌分，每匹例价银捌两，共银陆两肆钱。

旧管光绪贰拾壹年拾壹月初壹日止。

一接收前县刘　交代册造，共银玖钱陆分捌厘内。

一储未领光绪贰拾壹年拾壹月初贰日起至年底止倒马价银玖钱陆分捌厘。

新收

一收未领光绪贰拾贰年正月初壹日起至拾月初伍日止倒马价银肆两捌钱八分九厘。

开除

共除银伍两捌钱五分七厘

① 光绪朝《清会典事例》卷91《吏部七五·处分例》，北京：中华书局，1991年，第174页。

② 《靖远县驿站倒马银两交代清册》，载国家图书馆分馆编《清代边疆史料抄稿本汇编》第16册，北京：线装书局，2003年，第307—312页。

一除垫支未领光绪贰拾壹年拾壹月初贰日起至年底止倒马价银玖钱陆分捌厘

一除垫支未领光绪贰拾贰年正月初壹日起至拾月初伍日止倒马价银肆两捌钱八分九厘。

实在

无项

前件查前项垫支未领银两，应归卑前县自行请领还款，理合登明。

右具

册

光绪二十二年十月　日知县储英翰

其二是前后任州县官交代清楚后，报明上司查核。藩司、臬司作为司掌州县交代的职能部门，主管州县交代册结的审核；总督、巡抚主掌监督、咨部与参奏。州县交代册结在省城衙门的审核与咨转，需要省友居中运作。以化平厅交代册结的处理为例，省友先于光绪十三年（1887 年）正月二十六日禀称驿站交代册已经由道核转到臬司，二月初三日禀称驿站交代册办结送部，催促化平厅赶紧寄递已经违逾例限的钱粮交代册结。①三月初十日省友禀称化平厅钱粮交代册递达藩司，并按例向各房书吏应承使费，十五日化平厅钱粮交代册已由藩司转呈陕甘总督，将由总督部院咨送户部。②

① 《化平厅草簿》，光绪十三年正月廿六日、二月初三日，第 33 册，第 15311—15312 页。
② 《化平厅草簿》，光绪十三年三月初十日、十五日，第 33 册，第 15319 页。

二、碾伯钱粮交代案

通过回顾光绪七年甘肃碾伯县新任姚长龄与旧任杜世勋间的交代风波，可再现省友对州县交代的运作过程。光绪六年（1880年）年底，碾伯知县杜世勋署任年满，由新补知州姚长龄接署。[①]按规定，杜、姚两任应在两个月内完成所有交代事宜，并向藩司递交册结。

光绪七年（1881年）二月上旬，碾伯钱粮交代册送达藩司。宋树森随即赴藩司主管书房，托请书吏办理。该管书吏随即指出交代册中所有不妥和错讹之处。其一，碾伯县虽距省城路远，交代册也不至于20天方才到司，暗示碾伯县因交代迟延，倒填了日期。其二，前任杜世勋尚欠千余两草价银与千余石粮，均未列入交代册中。草价一项，杜世勋在任时不解缴，州县交代时又不移交新任，仅言自行解缴。短缴粮石一项只列有六七百石，亦与存案不符。其三，交代册中仅言自行就近解缴，与案不符。司书表示一定要驳回交代册，令杜世勋解缴清楚后，再重新造报、递呈交代册结。宋树森显然明白此中关节，当即托司书札令前任杜世勋将所欠之项如数交出，再由姚长龄重新更造交代册。[②]

宋树森正要禀告碾伯县姚长龄时，又接奉姚长龄正月二十八日签发的谕示。姚长龄具体如何指示，禀稿中没有细述，不过从后面的行文大概可以推测其是要蒙混办结。宋树森再次赴司房托请

---

① 《陕甘总督左宗棠奏为委署碾伯县等处知县各员事》，光绪六年十二月二十三日，录副奏片，档号：03-5154-111。

② 《碾伯公牍禀稿簿》，光绪七年二月初九日，第29册，第13725页。

书吏办理此事。司房书吏还是坚持先驳回文册，由碾伯县重新更造递呈，并索求丰厚的润笔费。宋树森提醒姚长龄，司驳文册大概于二月十五日前后发出。①

如此处理，姚长龄并不满意，册结往返重造，势必耽延时日，有可能违逾交代例限而被参处，故而希望以多许笔资的办法，请藩司房书不要驳回重造。宋树森接到姚长龄于二月十五日签发的手谕后，立即赴司房与本管书吏商议，自言："执谕苦告，多许笔资，援案勿驳。"房书称"此案乃系藩宪亲笔批驳，并非幕友议批"，况且已经饬令西宁府监督解缴，事已至此，很难再有回旋余地。宋树森见交代册被驳已成定局，于是转告姚长龄待司中批文发出后，他再同本管书吏商量后续事宜。②

按照光绪六年新定交代章程，若此次交代不清，前任杜世勋不仅不能署任他缺，而且也不能接委别项差使。③杜世勋此时同样十分着急。二月二十五日，他悄悄抵达省城兰州，开始托人在藩司运作，企图以自己名下东乐分县县丞应领旧款抵扣碾伯欠项。考虑到被批准的可能性不大，杜世勋打算亲自出面请求藩宪李慎帮助。在宋树森看来，杜世勋此举胜算不大，因为其在碾伯任上应领款项 1 500 两已逐股领清，而欠解银 1 200 多两却分毫未完。况且杜世勋在藩司所有未领款项仅有 200 余两，以之抵还欠项，可谓杯水车薪。此时恰值户部严催碾伯前任黄廷钟缴清欠款 500 余两，藩宪李慎便将杜、姚两员记过，驳回碾伯钱粮交代册，命令重新造办。

---

① 《碾伯公牍禀稿簿》，光绪七年二月初九日，第 29 册，第 13726 页。

② 《碾伯公牍禀稿簿》，光绪七年二月廿日，第 29 册，第 13727 页。

③ 光绪朝《清会典事例》卷 174《户部二三 · 田赋》，北京：中华书局，1991 年，第 1218 页。

尽管宋树森愿意多许笔资，以期免驳交代册，但司中书吏执意如初。宋树森只好禀请姚长龄亲赴西宁恳求道台和知府从中斡旋，自己也会在省城积极运作。①

二月三十日，碾伯县汪六爷抵达省城。②宋、汪两人议定，专托藩司幕友刘峄山帮办此案。此时恰逢李慎寿辰，两人置送头等寿烛一对、南酒两坛、庆腿四肘、万子寿炮、海参、鱼翅等寿礼。结果"各礼俱璧"，藩宪衙门"惟收门包廿四两，随封二两四钱，小费钱三千文"。③

三月初二日碾伯县吴席珍师爷抵达省城，带来银 50 两，还有碾伯县姚长龄的谕示。宋、汪商议，立即兑银 30 两，以交代笔费名义送给藩司主管书吏，承诺待全案办结后会再奉送余银 30 两。④然而，房友此时却拒绝收受这笔规费，理由如下：

> 此案交代颇有错误，鼎力周全，设法婉转，尚无头绪。杜令银两又无着落，若再挑剔，必受其害。无论如何设法，总要杜令交清方能无虞。书等同气连枝，交情甚厚，实非争论规费，又非捏词欺哄。现在催申杜令赶紧解交银两，又闻以旧抵新，尤无实底。公令森严，分文真不敢受，容俟办有头绪，再作商议。衣食砚田，曷敢推辞，坚意不收。惟有竭力尽心，婉为遮护，俟案就绪，再讨赏赐，旧规之外，加赔（倍）争讨，不惟书等祇领诚服，既我大老爷格外加增亦悦服也。⑤

① 《碾伯公牍禀稿簿》，光绪七年二月廿九日，第 29 册，第 13728—13729 页。
② 《碾伯公牍禀稿簿》，光绪七年三月初一日，第 29 册，第 13730 页。
③ 《碾伯公牍禀稿簿》，光绪七年三月初二日，第 29 册，第 13731—13732 页。
④ 《碾伯公牍禀稿簿》，光绪七年三月初三日，第 29 册，第 13732—13733 页。
⑤ 《碾伯公牍禀稿簿》，光绪七年三月初三日，第 29 册，第 13733 页。

房书的意思是，并不是他们计较规费多少而有意批驳此案，实因杜世勋应解银两尚无着落。在交代没有头绪的情况下，如果代为操作，最终反受其害。宋、汪两人以规费进行运作的想法落空。

杜世勋进省数日，除请中间人谈定三向藩司书吏商请以旧抵新外，再无进一步举动。宋树森深恐杜世勋逃脱干系，就请谈定三代为催促数次，但杜世勋置若罔闻。宋树森遂将请人代催杜世勋而无果一事告诉藩司书吏，司友也认为杜世勋是“应领之款，扫数全领，应解之项，分厘不解，祸心包藏，陷害新任”。宋树森遂请司友具稿请示上宪，批饬道、府，分头札催杜世勋照数解清欠款。三月初七日宋树森在给姚长龄禀信中说，札文已经发出，现在应当已经到达西宁。①

为答谢司书的帮助，加快交代进度，宋树森特意宴请藩司主管书吏，拜托他们从中斡旋。藩司主管书吏此时方才允诺“鼎力护庇，援案挑剔，分札催解，相机设法，清结交代，护免受累”。当然，本管书吏在索取交代规费的同时，也要求碾伯县结清旧欠藩司饭食、字工、纸张等银30余两。宋树森立即应承下来。随后，宋树森从吴席珍师爷带来的50两银中兑出30两，作为交代润笔费用交给司房书吏，并承诺等全案办结后会加倍奉送规费。②

藩司书吏没有食言，很快就将55本钱粮交代册驳回。宋树森告诉姚长龄：“此次交代已被其害，驳诘记过，托累非轻，务恳我父台电怀无徇，奉公爱已，逐款禀揭，切勿仍前护庇，几负重累。可见

① 《碾伯公牍禀稿簿》，光绪七年三月初七日，第29册，第13734页。

② 《碾伯公牍禀稿簿》，光绪七年五月初七日，第29册，第13734—13735页。

吉人天相，分毫不谬，尤请专求道宪，设法援办，赶急更造，专人赍省，书等商酌办理，方能妥善，想不致误，是为至祷。”宋树森建议姚长龄请求西宁道从中协助，抓紧时间更造交代册结，等事竣后派专人递送省城，再行商量办理。①

接下来宋树森着手运作碾伯交代展限事宜。按照定例，新任州县官当在接任后 40 天内咨报户部展限。此时姚长龄已接任半年，若据实由省中咨部请求展限，户部势必照驳不准。为此，宋树森向司中书吏支付 8 两使费，请他们通融办理。五月初三日藩宪李慎批准了碾伯县的展限文件，随即转到总督那里，再由总督咨文户部。宋树森叮嘱姚长龄让书吏赶紧造办好交代册，递送到省，同时还要准备好 20 余本空印册，以便司房书吏及时替换更正交代册中的不当之处。②

就在碾伯县因钱粮交代展限而稍可喘息时，姚长龄又接到藩宪催促前任解缴所欠税课、草价的札文，因此立即向宋树森发信质问原因。宋树森接信后，颇为惊骇，马上赶往司房问询。主管书吏均称不知此事，而且他们也并未行文催办，现在交代展限刚刚办好，只待交代册更造后递呈到案，即可办理。宋树森多方打听后，始知是前任杜世勋因欠缴草价，此时被逼迫缴清，心怀不满，遂“抱忿播弄藩司兵房捡案求疵，藉催草价，笼通（按：统）申催，彻底根究”。宋树森告诉姚令“责在何人，望祈暂搁，不碍于事”，请他安心赶造交代册递省，以免夜长梦多。③

---

① 《碾伯公牍禀稿簿》，光绪七年三月初十日，第 29 册，第 13735—13736 页。

② 《碾伯公牍禀稿簿》，光绪七年五月初五日，第 29 册，第 13744 页。

③ 《碾伯公牍禀稿簿》，光绪七年五月十四日，第 29 册，第 13747 页。

七月初八日，前任杜世勋终于缴清所有欠项①，碾伯钱粮交代有了突破性的进展。大概七月中下旬，碾伯县新造钱粮册递送到省。藩司兵房草价、杂料、课程科与户房之钱粮科书吏核查文册，更正册中错误之处，并重新抄录抽换，宋树森支付了司书核正文册时所产生的笔费。②交代册更正后，需要重新誊抄。宋树森就将抄写工作包给本房的小先生，并支付相应字工银。后面所要解决的问题是向课程科及交代书吏支付规费，以便书吏尽早将册结转呈上宪审批。③

八月初八日，核正后的交代册结由司详院，宋树森依照惯例，分别向院房书吏付银 20 两，给先生核册银 4 两。院房书吏当即出报碾伯县交代咨文。④八月二十六日，宋树森向姚长龄禀报钱粮交代已经办妥咨部，所需规费均已全部给清，同时将改换底册二本递呈姚长龄查阅存档。⑤所有钱粮交代程序至此终于完结。

碾伯钱粮交代风波，实因旧任杜世勋有应解欠项不还，卸任交代时又不将此款列入交代，只以就近解缴含糊其辞，而新任姚长龄"忠厚过甚，又系初任，易于朦蔽，愚弄出结"⑥。当藩司查出碾伯钱粮交代问题时，新任姚长龄怕违逾交代例限，委托省友宋树森在藩司运作，希望不要将交代册驳回重新更造。而此时正当清廷严肃

---

① 《碾伯公牍稟稿簿》，光绪七年七月初八日，第 29 册，第 13766 页。

② 《碾伯公牍稟稿簿》，光绪七年七月廿五日、闰七月初一日，第 29 册，第 13773—13774、13776—13777 页。

③ 《碾伯公牍稟稿簿》，光绪七年闰七月十三日，第 29 册，第 13781 页。

④ 《碾伯公牍稟稿簿》，光绪七年八月十一日，第 29 册，第 13793 页。

⑤ 《碾伯公牍稟稿簿》，光绪七年八月廿六日，第 29 册，第 13796—13797 页。

⑥ 《碾伯公牍稟稿簿》，光绪七年二月廿九日，第 29 册，第 13728—13729 页。

交代纲纪之时，藩宪李慎①又系由陕西延榆绥道初署布政使，办事小心翼翼②，坚持杜世勋解清欠款后方能办理交代事宜。于是宋树森运作的主题不再是如何含糊具结，而是请求藩司书吏札文杜世勋及早解清欠款，办理交代展限，并支付规费，使司院书吏及时将钱粮交代册禀详上宪，咨报户部。

三、毛目分县交代迟延案

部章对州县交代限期甚严，除正限两个月外，如再逾二限两个月，照例详揭奏参革职。署理毛目分县县丞王梦龄即因钱粮交代不清，被吏部议处革职。

光绪十一年四月，王梦龄到任毛目分县。因前任常县丞亏粮400余石，交代册屡被藩司驳回③，钱粮交代违逾二限。十一月，陕甘总督揭参毛目分县前后任县丞。④光绪十二年三月初，毛目分县钱粮交代册结由司详院，督院将在十五日前送部。⑤但此时距王梦龄接任已近一年之久，户部称前任常县丞已缴清亏空银两，毛目分县交代册造报迟延责在现任，应按例将现任县丞王梦龄革职。宋树森听闻后，“惊惶无地”，请司院诸友设法请求陕甘总督出咨开复，督宪于六月初八日咨文吏部，呈请开复。⑥

---

① 李慎，汉军正蓝旗，进士，光绪六年十二月升署甘肃布政使。参见宣统《甘肃新通志》卷52，清宣统元年刻本，第15页；《署理甘肃布政使李慎奏报接署藩篆日期恩事》，光绪六年十二月初三日，录副奏折，档号：03-5154-118。

② 《碾伯公牍禀稿簿》，光绪七年三月初二日，第29册，第13731页。

③ 《毛目分县稿簿》，光绪十一年七月初九日，第33册，第15460页；《董志潘草稿簿》，光绪十二年八月初八日，第33册，第15525页。

④ 《毛目分县稿簿》，光绪十一年冬月十一日、十四日，第33册，第15472—15474页。

⑤ 《毛目分县稿簿》，光绪十二年三月初七日，第33册，第15483页。

⑥ 《毛目分县稿簿》，光绪十二年六月初二日、十[illegible]日，第33册，第15490、15492页。

光绪十二年十一月，陕甘总督接到部文，不准开复，仍照前议革职。①宋树森恳请司院书吏“设法婉转，再为登达，咨请核销。毛目员缺，勿再委人，俟准开复，司院笔费从丰酬谢，容奉部覆，再为飞禀”②。十二月十六日，开复王梦龄交代迟延革职处分咨文再次经督院送出，宋树森向司院房友应承笔资，并提醒王梦龄早日汇兑部费，以免部吏挑剔。否则，“若再驳回，实难复请。事关非小，万勿迟延自误为要”③。

光绪十三年正月，王梦龄交代迟延处分，最终被吏部开复。宋树森“雀跃无地”，托房友赶紧转饬毛目分县，并抄录部文，呈送王梦龄阅看。④宋树森当即垫银 16 两，作为司院书吏运作该事的报酬。然而，令他料想不到的是，处于离任前夕的王梦龄竟然违背此前承诺，不准宋树森支付该费。宋树森很是为难，言：“捧诵之下，汗颜实深，使书反复，无语对人。司院房友均系同乡，俟驾抵省，面为质询，不难石出，祈勿厪念。”⑤

四、州县交代欠款运作

毛目分县王梦龄交代迟延革职处分，对甘肃官员起到一定的震慑作用。光绪十二年庄浪钱粮交代册，不仅款式不合、数目不对，而且将应解未解地丁银统以“库储”名目开列于交代册中，有违“交代册尾不准列造库储字样”这一部章。藩司驳回交代册，要

① 《毛目分县稿簿》，光绪十二年冬月初十日，第 33 册，第 15495 页。
② 《毛目分县稿簿》，光绪十二年冬月廿日，第 33 册，第 15495 页。
③ 《毛目分县稿簿》，光绪十二年十二月十六日，第 33 册，第 15498 页。
④ 《毛目分县稿簿》，光绪十三年新正廿六日，第 33 册，第 15500—15501 页。
⑤ 《毛目分县稿簿》，光绪十三年二月廿日，第 33 册，第 15502—15503 页。

求庄浪将列造“库储”银两如数缴清后，重新更造交代册结，再行详请办理。①

此处的“库储”，从字面意义可理解为“库中存储”。州县交代时往往将应解而未解银两统以“库储”名目列造于交代册尾，以掩饰亏空。此时户部新定章程要求“如有解款，无论何项，勒令缴清，再行造册”，即全部缴清应解款项后方能缔结交代册结，禀详藩司审核。省友虽然已与司房书吏商量妥当，支付更造交代册规费银16两、先生核册银4两，但房友称“交代册内列造库储，定干部诘”，“此项银两若不解清，交代册籍实难更造”。省友没有办法，只好暂时留下庄浪所寄空印册页，催促对方迅速解清应缴款项。②

此时的庄浪分县县丞潘文镜，已于七月初奉藩宪牌示署任董志原分县县丞，而庄浪任上的钱粮交代册却迟迟未能办结，于是责备省友“未应房费，致遭屡驳”。省友回信表示“蒙父台不弃庸愚，委理省务，遇有要事，自当鼎力讲求，设法办妥，以报万一，曷敢以些微小费，不肯措垫，致误大公”。问题的根源是庄浪分县县丞未将欠银解清。为此，省友请潘文镜早日解清欠银370余两，以便更造交代册。③

八月初，庄浪分县重新造报的钱粮交代册到达藩司，依然列造“库储”，司房书吏打算继续驳回重造。宋树森再次“惊惶无地”，拿出王梦龄的前车之鉴，劝诫潘文镜道：

窃查父台自三月二十一日到任起，应除正限两个月，又除

① 《董志潘草稿簿》，光绪十二年六月十二日，第33册，第15516页。

② 《董志潘草稿簿》，光绪十二年七月廿一日，第33册，第15520—15521页。

③ 《董志潘草稿簿》，光绪十二年七月廿九日，第33册，第15522—15524页。

> 程限廿天，统应扣至六月十一日为满。又自六月十一日至八月十一止，已逾二限。照例详揭，应议革职。书托房友，应给小费，力为援护，尚未详揭。若再驳更，往返需延，获咎愈得。筹处（按：踌躇）至再，托恳司友，从丰应费，鼎力婉转，应解交代库（储）共银三百七十七（两）零，除以春季领款设法作抵，并将前解过接征地丁银五十余两改收清款外，不敷若干，另文催解，即将交代实在项下，照依定章，列造无项，赶紧更妥，速为详咨，免干例议。书商房友，鼎力核办，容俟妥善，即当飞陈。①

囿于潘文镜已逾交代二限，有被参革职的可能，若再任司房书吏驳回交代册，追解"库储"款项、重造新册，势必违限议处。宋树森从丰应费，托请司房书吏用董志原春季领款120余两、已解接征地丁银50余两来抵扣，不敷银200余两，"房友设法婉回藩宪，暂于司库闲款借支，另文催缴，再为还款"。董志原钱粮交代册，在藩司房友的鼎力帮助下，于八月十四日由司详院咨部。②

董志原交代终如部章要求在"二限"内交代完毕，使潘文镜免受违限革职处分，但未能达到部章不准列造"库储"、清厘交代亏空的初衷，反而滋生出先从藩库借银垫交，再另文催解的弊端。③随后，藩司屡次催解这200余两欠款，潘文镜一直未能及时完解。省友又请房友暂缓催解，俟来年春季再为措缴，并向潘文镜汇报，"此事宜系书万不得已，因敢擅专"，"伏望鉴原宽宥是祷"。④

① 《董志潘草稿簿》，光绪十二年八月八日，第33册，第15525—15526页。
② 《董志潘草稿簿》，光绪十二年八月二十日，第33册，第15526—15527页。
③ 《董志潘草稿簿》，光绪十二年八月二十日，第33册，第15526—15527页。
④ 《董志潘草稿簿》，光绪十二年冬月廿五日，第33册，第15536—15537页。

来年正月，藩司书吏造办拨册时，再次催解此项欠款，并言："此项银两，前办交代，恐被部驳，列造已解。现造拨册，迫不及待，若不缴清，照例开揭"，再加上藩宪公令綦严，司院书吏表示"不敢担承"。省友再次支付8两银子，请司房书吏于拨册案内捏造已收，暂为掩饰，未揭参县丞潘文镜。事后，省友提醒潘文镜及早清偿藩司库款，以免司房与藩宪频繁催解。[①]二月，藩宪派员前往东南各州县提催未解银两，也许是慑于藩宪派员提催的威势，潘文镜应该是解清了该款。[②]

通过庄浪钱粮交代可以看出，省友虽然未能以应承使费的方法使藩司书吏违逾交代册结"不许列造库储"部章，却可以靠支应使费使庄浪分县县丞免受违限揭参处分，并成功挪用藩司闲款银200余两垫抵庄浪应解"库储"银两；第二年藩司造办拨册时，省友再次以支应使费的办法请司房书吏于拨册内捏造该项欠款全部完交。官僚政治中的官员交情，似乎使藩宪在严苛的部章与属员情谊中选择了同寅情谊；司房书吏也在法令则例与使费陋规中选择了规费。规费与同寅情谊，使省友与司房书史共同协作，协助州县官瞒天过海。

这种瞒天过海，暂时帮助州县官渡过交代难关，但其消极影响不容小觑。对州县官个人来讲，若将来不能及时还款，难免被参革职，殃及子孙赔补。例如，王开甲署理正宁县任时亏空地丁正杂库平银1 667.404两，又亏挪常平市斗小麦41石有余，仍得以署理清

① 《董志潘草稿簿》，光绪十三年正月廿二日，第33册，第15540—15541页。
② 《董志潘草稿簿》，光绪十三年二月廿日、二十日，第33册，第15542—15543页。

水县，后因逾限未缴而被参革职，并由湖北巡抚在其原籍武昌县查抄监追①。对国家财政来讲，则意味着新亏不断。

第二节　省友与州县的钱粮领解

一、州县钱粮的解缴

州县向藩库呈解钱粮时，需准备文批，“其批两牒相连，各填年款银数。两牒之间，填注号数”。差役解银到省，先将批文投送巡抚衙门挂号。巡抚衙门将连批截存一张，另外一张发给藩司。“该司照批收明，出给实收及原批，呈巡抚衙门销号。巡抚（衙门）合批相符，发回州县存据。”②

甘肃州县专差押解钱粮到省，省友一般会协同解差赴总督部院呈投解银文批。待藩司收库完毕，省友再将所发批回呈缴州县官，禀明钱粮缴库过程中所产生的各项用度。光绪十二年三月，化平厅向藩司解缴接征地丁银 121.68 两，短平银、库书小费、投文扯批等共用银 7.45 两，先由宋树森垫支。③

1. 解缴地丁银

甘肃每年额征地丁银 28 万两，除各属坐支外，应起解藩库银 17 万两有余。唯地方瘠苦，地丁银从来不能如额征足，每年解司不

① 《陕甘总督崧蕃奏报查抄亏空地丁等项银两之已故前署正宁县知县王开甲原籍家产》，光绪二十九年四月二十日（朱批日期），军机处档，编号：156847。

② （清）于敏中等修：《钦定户部则例》卷 12《田赋・征解下》，载故宫博物院编《故宫珍本丛刊》第 284 册，海口：海南出版社，2000 年，第 120 页。

③ 《化平厅草簿》，光绪十二年三月初二日，第 33 册，第 15318 页。

过十二三万两。①甘肃省下忙钱粮，限于十二月底全数解清。若州县禀报正项已完成征收但未解至藩库，州县官依然会被藩宪奏参。光绪十一年十月二十五日，甘肃藩司谭继洵开参一批已报未解州县官，涉及州县包括：阶州直隶州未解银 1 005.978 两，泾州直隶州未解银 43.295 两；化平厅 23.051 两；皋兰县 1.85 两，陇西县 5.424 两，平凉县 44.55 两，静宁州 112.603 两，华亭县 1 429.159 两，安化县 802.965 两，宁州 2 076.612 6 两，合水县 620.500 3 两，环县 88.053 8 两，董志原分县 252.592 4 两，宁朔县 196.661 两，灵州 14.5 两，宁灵厅 140.329 2 两，花马池分州1.536 两，文县 22.733 两，成县 80.543 两，西固州 6.134 两，崇信县 517.45 两，镇原县 1 194.095 两，硝河城州 201.778 两，以上共未解银 8 882.393 3 两。户部拟照征收正项钱粮延缓不解违限半年以上例议处相关州县官。②除阶州直隶州、宁州、华亭县数额较巨外，其他州县多为几百两。皋兰县仅 1.85 两、花马池分州 1.536 两。数量实属微小，因此得咎，颇为不值。

为此，州县一般会及时解缴地丁正赋。地丁正赋较多州县，会直接派人运钱至省城兰州缴纳。狄道州每年有 9 679 两的地丁银征解额，民间习惯以钱完税，狄道州解缴藩库时需换银缴纳。光绪十八年闰六月，狄道州李爷押运一批钱到省，除交天顺和号兑换外，另由其他铺号兑换 562.5 两，会同省友兑存库房银 560 两。③次

---

① (清)张集馨：《道咸宦海见闻录》，杜春和、张秀清整理，北京：中华书局，1981 年，第 209—210 页。

② 《户部陕西司奏稿》，载马大正、吴丰培主编《清代新疆稀见奏牍汇编(同治、光绪、宣统朝卷)》中册，乌鲁木齐市：新疆人民出版社，1997 年，第 842—843 页。

③ 《狄道草稿簿》，光绪十八年闰六月十四日，第 17 册，第 221 页。

日，省友禀报地丁各项均已缴清，并呈上批回，以便狄道州备案查考。①

地丁钱粮较少州县，会用藩司核发的廉俸工食银抵扣应解钱粮。化平厅应征地丁银 1 135.043 两②，即采取押解、借贷、廉俸抵扣相结合的方式解缴。其中，张大爷带来现银 200 两，向钱铺借银 300 两，领获去年秋冬两季廉工等项银 350 余两，凑银 850 余两缴库。③

若州县在解缴期限内筹措不到足够的款项来完缴地丁银，省友可以托请司房书吏提前核发应领廉俸工食银，用以抵扣应解地丁银差额。化平厅光绪十三年秋地丁银，除陈爷运来银 280 两外，宋树森又从藩司领获化平厅夏季廉俸银 100 余两，但用来添缴地丁银还差很多。宋树森打算向商铺借银垫交，但“街道清苦，张罗无出”，他正发愁时，化平厅寄来秋季文领，他接到后非常高兴，化平厅地丁银终于有着落了。只是秋季领款还未到发放之时，宋树森便与司房书吏商量，请他们“婉转具稿，申恳藩宪核发领解，托房援办，勿再催提”。九月十三日，宋树森如愿领到秋季各项发款，当堂将地丁银解缴清楚，扯得库收与批回，交给化平厅陈爷带回。④州县用藩司发款来抵扣应解款项的做法，可省去解银开支，不失为一种便宜之举。

---

① 《狄道草稿簿》，光绪十八年闰六月十五日，第 17 册，第 222 页。

② （清）傅秉鉴编：《甘肃清理财政说明书》，载北京图书馆出版社影印室辑《清末民国财政史料辑刊》第 19 册，北京：北京图书馆出版社，2007 年，第 135 页。

③ 《化平厅草簿》，光绪十七年二月十八日，第 33 册，第 15432　15433 页。

④ 《化平厅草簿》，光绪十三年七月廿六日、八月十九日、九月十四日，第 33 册，第 15334、15336、15338 页。

为在限期内完成地丁银解缴，省友甚至会请藩司书吏以州县应领未发廉俸工食银预作抵扣。光绪十六年三月，藩司截数造办地丁下忙册，急如星火。化平厅张彦笃本拟在领获冬季、春季发款后再为抵解，省友表示：

> 下忙银两，目下适至造办忙册，刻难延缓。若候领款，必致迟误。遵商司管，书具差禀，解缴现银弍百九十余两，嘱援收库。余欠银两，应许笔资，托房担承，于忙册内极力设法列造全解，免干部议。俟领款核发，即日随堂扫数领缴，以清库款。书力催办，不致有误。容俟清结，再为细禀。①

从清代钱粮奏销程序来讲，藩司应在收到州县全部实解银两后，方能开报完解。化平厅省友托请藩司书吏虚捏解缴的做法，有违地丁银解缴规制。然而，化平厅有应领款项担保，使藩司书吏敢于忙册内开列全部完解，完成忙册造报任务。至于忙册中虚列的余欠地丁银，四月二十九日藩司核发化平厅冬季、春季款项时，省友当即托请司房书吏核办，当堂扣缴收清，并扯获批回、库收3张②，兑现了化平厅以领款抵扣光绪十五年地丁银的承诺。

州县官以藩司应领款项划扣应解钱粮的做法，在司库空虚、发款困难时，则使藩司很是为难。道咸年间两度出任甘肃布政使的张集馨分析道："若司中批驳不准，则奏销误限，处分綦严；若概行允准，则银不入库，抵兑归款，司库益虚。"③为此，有些藩司坚持领

① 《化平厅草簿》，光绪十六年四月初六日，第33册，第15406—15407页。
② 《化平厅草簿》，光绪十六年五月初十日，第33册，第15410—15411页。
③ (清)张集馨：《道咸宦海见闻录》，杜春和、张秀清整理，北京：中华书局，1981年，第210页。

解分离，应解款项缴清后方准投递解文。光绪十六年八月，化平厅派陈爷护运地丁银至省，拟再搭配藩司应领款项，完成钱粮解缴。省友同陈爷一起前往投文解缴，但库书坚持银款如数解清后方准投文缴纳。这是因为当年四月新任布政使张岳年上任①，要求“各处解款批载若干，必仅将银如数缴清方准投文”。此次运解之项，必须等领款发下后才能统收。省友禀报已投文请领应发款项，等藩司核准发下后，当即解缴地丁银。②八月二十三日，省友禀报请领各款可能于二十六日核发，地丁银大约可在二十九日收库。③九月九日，省友禀报化平厅地丁银两已经收清，并扯获批回。④

清制州县官养廉银，向来只准抵扣杂项。⑤甘肃州县官以养廉银来抵扣应解正款的做法，虽然不完全合乎制度要求，但可省去偏远州县运解地丁银两的脚价支出，又可以保障正款按期征解到库，倒不失为一种变通办法。

2. 解缴粮价银

甘肃西北各州县全部征粮，民间用粮完税，州县官征得粮食后再粜卖为银⑥，所得粮价银需解藩司。狄道州应征正粮仓斗粮

---

① 光绪十五年十二月二日，安徽按察使张岳年被调任为甘肃布政使。光绪十六年四月，甘肃布政使张岳年奏报到任。参见《德宗景皇帝实录》卷278，光绪十五年十二月初二日，第708页；《甘肃布政使张岳年奏报到任日期事》，光绪十六年四月十一日，录副奏折，档号：03-5264-093。

② 《化平厅草簿》，光绪十六年八月初七日，第33册，第15416—15417页。

③ 《化平厅草簿》，光绪十六年八月廿三日，第33册，第15419页。

④ 《化平厅草簿》，光绪十六年九月九日，第33册，第15419页。

⑤ （清）胡林翼：《胡林翼集》第2册，胡渐逵等校点，长沙：岳麓书社，2008年，第887页。

⑥ （清）傅秉鉴编：《甘肃清理财政说明书》，载北京图书馆出版社影印室辑《清末民国财政史料辑刊》第18册，北京：北京图书馆出版社，2007年，第211页。

4 866 余石[①]，也需将粮食变卖，以粮价银解缴藩司。光绪十八年六月下旬，狄道州李爷带来粮价银 1 000 两，与省友一同前往兑交。[②]七月初，狄道州已向藩库缴纳粮价银 3 000 两，又派张爷运钱至省，由协同庆号换解粮价银 1 340 余两。[③]这些粮价银应属“粜价报拨内销之款”[④]，年底时狄道州需循例办理粮价报销事宜。[⑤]

二、廉俸工食银的领取

省友对州县廉俸工食银的领取较为积极主动。这可视为省友履行其职责的表现，但省友也有以领款抵扣其代垫州县官省城债务的考虑。[⑥]

1. 代领州县廉俸工食银

甘肃廉俸工食银，按季发放。其发放程序是先由州县官造办发放详册，申报藩司，藩司核验无误后支发。州县官派人赴司领银时，需准备印领二张、钤用骑缝印信一张、随文申送一张，即常言之“文领”。藩司核实款额相符，按款给发。[⑦]这说明，藩司发款时认

① （清）傅秉鉴编：《甘肃清理财政说明书》，载北京图书馆出版社影印室辑《清末民国财政史料辑刊》第 19 册，北京：北京图书馆出版社，2007 年，第 97 页。

② 《狄道草稿簿》，光绪十八年六月廿五日、闰六月初二日，第 17 册，第 215、217—218 页。

③ 《狄道草稿簿》，光绪十八年七月十九日，第 17 册，第 225、227 页。

④ （清）傅秉鉴编：《甘肃清理财政说明书》，载北京图书馆出版社影印室辑《清末民国财政史料辑刊》第 19 册，北京：北京图书馆出版社，2007 年，第 54 页。

⑤ 《狄道草稿簿》，光绪十八年腊月初四日，第 17 册，第 248 页。

⑥ 州县官在省事务的各项支出，诸如采买物品、使费陋规等，多由省友垫付，省友会从廉俸工食银及其他领款中划扣。

⑦ （清）董恂等纂修：《户部则例》卷 11《库藏 · 藩库出纳》，清同治十三年刻本，第 14 页。

“文领”而不认领银之人。无论是州县派差赴省领取，抑或在省城托人领取，只要执持州县钤印“文领”便可。因甘肃省域较广、州县距省城兰州较远，州县省友在省城代领州县钱款的现象比较常见。

每当藩司将要核发廉俸工食银时，省友会事先向州县官索要文领或空印册页，以便从省城代为领取。针对光绪十一年丹噶尔分府夏季廉俸、工食各项领款，省友宋树森先于六月十三日发信请求对方“赐寄文领，或掷空印，由省托办，照缮投领，抄录底稿，呈案备考”①。六月底，丹噶尔分府绍翁少爷赴省采办海菜等生活用品时，捎来两份文领，宋树森遂于七月初三日呈投，于七月下旬领获各款银共计二百三四十两。②

此次宋树森代领丹噶尔分府廉俸工食银，是按前述《户部则例》的要求，即由丹噶尔分府查明应领廉俸工食银数额，造办文领，由省友从省城代为领取。值得注意的是，宋树森所述“或掷空印，由省托办，照缮投领”，亦非无稽之谈。州县申领廉俸工食银时，或不清楚应领具体数额③，或因造送文领额与藩司应支额不一致而被驳回，或因不明白支领新章而用错文领，致使无法如期领款。这些问题，最终仍需省友出面解决。省友或请藩司书吏查明应领确切数目，若手头有州县的空印册页，可按藩司要求重新缮写文领。

光绪六年甘肃布政使杨昌濬护理陕甘总督，饬令各属廉俸工食银由总督部院挂领，再由藩司核发。州县领取廉工银时需准备3

① 《丹噶尔分府禀稿簿》，光绪十一年六月十三日，第33册，第15295页。

② 《丹噶尔分府禀稿簿》，光绪十一年六月廿八日、七月二十八日，第33册，第15296、15298页。

③ 光绪七年，宋树森托藩司书吏查核陇西县军兴以来应领津贴，禀请陕甘总督批发支领。参见《陇西信件簿》，光绪七年九月初八、十二日，第29册，第13847页。

张领子，并另备堂款 1 张。[①]宁朔县向藩司领取马价银时，所寄文领页数不够，又漏盖一个印章，藩司书吏坚持索要 4 张领页方能发款。省友只得向司房书吏通融 2 两银子，补送 3 张空印文结，抽换掉原来的印领，方才领得马价银。[②]

若手头无空印册页，省友则需将州县文领发回更换，势必会导致领款时间迟延。光绪十七年二月，狄道州各项文领径直送达藩司。按照最新发款章程，详文均须由陕甘总督部院验挂至藩司，方能核发。若径送藩司，定遭批驳。省友“拟将请领张掖文领递呈更换，奈恐往返有需时日，踌躇至再，遵将衔姓剜补妥协，昨已分投院司矣”，并表示一旦核发，即开列实领细账，飞禀狄道州查考。[③]对省友来讲，与其因州县官寄错文领，徒增文牍往来之繁，不若直接向他寄送空印文册，由他请藩司书吏查明应领数目后随即照数抄写、投送为便。[④]当然，为释州县官之疑，也便于将来与其对账，宋树森会抄录代领底稿，禀呈州县官查考。

若藩司书吏发款错误，省友也顺势付费摆平，将错就错。按照养廉银支领定章，本员接到吏部覆文之日起，方能支食全廉。平凉县高心伯准支全廉部文于光绪十四年七月初旬方能到达平凉。但因藩司主管书吏的疏忽，藩司自光绪十四年四月初二日起便核发高心伯全廉，在交代奏销册内也如此造报。直到高心伯卸任交代文册送省审核时，“该书自行臆悟，拟将所领之数另行更改”。省友

---

① 《碾伯公牍禀稿簿》，光绪七年三月初一日，第 29 册，第 13730 页。

② 《光绪朝法律公牍（宁朔县）》，光绪九年四月十四日，第 51 册，第 24169 页。

③ 《狄道草稿簿》，光绪十七年二月十五日，第 17 册，第 103—104 页。

④ “典史俸工，请赐空白文领一套，以便由省就近缮办，庶免错异，徒劳案牍。”《高台县禀稿簿》，光绪十八年六月初七日，第 17 册，第 421 页。

听说后，另外承诺费用，方寝其事，但他也为此番操作会对主管书吏带来的影响感到惴惴不安，他对平凉县账房侯滋斋言："恐将来部驳下来，未悉该房何以御之，令人代渠担忧，此辈亦觉可怜。"①

2. 代领州县工料银

州县工料银两，例由藩司核发，后因左宗棠西征而改为粮台核发。左宗棠考虑到行营无定所，在西安设立西征粮台，负责一切收支报销事务。光绪六年十二月，左宗棠奉命入京，途经兰州时与护理陕甘总督杨昌濬商量，将兰州支应局改为新疆甘肃总粮台，委托司、道经理，杨昌濬负责核办奏、咨事务。光绪七年以后，由兰州总粮台办理报销事务。②光绪七年至八年，州县工料银由粮台核发。③州县官领取工料银两时，查明应支数额，备具文领，照原额实数详文请领，由臬司挂领。④经臬司房书核实后，臬司详文陕甘总督，陕甘总督再转饬藩司下属的新疆粮台核发，挂牌饬领。从呈领至领获，需要半个月时间。离省城较近的碾伯县，虽可趁遣差至省城采办物料时携来文领，但若专程差人在省城等候领取，花费很大，因此多由省友代领，领取后再转交碾伯县。⑤

光绪九年春，甘肃改行新章，工料银拟由藩司查案核发。⑥但各宪集议数次，迟迟未能议定工料银领取新章，拟待陕甘总督奉到部

---

① 《各友启事稿簿》，光绪十五年十二月廿五日，第34册，第15887—15889页。

② （清）谭钟麟：《谭钟麟奏稿校注》，赵维玺标点、校注，长沙：岳麓书社，2023年，第197—198页。光绪九年四月十二日，粮台开列关内七、八两年实在支发款项共计24条，呈请陕甘总督奏报。参见（清）谭钟麟：《谭钟麟奏稿校注》，赵维玺标点、校注，长沙：岳麓书社，2023年，第205—206页。

③ 《碾伯公牍禀稿簿》，光绪七年冬月十五日，第29册，第13809页。

④ 《光绪朝法律公牍（宁朔县）》，光绪九年新正十八日，第51册，第24152页。

⑤ 《碾伯公牍禀稿簿》，光绪七年闰七月廿日，第29册，第13783页。

⑥ 《光绪朝法律公牍（宁朔县）》，光绪九年正月二十六日，第51册，第24155—24156页。

文，再行核发。而此时节届端午，各债逼迫，现任州县官具文请自藩司借领工料银，省友也随众借领。①

光绪九年十月，甘肃工料银领取新章要求州县据夫马数额，按日计算，按季支领：

工料领项，定有新章。每夫一名喂马二匹，双月支粮，单月支银一两。每马一匹，日支草料银七分。按时摊算，按季支领。请领银两亦有定期，春季领款四月十三日发，夏季领款七月十三日发，秋季领项十月十三日发，冬季领项腊月十三日方能核发。②

即夫马工料银标准为每夫喂马二匹，每日支银 3 分，每匹马每日支草料银 7 分。③定于四月、七月、十月、十二月的十三日发放。

州县官详请补发上年工料银，必须做到年终仓库盘查无亏，并由本道府出具无亏印结④，否则会遭藩司批驳不准。光绪十七年春，藩司札催高台县领取上年秋冬工料银。省友猜想必无滞碍，投文领取，由院验挂到司。可能因为年终库款盘查不清，或者道府盘查印结未到，藩宪照章批示缓发。省友与藩司主管书吏商量再三，决定如此办理：

欣值草价业经缴清，尚未入库，遵托缓收，即以请领工料耑解草价各情措词拟稿，敝处获用剩印文一件，缮投托办，极

① 《光绪朝法律公牍（宁朔县）》，光绪九年四月廿二日，第 51 册，第 24171—24172 页。
② 《抚彝稟稿簿》，光绪九年十月初四日，第 31 册，第 14633—14634 页。
③ 《抚彝稟稿簿》，光绪九年十一月廿二日，第 31 册，第 14641—14642 页。
④ （清）谭钟麟：《谭钟麟奏稿校注》，赵维玺标点、校注，长沙：岳麓书社，2023 年，第 264—265 页；《抚彝稟稿簿》，光绪十年四月廿三日、闰五月初三日，第 31 册，第 14662、14666 页。

> 力援承，幸已办准，于月之初六日始蒙核发，计除扣小费外，实剩银一千九百三拾余两，即同段师爷以库平原封银一千九百两外，汇费五两，兑交协同庆号，嘱速汇甘，由署往取，但请签派妥人，殊免贻误为要。所解草价于工料领获后，业于十三日催办收库矣。缘因措词办领工料，收期稍延，实非有意延搁也。诸希原鉴为叩。取获批回及协号收函，均交段师爷加函附呈……到请收当（按：档）。①

为领取高台县十六年秋季、冬季工料银，省友特意延搁草价银的入库时间，以请领工料银解缴草价银为托词，重新投文领取，如愿获批。领取工料银后，省友方催办草价银收库之事。

光绪十九年春，省友领取高台县工料银时，又因本道盘查印结没有赍送到司，藩司批示缓发。省友与司房书吏故技重演，商请高台县赐寄空印详文一套，“仿照前年办过之法”，即以工料领银抵解高台县应解草价银的办法，“措词拟稿，就近缮办”。②

省友托词婉领高台县工料银案例，说明甘肃廉俸银、工料银请领新章虽然得到藩司的认真执行，但若州县有应解款项急待领款抵解时，藩司会顾及库款按时收解的现实需要，在府道盘查印结尚未送到时，准许州县“违章”领取工料银。

省友代领廉工银后，应将银款转交州县官。若不直接转交，应遵州县官旨意支配银款。光绪七年四月宋树森代碾伯县令姚长龄领获光绪六年冬季养廉银 70.8 两，交给皮货陈掌柜银 50 两、酒房李

---

① 《高台县禀稿簿》，光绪十七年三月十四日，第 17 册，第 373—374 页。

② 《高台县禀稿簿》，光绪十九年四月初七日、五月初三日，第 17 册，第 454、455—456 页。

先生银15两、碾伯县汪六爷用银5两，仅余0.8两；领获春季工料银339.238两，支出旧日规费60两、房费24两、小花费3两、驿站交代费30两，实存银约220两。①

第三节　省友与州县工程款的申请和奏销

一、化平厅工程款项的申报

就化平厅工程禀修而言，省友宋树森先是利用藩司饬令州县采买粮食、估修仓廒的机会，为化平厅申请到一笔仓廒兴修费用，随之又以减少工程项目数量的办法，为化平厅争取到文庙兴修工费。

1. 化平厅仓廒禀修案

光绪十三年（1887年）四月，藩宪谭继洵②饬令各厅州县采买粮食，并称若粮仓不够用或者需要维修，可以禀请拨款兴修。宋树森得知消息，立即向化平厅禀告，称化平仓廒本来不多且年久失修，若继续采买粮食恐怕难以存储，建议化平厅向藩司禀请拨款七八百两作为仓廒修理费用。同时，他在省城请藩司各房书吏大力协助办理。若能办成，于公于私均有好处。③五月底，此事已在藩司

---

① 《碾伯公牍禀稿簿》，光绪七年四月廿三日，第29册，第13740页。

② 谭继洵，湖南浏阳人，进士，光绪九年正月下旬出任甘肃按察使，光绪十年十月二十六日转任甘肃布政使。参见宣统《甘肃新通志》卷52，清宣统元年刻本，第18页；《署理甘肃按察使谭继洵奏报接署臬篆日期谢恩事》，光绪九年正月二十五日，录副奏折，档号：03-5176-077；《甘肃布政使谭继洵奏为奉旨补授甘肃布政使谢恩吁请陛见事》，光绪十年十月二十六日，录副奏折，档号：03-5190-075。

③ 《化平厅草簿》，光绪十三年闰四月十七日，第33册，第15326—15327页。

房友层面商妥,书吏要求工程款每发银百两划扣 6 两,作为他们筹办笔费。①

六月上旬,化平厅请修仓廒册由藩司照案禀详陕甘总督审批,宋树森托请总督部院书吏照案具稿,全数核准。不料陕甘总督谭钟麟阅册时,见估报银两过多,批令藩司核查是否浮冒。宋树森同司房各友商议,让化平厅拿到批文后,仍按上次所估银数呈报,他再托请房书相机办理。宋树森向各书吏许诺,若能照原数核准批发,可以多支规费。②

从后面的记载来看,宋树森并未如愿。事实上,该事的运作也是一波三折。光绪十三年九月底,化平厅新造请修仓廒册因不合规式而被驳回重新造办。③十一月中旬,化平厅办妥稿册、正拟缮誊之际,得知别县仓廒禀修册到省,上司以冬季天寒难以动工为由,令缓至来年春天再议。宋树森禀知化平厅,现在若继续呈投稿册也只是徒劳公牍、无济于事,建议明年春天再投文禀请兴修。④光绪十四年(1888年)开春后,宋树森如约将禀修册稿投呈藩司⑤,与房友商量后,酌量核减所报数目,并"绘具图说",请求拨款兴修。最终批拨下来工款银 394 两,仅为最初预估的一半。化平厅为此支出的笔费有:每百两支给藩司与总督两处书吏笔费银共 10 两,另有贴书缮写文册笔资银 2 两、院房办准由平凉厘局拨银笔费银 6 两。⑥总共费银

① 《化平厅草簿》,光绪十三年五月卅日,第 33 册,第 15328 页。
② 《化平厅草簿》,光绪十三年六月十二日、光绪十三年巧月廿日,第 33 册,第 15330、15333—15334 页。
③ 《化平厅草簿》,光绪十三年九月卅日,第 33 册,第 15339—15340 页。
④ 《化平厅草簿》,光绪十三年十一月十三日,第 33 册,第 15342 页。
⑤ 《化平厅草簿》,光绪十四年二月初七日,第 33 册,第 15346 页。
⑥ 《化平厅草簿》,光绪十四年四月十四日,第 33 册,第 15349 页。

47.4 两，占工程总款的 12.03%。

仓廒禀修案尚未办结时，化平厅又禀请兴修城垣，陕甘总督谭钟麟没有批准。宋树森极力追问，院房书吏才告以库款支绌，无款可动。无奈之下，宋树森与房书商量，看能否先由该厅自己筹措经费，不足部分再请藩库拨补。为减轻地方筹措资金的负担，宋树森让化平厅从宽估报城垣工程费。①宋树森的方案是有效的。十一月十四日，化平厅请修城垣文册到达省城，藩司批示先由道勘估，造办工程估册。至于所需工料银 700 余两如何筹拨，须待估册到案后，再行商办。此次城垣请修，恰逢各属城工停止之时，若非自筹经费，实在难以获得批准。②

2. 化平厅文庙估修案

与此同时，化平厅再添文庙工程。光绪十五年(1889 年)二月，化平厅请修城垣案由平庆泾固化道递转藩司，该道批示城垣与文庙两项工程到底何项应该缓修，由藩司定夺。宋树森从司房书吏处得知，在甘肃全省工程停止之时，化平厅城垣和文庙同时禀请兴修，约需银千余两，难被核准。况且工程动支钱粮 500 两以上，还需奏报工部核批。了解到这些信息后，宋树森建议化平厅将城垣和文庙分开估修，每项工料估报费用不要超过 500 两，至于选修何项工程，由化平厅决定。③

化平厅采纳宋树森建议，于四月中旬禀准缓修城垣，先修文庙。④直至光绪十七年(1891 年)三月下旬，化平厅请修文庙工料银

① 《化平厅草簿》，光绪十三年六月十二日，第 33 册，第 15330 页。
② 《化平厅草簿》，光绪十四年冬月十四日，第 33 册，第 15361 页。
③ 《化平厅草簿》，光绪十五年二月廿九日，第 33 册，第 15371—15372 页。
④ 《化平厅草簿》，光绪十五年四月十四日，第 33 册，第 15377 页。

590余两方才如数批下，由省厘金局就近拨发。[①]为使化平厅缓修城垣工程将来有案可稽，宋树森商请督院书吏，在拨银兴修文庙的批示后面补充说明，俟文庙竣工后禀修城工。为此，化平厅向司院书吏支付的规费如下：一是每拨银百两向司院书吏支付笔费银10两；二是援拨发银和援批城工两项各支银4两。[②]

由上可知，在藩司库款支绌的情况下，宋树森在司院书吏中进行运作，通过先虚估后酌减的办法，为化平厅争取到仓廒兴修费用，又通过减少工程项目数量的办法，争取到文庙工程拨款。

二、狄道堤工禀修奏销案

1. 狄道堤工禀修始末

狄道州西门月城曾被水冲开一个缺口。光绪十三年至十四年，署任唐传柄用木笼装石，暂时堵水西去，但后患依然存在。光绪十五年十月，喻炎丙接任后便禀请培修河堤，估需银6 000两。省级上宪以甘肃饷需支绌，无从筹此巨款而议驳。光绪十六年五月端午时，狄道州喻炎丙进省拜见上宪，面陈河堤比较危险，应该抓紧时间修防，可惜上宪仍不同意。五月三十日，河流暴涨，将上截单层木笼处冲开20余丈的缺口，其未决者也多被牵连惊动，全河三分之一水势再次刷至西城根下，喻炎丙当即将情况上报。[③]接到狄道州河堤出险禀报，藩宪方札委候补同知陈端瀛前往勘验。[④]八月十六日，据省

① 《化平厅草簿》，光绪十七年三月二十日，第33册，第15378页。
② 《化平厅草簿》，光绪十七年三月二十九日，第33册，第15439—15440页。
③ 宣统《狄道州续志》卷2《禀修河堤工程详文》，清宣统元年刻本，第2、3页。
④ 《狄道草稿簿》，光绪十六年七月初六日，第17册，第71页。

友反馈，奉委勘验河工的陈端瀛已向陕甘总督杨昌濬禀覆河堤危险状况，杨昌濬批令藩司札饬狄道州酌情办理，修复河堤之议至此乃定。①

狄道州喻炎丙虽然家住河干，略识水性，但是从未办过堤工。待河堤核估详文发出后，喻炎丙便亲履河干，勘查河堤，商议施工计划。按照常理，狄道州需奉到省级上宪的批文方准施工。喻炎丙担心奉到批文时再来措办，恐怕已经来不及了。他当即召集工匠，购买各种物料，并选派绅董等人分头监办，拟定夫工佥派办法。随后，喻炎丙决定不待上宪批文，先趁冰冻时堵塞缺口，明年春天即可专力修治正堤，遂与河州沈镇及本城管带商定冬至日兴工，遍张告示，晓谕城乡。届期，军民皆至。民夫背土填笼，运土塞漏；兵勇疏浚河底，以定堤基。只是不到半月，便奉到批文停止，但民夫不肯停工，直至腊月二十六日补好缺口，堵塞漏水。②

陕甘总督杨昌濬之所以批驳狄道州的河堤开工之请，据省友透露是因为陕甘总督不知道其中的前后经过。待狄道州将堤工开止日期再次详报，杨昌濬的批示便已极为温和③，这使狄道州喻炎丙得以在光绪十七年开春后大举兴工。民工自正月十七日开始取土运土，勇工自二月十七日天暖后开始砌石筑土，待武毅营应上宪派遣前来相助时，“土已屹若长城，石已堆满沙洲，灰亦陆续接运，声势大振，非复去冬局面”④。光绪十七年三月二十五日，狄道州河

① 《狄道草稿簿》，光绪十六年八月十六日，第 17 册，第 78 页；宣统《狄道州续志》卷 2《禀修河堤工程详文》，清宣统元年刻本，第 3 页。

② 宣统《狄道州续志》卷 2《禀修河堤工程详文》，清宣统元年刻本，第 3—5 页。

③ 《狄道草稿簿》，光绪十六年除月十一日，第 17 册，第 88 页。

④ 宣统《狄道州续志》卷 2《禀修河堤工程详文》，清宣统元年刻本，第 5 页。

堤即将告竣，省友致信喻香山大少爷，内言：

河堤一事，工繁费巨，料理颇难，倏闻指日告竣，令人不禁飞舞，然非令尊我父台精明干练，及阁下英才臂助，恐难当此重任而速成其大功也。如此一来，想上峰公道在抱，自必择善地以酬贤劳耳。殊深庆贺，有何好音，遵当侦探，随时再布。①

在省友看来，河堤工繁费巨，料理不易，而狄道州竟如期完成，当属喻大老爷精明干练、喻大少爷臂助之功。省友相信上宪必会为喻炎丙择选优缺，以酬其贤达辛劳。若他打听到好消息，当随时转知。

清和节后，河堤修成，"风声传播，无论士农工贾，远近来观者尤络绎不绝"②。陕甘总督杨昌濬亦拟亲往狄道州验视堤工，省友很欣慰，言如此一来喻炎丙"所费心力不辩自上达矣"③。果然，喻炎丙主办的狄道州堤工修防，得到杨昌濬的赞赏。其一是堤工成功快。自光绪十六年冬季起，至五月上旬陕甘总督杨昌濬视察为止，勇工工作 4 个多月，民工劳作 6 个月，后因开沙沟又增加 1 个月。在不到一年的时间内完成该工，实出喻炎丙及其同僚意料之外。其二是堤工"规模宏敞，体段坚凝"，杨昌濬"赞以万古千秋"，喻炎丙认为未免过誉，但是如果培护得力，可得其利百年之久。④

2. 狄道堤工拨款运作

光绪十六年八月，上宪同意兴修狄道州堤工后，喻炎丙奉札造

① 《狄道草稿簿》，光绪十七年三月廿五日，第 17 册，第 113 页。
② 宣统《狄道州续志》卷 2《禀修河堤工程详文》，清宣统元年刻本，第 6 页。
③ 《狄道草稿簿》，光绪十七年四月初七日，第 17 册，第 117 页。
④ 宣统《狄道州续志》卷 2《禀修河堤工程详文》，清宣统元年刻本，第 6—7 页。

报堤工兴修细目册，详报上宪。喻炎丙检查前任唐传柄的河堤奏销册，发现唐牧“以一时权宜之计装笼堵水，且经营两载，费至五千余金”，“此次欲求一劳永逸，工程倍巨，需用愈繁”。至于估报多少合适，他比较纠结，“估之太少，固有赔累之虞；估之太多，反滋侵渔之惑，不无疑惧”。喻炎丙最终从减核计，详报工程款 4 000 两左右。至于是否足够河堤修工开销，他不确定，故只能大概地陈述开支，未敢造报工程细目册。[①]

等奉到上宪批回公文，已是冬季了。令喻炎丙惆怅的是，上宪仅批银 2 000 两，其余不敷经费令他就地筹款。喻炎丙悚惶无计，只得按地佥派夫工，据言：

> 兵燹余黎元气未复，勒捐乎弊窦丛生，派粮乎迹近加赋，辗转图维。窃以财非人所尽丰，力则民所自有，商诸众绅，欲不捐钱而捐工，佥称曰可。第用民之力，患在不均，倘部署失当，用亦难得其力。调查粮册，统计阖州得地八十万亩有奇，遂按八十亩地派夫一名，得夫万余，分为二十五班，每班以十日为限，必头班做完，然后换二班，班班皆做工十日，是名为万余夫，实则十万有余工矣。名为八十亩派夫一名，实则八亩地摊工一日矣。其以车来者，按单套抵工三名，双套抵夫五名，每名每日不备工价，议给点心钱二十文而已。一手勾稽，亲定示稿，示后开列第几班系某几段，某段若干地应派若干夫。夫数不必每班皆同，地段必择各班相近，庶易于联络，亦便于催派。派夫时，先十日票差催乡约，乡约催段长，段长催户长。

① 宣统《狄道州续志》卷 2《禀修河堤工程详文》，清宣统元年刻本，第 3 页。

做工时，户长开单交段长，段长交乡约，乡约交局绅与监工。示内俱逐一叙明，入目了然，俾知照办。①

喻炎丙通盘考虑，百姓不见得有钱，但力气天然生成。与其派民捐钱而有加赋之嫌，不如令民捐工。在得到诸绅认可后，喻炎丙调查该州粮册，80 亩派夫 1 名，实则 8 亩摊工 1 日，责令乡约、段长、户长派领民夫前来河堤做工。民夫不给工价，每日仅给点心钱 20 文。可能因为经费紧张，点心钱发放两班后，喻炎丙称民夫“禀请免发，以助经费”。仅光绪十六年冬季施工时，便节约民夫点心钱2 000 串，喻炎丙称赞民众知义②，实则是因狄道州河堤拨款缩减，只得佥派民夫无偿办工。喻炎丙称“民夫自辞发钱后，仅按班赏馍一次”。兵勇每月朔望分别犒赏 1 次，“每次头目酒肉皆十觔，勇丁各肉一觔、酒半觔”③。这节约了一笔人工开支。

狄道州堤工款项 2 000 两，按照章程，藩司将以湘平银发放。为能多领几两银子，狄道州史爷与省友商量，请藩司书吏设法以库平银发放。如果能够如愿，他们定当重谢。④从宣统《狄道州续志》可知，狄道州如愿领到库平银 2 000 两，折合兰平银2 083.333 两。⑤

3. 狄道堤工用款奏销

狄道州堤工用款因民夫辞发点心钱、石料取自城内外、灰用柴

① 宣统《狄道州续志》卷 2《禀修河堤工程详文》，清宣统元年刻本，第 4 页。
② 宣统《狄道州续志》卷 2《禀修河堤工程详文》，清宣统元年刻本，第 5 页。
③ 宣统《狄道州续志》卷 2《禀修河堤工程详文》，清宣统元年刻本，第 6 页。
④ 《狄道草稿簿》，光绪十六年冬月初十日、十八日，第 17 册，第 84、85 页。
⑤ 宣统《狄道州续志》卷 2《禀修河堤工程详文》，清宣统元年刻本，第 8 页。

烧，较为节俭，共花费钱 7 485 串 975 文，以一五合兰平银 4 990.65 两，在喻炎丙看来并无虚增浮冒。①然而，上宪仅批准银 2 000 两，其垫支银 2 990.65 两怎么办？对喻炎丙而言，因公赔垫，于心不甘，更何况他已捐廉千串。此外，堤工开支中另有员弁酒席、米炭、油烛、演戏酬神费用共计 300 余两未列入其中；后来加修长堤、在河堤栽植树林、刊立碑记、悬挂匾额及善后岁修等事务需银三四百两，也需喻炎丙另想办法。②最好的解决办法是设法将垫支的银款奏销掉。

光绪十七年十二月初七日，狄道州专差来到省城，带来堤工报销公文 6 份。省友垫付投文钱后，堤工用款进入奏销环节。③十二月十三日，省友托请藩司与陕甘总督部院主管书吏办理奏销，对方称垫款太多，"如援核发，颇费周章，非力设法，恐难玉成"。省友心知肚明，这是主管书吏们在索要笔资，而且"奢望甚大"。为此，省友请示狄道州该向司房、院房书吏酬谢多少笔资。④十五日，省友禀报司院书吏笔资商办标准，言："商减至再，所垫之项如能核发，领银百金，院房二两，司房　两。"⑤十九日，院房已经办好，批令藩司核议。⑥二十四日，堤工奏销在藩司走程序，省友向狄道州

① 当时仍有人谩言堤工浮冒，只花费 3 000 多两。喻炎丙认为这些谗言实属空穴来风，称前有署任唐传柄的木笼销册可以核对，近有阶州的堤工可以比较，"是否浮冒，不难立辨"。参见宣统《狄道州续志》卷 2《禀修河堤工程详文》，清宣统元年刻本，第 7—8 页。

② 宣统《狄道州续志》卷 2《禀修河堤工程详文》，清宣统元年刻本，第 8 页。

③ 《狄道草稿簿》，光绪十七年十二月初七日，第 17 册，第 160 页。

④ 《狄道草稿簿》，光绪十七年十二月十三日，第 17 册，第 170 页。

⑤ 《狄道草稿簿》，光绪十七年十二月十五日，第 17 册，第 172—173 页。

⑥ 《狄道草稿簿》，光绪十七年十二月十九日，第 17 册，第 173 页。

表示司房书吏笔资支应,“断不致格外从丰致滋浪费,亦不敢过于吝啬有误事机”①。

光绪十八年正月初七日,藩司已将堤工奏销全卷发给薪饷所诸位官员核议。②随后,省友向狄道州喻炎丙汇报奏销笔费交涉细节:

> 堤工报销,复蒙方伯将卷发房,令照内案切实核议。遵商该管,照依册造请销各款,竭力设法,婉为援办。所需笔资,前途奢望。晚恐窒碍,允以垫项二千九百有奇,赶力援承,如无减少,能全给发,从丰酬送。业将销册全数核妥,并未议减,援案送内,愿(按:院)宪核阅,若无挑剔,即可玉成。俟案定发下,如何,刻再飞报。③

对狄道州来讲,陕甘总督部院、藩司若照用工实额核销,则意味着狄道州垫用的 2 990.65 两河款无须自己贴补。为此,省友许诺从丰酬送笔资,竭力托请司院两房书吏办理,使得喻炎丙垫支的堤工银得以全额报销。其代价是,司院书吏的奏销笔资,从每两银支应 3 分涨到 5 分:

> 堤工报销,复蒙藩宪发房核办,遵托该管,多方设法,业将册造。请销各项,并未议减,全数核妥,援案送内,俟宪判出,若无挑减,即可玉成。惟需笔资之费,前次商说,如发二竿,每两共以三分应付。兹弟复向前途商说至再,竭力婉为,所垫二竿九百有奇,如能照数全发,司院每两统按五分应酬。渠等尚要争添,弟恐窒碍,含糊应允,催速援办,俟案定局,刻即飞布。④

---

① 《狄道草稿簿》,光绪十七年全月廿四日,第 17 册,第 174 页。
② 《狄道草稿簿》,光绪十八年新正人日(初七日),第 17 册,第 177 页。
③ 《狄道草稿簿》,光绪十八年正月初十日前后,第 17 册,第 178—181 页。
④ 《狄道草稿簿》,光绪十八年二月十三日,第 17 册,第 181—182 页。

因司院书吏均请加增，省友只得应命将笔资费用从 3 分添至 5 分，以便司院书吏照额全发。

二月十八日，藩司全额准发狄道州所垫 2 990.65 两堤工河款，详报陕甘总督部院批准，待督院批准后，狄道州就可以具文请领了①。二十七日，省友请院房书吏照案援办，如果办准，便可向司库请求补发狄道州堤工垫款。②三月十七日，堤工奏销办妥，省友催促狄道州具文请领③，四月初三日藩司悬牌核发。④四月十五日，省友向狄道州催要司院书吏经办笔资费用⑤，直至十月二十七日狄道州始解来堤工及地丁解费银 80 两，由省友转给相关书吏。⑥

综上所述，省友作为州县的合法代表，代表州县衙门与省级主管行政机构交涉。在办理州县省务的过程中，省友以承应使费为条件换得藩臬两司及督抚部院书吏乃至上宪幕友的密切协作，努力实现州县利益最大化，增加州县衙门额外收入，节省不必要的行政经费开支。

第四节　省友与州县科场誊录书吏的雇聘

一、州县科场誊录对读生

每届乡试，各州县例应派遣几名至十几名不等的誊录对读生

① 《狄道草稿簿》，光绪十八年二月十八日，第 17 册，第 183 页。
② 《狄道草稿簿》，光绪十八年二月二十七日，第 17 册，第 189 页。
③ 《狄道草稿簿》，光绪十八年三月十七日，第 17 册，第 193 页。
④ 《狄道草稿簿》，光绪十八年四月初三日，第 17 册，第 197 页。
⑤ 《狄道草稿簿》，光绪十八年四月十五日，第 17 册，第 201 页。
⑥ 《狄道草稿簿》，光绪十八年十月廿七日，第 17 册，第 241 页。

至省，誊录校对士子试卷。这些誊录生或由州县自派至省，或由省友在省城选雇，或者自派与雇聘兼有。①每逢科考，甘肃省幕友、书吏等文案人员也会探听消息，谋求誊录机会。光绪十四年戊子科乡试，书吏出身的彭惕如，向其姐夫宋克用了解情况。宋回信言：“今科誊录，只楷工一处，因价微廉，尚未定局。”②

科场卷册誊录对读关系重大，如有疏虞，惩罚随之。光绪十六年二月部文载“磨勘去岁恩科乡试墨卷，查出取中甘肃金县之罗经权题内漏书一字，秦州成适经文第二篇词意不合，均罚停会试，主考陈议拟罚俸半年，同考官罚俸一年，收掌对读誊录各官均各罚俸三个月”③。因此州县官当谨慎从事，早为雇定誊录书吏。④

二、省友与州县誊录生的选雇

书吏有谋求誊录工作的需求，州县官也需招雇誊录对读生，省友宋树森也乐于从中沟通协调。光绪八年，宋树森自称“现办闱场誊录事宜，终日匆匆”⑤。作为渭源县的省友⑥，他关心该县誊录生的招雇，于七月十一日禀言：“尊处录生设有不齐，招雇几名，望早谕知，恪遵招雇。今岁录生每名雇价六两之数，尤祈钧裁，预

---

① 例如，东乐分县每届秋场，应派誊录书吏 12 名，向来从省中挑选雇用(参见《东乐草稿簿》，光绪十九年七月十一日，第 35 册，第 16294 页)，清水县例派誊录书吏 10 名(参见《清水县草簿》，光绪十七年五月廿九日，第 33 册，第 15586 页)，礼县需誊录对读书吏 10 名(参见《清水县草簿》，光绪十七年六月廿三日，第 33 册，第 15588 页)。

② 《宋克用信稿》，光绪十四年七月初七日，第 52 册，第 24575 页。

③ 《高台县禀稿簿》，光绪十六年二月十四日，第 17 册，第 306—307 页。

④ 《狄道草稿簿》，光绪十七年六月卅日，第 17 册，第 140 页。

⑤ 《光绪朝法律公牍(渭源县)》，光绪八年七月十一日，第 51 册，第 24193 页。

⑥ 其禀函中提及有差役王姓前往兰州请领则例，省友代领则例 60 册后，嘱差背负赴渭。参见《光绪朝法律公牍(渭源县)》，光绪八年六月初五日，第 51 册，第 24190 页。

备为要”①，即每名誊录生雇价 6 两，请州县明示招雇名数。渭源县自派誊录生至省城兰州②，随后省友向渭源县汇报，八月初二日考试，帘官正副主考当日进省，誊录书吏均于七月二十七日到省，二十九日由兰州府知府当堂考验。③

光绪十七年又值乡试，五月底省友宋树森请示清水县：

再，闻尊处每逢科场，例派誊录书吏十名。今闻县书，如拟亲来，即作罢论。设拟省雇，请早示知，好为选择。每名工价约得六两，缘此差所关匪细，必须拣选善书妥靠者方敢令充。如此一来，想县书所花有限，受益实多，谅无不乐从。望乞传谕，赐示为盼。④

清水县每逢科场，例应派遣书吏 10 名，前往省城誊录对读试卷。宋氏征询清水县意见，是派遣县书来省城誊录，抑或从省城雇聘。与省城雇价每名工价 6 两相比，县书所花有限。但无论如何，誊录对读差使重要，必须选择善书、可靠者充任。

一个月后，宋氏再为催促，言：“誊录工价，从减至再，每名陆金，如准省雇，为日已迫，请将银册迅速送省，以资遵办。”可能清水县觉得省雇工价有些高，宋氏解释说：“斯事所关重大，必须拣选善书谨慎者方敢令充其役，倘惜工资，稍有疏虞，咎曷当起？”并言礼县誊录对读书吏均由他在省代雇，每名 6 两，想必清水县有所耳

---

① 《光绪朝法律公牍(渭源县)》，光绪八年七月十一日，第 51 册，第 24193 页。

② 八月二十日，省友言及渭源县托买的 8 斤月饼，“现无顺人，容俟一二日录生回渭，即当代呈”。参见《光绪朝法律公牍(渭源县)》，光绪八年八月廿日，第 51 册，第 24196 页。

③ 《光绪朝法律公牍(渭源县)》，光绪八年八月初，第 51 册，第 24194 页。

④ 《清水县草簿》，光绪十七年五月廿九日，第 33 册，第 15586—15587 页。

闻，请清水县“尤希勿过减省，以妥大公为祷”①。

三、州县的科场费用

宋氏对不同州县科场誊录对读生的雇聘开价是不同的。光绪十七年，他对礼县与清水县开价每名 6 两，对狄道州的开价是 5 两。宋氏解释说：“誊录对读，遵侦他处，每名雇价均系六金，如再力减，总得五两。”②

从宋氏光绪十七年七月十三日的禀函可知，清水县从县派委誊录对读生王颖到省，另请省友添雇 7 人，二十日向藩司呈文报到。参加举试士子的卷金，宋氏言其他州县每名三四两不等，请示清水县应付数额。③至八月初四日，宋氏汇报“誊录业已考验，并无挑换，专待入闱”，并言来省应试的清水县士子共 14 名，仿照其他州县的做法，每人元卷拟送银 3 两④。

光绪二十三年省试，清水县誊录生仍由宋氏自省城雇聘。与光绪十七年不同的是，此次清水县的 10 名誊录生，均由宋氏在省城按每名银 6 两的薪金选雇，呈文报到，考验入闱。士子元卷银，每名 3 两⑤。该年清水县乡闱用银 105 两。其中，誊录生 10 名辛工银共 60 两；士子 15 名，每名元卷银 3 两，共用银 45 两。⑥

---

① 《清水县草簿》，光绪十七年六月廿三日，第 33 册，第 15588—15589 页。

② 《狄道草稿簿》，光绪十七年六月卅日，第 17 册，第 138 页。

③ 《清水县草簿》，光绪十七年七月十三日，第 33 册，第 15591—15592 页。

④ 《清水县草簿》，光绪十七年八月初四日，第 33 册，第 15593—15594 页。原文似为“壹两”，但与光绪二十二年其他州县的支付差额过大，故采信 3 两的说法。

⑤ 《清水县草簿》，光绪二十三年六月廿八日，七月廿日、廿九日，第 33 册，第 15629、15631 页。

⑥ 《清水县草簿》，光绪二十三年八月十六日，第 33 册，第 15632 页。

科场誊录对读生所需费用，州县官可请从公款内动支开销。渭源县科场誊录生口食费用，在省友向藩司科场房友支付使费银 6 两后，准自善后地价内动支，可谓以公济公，州县官不至于受到拖累。①

州县所支科场费用，于次年奏销报部。光绪十二年十月，省友向董志原分县县丞潘文镜禀报，去年科场报销银两，业经藩司礼房书吏办定，详报陕甘总督部院，请潘文镜支付司院书吏奏销册费。②十二月十六日，省友将公文及科场报销底册交给董志原分县蒋爷带回。③

小　结

州县在省城行政事务，以交代、钱粮领解为主，兼及工程申报与工款领销、科场誊录书吏的雇聘等。省友作为州县省事的代理者，就州县交代、钱粮领解中出现的问题，先与主管书吏协商，在繁复的法典规章夹缝中找到最佳解决办法，在取得州县官同意后，应承费用，托请上宪书吏按照最佳方案拟稿，上报藩臬两宪审批。这既可适时地帮助州县官规避禁令与惩处，加快州县在省事务的办理进程，又可使上宪衙署各科房友谋取各种各样的费用。省友在省县衙门中的居间运作，一定程度上起到上下沟通、催趱行政流程的作用。

---

① 《光绪朝法律公牍（渭源县）》，光绪八年五月十四日、六月初六日，第 51 册，第 24186、24190 页。

② 《董志潘草稿簿》，光绪十二年十月初八日、廿五日，第 33 册，第 15533 页。

③ 《董志潘草稿簿》，光绪十二年十二月十六日，第 3 册，第 15537 页。

第五章
省友与州县在省案件的审理

清代刑审案犯，学界已有相当丰硕且深入的研究成果。[①]本章将通过州县招审重案、差车控案、粮草浮征禀揭案的裁决过程，动态呈现清代地方刑名案狱在省级的审判流程，揭示州县招审案件在省审理时的权力格局和政治斗争，展现地方政治运行机制中的常态与权变。

第一节　州县招审重案

省友在州县招审重案的处理中，往往会根据事机的变化而灵活应对，在使费筹措支付、案件催审发回上具有操作空间。

一、招审案件处理流程

1. 投文解犯

州县有臬司招审人犯到省，省友会带着文件，领着役、犯向臬

① 魏淑民着重探讨了乾隆朝省级司法主体督抚在自理词讼、徒流案件、死刑案件上的作为。参见魏淑民：《清代乾隆朝省级司法实践研究》，北京：中国人民大学出版社，2013 年，第 11 页。

司投案。臬司令皋兰县收监，省友措垫囚犯下笼、开笼等小费。光绪七年八月十九日，平罗县差役王振平等 5 名，押解蒙古凶犯 2 名抵达兰州，投文听审。宋树森照例安排各项费用，包括：每名人犯向皋兰捕厅送规费 2 两，向发审房送房费银 4 两，其余小费共钱 2 000 多文。押解差役口食，每名每日给钱 80 文，按日计口支给，自九月初三日起支发。这些差役“沿途辛苦，盘费罄尽，寒苦至极，一经到省，诸物俱贵，日支口食不敷日用，店火房钱均所不免，措手无济”，他们再三请求增加，按每名每日 100 文发放。省友请示平罗县，是否按 100 文发放。①

2. 催审定案

因差役、人犯在省多待一天，便需多支付一天口食银。日积月累，数目不小。为此，在人犯收监待审期间，省友随时打探案件进展，设法催促臬司及发审局及早审理案件。兹以平罗县梁伏案为例，略作说明。

该案起因于梁伏劝解索赔纠纷时，被斥责偏袒一方，愤而把温库砍伤至死②，被招解到省审理。该案于光绪七年四月已经定供，因为平罗县令前后任交接，无人应承发审房费，致使搁置 100 余天未结。③六月十七日，梁伏案已供认定局，只待臬宪阅案后详报陕甘

---

① 《平罗底稿簿》，光绪七年八月二十日，第 49 册，第 22797—22798 页。

② 《陕甘总督谭钟麟题为审理甘肃平罗县民梁伏因劝解索赔纠纷被斥偏护伤毙温库一案依律拟绞监候请旨事》，光绪八年五月二十日，题本，档号：02-01-007-035429-0013；《刑部尚书文煜、潘祖荫题为会审甘肃平罗县民梁伏因索赔门扇纠纷伤毙温库一案依律拟绞监候请旨事》，光绪八年十月十五日，题本，档号：02-01-007-035446-0002。

③ 《平罗底稿簿》，光绪七年七月十九日，第 49 册，第 22786　22787 页。

总督审批。平罗县省友宋树森言各房索要规费，他含糊答应，请示平罗县左寿源是否付给。[①]宋树森认为，梁伏一案虽是前任明邦忠任上的事情，但现任每日支付役犯口食，受累不浅，不妨照例向发审房支应4两房费，早结该案。他建议现任平罗县左寿源写信询问明邦忠，“此次招审梁伏饭食纸价房费一切，除口食役犯日支供给外，其余需费理应谁出”[②]。

鉴于梁伏之案已定案拟罪绞监候而“费无人应，案不能上”的状况，宋树森言前任明邦忠省书推诿不管，他每月需支发役犯口食钱18 600文，为此他催促该案及早过司过院，使役犯能于九月返回平罗县。[③]但又因凶器问题，该案再度延搁下来。宋树森禀请平罗县左寿源向刑房差件人等问明原因，以便他在省城活动。[④]但令宋树森郁闷的是，自八月二十日他发出禀函，直至九月初二日为止，左寿源一直未予明示，致使他无法请托刑房书吏从中运作。[⑤]宋树森后来擅自做主，“婉说房班，应付小费，即于十二日府堂画供”[⑥]。九月二十七日，该案已由谳局详报臬司，臬宪拟于十月初旬过堂。宋树森提前托请臬司刑房书吏赶紧办理，及早详报陕甘总督部院，役犯等人大概能于冬至前起身返回平罗县。[⑦]

出乎意料的是，臬司将梁伏案报给陕甘总督后，陕甘总督以

① 《平罗底稿簿》，光绪七年六月十七日，第49册，第22778页。
② 《平罗底稿簿》，光绪七年七月十九日，第49册，第22786—22787页。
③ 《平罗底稿簿》，光绪七年闰七月初四日，第49册，第22789—22790页。
④ 《平罗底稿簿》，光绪七年八月二十日，第49册，第22798页。
⑤ 《平罗底稿簿》，光绪七年九月初二日，第49册，第22801—22802页。
⑥ 《平罗底稿簿》，光绪七年九月十七日，第49册，第22803—22804页。
⑦ 《平罗底稿簿》，光绪七年九月廿九日，第49册，第22807页。

“伤痕不合，兼无凶器”为由驳回。宋树森又赶紧请谳局再次详报，言全部程序走下来又需一个多月。①十月十二日，宋树森向平罗县禀报，梁伏之案大概于十五日于谳局过堂，然后详文臬宪，过司详院。因该案百般滞碍，宋树森向臬司、谳局书差送茶资银 6 两，请他们“免要凶器”。他感慨“劳人伤财，真难细述，若不播弄，今年万不能结案”，言：“谳局招审，集案如云，长途迢迢，请示非易，擅专之咎，伏望鉴原。”②宋树森之所以急于运作州县招审重案，实因役犯口食均由他垫支，州县不能及时接济。每月垫支役犯口食五六十串③的经济压力，使省友颇为惆怅。④他除向平罗县讨索垫支银钱外，也会“擅自”向书吏支应使费，换得案件的早日审结。

然而，梁伏招审案依然未能如省友所愿在年内办结。光绪七年十月二十四日谳局审过该案，预计冬至后过司。⑤无奈谳局邵幕患病，至十一月二十五日该案依然搁压未办。十二月十一日，该案复经臬司具详。⑥直至光绪八年三月初十日，梁伏一案方才办结，十日早晨提禁起解，拟于十二日回平罗县。⑦

3. 定案返县

州县招审案件审结后，应发回原州县监押待刑，省友需筹措差

① 《平罗底稿簿》，光绪七年十月初二日，第 49 册，第 22808 页。
② 《平罗底稿簿》，光绪七年十月十二日，第 49 册，第 22809—22810 页。
③ 当时银价一千四百五六十文，该笔费用约合银四十一二两。
④ “张正之案，业已到省。梁伏案驳，甲木素等，共是三案。役犯口食，日日必需，实难支持。书日处穷城，望眼频穿，劳人伤财，实属怅怅。”参见《平罗底稿簿》，光绪七年十月十六日，第 49 册，第 22811 页。
⑤ 《平罗底稿簿》，光绪七年十月二十四日，第 49 册，第 22812 页。
⑥ 《平罗底稿簿》，光绪七年腊月十一日，第 49 册，第 22814 页。
⑦ 《平罗底稿簿》，光绪八年三月初十日，第 49 册，第 22819 页。

役与囚犯回县川资与车马。平罗县梁伏一案役犯自省城起身时，差役从省友处领取40天口食钱共计20 800文，又领去开笼扯批钱2 000文①。宋树森本拟以三分利息向商号借贷支给，结果未能借到，据说他只好典押自己的全部衣物，方使梁伏案役犯得以于十二日动身。②

二、华亭县李九儿殴妻致死案

光绪七年(1881年)华亭县雷文渊任上发生李九儿殴妻致死案，雷令初拟比照类似案件办理。宋树森接到雷令来信后，当即赴臬司刑科同赖稿爷商说此事，并向总督部院与臬司刑房各友寻求意见。房友们一致认为，比案照核，若有不同，遗害不小，且所需抄费、规费亦复不少，建议按照华亭县所寄供词拟定罪名，请刑科赖稿爷拟定底稿，再由华亭县照所拟底稿抄录，通详上宪。如此办理的前提是，华亭县向臬司刑友支应笔规费、房费、援案费共24两。华亭县可将此案完全托付刑科办理，中间如有错讹，唯房友是问。③

一个月后，宋树森拿到赖稿爷所拟底稿，嘱咐华亭县照底稿拟就的供词和罪名通详上宪，千万不要改动只字片语，这样即使出现问题也由赖稿爷负责。④然而，华亭县所详李九儿案，支离破碎，牵连枝蔓，与赖稿爷所拟底案大不相同，刑房书吏定然驳诘。宋树森建议华亭县先将供词内牵连各人杖责开释，再照底稿所拟正犯证词具详。⑤随后，宋树森又向司院两房书吏各许银2两，臬司始令平

---

① 《平罗底稿簿》，光绪八年三月初十日，第49册，第22819页。
② 《平罗底稿簿》，光绪八年三月十二日，第49册，第22820页。
③ 《光绪朝法律公牍(华亭县)》，光绪七年三月十八日，第51册，第24060页。
④ 《光绪朝法律公牍(华亭县)》，光绪七年四月廿六日，第51册，第24064页。
⑤ 《光绪朝法律公牍(华亭县)》，光绪七年五月初五日，第51册，第24065页。

凉府转饬华亭县再次详报。宋氏随即嘱托雷文渊速令刑书抄誊送府，或饬刑书携带底稿、案卷赶赴平凉府，会同府中幕友与刑房书吏拟稿，再由府详报臬司与总督部院，切勿因操作不善而致该案解省审讯。①

闰七月十三日，李九儿案由平凉府详报到司。宋树森遂承应笔规，托臬司刑房书吏照详文拟稿。②当月下旬，该案由臬司禀详陕甘总督，宋树森当即向臬司刑科、督院刑房承应笔资银各 6 两。③然而，在详文未到之前，省城便有李九儿案系捏词定局而非正供的传言④，陕甘总督杨遇春批阅案卷时格外细致，以详文中并未列出李九儿之妻所生子女到底是男是女为由，定要驳案。宋氏颇为惶恐，向诸友恳求勿驳，商议再三，以增付银 4 两为条件，房书才援案出咨，不再追究。⑤

通过李九儿案可以看出，华亭县遇到人命官司时，不是立即禀详上司，而是先由省友与臬司幕友、总督部院刑房书吏商定处理办法，然后再详文臬司。陕甘总督虽风闻该案系捏词定供，但仅挑剔出李九儿妻所生子女性别这一无关大局的细节，以致省友可用增付使费的办法，使书吏们及早援案咨部，为州县刑名案件的顺利咨报谋得回旋余地。宋树森在处理李九儿命案时，主要通过与主管书吏沟通、添增规费的方式，争取幕友与书吏的通力协作。在刑事

---

① 《光绪朝法律公牍(华亭县)》，光绪七年六月十八日、廿二日，七月廿一日，第 51 册，第 24067—24069、24074 页。

② 《光绪朝法律公牍(华亭县)》，光绪七年闰七月十九日，第 51 册，第 24076 页。

③ 《光绪朝法律公牍(华亭县)》，光绪七年闰七月廿八日，第 51 册，第 24078 页。

④ 《光绪朝法律公牍(华亭县)》，光绪七年七月十四日，第 51 册，第 24072 页。

⑤ 《光绪朝法律公牍(华亭县)》，光绪七年八月十二日、廿日，第 51 册，第 24078—24080 页。

案件处理过程中，因州县与省城间路途遥远，往返请示费时费力，不免有耽误事机之虞，省友在使费给付与案件处理方式上稍有擅专，再以事后汇报的形式，将最新进展禀报州县。

第二节　碾伯县差车控案

咸同以来，西北边疆兴兵不已，陕甘地区设立民局供支各项差使。清制，地方政府雇用民间车辆，应按例价发放差车费用，不许扰累百姓。但实际上，官方所给差车例价远不敷用，如循化厅民局有供应“骡头驼载”差使，除官定例价外，按照每百里摊银 3 两的标准额外派征于民间，民间每年所费不知几千百串。①经手差役若再趁机浮派需索，极易引起绅民不满。碾伯县差车控案，就是因该县绅耆不满差总余学忠等恃横科派差车而起。

一、绅缙赴省禀控

西北差徭为民重累，而以地瘠民贫的甘肃为最。甘肃为陕西至关外的必经之路，差务络绎。承平时代，民力已经难以支应。待军兴以来，虽然军饷、军装由粮台雇运，但百姓仍须负担杂派差役。甘肃西路向由里局承办差役，滥支滥应，浮费甚多，武威每岁派费至一万七八千串之多。②碾伯县差车控案，矛头虽然是指向差总余

① 《循化同知张(大镛)为减差瑶保留供应骡头一项事晓谕上下四工》，光绪七年正月十九日，青海档案，全宗号 07，案卷号 3305，第 10 页。

② (清)谭钟麟：《谭钟麟奏稿校注》，赵维玺标点、校注，长沙：岳麓书社，2023 年，第 283 页。

学忠，但根源在于碾伯县原本繁重的差车负担。

光绪七年（1881 年）五月，地方绅缙许永治等以碾伯县车马差徭过重，差总余学忠等恃横科派、苦累民间为由，禀请恢复碾伯县差车旧制。臬宪魏光焘①接到碾伯县绅缙禀文后，以“车马之设，原为供支要差，非所以饱私橐也”，于十九日牌示立案，会同藩司传提差总余学忠等人到省，交发审局②审讯，拟重新定立差车章程。省友宋树森当即向碾伯县姚长龄禀报此事。③

七天后，宋树森得知臬司竟欲佥派承差前往碾伯县提押余学忠进省受审。该差一经派出，“往返花费，需用不少”，都需要碾伯县来支应。宋树森惊愕之余，立即赶赴臬司，向书吏商请不要派差，改以“用文提省”，即由臬司行文碾伯县，由该县自行派人押解余学忠等赴省归案。至此，臬司刑房书吏方才道出个中缘由，原来近两三年来，碾伯县没有向臬司支付规费与饭食费用。这是在暗示押送方式尚有转圜余地，宋树森立即承应刑房书吏提及的各项规费。随后臬司会同藩司札饬碾伯县，文提差总余学忠赴省审讯，

---

① 魏光焘，湖南邵阳人，光绪六年十月至光绪八年七月署甘肃按察使，光绪八年七月至光绪十年十月二十六日署甘肃布政使。参见宣统《甘肃新通志》卷 52，第 15、18 页；《陕甘总督左宗棠奏为委令平庆泾固道魏光焘署理甘省按察使事》，光绪六年十月初四日，录副奏片，档号：03-5153-031；《署理甘肃布政使按察使魏光焘奏为奉旨接署藩篆谢恩事》，光绪八年七月初八日，录副奏片，档号：03-5168-056；《新疆布政使魏光焘奏为奉旨调补甘肃新疆布政使谢恩并请陛见事》，光绪十年十月二十六日，录副奏折，档号：03-5190-074。

② 甘肃发审局设于兰州府署，以兰州府为提调，此外派委正审四员、帮审二员，主要承接审理上控、解勘翻供提省审办的案件以及京控发回审办的案件。参见（清）傅秉鉴编：《甘肃清理财政说明书》，载北京图书馆出版社影印室辑《清末民国财政史料辑刊》第 18 册，北京：北京图书馆出版社，2007 年，第 586 页；李贵连、胡震：《清代发审局研究》，《比较法研究》2006 年第 4 期。

③ 《碾伯公牍禀稿簿》，光绪七年五月十九日，第 29 册，第 13749—13750 页。

碾伯县得以避免“承差亲提”所带来的额外应承和支出。①

六月十二日，余学忠等 4 人抵达兰州。② 十五日，宋树森带领余学忠赴按察使司投案，臬宪随即将此案发交兰州府发审局审讯。经宋树森事先在兰州府取保，余学忠等人得以在省城水北门街火药局巷内民房居住，听候传讯。此时又有耆生白钟英为车马事禀控余学忠，又有控告“差等五品顶戴冒滥”等事，臬宪批令归案并讯。尽管如此，宋树森认为颇有胜算，因该案与碾伯县新任赵文伟、前任杜世勋和黄廷钟等官“俱有粘连”，发审局委员中的黄廷钟和童大人均在其内，他们无不洞悉内情，更何况碾伯绅衿也没有什么大的来头。③显然，宋树森低估了案件的复杂程度。

二、差车案件的审理

余学忠平时在民间积怨太深，从六月二十日初次堂讯议定按堡派车④，到七月初七日敲定差车章程为止，差车控案节节升级，延不能结。

六月二十一日，臬司将差车案卷发交兰州府，由审案委员阅案后酌议差车章程。⑤次日，进行第二次堂讯。发审局王问之、德房华、陈汉宾等委员认为，绅士许永治等对差总借口派差而营私的指控似有失实之处，龚大老爷也申饬控案绅士几次，并当堂吩咐发审局委员公议差车章程。宋树森即将原情告诉发审局委员王问之，

① 《碾伯公牍禀稿簿》，光绪七年五月廿六日，第 29 册，第 13751 页。
② 《碾伯公牍禀稿簿》，光绪七年六月十三日，第 29 册，第 13752 页。
③ 《碾伯公牍禀稿簿》，光绪七年六月十八日，第 29 册，第 13753 页。
④ 《碾伯公牍禀稿簿》，光绪七年六月廿二日，第 29 册，第 13754 页。
⑤ 《碾伯公牍禀稿簿》，光绪七年六月廿二日，第 29 册，第 13755 页。

并从王问之处提前得知发审局议定的初步方案：向碾伯 48 堡派铁车 48 辆，选派公正绅士管理，仍令公差帮办放车事宜，山南、山北轮流滚动应差。不过该草案还需由兰州府恩霖缮写清折，面禀臬宪魏光焘、藩宪李慎批示。无论如何，宋树森认为该案中，“碾伯绅士刁劣至极，各宪共忿。若不严讯懲戒，效尤成风，贻害不浅”①。

尽管有了初步的结论，但该方案还需进一步细化，比如购置铁车的费用究竟该按堡摊派，还是按粮摊派？二十五日第三次堂讯，谳局委员断令铁车由绅衿负责购买，所需车费按堡摊派。绅衿许永治等认为 48 堡大小不一，赋额不等，按堡派车有失公平。委员们坚持由绅衿等按堡自行摊派买办铁车费用，并给绅衿许永治等两天考虑时间。②二十七日午刻许永治等具禀恳请照旧雇用差车，发审局委员当即允准，令差总余学忠照旧当差，并当堂议准上车脚价每辆制钱 5 000 文，下车每辆 9 000 文，差役盘费每日每名制钱 200 文。③

虽然仍准照旧雇用差车，但对经常遭受浮派之苦的绅民来说，此次明定车价已是一个不小的胜利。许永治等既已“得志”，便又趁机恳请酌减小路驮骡数量。发审局官员准许山北减去 10 头，仍需供应骡 30 头。山南无人出面恳请，仍照旧供应骡头。④

尽管许永治等对目前的处理结果十分满意，但绅衿白钟英等却对小路驮骡的处理方案有异议。和许永治等人一样，白钟英等

---

① 《碾伯公牍禀稿簿》，光绪七年六月廿五日，第 29 册，第 13755—13756 页。
② 《碾伯公牍禀稿簿》，光绪七年六月廿六日，第 29 册，第 13756—13757 页。
③ 《碾伯公牍禀稿簿》，光绪七年六月廿八日，第 29 册，第 13757—13758 页。
④ 《碾伯公牍禀稿簿》，光绪七年六月廿八日，第 29 册，第 13758 页。

也是为碾伯县差车问题而来，只是递送禀文时，被告知差总余学忠已到省投案，两案因而被合并处理。①值此关键时刻，白钟英等人请求自此不再向民间摊派小路驮骡。发审局表示同意，令民间照旧供支差车雇价，不再供支小路驮骡。宋树森对这一判决大感意外。他与差总余学忠等商量后，立即向发审局禀明驮骡不能减免，否则将无法备办西宁驻防各营由老鸦硖山至兰州捷径所需要的驮骡。②

六月三十日第五次堂讯时，发审局官员应宋树森的提议，撤销第三次堂讯时议定的差车骡马章程，决定拟立新章，改由碾伯县令设立应差民局，选派公正绅士经理，车马按粮摊派，县衙差役仅从中帮办。宋树森记录如下：

> 差车控案，昨于三十日五次堂讯，发审局明鉴如神，准如所请，当堂吩示，谕令绅等，差车骡马，全行撤销，议定新章，县主设局，选派公正绅士经理，车马按粮摊派，三班公差帮同办理。如遇过(境)差事，按照前站信票，差分大小，要车多寡，骡马若干，每骡四头抵车一辆，要车若干，按粮公摊。有车之户，供支车辆，每车一辆准其雇价，上站每辆准价五千文，下站每辆准价九千文。无车之户，准其出钱。用车多少，绅士摊放，公差帮办，差役每名每日准支口食钱弍百文。平番差车，常则省控，不准打越过站。如愿雇价，私自商办，车价多寡，绅士公差随时酌给，不能拘定，察夺情形酌商等因。堂讯章程大概议定，如情具稿，等候恩太尊初四日场竣酌议定，然(后)请示藩

① 《碾伯公牍禀稿簿》，光绪七年六月十八日，第 29 册，第 13753 页。
② 《碾伯公牍禀稿簿》，光绪七年六月廿八日，第 29 册，第 13758 页。

臬如何章程，具详定案，批示祗遵，抄稿飞禀。碾伯绅士狡展过甚，自相矛盾，自怨自悔，自暴自弃，天有一定安排耳。[①]

这次章程的核心在于：将车辆、骡马按税粮均摊，每骡四头抵车一辆，有车出车，无车出钱；用车多少，依差分大小，按需调用；绅士摊放，公差帮办，差役每名每日准支口食钱200文。

这一处理办法，宋树森十分满意。他在致碾伯县姚长龄的信中表示，现在局官拟定差车章程，藩宪已于初四日批示照墙张挂，予以公示。宋树森认为"差事民间能支，与官何益，无误为要"。只是许永治等还蒙在鼓里，"不知其情，昂昂得志"，宋树森担心将来"必有讼棍，淡而无味，叠且白禀，拦舆递禀，越诉控告"[②]。

果然，就在藩宪批准执行、臬宪魏光焘即将定案之际，突然有人再次指控碾伯差役的不法行为。藩臬两宪"心疑余学忠等欺害百姓"，当面申饬兰州府恩霖，言："碾伯差役，声明狼狈，可恶已极"，饬令发审局"严行惩憋"，重议差车章程，"以除衙蠹，保卫民生"[③]。藩臬两宪对审讯结果与新定差车章程的最终否决，将宋树森的前后调停化为乌有。

发审局官员奉臬宪魏光焘之命，于七月初七日进行第七次堂讯。新的差车章程提出所有应差车辆由绅士经理，百姓自备自支，州县公差退出差车事宜。这显然也不是绅士们所期望的结果。绅士许永治等再三苦求遵照第五次堂讯所定新章执行，即由州县官

---

① 《碾伯公牍禀稿簿》，光绪七年七月初一日，第29册，第13762—13763页。

② 《碾伯公牍禀稿簿》，光绪七年七月初五日，第29册，第13763页。

③ 《碾伯公牍禀稿簿》，光绪七年七月初六日、十四日，第29册，第13764—13765、13768页。

设立应差民局，绅士摊放差车，州县帮办公差。发审局官员遂令绅耆按照第五次堂讯章程，具结完案。①

尽管屡次堂讯表明差总余学忠等确实无罪可治②，然而他平日的所作所为，引发绅耆多次上控，藩宪李慎、臬宪魏光焘对余学忠“猜疑不绝”，致使碾伯县差车控案迟迟未能审结。③

三、勒收罂粟规费案

正当宋树森等待藩臬两宪批示，设法将差总余学忠保领回碾办差时，绅耆等于七月十七日再次控告余学忠等勒收罂粟规费。在光绪七年前禁种鸦片的大背景下，差总余学忠与前任县令杜世勋苛收罂粟规费，显系顶风作案。④臬宪魏光焘饬令发审局从严审讯，差车控案由此变成了罂粟案。臬宪魏光焘的直接介入，使差总余学忠等 4 人未能继续被取保候审，随即被关押到兰州府班房等待进一步审讯，形势急转直下。宋树森颇为忧虑，而绅耆们则很得意。⑤

宋树森查明罂粟案并无原告，担心臬司再次札文调取多人赴省作证，该案可能会没完没了。他在给碾伯县姚长龄的禀函中写道：“差车控案，变成罂粟。私查暗访，不知何人写来，昨岁经手之

① 《碾伯公牍禀稿簿》，光绪七年七月初八日，第 29 册，第 13765—13766 页。

② 《碾伯公牍禀稿簿》，光绪七年七月十四日，第 29 册，第 13768 页。

③ 《碾伯公牍禀稿簿》，光绪七年七月十二日，第 29 册，第 13766 页。

④ 光绪七年五月甘肃接到户部咨文，自此“勿禁罂粟”，即甘肃官方不再查禁罂粟。而在此之前，甘肃禁种鸦片，更不许州县官吏索取罂粟规费。光绪六年，平番县吴莹因“取利烟花”而被撤职。参见《碾伯公牍禀稿簿》，光绪七年五月十九日、七月廿九日，第 29 册，第 13750、13774—13775 页。

⑤ 《碾伯公牍禀稿簿》，光绪七年七月十八日，第 29 册，第 13769—13770 页。

人杜大老爷要去若干，门政刘、吴，经手各堡寨乡耆巡役数十人，如何摊收，多少数目，又无原告，平(按：凭)空讯究，诚恐文调，拖累多人，关系不浅矣。"①

在探知藩臬两宪有将绅士、差总发交西宁府审办的消息后②，宋树森商请臬司书吏在具详差车控案时，不要提及罂粟一事，并答应事成之后定会厚加酬谢：

差车章程，照依堂断具结完案，含糊具详。书托商书友，无提罂粟。恩太尊格外拂植，会同局官婉求上宪批饬西宁府澈(按：彻)底严究，未悉臬台如何根究。书托臬司房友援承办理，无说菸花，若能护庇无事，即当从丰重谢。容俟探听批示如何，即为飞禀。差等定于月初来宁，余学忠之子已于廿三日抵省探亲。③

与此同时，宋树森请兰州府知府恩霖及发审局委员代向藩臬两宪婉求，希望能将差总余学忠批饬西宁府审讯。

闰七月初九日，兰州府恩霖、谳局各官依照道光二十七年(1847年)章程拟定"差车章程"详稿，绅士经理一切车马，将差役余学忠等枷号杖责，送交西宁府讯办。④臬宪魏光焘于闰七月二十八日批准，差车控案方才告结。⑤

在这场控案中，绅耆表面上是在要求制定负担合理的差车章程，暗中却有借机惩治差总余学忠的用意，导致该案屡审难结。宋

① 《碾伯公牍禀稿簿》，光绪七年七月二十日，第29册，第13770—13771页。
② 《碾伯公牍禀稿簿》，光绪七年七月廿一日，第29册，第13771页。
③ 《碾伯公牍禀稿簿》，光绪七年七月廿四日，第29册，第13772页。
④ 《碾伯公牍禀稿簿》，光绪七年闰七月初九日，第29册，第13778—13779页。
⑤ 《碾伯公牍禀稿簿》，光绪七年八月初一日，第29册，第13790页。

树森的运作主要表现在：第一，在承应还清碾伯县旧欠臬司规费的前提下，把差提余学忠改为文提，使碾伯县省去臬司差役亲临的苛扰与破费；第二，将差总余学忠等人取保在外候审，未在监狱待审；第三，在差车控案延不能结、罂粟案又起的情况下，一面托求臬司书吏含糊具详差车章程，一面运作将差总余学忠发交西宁府审办，以避免此案在省审判时不断扩大升级。

碾伯县差车控案暂时告结，但困扰甘肃的差车积弊，依然是上宪们关注的焦点。光绪十年(1884 年)甘凉道提出刊刷五联车票的应差办法，以防止地方官浮派差役。[①]光绪十二年，陕甘总督谭钟麟取消里局应差之制，全部改为官办，“于泾州、兰州、肃州分设三局，先行雇定民车，随时拨用，计里给值”，“凡转运协饷、军装及各路大臣、主考、学政往来宁夏，凉庄满营运饷，出差委员，递解军流等犯，皆用官雇之车，各定限制”。三局每年需费 3.2 万余两，自司库应支各属夫食料价银 1.2 万余两、厘金银 1.3 万两及四分平余项下提用。如此一来，“在公家多费银一万余两，可为民间省十数万之资，且免无穷扰累”[②]。官办差车固然无可挑剔，但不见得终会利国便民。这是因为车局官雇之车依然来自民间，行政杠杆依然存在，官方给值是否足够民车之用，甘肃省额定车局经费是否足够官方开支，均在实践中不断考验着官营的经济实力和行政能力。否则，便有亏国累民之忧。

---

① 《西宁府张□□为各地办理差车章程断难划一事致循化厅黄》，光绪十年五月二十四日，青海档案，全宗号 07，案卷号 3305，第 4—5 页。

② (清)谭钟麟：《谭钟麟奏稿校注》，赵维玺标点、校注，长沙：岳麓书社，2023 年，第 284 页。

碾伯县差车事务演变为一场绅缙对县衙差役余学忠的控案，是晚清甘肃驿道州县差徭繁重的直接结果，也是清代行政机构信息单向沟通的产物。清代官僚机制中只有自上而下对州县官的考核，这使州县官唯上意是遵，据上司派差任务量向民间佥派勒征。[①]清代自下而上监察、规谏机制的缺乏，使得绅民的不满最终以控案的形式展现出来。控案审理过程中的官官相护，使绅民依然处于劣势地位。虽然相关差役或遭处罚，差车事务另定新章，但在既有政治、经济环境中，原有盘剥只不过是换种方式继续存在罢了。

第三节　高台县浮征粮草禀揭案

藩司衙门作为全省钱粮出纳销算总汇之地，事涉钦部重案及议详事件，"文卷尤为浩繁，总皆收掌书吏之手"，"藩司书办，大省多至千人，小省不下数百人"。[②]藩宪核查稍有不周，书吏便作弊百端。历任藩宪也并非都能谨慎任事，关防难以保证始终严密，这给藩司书吏留下一定的操作空间。通过光绪十九年高台县绅士殷鸣凤等揭控该县浮征粮草案，可管窥司房书吏与省友如何联手欺瞒藩宪。

---

① 清初经世名家陆世仪曾表示"今人治天下，全在择守令"，但州县官"独为长吏，令一邑，未闻辟一言路，令群下得言其过失"。参见（清）贺长龄辑，魏源编：《皇朝经世文编》卷13《治体七・论用人》，载（清）魏源撰，魏源全集编辑委员会编校《魏源全集》第13册，长沙：岳麓书社，2011年，第552页。

② 《湖北布政使沈世枫奏请除书役之弊源责闲员之实政折》，乾隆二十年五月二十六日，宫中档，编号：故宫035150。

一、禀揭案起因

光绪十九年六月十六日，高台县粮草浮征禀揭案由安肃道核转到省，陕甘总督批饬藩臬两司核查商办。省友虑及事关重大，遂即托请藩臬两房书吏援案办理：

民控浮征粮草折毁仓傚（按：廒）一案，昨由道查覆到院，遵力援办，荷蒙宫保批饬两司核仪（按：议）遵详办。侦宪意余无关要，惟验粮及撤仓者为重件蜜（按：密）嘱。晚闻之次，曷胜惶骇。窃思（事）关重大，若不预托措词援办，不但前愆难脱，势必误遗将来，遵即往托藩臬两房，俟文到案，极力婉转，核议援办，以期妥善。如何，办有端倪，刻再飞禀。至需笔资，俟案到房，商有确数，并再附布。①

其中，以“额征验粮”最为棘手。高台县额征验粮，每堆民粮 4 石 3 斗 6 升征收验粮 4 仓斗有余，即正粮每石约征验粮 1 仓斗。高台县年征仓斗正耗粮 9 649 石有余。②以此计算，高台县每年浮收验粮颇多，宋树森意识到此案被彻底查办的后果：

惟额征验粮，据称每堆民粮四石三斗六升，验粮仓斗四斗有余，以尊治征数计之，每年浮收验粮不下千数百石，设经明定章程，严革深究，非但以后均归乌有，难期振复，即以前浮收者，年远数巨，何堪吐赔？与案友踌商至再，除既往据免着赔外，自今为始以司房扣情按旧酌减，以每堆粮四石三斗内议取验粮二

① 《高台县禀稿簿》，光绪十九年六月十七日，第 17 册，第 456—457 页。

② （清）傅秉鉴编：《甘肃清理财政说明书》，载北京图书馆出版社影印室辑《清末民国财政史料辑刊》第 19 册，北京：北京图书馆出版社，2007 年，第 202 页。

斗以而津费苏民困，吾父台央于觉察，拟请记过，以了此案。至各绅殷鸣凤、郭维藩等，藉因冒控，发学严饬，以儆刁妄。遵催扣情，拟稿援案送内。若无变易，三五日即可详院。能否，当房所拟各节关准详覆，俟案判出，刻即录呈。惟是司房以案关重大，措词援办，极费经营，所需笔资请从厚赏，遵商再酬。需大衍之数，本应请示再行应给，奈事关切，迫不及待，恐误事机，应承托力援（办）。擅专之愆，尤望原鉴。院书酬笔，商定另布。①

宋树森担心浮征验粮被查治后另立章程，不仅将来高台县无此浮收，而且以前浮收的部分还要追赔。为此，他与承办书吏再三商量，给高台县陈昌记过处分，免赔过去历年高台县已征验粮，此后减半征收验粮，由仓斗 4 斗减为 2 斗。司房书吏借口该案事关重大、筹办费力，重索笔资银 50 两。省友考虑到事机重要，先予应承，再向高台县陈昌禀报。

二、“偷换”验粮度量衡

该案遂按司房书吏所议稿子递上，上宪允准，唯将验粮征收标准由房书所议的仓斗 2 斗减为 1 斗。省友得知后，再次恳请司房书吏设法将“验粮仓”字样暗为删去，即在原文中将“仓”字抹去，“以市升抽收，稍资津贴”②。

藩司书吏所拟稿子，已将高台县验粮征收标准减掉一半，藩宪又在此基础上砍掉一半，即缩减至原额的 25%，高台县浮收额势必受到大幅压缩。省友图谋将高台验粮度量衡自“仓斗”改为“市

① 《高台县禀稿簿》，光绪十九年六月二十三日，第 17 册，第 458—460 页。

② 《高台县禀稿簿》，光绪十九年六月二十五日，第 17 册，第 461—462 页。

升”，其目的不过是利用官方与民间的度量衡折换差，为高台县谋取尽可能多的验粮收入。验粮改征“市升”多少，“市斗”与“仓斗”间如何换算，《高台县禀稿簿》均无记载，此处不得不借助其他资料进行旁证。

“仓斗”为官方度量衡，是全国统一的；“市斗”为市间贸易时所用度量衡，因地而异。甘肃省各州县“市斗”与“仓斗”的折换率也不尽相同。首县皋兰市斗“二斗方合仓斗一石”①，靖远县“市斗二斗三升抵仓斗一石”，伏羌县“以市斗二斗抵仓斗一石”，西和县“以市斗三斗五升抵仓斗一石”，宁州和武威县“市斗六斗抵仓斗一石”，抚彝厅市斗“五斗六升抵仓斗一石”，东乐分县市斗“五斗五升抵仓斗一石”，宁夏县、宁朔县“五斗九升抵仓斗一石”。②仓斗一石即为仓斗十斗，市斗有二三斗折为仓斗一石者，也有五六斗折仓斗一石者，可见甘肃州县市斗较仓斗为大。据此推测，高台县“市斗”也较“仓斗”为大。③

省友同藩司书吏商议以“市升”来取代“仓斗”，恐怕是袭用甘肃各属征收惯例中“以市斗抵仓斗”这一故智。④通过度量衡的周转

---

① 《狄道草稿簿》，光绪十六年四月十一日，第 17 册，第 50 页。

② （清）傅秉鉴编：《甘肃清理财政说明书》，载北京图书馆出版社影印室辑《清末民国财政史料辑刊》第 19 册，北京：北京图书馆出版社，2007 年，第 101、108、115、147、163、169、172、182、184 页。

③ 甘肃宣统年间的“征收惯例”中无高台县“市斗”“仓斗”折算信息。参见（清）傅秉鉴编：《甘肃清理财政说明书》，载北京图书馆出版社影印室辑《清末民国财政史料辑刊》第 19 册，北京：北京图书馆出版社，2007 年，第 202—203 页。

④ “地方官盈余名目甚多，约其大端，总以银、粮、草、税为大宗。征收惯例，各属虽有不同，撮其大要，不外以钱折银、以多报少、以上色易下色、以市斗抵仓斗、以折色报本色，层层剥削，周转愈多则盈余愈厚。”参见（清）傅秉鉴编：《甘肃清理财政说明书》，载北京图书馆出版社影印室辑《清末民国财政史料辑刊》第 19 册，北京：北京图书馆出版社，2007 年，第 91 页。

折算，为高台县谋得征粮盈余。甘肃宣统年间的“征收惯例”简言，高台县应征仓斗正耗粮“每石加收土、验粮二升，共收粮一百六十余石，照数拨发仓书、斗级口食”①。此处的“升”比较模糊，未明确“升”为“仓升”或者“市升”。若为仓斗系统的“升”，则十升为一斗，每石加收二升，每堆民粮四石有余，当收土、验粮八升有余，与上面藩宪减准的验粮仓斗“一斗”还略有减少，省友似乎没有进行运作的必要。若按“市升”来考量，高台县每堆民粮加征土、验粮八升有余，按照甘肃市斗二三斗至五六斗折合仓斗一石即仓斗十斗来算，八市升约合仓斗一斗三升至四斗，比较符合省友“以市升抽收，稍资津贴”的思想。因此，“征收惯例”中的“升”，在高台县实际操作中很有可能是指“市升”。

高台县浮收验粮是违规行为，既经藩宪减准为验粮仓斗“一斗”，无论是高台县令，还是省友与书吏，都不便再公开争取提高验粮征收标准。因此，省友采取偷换“度量衡”的办法来增加高台县的征粮盈余。省友和司房书吏的操作空间在于，利用地方度量衡的混乱，瞒过上宪的法眼，换得文案的顺利核准。此案最终以“仓斗”改为“市升”的方式送给藩臬两司签准，并详文总督部院。省友复恳请院房书吏尽力照案批准，院房书吏索要笔资银 30 两，省友拟给 20 两。②

---

① （清）傅秉鉴编：《甘肃清理财政说明书》，载北京图书馆出版社影印室辑《清末民国财政史料辑刊》第 19 册，北京：北京图书馆出版社，2007 年，第 202—203 页。

② 《高台县禀稿簿》，光绪十九年补七月初一日，第 17 册，第 470—471 页。

小 结

州县招省审理案件一般有两种情况：其一为重大命案，例由臬司审理；其二为州县绅民控案，因涉及州县官或者差役，招省审讯。州县案件提省审讯之后，省友带领州县差役前往臬司投文，应承使费，将犯人交给首县关押，等待审讯。臬司会同藩司，将提省审讯案件交发审局审讯。发审局审定后，详文臬司，臬司会同藩司复审。复审无异议，再详报陕甘总督审批。在案件的审理过程中，省友时刻打探案件过堂信息，向州县官汇报；针对审讯过程中出现的关节，省友根据情势，应付疏通。鉴于役犯在省城候审期间的口食支付压力，省友情愿应承使费，换得案件早日审结，遣返州县。

司院书吏在利益驱动下对州县解省案件的不规范运作，一方面固然出于因案索费的内在需求，另一方面也因其具有直接处理文案、熟谙处置机宜的专业优势。在上宪业务不过硬、看稿不仔细的情况下，省友和书吏往往能瞒天过海。因此，上宪的官威关防与敬业程度，决定了省友与书吏的运作空间大小。

第六章
省友与州县的省城财政支出

州县的财政收支问题，学界已有很多精彩讨论并达成了一些共识。例如，州县俸廉不敷支出，州县通过法外浮收、陋规来弥补财政缺口。[①]州县向上级衙门支付的规费、礼品、摊捐，要比州县起运项目多得多，给知县们造成很大的财政负担。[②]至于这种财政负担到底有多大，瞿同祖据漳州知州周镐"准之廉俸，不啻数倍"[③]，笼统推测供应上司费用远远超过州县官的全部薪俸。[④]实际情况如

---

① [日]佐伯富：《清雍正朝的养廉银研究》，郑梁生译，台北：台北商务印书馆，1996年；瞿同祖：《清代地方政府》，范忠信等译，北京：法律出版社，2011年；魏光奇：《有法与无法——清代的州县制度及其运作》，北京：商务印书馆，2010年；何平：《清代赋税政策研究：1644—1840年》，北京：中国社会科学出版社，1998年；周健：《清代财政中的摊捐——以嘉道之际为中心》，《中国经济史研究》2012年第3期；刘凤云：《养廉银无以养廉——以乾嘉时期摊捐官员养廉银为中心的考察》，《史学月刊》2020年第11期等。

② [美]王业键：《清代田赋刍论：1750—1911》，高风等译，北京：人民出版社，2008年，第64、71页。

③ 州县官"莅任之初，以及交代盘查，奏销册报等项，由府房以至司、院各房，随举一事，必有规费。准之廉俸，不啻数倍矣"。参见(清)贺长龄辑，魏源编：《皇朝经世文编》，载(清)魏源撰，魏源全集编辑委员会编校《魏源全集》第14册，长沙：岳麓书社，2011年，第53页。

④ 瞿同祖：《清代地方政府》，范忠信等译，北京：法律出版社，2011年，第42页。

何,则需进行量化分析。甘肃省友禀报州县官的底稿与信件簿中,留存大量州县廉工银领取支用与州县在省城的财务开支信息,为研究州县的省城财政支出状况提供了第一手的资料来源。本部分拟通过梳理省友笔下记录的州县廉工银领取、使费开支机制,对州县廉工银的支用进行数据分析,揭示州县财政公私不分体制与地方吏胥浮加勒派等弊政的联系。

第一节 省宪衙门规费

按照常理,州县与藩司的财政关系,无非是官员廉俸银、吏役工食银、马料银的领取和地丁银的解缴问题。但通过禀稿信件簿可看到,州县官除常规性地领取廉俸工食银外,更重要的问题是财政支出。州县官既要支应名目繁杂的各种规费,诸如扣平、使费、字工费、核册费、房费、司院书吏饭食银、年节礼等,还要应付官亲差役过往盘费川资,捐助亲朋好友,采买衙门所需各种办公与生活用品。对于"苦缺"州县官来说,藩司所发实难抵扣其在省城的各项开支,甚至卸任时仍然债台高筑。

一、上宪节寿规礼

州县官向上宪致送节寿规礼,是上下级联络情谊的常规做法。据史料记载州县官颇以节寿陋规为苦。何绍基到四川按试时,"共考过十五府、州、厅。每接见各牧令,询问地方情形,无不以上司到任及节寿陋规为苦者。缘各州、县每年致送总督、藩、臬及本管道府三节两(寿)生日并到任规礼,缺分□优者约一万数千两,中下者以次递减,□瘠者十余缺,止送本管道府"[①]。

从省友的记载来看,甘肃上宪节礼、寿礼规格有定章可循。每逢督抚、藩臬两司及其家人寿辰,甘肃省首府首县代表全省官员公祝,州县官亦可以单独进省祝贺。光绪八年三月适逢陕甘总督谭钟麟寿辰,首府和首县代表藩臬司道、现任各府厅州县官公做寿屏、对联、寿礼等物,于十七日抬送院署,照依旧例备办门包银 11 两、巡捕官礼银 6.8 两以及小费、随封各项。以上各项费用,由各官照数分摊。[②]

若州县官想单独致送,可由省友操办。省友会准备寿对、寿烛与百合、鱼翅、鱿鱼、喜酒、木瓜、海参、鱼肚等寿礼,雇人抬送。上宪可全收,可酌留,可全璧,唯其家人门包、随封不可缺少。[③]可见节寿、规礼、门包是官场上常见的一项支出。

二、上宪家人门包

州县官向上宪敬送礼物,必须备办门包,否则有吃闭门羹之忧。光绪十五年十二月,省友奉狄道州之命给兰州道、兰州府备办年礼。他与狄道州王大爷一起商办十种礼物,"执版呈送,因无门敬,往返数次,不得达内","书等以不日钧驾贺年晋省,再为照章致付,恳说再再,奈执事者坚不肯允"。省友无奈,"每处酌兑数金,仍

① (清)何绍基:《何绍基诗文集》卷2《请旨饬裁陋规折》(咸丰四年五月二十六日),龙震球、何书置点校,长沙:岳麓书社,1992年,第755—756页。

② 《平罗底稿簿》,光绪八年三月十七日,第49册,第22821页。

③ 《陇西信件簿》,光绪七年九月初四日,第29册,第13845页。

不允诺”，“事不得已，与道署兑送门敬银一十二两，随封银一两弍钱、执帖银六两、跟班银四两，给各役小费钱弍千文。府署门敬，极力婉说，幸作罢议；惟执帖、跟班共付银八两，各项小费需钱弍千文”。道、府门包共用银31.2两，钱4 000文，省友垫银25.64两。致送年礼，兰州道点收百合、贡香二色，兰州府点收贡香、冬笋、年糕三样，道、府谢帖由王大爷带回。①

光绪十七年十二月初七日，省友奉狄道州之命，向新任藩宪沈晋祥致送补服各物，因未备门包而被迫抬回礼品：

> 藩宪之礼，遵缮礼单，均包妥固，同即来人执禀抬送。讵其执帖门公索取门包，方肯上回。晚等即答以此不过效敬大人些须之物，不为甚礼，门包一切故莫备办，不日呈送年礼，所有门包、茶敬、随封小费，均婉说至再，坚不肯允，必令门包照数兑送足，始准转回。延压半日，莫能上达。伏思门包为数过巨，实难擅专，踌躇无奈，只得抬转。捕服（按：补服）各件，遵暂收存，应否备兑门包，执版呈送，或俟稍从缓，伺年礼一并馈送之处，尤请钧夺，速示祗遵。倘花银数金能使济事，即当擅专，断不敢往返请示，有稽时日也。伏望鉴原是祷。②

因门包为数过巨，非数两银子所能解决，省友不便擅行封给，只好先抬回礼品。从省友后面的记载可知，致送方伯的靴、补服各物暂存在省友这儿。十二月十三日前后，在狄道州李爷陪同下，省友将补服与年礼一起抬送，沈晋祥点收油、烛、橘、香四样③。在向

① 《狄道草稿簿》，光绪十五年十二月廿七日，第17册，第17—18页。
② 《狄道草稿簿》，光绪十七年十二月初七日，第17册，第161—162页。
③ 《狄道草稿簿》，光绪十七年十二月十三日，第17册，第168—169页。

陕甘总督、藩司、臬司、兰州道、兰州府各宪呈送节礼时，院道门包均无异议，唯藩司、臬司两宪门包争议较大：

惟藩署云大人到任时，老爷亲送门包系十六两，执帖、跟班各四两，兹门包一切共送银十六两，较前悬殊，疑晚等作弊，延压不回。遵李爷说恳至再，先后复共添补银六两四钱，始承应允。臬垣以所送四两，令作执帖定使，另再补兑四金，以作跟班之费。晚等力说不肯，推俟明正老爷贺年来省，再为补送。府署门包系由署中带来，内有色银一块，计重九两三钱，挑出不收，遵由元兴昌照数换交，带省原银仍交李爷携署呈缴。各署送礼小费，共需钱壹拾壹千文，李爷使返署盘费钱壹千伍百文，均由元兴昌照数取用。[①]

门包之所以有争议，原因在于布政使沈晋祥到任伊始，狄道州喻大老爷拜见时致送门包银 16 两，另给藩司执帖、跟班家人各银 4 两。此时省友与李爷致送年礼，共封门包银 16 两，门上家人认为省友从中作弊，退回门包，延不向藩司回禀。李爷恳说再三，添补银 6.4 两，藩司门上方才允诺下来。与藩司门包银 22.4 两相比，狄道州致送臬司 4 两门包，显然悬殊颇多。臬司门房要求将此次所送 4 两给执帖家人使用，需再补送 4 两作为跟班家人费用，省友只好答应狄道州来省拜年时再为补送。

从上段引文可知，狄道州致送上宪的年礼门包，或从元兴昌商号取用，或自署中带来。禀函中称兰州府门包由李爷自狄道州署中带来，里面有一块重 9.3 两的色银，对方挑出不收，省友只好

① 《狄道草稿簿》，光绪十七年补十二月十三日，第 17 册，第 165—167 页。

自元兴昌换交。虽然禀函中未对督、藩、臬、道各宪门包来源进行具体说明，但从兰州府对有色银块的处理，以及各署送礼小费银11 000文、李爷返署路费钱1 500文均自元兴昌照数取用可知，元兴昌商号是狄道州在省城借垫银款的合作商家。

三、幕友巡捕节敬

幕友作为上宪的机要秘书，在州县省务运作中发挥着关键作用。他们可在行政规制与实际操作中灵活变通，使州县事务朝着不同的方向发展。鉴于幕友的关键地位，每逢端午节、中秋节与春节，州县官按例向院司幕友、文武巡捕呈送节敬。①光绪十六年，高台县陈昌经省友代送陕甘总督幕友黄阁乡节敬银8两、藩司幕友任已三节敬银6两，院署瞿、戴、陈巡捕每人银4两，取获收条5张，报呈狄道州查阅。②光绪十六年年底，高台县循例送院署黄师爷节敬银8两，文武巡捕陈、林、左三位节敬银各4两，司署任师爷节敬银6两。③

若州县刑名案狱较多，需视情向臬司幕友致送节敬。鉴于高台县刑案繁多，省友请示陈昌是否应向臬司幕友李晋三、发审局幕友邵筱雅致送节敬。④

州县致送院司幕友、文武巡捕的节敬银，本为人情，实成旧规。光绪十七年四月陕甘总督文武巡捕陈、林两人，遣专人前往

① 《高台县禀稿簿》，光绪十六年四月二十四日，第17册，第325页。
② 《高台县禀稿簿》，光绪十六年八月十六日，第17册，第348页。
③ 《高台县禀稿簿》，光绪十六年全月廿七日，第17册，第361—362页。
④ 《高台县禀稿簿》，光绪十五年八月十六日，第17册，第289页。

高台县省友处催要端午节节敬。省友对此颇有微词，言各处节敬自然会遵谕在节前如数兑送，省友虽未接到陈昌向陈、林两巡捕致送节敬银的明确授意，奈“前途以人情视作旧规”，“陈、林耑人守催”，省友“遵婉回达，坚不肯允，力推无奈，恐因区区，致生议论，遵即兑送”。①

省友致送上宪寿礼、节敬时，自称“如稍能撙节，书必竭力从俭，断不敢糜分文”，只是“若辈之狡，久在洞鉴”。光绪十六年，狄道州致送道署寿礼共需门敬银 19 两，省友表示该费用“系书极力说恳，磨减至再之数，因跟班嫌少，尚在争添，推诿不过，含混应承”，期望喻炎丙能够照准。②

综上所述，省城院司道府节寿、门包等费用，是州县官在省城的一项主要开支。道光二十九年（1849 年）甘肃清查案内，前任岷州知州陈昌言禀称“在任八年，不善夤缘巴结，曾送院司道府节寿、门包、公帮等项”，用过银 13 723 两③，年均合银 1 715.375 两。岷州知州每年额定廉俸公费银 814.865 两，包括养廉银 600 两、公费银 160 两、俸银 54.865 两，④不足省衙规费支出之半。这印证了瞿同祖的观点，州县供应上司费用远远超过州县官的全部薪俸。⑤

---

① 《高台县禀稿簿》，光绪十七年五月初八日，第 17 册，第 384—385 页。

② 《狄道草稿簿》，光绪十六年三月二十三日，第 17 册，第 44—46 页。

③ 任国维主编：《祁寯藻集》第 1 册《日记 · 甘肃查办全案》，太原：三晋出版社，2009 年，第 323、328 页。

④ （清）傅秉鉴编：《甘肃清理财政说明书》，载北京图书馆出版社影印室辑《清末民国财政史料辑刊》第 18 册，北京：北京图书馆出版社，2007 年，第 455、457 页。

⑤ 瞿同祖，《清代地方政府》，范忠信等译，北京：法律出版社，2011 年，第 42 页。

第二节　省衙行政经费开支

清代州县与上级衙门间，“苟稍有文牍款项之往来交接，即无一不须费用”。审核造报册籍有费，“投一文有费，掣一批有费，解款领款有费，甚至一解一领同时皆须有费”，“此外如房费、小费、站堂、过帐、挂号又无不有费”，“事无论公私，非费不成”。州县被视为上级衙门一切公私费用的来源。其结果是各项杂费成为州县一项大宗支出，使州县官疲于应付。①

一、领解费用

1. 解费

州县向藩司解缴地丁、正杂各税时，有平余、火耗、解费、投文扯批钱等项开支。以化平厅地丁银为例，省友需代垫费用如下：

> 运来地丁银三百三十两九钱八分六厘，缴库兑收。五十两包，每封短银七钱，计六封共短银四两二钱，尾封短银四钱五分，又加火耗银六两七钱二分，共库平银一十一两三钱七分，加合兰平银一十一两八钱二分五厘。需库书等项小费银六两五钱，投文扯批钱一千二百文合银八钱，统共不敷银一十九两一钱二分二厘，书即措垫，如数交清。②

① 《河南全省财政说明书》，载中央财经大学图书馆辑《清末民国财政史料辑刊补编》第6册，北京：国家图书馆出版社，2008年，第645、647页。

② 《化平厅草簿》，光绪十三年三月初十日，第33册，第15319—15320页。

此处所涉垫款名目，分析如下。

火耗，又称“火耗、平余”“二零三堂扣”。州县每解地丁、正杂各税及各项盈余变价等款，每银百两，藩司扣平余、火耗银 2 两 3 分，用作藩司公费。其中，藩司得平余银 8 钱、火耗银 6 钱，库大使得银 1 钱 5 分，管库得银 1 钱 5 分，房书得银 2 钱，库子得银 2 分，挞码验色祭库摊银 1 钱 1 分。[①]引文中化平厅的 6.72 两火耗银，即藩司的二零三堂扣。

堂扣之外，另有解费。解费，即州县在税额外向藩司库书支付的弹平、收款、验色等项小费。[②]解费支付标准，因税款名目而异。化平厅地丁银 330.986 两，收库书等项小费 6.5 两。[③]解费占比 1.96%，即每银百两约需解费 2 两。狄道州粮价银每 100 两解费 1 两。[④]

短平，主要指解款银色折为库平后的短少或不足部分。甘肃省城交易多用兰平银，而官款出入以库平折算，兰平每 100 两较库平少 4.2 两。州县报解藩司银两，无论何种款项，如果平色不足，即为短平，需照数兑换补足，称为补平。化平厅运解地丁银 330.986 两至省，省友以兰平每 100 两加银 4 两作为库平 100 两，亲手核实兑算，共需短平银 4.65 两，照数设措垫支。[⑤]该项支出，与投文扯

① (清)傅秉鉴编:《甘肃清理财政说明书》，载北京图书馆出版社影印室辑《清末民国财政史料辑刊》第 19 册，北京:北京图书馆出版社，2007 年，第 214、223 页。

② 《清水县草簿》，光绪二十三年七月初六日，第 33 册，第 15630 页。

③ 《化平厅草簿》，光绪十三年三月初十日，第 33 册，第 15319—15320 页。

④ 《狄道草稿簿》，光绪十八年冬月初十日，第 17 册，第 244—245 页。

⑤ (清)傅秉鉴编:《甘肃清理财政说明书》，载北京图书馆出版社影印室辑《清末民国财政史料辑刊》第 18 册，北京:北京图书馆出版社，2007 年，第 210 页;《化平厅草簿》，光绪十三年二月初十日、四月初、七月廿六日，第 33 册，第 15319—15320、15323 页。

批，均属州县解款中的杂费开支。①

投文扯批，即州县起解银两时另具随文小批，载明解银细数，递交藩司。藩司核与原禀数目相符，示期兑收。兑讫，藩司出具库收，由州县扯领。②州县投文扯批时，需依例交纳钱文，称为投文扯批钱。③如上述化平厅地丁银330.986两，需投文扯批钱1 200文，合银8钱。④

据学界研究，江苏南部解费占税额的5%，湖南为3.3%—3.4%，广西为3.5%。⑤甘肃省友笔下所记解款费用，除定额二零三堂扣外，其他小费因解缴款项不同而有所区别。草价银解费占到税款总额的7.41%，畜税占4%，地丁银解费占比不一，低者1.98%，高者4.32%。除州县缺分因素外，清水县同年的两次地丁银解费竟然也不相同，或因其他小费支付有商讨空间所致。

2. 领费

州县领款，例有堂扣和院司房费两大块开支。其中，祭祀、俸工等领款，每百两堂扣2两7钱，即"二七堂扣"，此外有院司房费5两2钱，合计每百两例扣7.9两。驿站夫马工料等款，每百两扣3两7钱，即"三七堂扣"，尚有院司房费3两4钱，合计每百两扣7.1两。换言之，州县每领银100两，只能领得实银92.1—92.9两。⑥

---

① (清)傅秉鉴编：《甘肃清理财政说明书》，载北京图书馆出版社影印室辑《清末民国财政史料辑刊》第19册，北京：北京图书馆出版社，2007年，第448页。

② 朱金甫、张书才主编：《清代典章制度辞典》，北京：中国人民大学出版社，2011年，第301页；《光绪朝法律公牍(礼县)》，光绪八年三月十五日，第51册，第24141页。

③ 《河南全省财政说明书》，载中央财经大学图书馆辑《清末民国财政史料辑刊补编》第6册，北京：国家图书馆出版社，2008年，第649页。

④ 《化平厅草簿》，光绪十三年三月初十日，第33册，第15319—15320页。

⑤ [美]王业键：《清代田赋刍论：1750—1911》，高风等译，北京：人民出版社，2008年，第72页。

⑥ (清)傅秉鉴编：《甘肃清理财政说明书》，载北京图书馆出版社影印室辑《清末民国财政史料辑刊》第19册，北京：北京图书馆出版社，2007年，第223页。

表 6-1　光绪朝甘肃州县解费表

（单位：两）

州县	时间	名目	正项		火耗		小费	投文扯批钱/兰平银	解费总额兰平银	占比
			库平银	兰平银	库平银	兰平银				
碾伯县①	光绪八年五月	草价银	540 余	*560 余*					40 余	7.14%
化平厅②	光绪十三年三月	地丁银	330.986	*344.225*	6.72	*6.989*	6.5	1 200/0.8	14.289	4.15%
董志原分县③	光绪十三年四月	地丁银	120 余	*124.8—134.2*	2.514	*2.615*	1.5	800/*0.534*	4.649	3.46%—3.73%
狄道州④	光绪十六年三月	畜税	37.9	*39.416*	0.77	0.8		1 100/*0.71*	1.51	3.83%
清水县⑤	光绪二十三年四月	地丁等	2 500 余	*2 600 余*	49.609	*51.593*	15	3.2	69.793	2.68%
	光绪二十三年七月	地丁银	2 053.09	*2 135.214*	41.677	43.344	12	2.8	58.144	2.72%

说明：省友禀报时兼用库平银、兰平银与制钱，为使数据核算更为精确，特将表中库平银按 1∶1.04 转换为兰平银，即兰平银 100 两加银 4 两，作为库平银 100 两（参见《化平厅草簿》，光绪十三年四月初，第 33 册，第 15323 页）；投文扯批钱也按当日省友禀函中禀报的数额或据表 2-2 中的银钱比价数据转换为兰平银，转换所得的数据用斜体字表示。“占比”栏数据，为“解费总额兰平银”栏数据除以“王项兰平银”栏数据而得。

① 《碾伯公牍禀稿簿》，光绪八年五月廿二日，第 29 册，第 13829 页。

② 《化平厅草簿》，光绪十三年三月初十日，第 33 册，第 15319—15320 页。据文中库平银 11.37 两合兰平银 11.825 两，即每库平银 1 两可换兰平银约 1.04 两，火耗库平银 6.72 两合兰平银 6.989 两。

③ 《董志潘草稿簿》，光绪十三年四月初五日，第 33 册，第 15542—15543 页。库平银 2.514 两合兰平银 2.615 两。

④ 《狄道草稿簿》，光绪十六年三月初三日，第 17 册，第 40 页。

⑤ 《清水县草簿》，光绪二十三年四月十八日、廿二日，七月初六日，第 33 册，第 15621、15622、15630 页。

事实上,甘肃州县领款扣费,多超出官方明定的数目。光绪九年抚彝厅领取秋季半季工料银 116.755 两时,扣去三七堂扣银 4.32 两、库子纸费银 0.7 两、库房费银 1.5 两、院房挂费银 1.3 两、臬司房费银 2.3 两、藩司房费银 3.6 两,共计 13.72 两,占应领款总额的 11.75%。[①]光绪八年五月,陇西县叶令领取其前在贵德厅任内的三成俸银 62.14 两时,共扣 14 两,占应领总额的 22.53%。[②]唯巴燕戎格厅的土勇口食银 309.73 两,仅扣银 14.863 两,占应领总额的 4.80%,低于官方明定数目。[③]

州县为节约运输成本起见,选择以领款来抵扣应解款项。如此一解一领之间,亏折很多。[④]光绪十三年四月,化平厅拟以廉工银 278.102 两,解抵应缴地丁银 285.921 两。据省友汇算,廉工银扣除二七堂扣,仅可领银 270.593 两;应解地丁银 285.921 两,因需加扣火耗银 5.804 两,实需解缴地丁银 291.725 两。以领抵解,共短少银21.132 两。再加上领解各费,总共需补银 40 两左右。[⑤]

州县领解费用,如此积少成多,为数不赀。据甘肃省统计,仅藩库解款二零三堂扣,以及领款之二七、三七堂扣,每年共扣存银 1 万两左右。[⑥]其他房费、投文扯批钱等开支,尚未计算在内。

---

① 《抚彝禀稿簿》,光绪九年十一月十六日,第 31 册,第 14640 页。

② 《陇西县稿底簿》,光绪八年四月廿九日、五月十九日,第 31 册,第 14353—14356 页。

③ 《清水县草簿(巴燕戎格厅)》,光绪二十三年正月十五日,第 33 册,第 15683 页。

④ (清)傅秉鉴编:《甘肃清理财政说明书》,载北京图书馆出版社影印室辑《清末民国财政史料辑刊》第 19 册,北京:北京图书馆出版社,2007 年,第 223 页。

⑤ 《化平厅草簿》,光绪十三年四月初,第 33 册,第 15322—15323 页。

⑥ (清)傅秉鉴编:《甘肃清理财政说明书》,载北京图书馆出版社影印室辑《清末民国财政史料辑刊》第 19 册,北京:北京图书馆出版社,2007 年,第 225 页。

二、饭食银

清初朝廷裁减书吏饭食银，使书吏成为衙门内无薪工作的群体。书吏承办州县各项事务时，往往视所办文案、州县缺分索取数额不等的辛苦费，作为自己的生活费用。

甘肃省衙书吏饭食银，据政治局势与州县余润而浮动。嘉庆二十年，陕西道监察御史胡承珙称："直省州县解送抚藩等衙门书吏饭食银两，逐年增加，有较之从前多至六七倍者。"①晚清农民起义不断，社会遭到重创，经济萧条，书吏饭食银随之缩减。据省友宋树森言，甘肃"院司各房应需饭食，军兴以来多则点缀，若照旧章，实力不能支"②。光绪八年开始，一切公事均照旧例，司院饭食催缴如旧。③院、司、道、府各书饭食，陕甘总督谭钟麟做主，严文催解。各处州县或私自交给，或投文申交。④交纳完毕，省友扯得批回，呈缴州县官查考。⑤

院房饭食，按季按班给付。院署书吏每年两班，冬春一班，夏秋一班，所需饭食按季付给。具体数额，视州县缺分与院署房科而定。光绪元年议定，院署户房与工房税务工程饭食，每季上缺州县 8 两、中缺 6 两、下缺 4 两；兵、刑两房，上缺 6 两、中缺 4 两、

---

① 《掌陕西道监察御史胡承珙奏请查禁胥吏积弊事》，嘉庆二十年六月二十九日，录副奏折，档号：03-2403-018。

② 《抚彝禀稿簿》，光绪十年三月廿四日，第 31 册，第 14658 页。

③ 《光绪朝法律公牍（礼县）》，光绪八年四月二十三日，第 51 册，第 24145 页；《光绪朝法律公牍（渭源县）》，光绪八年二月十五日，第 51 册，第 24180 页。

④ 《光绪朝法律公牍（渭源县）》，光绪八年五月初六日，第 51 册，第 24186 页。

⑤ 《平罗底稿簿》，光绪七年九月初二日，第 49 册，第 22800 页。

次缺二三两。[①]臬司驿站房书饭食银，华亭县每季 2 两，刑房比规一切在内共计 4 两；藩司各房房费，华亭县每季共银 17 两，照房分摊。[②]常规饭食外，另有大计饭食、畜税饭食等杂项开支。[③]

藩司饭食银，多从州县领款中按季划扣。光绪七年九月，藩宪饬令传扣饭食，众人毫不敢违，平罗县每季应扣饭食银四五十两。此次冬季工食银，扣完饭食后仅实领银 2 两有奇。[④]为避免藩宪卡点扣款，省友宁愿推迟领款时间。光绪七年十一月，州县在藩司凡有领款，则扣除饭食银七八十两，一年两次共需扣一百五六十两。碾伯县省友为避免藩司发款“毒扣”，将姚长龄应领秋冬养廉银推至第二年春天领取。[⑤]

臬司驿站饭食银，像藩司一样从州县应领工料银内扣除。高台县每季应付臬司驿站饭食银 12 两、督院驿站饭食银 4 两，历任均自工料银内照数划扣。[⑥]若州县驿站领款来自留支款项，不需从省城领取，臬司驿站饭食银则需从驿站奏销上想办法。[⑦]

若州县在省城无款可扣饭食，则需上宪书吏另外札文催解[⑧]，或由省友按季呈解[⑨]。平番县应解院署驿站饭食，由省友按季结清。若省友未及时转交，房书则会发文催解。光绪十五年腊月，平

---

① 《平罗底稿簿》，光绪八年三月十八日，第 49 册，第 22822 页。

② 《光绪朝法律公牍(华亭县)》，光绪八年三月廿日，第 51 册，第 24099 页。

③ 礼县原额畜税饭食，每季 6 两。参见《光绪朝法律公牍(礼县)》，光绪八年四月二十三日，第 51 册，第 24145 页。

④ 《平罗底稿簿》，光绪七年九月二十日、二十六日，第 49 册，第 22805 页。

⑤ 《碾伯公牍禀稿簿》，光绪七年冬月十五日，第 29 册，第 13809—13810 页。

⑥ 《高台县禀稿簿》，光绪十五年冬月初六日，第 17 册，第 292 页。

⑦ 《光绪朝法律公牍(渭源县)》，光绪八年五月廿二日，第 51 册，第 24187—24188 页。

⑧ 《平罗底稿簿》，光绪八年三月十八日，第 49 册，第 22822 页。

⑨ 《抚彝禀稿簿》，光绪十年三月廿四日，第 31 册，第 14659 页。

番县接到院署驿站房书催缴饭食火签，平番县门上苑雨亭表示不解，这笔钱已经给过省友，为何没有转交？省友解释道："院署驿站饭食，以前各季均已给清，惟冬季银两虽未付楚，而该管董姓早与敝处有通融之项，是以弟前与伊言明年底核算，互相清找。"省友执持火签前往理论，方才知道该管董姓"有事在家，数日未来，致先生具稿通行，未悉其详，故致误催"，并表示已和对方说明，不会再次催解。①若州县屡催不应，司院书吏则各显神通，在办理州县其他事务时趁机索要。

三、册费

清代督抚作为一省或数省最高行政长官，负责奏报辖下钱粮、刑名、吏治等事务。但其"统而不管"的特征②，使藩臬两司作为督抚麾下的两大职能部门，承担了审核、详转州县册籍的职责。司房书吏造册时，"工食之外，纸张有费，笔墨有费"，取索于州县官，作为办公补助经费，于是有各项册费名目。③为避免书吏向州县官滥索册费，乾隆八年，甘肃巡抚奏报酌留各衙门书吏册费银，藩司每年共留银 2 800 余两，总督部院与臬司各留银 500 余两。④但这个额度恐怕不够省宪衙门书吏办公开销。凡州县各项册籍到达省宪衙署，省友均代表州县循例支应册费，以便藩臬两司、陕甘总督早日核准文册，奏咨

① 《各友启事稿簿》，光绪十五年腊月十一日，第 34 册，第 15867 页。

② 魏淑民：《清代乾隆朝省级司法实践研究》，北京：中国人民大学出版社，2013 年，第 8 页。

③ 《河南全省财政说明书》，载中央财经大学图书馆辑《清末民国财政史料辑刊补编》第 6 册，北京：国家图书馆出版社，2008 年，第 645 页。

④ 《甘肃巡抚黄廷桂奏报酌留书吏册费银两等事》，乾隆八年四月初三日，朱批奏折，档号：04-01-35-0887-028。

题报。

1. 交代册费

交代册费例有旧章，甘肃省友有账簿可查[①]，州县衙门也存有往年数据[②]。司院具体册费数额，因交代种类、州县缺分、交代册多寡而互有参差。光绪七年，平罗县向司院房友支付钱粮、驿站、刑名交代册费银 138 两。[③]华亭县向司院房友支付钱粮交代册费银 30 两、铺兵交代册费银 34 两，共计 64 两。[④]

司院册费之外，另有道费、府费、部费。光绪八年渭源县驿站交代册，省友分别向兰州府、兰州道开支册费 4 两、6 两，向司院房友依次开支房费银 12 两、8 两，先生核册银 4 两。[⑤]渭源县钱粮交代册，省友开支府费 6 两、道费 10 两、藩司房费 24 两、院费 16 两、司院核册费共银 4 两。[⑥]州县摊解部费，由兰州府经手划扣，丹噶尔分府、毛目分县、庄浪分县部费皆为 10 两，陇西县为 20 两。[⑦]

交代册费虽有旧规，但有讨价还价的空间，省友、州县官与司院房友均心知肚明。州县官本着能省则省的方针，尽量撙节开支。[⑧]省友作为州县官与司院房友的中间人，在保障州县交代册

① 《平罗底稿簿》，光绪七年六月廿五日，第 49 册，第 22780 页；《东乐草稿簿》，光绪十八年十月初四日，第 35 册，第 16259 页。

② "惟交代册费，向系前后二任各半分出，曾大老爷应摊之数，请即就近如数催收，共需若干，谅有旧规，请速赐悉，藉资遵循。"《东乐草稿簿》，光绪十八年八月廿六日，第 35 册，第 16251 页。

③ 《平罗底稿簿》，光绪七年闰七月初四日，第 49 册，第 22791 页。

④ 《光绪朝法律公牍(华亭县)》，光绪七年二月十五日，第 51 册，第 24054—24055 页。

⑤ 《光绪朝法律公牍(渭源县)》，光绪八年二月十五日，第 51 册，第 24180 页。

⑥ 《光绪朝法律公牍(渭源县)》，光绪八年五月初六日，第 51 册，第 24186 页。

⑦ 《碾伯公牍禀稿簿》，无日期，第 29 册，第 13835 页。

⑧ 陇西县叶令原任贵德厅驿站交代册费，院房索银 12 两，叶令只准给 6 两。参见《陇西信件簿》，光绪七年九月十九日、十月十九日，第 29 册，第 13850、13861 页。

顺利按限出咨的前提下，尽力商减。礼县交代规费，宋树森查询旧章共需银百两，他与房友反复商减，“三分之内减少一分，计应二分，约数总在六七十两”①。抚彝厅交代时，宋树森初报钱粮、驿站、刑名交代册费，司院共需银 104 两②，最终实付 88 两③，节省银 16 两。

若房友坚持原来数额，省友也只能劝说州县官顾全大局，付费办结交代册，以免违限被处分。华亭县钱粮交代册费，经宋树森与田赋局赵先生面商，非 30 两不可。若州县官不肯答应，交代册必遭驳诘。宋树森向友人询问，皆云华亭县钱粮交代册需银 30 两，钱粮、刑名、驿站交代册费共需银 60 余两，否则难以办结。宋树森只得请华亭县雷令及早寄送交代册费，以便早日办结交代册咨报事宜。④

当然，州县实付册费，有比旧规费加多的情况。东乐分县钱粮、驿站交代共需册费银 72 两，“历任如此，相沿已久”⑤，而上届则用至 84 两⑥。个中原因，或是州县交代册错误较多，更造耗时费力⑦；或是交代册少造漏造，需司友补造⑧；或是册报违逾限期，需司友协助规

---

① 《光绪朝法律公牍(华亭县)》，光绪九年腊月初九日，第 51 册，第 24127 页。

② 《抚彝禀稿簿》，光绪九年十一月廿二日，第 31 册，第 14641 页。

③ 《抚彝禀稿簿》，光绪九年十二月十四日，第 31 册，第 14645 页。

④ 《光绪朝法律公牍(华亭县)》，光绪七年二月十五日，第 51 册，第 24054—24055 页。

⑤ 《东乐草稿簿》，光绪十八年十月初四日，第 35 册，第 16259 页。

⑥ 《东乐草稿簿》，光绪十八年八月廿八日，第 35 册，第 16262 页。

⑦ 光绪九年宁朔县钱粮交代册造年月，天壤相殊，房友更改舛错，多费 6 金。参见《光绪朝法律公牍(宁朔县)》，光绪九年二月初一日，第 51 册，第 24159 页。

⑧ 光绪七年贵德钱粮交代册至藩司，向章册费 24 两，因少造五案，共计 25 本，宋树森请司友补造，加费 10 两。参见《陇西信件簿》，光绪七年十月初九日，第 29 册，第 13858 页。

避册报迟延处分①。

省友在应承册费时，会因房友要价过高而与之产生冲突。光绪八年渭源县钱粮交代册报先至兰州府，“本府房友办妥转道，道署房友勒索饭食，定要多费”，宋树森“不敢多应，言语不投，因而吵嚷”。他担心兰州道书吏因此驳诘，遂“托商司友，照案援办”，终于使“藩司交代，业经办理妥善”，并告诉渭源县令“如道饬驳，祈交原案赶为赍省，谅不有误。设有延误，○甘领咎”②。后来兰州道书吏文催交代册费，宋树森言：“实为讨憎，书即订咛，伊乃汗颜。”③光绪十六年，宋克用拟付海城县交代册费 34 两，房友不答应。宋克用给海城县幕友彭惕如写信，言：“弟恐因小误事，拟再酌加，请人婉说，以免挑驳，又费气力。但该管之可憎久在洞鉴，未悉能允其说否。”④“可憎”二字，透露出宋克用对主管房友的痛恨。当然，省友也会因册费支付不当，而被州县官责难。交代册被苛驳时，州县官怀疑省友惜费而违误交代例限。册费过高时，州县官责备省友不够撙节。⑤省友需在违限误事与撙节应费间取得微妙的平衡。

---

① 陇西县钱粮交代册逾限百天，前任之咎，例应揭参。省友言：“若不格外照缀，一经饬揭，贻患非轻。书与郑纪商议，酌量增费六两，前任迟延，前任应付，当同房友三面说定，赶催核咨，月内定能咨部矣。”参见《陇西县稿底簿》，光绪八年八月十九日，第 31 册，第 14358 页。

② 《光绪朝法律公牍（渭源县）》，光绪八年三月初十日，第 51 册，第 24183 页。

③ 《光绪朝法律公牍（渭源县）》，光绪八年五月廿二日，第 51 册，第 24187 页。

④ 《各友启事稿簿》，光绪十六年五月廿日，第 34 册，第 15921—15922 页。

⑤ 光绪八年正月，宋树森致信礼县潘桂翁，言：“上人事宜，必当竭尽，曷敢违误，应需锱铢，敢不节俭？”参见《光绪朝法律公牍（礼县）》，光绪八年正月初六日，第 51 册，第 24132—24133 页。

交代册费由前后两任州县官对半分摊[①],归新任州县官一手支付托办[②],新任者往往托省友付给[③]。前任州县官须支付的一半册费,在其交代时一道移交后任,由后任一起支付[④];若未移交,或由现任向前任州县官索要[⑤],或由省友在省城就近索取[⑥],多是请前任州县官的省友代付[⑦]。光绪十三年化平厅交代册费共计银 60 两,应照旧例由前后两任各半分出,司院房友言:"前任一半,理应令伊自行清厘,以免轇轕。"[⑧]宋树森叮嘱现任张彦笃:"石君半分,祈由平凉就近索取,切勿汇省,以省轇轕。"[⑨]随后,宋树森和石君省友提及交代册费,"前任省友言未见信,不肯应承",宋氏全数垫给,提醒张彦笃就近催收石君应出的一半册费。[⑩]

州县交代册费,多经省友私给,而非文解。省友解释道:"若是文解,不惟司院各书均有咎戾,即书以为罪之魁首矣。"[⑪]换言之,司

---

① 《平罗底稿簿》,光绪七年六月廿五日,第 49 册,第 22780 页。华亭县交代册费,由新任州县官全付。宋树森表示前任王大老爷"以伊当初接任,交代需费,前任不认,新任全出,原交原卸,不能承认分毫"。参见《光绪朝法律公牍(华亭县)》,光绪七年二月三十日、三月初六日,第 51 册,第 24057 页。

② 《清水县草簿》,光绪十七年四月初二日,第 33 册,第 15577 页。

③ 《抚彝禀稿簿》,光绪九年十一月廿五日,第 31 册,第 14642 页。

④ 《清水县草簿》,光绪十七年四月十四日,第 33 册,第 15578 页。

⑤ 省友告贷垫支董志原分县县丞潘文镜交代册费,言前任一半册费"祈请父台自行索取,免致推延"。参见《董志潘草稿簿》,光绪十二年冬月廿五日、十二月十六日,第 33 册,第 15536—15537 页。

⑥ 《清水县草簿(巴燕戎格厅)》,光绪二十二年冬月初四日、光绪二十三年正月廿一日,第 33 册,第 15676 页、15684 页。

⑦ 《东乐草稿簿》,光绪十八年八月廿六日,第 35 册,第 16253 页。

⑧ 《化平厅草簿》,光绪十三年二月十八日,第 33 册,第 15316 页。

⑨ 《化平厅草簿》,光绪十三年二月廿二日,第 33 册,第 15317 页。

⑩ 《化平厅草簿》,光绪十三年三月初十日,第 33 册,第 15319 页。

⑪ 《抚彝禀稿簿》,光绪九年十二月初十日,第 31 册,第 14644 页。

院书吏索取交代册费是非法的，行文催解易留证据，将来一旦查出，省友与司院书吏恐有被惩之忧。另外从将来请托房友办事方便角度，省友也不建议文解。光绪十五年腊月，宋树森致函狄道州门上，详细解释私给而非文解交代各费的原因：

昨马夫至省，携解各署驿站交代册费银两俱已分交。惟各处投文钱俱未付给，皆向弟讨，未悉署中与该马夫是否交付，尤希查明示悉，藉资照付为祷。所有应需交代诸费，无论何项，若私给付，即数稍廉，该房乐从。兼有事前敝处通融之项，即可扣除。倘照公事具文批解，除门房折扣外，得受无几，致该房不能得沾实惠。遇有要件，托办掣肘，且弟给付之项，无从收还，转多轇轕。如此次驿站交代册已转司，因届年终，道府册费，该管催讨，弟即垫付。兹已文解，是弟给垫之项，虽另讨还，未悉何日方得完赵也。钱粮册费，务请回明上人，再勿具文，以期妥协为要，至祷。①

信中提及狄道州派遣马夫来省，文解各署驿站交代册费，却漏带了投文钱。宋树森对狄道州文解册费有些不快。一则，他已垫付了“道府册费”，即狄道州驿站交代在道、府层面的开支。现在狄道州又文解道府册费，势需他找道、府房友讨回已支册费，讨回时间不可控。二则，文解册费，除门房折扣外，负责造报交代册的房友所得无几，不能沾得实惠。若州县遇到比较重要的事情，托请房友办理，比较掣肘。三则，私付交代册费，房友直接沾得实惠，即便少拿一点儿也乐意。为此，他不仅请狄道州门上史湧泉、李西榴转

① 《各友启事稿簿》，光绪十五年腊月初九日，第34册，第15868—15869页。

告狄道州喻炎丙，而且也直接给负责账务的狄道州喻香山大少爷写信，讲明将来勿再具文解缴交代册费。①

除州县常规交代费用外，甘肃藩司设局清算历年交代，州县官也需支应交代清册字工银。光绪八年三月，交代局发文催要碾伯县历年交代清册字工银100余两，拟从其藩司领款中划扣。宋树森闻知后，商请司房书吏分十年摊扣，即按每任州县官任期计期扣除，以免现任碾伯县姚长龄过于赔累。②不知宋树森最后是否为碾伯县操作成功，平罗县交代清册字工银是从其春季工食银中一次性划扣，未按州县官任期长短摊扣。③

各房友在州县官现金结付册费后，方会将州县交代册结详报上去。④交代册费作为州县在省城的一笔大额开销，省友视州县财力，或当即向州县官索要，以便分给各房友⑤；或先借贷垫付，再向州县官报账⑥。州县官有随即转来册费者⑦，也有拖延不给、听任省友自其领款中划扣者。光绪七年华亭县交代册费共需银68两，

① 《各友启事稿簿》，光绪十五年腊月初九日，第34册，第15870—15871页。

② 《碾伯公牍禀稿簿》，光绪八年三月廿九日，第29册，第13824—13825页。

③ 《平罗底稿簿》，光绪八年三月十二日，第49册，第22820页。

④ “交代各案，均商妥办。各房需费，催讨甚迫，俱要现成，方能详结。”参见《碾伯公牍禀稿簿》，光绪七年闰七月廿日，第29册，第13783页。

⑤ 省友宋树森函禀清水县，言：“各案交代共需省中司院册费七十金，各半分出，前任应摊银三十五两既经冯君照数移交，统归父台给付托办，望速掷下，以资分给。”参见《清水县草簿》，光绪十七年五月初八日，第33册，第15582页。

⑥ 光绪八年，渭源县交代册费、奏销册费、逃遗册费、有无事故局费共计125.7两，宋树森借贷垫付。参见《光绪朝法律公牍(渭源县)》，光绪八年五月初六日，第51册，第24185—24186页。

⑦ 光绪十一年丹噶尔分府交代册费共银26两，袁昌鹗拟以17两完事，仅给宋树森寄银17两。宋树森表示，除收来银17两外，余银9两，请对方记档，将来归还。参见《丹噶尔分府禀稿簿》，光绪十一年四月廿二日、五月十二日，第33册，第15290、15292—15293页。

三月初六日宋树森与华亭县赵先生向客铺借银给付。若华亭县雷文渊能在当月内归还，只需还银 70 两。若有延迟，每月按 3 分生息，最迟于端午节前全额还清。[①]据此，州县官当即支给交代册费是明智之举，否则即有生息负债之累。

2. 奏销册费

每年春季，藩司照例饬令各府州县造报上年奏销册。[②]司院房友核办奏销册时，逐款索费。“若不应付，必令更造。”[③]奏销册费，因之成为州县官年度常规开支(见表 6-2)。

奏销册费的多寡，与州县奏销款目正相关，奏销款多则需费巨。[④]与交代册费前后两任州县官对半分摊不同，奏销册费应归上年负责征支官员支付。[⑤]前后任州县官交接时，前任支付册费，后任负责在限内造报。若前任交代时将奏销册费移交后任，自然好办。若前任不移交，事后又拖延不给，现任也不愿垫支，司院房友则会挑驳不办。省友此时也不敢干预，听任房友屡次催驳。[⑥]化平厅奏销册即因前任石君及其省友李姓一直未支付奏销册费而延宕下来。[⑦]省友言：

---

① 《光绪朝法律公牍(华亭县)》，光绪七年三月初六日，第 51 册，第 24058 页。

② 《抚彝禀稿簿》，光绪十年二月廿九日，第 31 册，第 14653—14654 页。

③ 《抚彝禀稿簿》，光绪十年三月十五日，第 31 册，第 14656 页。

④ 《狄道草稿簿》，光绪十六年闰二月十四日，第 17 册，第 35 页。

⑤ 《清水县草簿》，光绪十七年五月廿九日，第 33 册，第 15584—15585 页。

⑥ 光绪十七年省友问计于清水县何大爷，言：“惟应办去岁征支各项奏销及民欠征信二案，上人来信，皆系前任之事，应需之费统归前任照料，是以弟莫敢干预，致屡催驳。但问冯任，坚不理会。现蒙檄辕票提，着书入局会造。弟虽力推，尚不知能摆脱否。似此若不早为应费办妥，催驳之烦终久难免。乞代请示，如何办理，望速覆祗遵。”参见《清水县草簿》，光绪十七年冬月廿四日，第 33 册，第 15603—15604 页。

⑦ 《化平厅草簿》，光绪十三年闰四月十一日、五月廿一日，第 33 册，第 15326、15328 页。

表 6-2　光绪朝甘肃州县奏销册费表

单位：两

<table>
<tr><th rowspan="2">序号</th><th rowspan="2">州县</th><th rowspan="2">销册年份</th><th colspan="2">藩司钱粮奏销</th><th colspan="2">臬司驿站奏销</th><th rowspan="2">督院房费</th><th rowspan="2">实支总额</th></tr>
<tr><th>房费</th><th>字工</th><th>房费</th><th>字工</th></tr>
<tr><td>1</td><td>抚彝厅①</td><td>光绪九年</td><td colspan="2">24</td><td colspan="2">14</td><td></td><td></td></tr>
<tr><td>2</td><td>平罗县②</td><td>光绪七年</td><td>14</td><td></td><td></td><td>8</td><td></td><td>22</td></tr>
<tr><td>3</td><td>陇西县③</td><td>光绪七年</td><td></td><td></td><td colspan="2">12.8</td><td></td><td>12.8</td></tr>
<tr><td>4</td><td>丹噶尔分府④</td><td>光绪十年</td><td>10</td><td></td><td>12</td><td></td><td></td><td></td></tr>
<tr><td>5</td><td>清水县⑤</td><td>光绪十六年</td><td></td><td></td><td></td><td></td><td></td><td>30 余</td></tr>
<tr><td>6</td><td>清水县⑥</td><td>光绪二十五年</td><td></td><td></td><td></td><td></td><td></td><td>40 余</td></tr>
<tr><td>7</td><td>高台县⑦</td><td>光绪十五年</td><td colspan="5">48</td><td>30</td></tr>
<tr><td>8</td><td>东乐分县⑧</td><td>光绪十七年</td><td></td><td></td><td></td><td></td><td></td><td>30 余</td></tr>
<tr><td>9</td><td>礼县⑨</td><td>光绪七年</td><td colspan="2">12</td><td colspan="2">6</td><td>4</td><td>22</td></tr>
</table>

① 《抚彝稟稿簿》，光绪十年闰五月初三日、九月十七日，第 31 册，第 14666、14674 页。

② 《平罗底稿簿》，光绪八年五月初一日，第 49 册，第 22825 页。

③ 《陇西县稿底簿》，光绪八年八月十三日，第 31 册，第 14357 页。

④ 《丹噶尔分府稟稿簿》，光绪十一年三月十八日、七月二十八日，第 33 册，第 15288、15299 页。

⑤ 《清水县草簿》，光绪十七年五月廿九日，第 33 册，第 15585 页。

⑥ 《清水县草簿》，光绪二十六年十月初六日，第 33 册，第 15717 页。

⑦ 《高台县稟稿簿》，光绪十六年闰二月十七日、五月十九日，第 17 册，第 316—332 页。

⑧ 《东乐草稿簿》，光绪十八年八月廿六日，第 35 册，第 16251 页。

⑨ 《光绪朝法律公牍(礼县)》，光绪八年二月廿三日，第 51 册，第 24139 页。

> 各案奏销，限期已迫，出票提书，会同核造，催办甚急。费归前任，乃系私诱，事有迟误，责在父台。书若袖手，恐有碍虞，拟托造办，费所难免，势处危难，应否如何，不敢擅专，伏望裁夺，训示遵循。①

在化平厅奏销册费争执中，前任石君省友李姓“总以未奉官信及省垣无项各词，仍前推诿”②。而后任若不付费，将有奏销册造报逾限迟误之过。从省友后来的禀信来看③，化平厅现任只好自己垫付，以顾公务。

各项奏销，不仅册费繁多，缮册字工纸札也需费不少。④这是因为州县奏销册在省中更造妥善后，因与州县当初赍送的奏销册相比有较大改动，省友需托请书吏抄录司院核更后的奏销册，发给州县存档。⑤光绪二十二年巴燕戎格厅奏销册，共抄录 8 册，每册 25 页，共计 200 页；每页字工纸张钱 20 文，共用钱 4 000 文。⑥

因州县奏销册费用较巨，省友多请示州县官而后行，州县官也会讨价还价。高台县“各案奏销款目纷繁，诸房分管所应笔资亦须逐股应托，方免错误”，省友“询及前任，每岁各案应付司院册费及缮更字工纸札一切，统共需银四十八两，始能敷衍”，请示高台县陈昌是否照此费办理。⑦陈昌仅准银 20 余两，省友表示款项过多，费

① 《化平厅草簿》，光绪十三年七月初一日，第 33 册，第 15332 页。

② 《化平厅草簿》，光绪十三年六月十二日，第 33 册，第 15329—15330 页。

③ 《化平厅草簿》，光绪十三年七月廿六日，第 33 册，第 15335 页。

④ 《董志潘草稿簿》，光绪十三年八月二十三日，第 33 册，第 15555 页。

⑤ 化平厅奏销册，省友“询及司房，每年赍册，均皆不合，全行由司核更。如此一来，各年底册定要抄回，遵循造办，以免歧异，雇人赶录，一俟抄齐，即禀飞呈。”参见《化平厅草簿》，光绪十三年八月廿三日，第 33 册，第 15337 页。

⑥ 《清水县草簿(贵德厅)》，光绪二十三年十月十七日，第 33 册，第 15703 页。

⑦ 《高台县禀稿簿》，光绪十六年闰月十七日，第 17 册，第 316 页。

用太少，实难分给。只好先应付 14 两，办妥地丁粮石、驿站领支奏销册，暂时搁置廉俸、祭祀等奏销册。[①]最后，高台县各案奏销共以银 30 两了结。[②]

若房友不肯让步，省友也只能妥协。光绪八年渭源县驿站奏销，省友支付 4 两，臬司房友不答应；加增至 6 两，仍然不肯，坚持照旧例，要银 8 两。实因渭源县驿站领款全部留支，应解饭食毫无所解，驿站房友全赖奏销过活。[③]

3. 赦案册费

臬司赦案，按惯例应调取州县刑书进省核案，实际上也是出票传令省友会办[④]，省友再付费托请臬司刑书代办[⑤]。臬司负责造办赦案册，有纸价银、局差煤水公费、刑书字工雇价等项开支。其中，纸价银与局费属于官项。纸价银，每案需银 1 两，逐案计费；局费银，在 4 两左右。字工雇价银，不属官项，用于州县雇请刑书核案开支。实因赦案需从州县调取刑书来省核案，若州县不遣书吏来省核办，即需按照 2 两/案标准雇请司书代办。如此核算，州县字工银两开支几与赦案纸价银相平。当然，该项开支有讨价还价的空间。光绪七年华亭县赦案共计 12 案，省友拟以 1 两/案的标准支应字工雇价银。[⑥]

---

① 《高台县禀稿簿》，光绪十六年四月二十四日，第 17 册，第 326 页。

② 《高台县禀稿簿》，光绪十六年五月十九日，第 17 册，第 332 页。

③ 《光绪朝法律公牍(渭源县)》，光绪八年五月廿二日，第 51 册，第 24187—24188 页。

④ 《陇西信件簿》，光绪七年十月十六日，第 29 册，第 13860 页。

⑤ 《平罗底稿簿》，光绪七年九月初二日，第 49 册，第 22801 页；《碾伯公牍禀稿簿》，光绪七年九月初二日，第 29 册，第 13797 页。

⑥ 《光绪朝法律公牍(华亭县)》，光绪七年九月初二日，第 51 册，第 24082—24083 页。

表 6-3　光绪七年甘肃州县赦案册费表

州县	时间	计价标准			共支		
		纸价银	局差公费	刑书字工	纸价银	局差公费	刑书字工
陇西县①	光绪七年十月	1 两/案					
华亭县②	光绪七年九月	1 两/案	4 两	2 两/案	12 两	4 两	12 两
碾伯县③	光绪七年九月	1 两/案	酌给	2 两/案	6 两		4 两

赦案册自臬司送达督院后，尚需依例支付院房书吏纸价银。纸价银按案犯名数支付，每犯三四钱或二三钱不等。④

4. 逃遣册费

臬司常于年初设局，办理各厅州县逃遣事宜，造册报部。造办逃遣册时，臬司一方面札饬厅州县知悉⑤，一方面票提省友前往造办，省友循例支应规费，请司房书吏代造⑥。若州县无案可以稽查，省友酌给规费，可免造报。⑦否则，州县与省友会被不断催办。⑧若逃遣册一直拖延未办，陕甘总督咨报册籍时会札催全省各厅州县造办逃遣册。⑨

---

① 《陇西信件簿》，光绪七年十月十六日，第 29 册，第 13860 页。
② 《光绪朝法律公牍(华亭县)》，光绪七年九月初二日，第 51 册，第 24082—24083 页。
③ 《碾伯公牍禀稿簿》，光绪七年九月初二日，第 29 册，第 13797 页。
④ 《高台县禀稿簿》，光绪十六年四月二十四日，第 17 册，第 328 页。
⑤ 《光绪朝法律公牍(渭源县)》，光绪九年二月初三日，第 51 册，第 24203 页。
⑥ 《光绪朝法律公牍(华亭县)》，光绪九年正月廿八日，第 51 册，第 24112 页；《化平厅草簿》，光绪十五年七月初九日，第 33 册，第 15386 页。
⑦ 《光绪朝法律公牍(渭源县)》，光绪八年五月初六日，第 51 册，第 24186 页。
⑧ 《化平厅草簿》，光绪十四年四月廿七日，第 33 册，第 15350 页。
⑨ 《化平厅草簿》，光绪十五年七月初九日，第 33 册，第 15386 页。

表 6-4　光绪朝甘肃州县逃遣册费表

<table>
<tr><th>州县</th><th>时间</th><th>臬司</th><th>督院</th><th>价格依据</th><th>资料来源</th></tr>
<tr><td rowspan="2">抚彝厅</td><td>光绪九年十月</td><td>3 000 文/季</td><td></td><td>探询前途</td><td>《抚彝禀稿簿》,第 31 册,第 14636 页</td></tr>
<tr><td>光绪十年闰五月</td><td>20 000 文/年</td><td></td><td>遵商司房</td><td>《抚彝禀稿簿》,第 31 册,第 14674 页</td></tr>
<tr><td rowspan="2">化平厅</td><td rowspan="2">光绪十三年四月</td><td colspan="2">4 两/季</td><td>旧例</td><td>《化平厅草簿》,第 33 册,第 15325 页</td></tr>
<tr><td>2 两/季</td><td>1.5 两/季</td><td>省友说减至再</td><td>《化平厅草簿》,第 33 册,第 15327 页</td></tr>
<tr><td>狄道州</td><td>光绪十六年三月</td><td>2 两/季</td><td>2 两/季</td><td></td><td>《狄道草稿簿》,第 17 册,第 42 页</td></tr>
<tr><td>礼县</td><td>光绪八年二月</td><td>3 两/季</td><td></td><td>成规</td><td>《光绪朝法律公牍(礼县)》,第 51 册,第 24136 页</td></tr>
<tr><td>渭源县</td><td>光绪八年五月</td><td>4 两/季</td><td></td><td></td><td>《光绪朝法律公牍(渭源县)》,第 51 册,第 24185 页</td></tr>
<tr><td>陇西县</td><td>宣统二年秋季</td><td>2 两/季</td><td>1 两/季</td><td></td><td>《甘肃巩秦阶道并所属巩昌府属各州县宣统二年秋季分入款出款报告汇册》,第 16 册,第 26—127 页</td></tr>
<tr><td>会宁县</td><td>宣统二年秋季</td><td>2 两/季</td><td>2 两/季</td><td></td><td>《甘肃巩秦阶道并所属巩昌府属各州县宣统二年秋季分入款出款报告汇册》,第 16 册,第 214、218 页</td></tr>
</table>

光绪七年,甘肃全省办理逃军册。省友与房友商量,用省中逃军册就近核造赍送,抄呈底稿备考。[①]省友代付逃军册费,代碾伯县付银 6 两[②],拟代华亭县付银 4 两。房友嫌少不同意,再次札催。宋树森“忿恨之至”,对华亭县雷文渊抱怨道:“但凡各地均无案赍,何由册造,不过勒索几两费银而已。书加增一二,任其所为。以后

① 《平罗底稿簿》,光绪七年十月十二日,第 49 册,第 22811 页。

② 《碾伯公牍禀稿簿》,光绪七年冬月十五日,第 29 册,第 13809 页。

札催,望祈卷起,无理为妙。"[①]省友表示已增加一二两银子,若房友还不答应,只能听其自便,并叮嘱华亭县雷文渊,以后再有札催册费,不用搭理。

四、行政杂费

除以上主要省务开支外,若州县官从省衙领取票契,或因其他行政事件托请司院书吏办理,省友也要视具体事务与经手书吏商谈费用。

1. 秋审纸价

甘肃秋审纸价饭食,旧例司房每案银 6 两,院房 4 两[②],共计 10 两。光绪十四年起,臬宪体念州县寒艰,无论何处秋审,每案议定纸价银院房 2 两、司房 6 两,按照 8 两解缴。[③]化平厅拟以 4 两了事,房友不肯答应[④],最终仍兑给 8 两。[⑤]

2. 粜易粮石费

州县粜易粮石时,因粮石例价低于市价,获利空间较大,书吏们借机从中分润。若州县官同意按粜易粮石数量向藩司书吏支应使费,则被允许自行粜易,照粜易数额在月报册内按例价造报。否则,藩司则饬令知府委员前往州县按照市价监督粜卖,按实际粜易款额造报藩司。当然,若州县情愿按照例价粜易,藩司书吏也不敢无故受赏。张掖县请求粜易时,也只有支应使费后,藩司方准其在月报册内自行变粜。[⑥]

---

① 《光绪朝法律公牍(华亭县)》,光绪七年腊月十五日,第 51 册,第 24093 页。
② 《光绪朝法律公牍(徽县)》,光绪九年三月十五日,第 51 册,第 24046 页。
③ 《化平厅草簿》,光绪十四年三月初六日,第 33 册,第 15347 页。
④ 《化平厅草簿》,光绪十五年三月初六日,第 33 册,第 15373 页。
⑤ 《化平厅草簿》,光绪十五年四月十四日,第 33 册,第 15377 页。
⑥ 《抚彝禀稿簿》,光绪十年新正十一日、正月廿八日,第 31 册,第 14647—14649 页。

表 6-5　光绪朝甘肃州县秋审纸价银　　单位：两

<table>
<tr><th rowspan="2">序号</th><th rowspan="2">州县</th><th rowspan="2">时间</th><th colspan="2">规价</th><th rowspan="2">州县给价</th><th colspan="2">省友实付纸价</th></tr>
<tr><th>司房</th><th>院房</th><th>司房</th><th>院房</th></tr>
<tr><td>1</td><td>陇西县[1]</td><td>光绪八年</td><td></td><td></td><td></td><td colspan="2">4</td></tr>
<tr><td>2</td><td>徽县[2]</td><td>光绪九年</td><td>6</td><td>4</td><td>2</td><td></td><td></td></tr>
<tr><td>3</td><td>宁朔县[3]</td><td>光绪九年</td><td></td><td></td><td></td><td colspan="2">6</td></tr>
<tr><td>4</td><td>抚彝厅[4]</td><td>光绪十年</td><td></td><td></td><td></td><td colspan="2">8</td></tr>
<tr><td>5</td><td>化平厅[5]</td><td>光绪十四年</td><td>6</td><td>2</td><td></td><td colspan="2">6</td></tr>
<tr><td>6</td><td>化平厅[6]</td><td>光绪十五年</td><td>6</td><td>2</td><td>4</td><td colspan="2">8</td></tr>
<tr><td>7</td><td>高台县[7]</td><td>光绪二十年</td><td></td><td></td><td></td><td>2</td><td>0.05</td></tr>
</table>

至于粜易粮石费的数额，根据州县及其易换粮食种类而定。光绪九年抚彝厅商议粜易粮石时，无论小麦、青稞，每石粮食均以 0.02 两应费。[8]光绪十年四月，省友商定按 8 厘/石向司院书吏支付易换使费，共易换粮 18 654 石有余，需付使费银 150 两。[9]八月，宋树森与司院各房书吏商妥，抚彝厅易换粮石，司院各房每石收取 6 厘使费，按易换月报册内数额算取。为此，宋树森请求抚彝厅告诉他每月易换粮石数量，以便他支应使费。[10]

① 《陇西县稿底簿》，光绪八年五月十九日，第 31 册，第 14355 页。
② 《光绪朝法律公牍（徽县）》，光绪九年三月十五日，第 51 册，第 24046 页。
③ 《光绪朝法律公牍（宁朔县）》，光绪九年三月初七日，第 51 册，第 24164 页。
④ 《抚彝禀稿簿》，光绪十年三月初三日，第 31 册，第 14654 页。
⑤ 《化平厅草簿》，光绪十四年三月初六日、五月十二日，第 33 册，第 15347、15350 页。
⑥ 《化平厅草簿》，光绪十五年三月初六日、四月十四日，第 33 册，第 15373、15377 页。
⑦ 《高台县禀稿簿》，光绪二十年三月初九日、四月十五日，第 17 册，第 497、504 页。
⑧ 《抚彝禀稿簿》，光绪十年新正十一日，第 31 册，第 14647 页。
⑨ 《抚彝禀稿簿》，光绪十年四月十六日，第 31 册，第 14661 页。
⑩ 《抚彝禀稿簿》，光绪十年八月廿五日，第 31 册，第 14672 页。

平番县于光绪十五年上色粮每石给司院使费 1 分 5 厘，光绪十六年下色粮每石给司院使费 7 厘 5 毫。光绪十六年高台县易换下色粮石时，县令陈昌示意按照平番县下色粮每石 7 厘 5 毫的标准应承使费。省友多次商说，司房书吏不肯答应①，结果高台易换粮石案被驳。省友考虑到若仍不酌量增加使费，易换粮石案再次被驳，恐怕难以挽回局面，加上高台县距兰州路途遥远，省友便大胆做主，以下色粮每石给司院使费 1 分 2 厘的标准办妥该案。②

3. 票契领费

契尾用于民间置买田地房宅税契粘用，向来由州县从藩司请领，每张契尾需支付纸张刷工纸价（简称“纸费”）、应税用印签押房费（简称“房费”），按张计费付给。此外，对于民间老契无着、招垦地亩，甘肃发给执照，作为永远凭证。③

从表 6-6 中有限的契尾领费数据来看，甘肃州县契尾纸费与印红房费稍有浮减。陇西县的记录中，上栏数据是契尾纸费、房费规价，下栏为实际支出价格。这说明请领契尾时，州县官会要求省友居中说减，降低领取契尾的花费。若省友所报领价高于州县官的印象价格，会遭到州县官的质疑。表 6-6 中所列高台县，当省友报出纸价 2 钱/张后，高台县陈昌认为应该减少。省友当即回复称：“请领契尾，每张纸价刷（工）一切需银二钱，乃系旧规，处处皆然，实难减少。前领百张，所需纸费，书垫给，应恳照准，是所切祷。”④

---

① 《狄道草稿簿》，光绪十六年闰二月十一日，第 17 册，第 310—311 页。
② 《狄道草稿簿》，光绪十六年三月十二日，第 17 册，第 321—322 页。
③ 《陇西信件簿》，光绪七年九月初八日、十二日，第 29 册，第 13847、13848 页。
④ 《高台县禀稿簿》，光绪十五年冬月初六日，第 17 册，第 292 页。

表 6-6　光绪朝甘肃州县契尾领费表

州县	契尾领费					执照
	纸张刷工纸价	应税用印签押房费	实领张数	实支纸费	实支房费	领发房费
陇西县①	3 钱/张	1 钱/张				
	3.5 钱/张					1.5 钱/张
平罗县②	3.2 钱/张					
		1.5 钱/张	20 张		3 两	
高台县③	2 钱/张	7 分/张	100 张	20 两		

高台县陈昌以每张向来只需 7 分反驳，省友解释每张 7 分的价格应为印红房费，不是纸费。④

臬司刷印的三连驿票，也需州县按驿请领，每驿请领 50 张、100 张不等。⑤每张驿票，需银 2 分或 2 分 5 厘，因州县而异。此外，州县需向臬司支付驿站月报饭食银，每驿每季应支银 1 两。⑥

契尾、驿票之外，州县请领磨帖，新领者 8 钱/张，缴还者 6 钱/张。⑦请领油帖，每张纸红银 3 两。⑧请领臬司排单，每张需印红银 3 钱。⑨凡此种种，不一而足。

① 《陇西信件簿》，光绪七年九月初八日、十二日，第 29 册，第 13847、13848 页。

② 《平罗底稿簿》，光绪七年八月二十日、光绪八年正月廿二日，第 49 册，第 22797、22817 页。

③ 《高台县禀稿簿》，光绪十五年冬月初六日、十二月十一日，第 17 册，第 292、298 页。

④ 《高台县禀稿簿》，光绪十五年十二月十一日，第 17 册，第 298 页。

⑤ 《陇西信件簿》，光绪七年九月初八日、十二日，第 29 册，第 13847、13848 页。

⑥ 《光绪朝法律公牍》，光绪八年七月十二日，第 5 册，第 24079 页；《陇西信件簿》，光绪七年九月初八日，第 29 册，第 13847 页。

⑦ 《狄道草稿簿》，光绪十七年三月廿九日，第 17 册，第 116 页。

⑧ 《高台县禀稿簿》，光绪十八年冬月十三日，第 17 册，第 432 页。

⑨ 《高台县禀稿簿》，光绪十九年九月初七日，第 17 册，第 465—466 页。

表 6-7　光绪朝甘肃州县驿站票饭开支表

州县	三连驿票			月报饭食		
	价格	张数	总额	价格	支付	时段
碾伯县①	2 分/张	150	3 两	每驿 3 两/季	6 两	夏秋两季
陇西县②	2.5 分/张					
平罗县③	2 分/张	200	4 两			
华亭县④	2 分/张			每驿 1 两/季		

4. 有无事故局费

有无事故造办案，“系通县地方出有何官，在于本籍有无事故，逐查造报，按年赍司，汇案咨部”⑤。光绪九年新正开篆后，藩宪于土地祠设局，札委库厅、照厅办理各厅州县有无事故案，造册报部。⑥每逢造办时，“局官出票，差提省书赴局核造，连日提催局官经费、吏书饭食、照厅宪书纸价差费”。⑦“惟是此事处处无案，无从造赍”，在省友看来，藩宪“设局出票，不过要费而已”，若州县官“如数呈送，造报之案，局书自行核办矣”。⑧

作为一种全省通案，造办有无事故册所需局费与饭食银，每个州县从数两到十余两不等，详见表 6-8。

① 《碾伯公牍禀稿簿》，光绪七年八月十一日、九月十五日，第 29 册，第 13793、13801 页。
② 《陇西信件簿》，光绪七年九月初八日，第 29 册，第 13847 页。
③ 《平罗底稿簿》，光绪七年八月初九日、九月十七日，第 49 册，第 22796、22803 页。
④ 《光绪朝法律公牍(华亭县)》，光绪七年八月十二日，第 51 册，第 24079 页。
⑤ 《光绪朝法律公牍(渭源县)》，光绪八年二月十五日，第 51 册，第 24180 页。
⑥ 《光绪朝法律公牍(礼县)》，光绪八年二月初四日、光绪九年正月廿八日，第 51 册，第 24136、24112 页。
⑦ 《光绪朝法律公牍(渭源县)》，光绪九年二月初三日，第 51 册，第 24203 页。
⑧ 《光绪朝法律公牍(渭源县)》，光绪八年二月十五日，第 51 册，第 24180—24181 页。

表 6-8　光绪朝甘肃州县有无事故册造办费

州县	时间	局官经费	局书饭食	局差	备注	资料来源
碾伯县	光绪七年正月	4 两				《碾伯公牍禀稿簿》，第 29 册，第 13722 页
陇西县	光绪八年五月	7 两				《陇西县稿底簿》，第 31 册，第 14355 页
平罗县	光绪八年正月	4 两	6 两	2 两	每处应解	《平罗底稿簿》，第 49 册，第 22817 页
渭源县	光绪八年五月	10 两				《光绪朝法律公牍（渭源县）》，第 51 册，第 24185 页
礼县	光绪八年二月	3 两	4 两	20 文		《光绪朝法律公牍（礼县）》，第 51 册，第 24136 页

面对州县无案可造却仍需付费的不解与质疑，省友言："历年俱虽系陈案"，"若不应付局官书差经费饭食旧例数金，日每继缧，令人怅怅。"①而且，各厅州县例支的有无事故册造办费为数无几，省友与局书讲价空间不大。②

5. 米粮时估费

州县每年需向藩司衙门支应米粮时估字工银。藩司汇造各属银粮时估清册字工银，也由州县官承担。光绪八年平罗县领取春季工食银约 87 两时，藩宪饬房查扣平罗县交代清册字工银，以及光绪七年一年的米粮时估字工银，共计 67 两有余。③

① 《光绪朝法律公牍（华亭县）》，光绪九年正月廿八日，第 51 册，第 24112 页。
② 《光绪朝法律公牍（华亭县）》，光绪八年二月初十日，第 51 册，第 24095—24096 页。
③ 《平罗底稿簿》，光绪八年三月十二日，第 49 册，第 22820 页。

五、刑名案件支出

1. 包案费用

甘肃州县有解省审讯案件时，犯人口粮、差役盘费，由省友承办，谓之包案。①包案费用先由省友垫付，积攒一定数额后报请州县支给。光绪十八年三月十七日，省友禀报高台县招审人犯顾殿喜押解到省，他代为开支笼费银 2 两，各项小费钱 4 200 文，并自三月十六日起按日支发役犯口食银。②光绪十五年五月十三日，高台县招审人犯郭万林到省，役犯 3 名每日需口食钱 210 文，省友按旬支发。③

役犯口食钱日积月累，所费不赀。平罗县梁伏案，自光绪七年四月定供至光绪八年三月结案返回平罗县，省友每月垫支役犯口食钱 18 600 文，约共支役犯口食钱 241 800 文。若以钱 1 460 文合银 1 两折算，梁伏案共需口食银 165 余两。此外，还有差役赏银、发审房费、开笼扯批钱、来往川资等项开支。④实际上，与梁伏案同时并审的还有张正、蒙古两案，省友每月共需垫支口食钱五六十串，致使省友感慨“省垣需用浩繁，月在半百，兹领百金，一经两月，仍复告竣”⑤。

省友慑于长期代支代垫役犯口食银、州县官迟迟不还款的经

① 任国维主编：《祁寯藻集》第 1 册《日记 · 甘肃查办全案》，太原：三晋出版社，2009 年，第 328 页。

② 《高台县禀稿簿》，光绪十八年三月十七日，第 17 册，第 410 页。

③ 《高台县禀稿簿》，光绪十五年五月廿八日、七月廿一日，第 17 册，第 263、271 页。

④ 《平罗底稿簿》，光绪七年闰七月初四日、十月十二日，光绪八年三月初十日，第 49 册，第 22790、22810、22819 页。

⑤ 《平罗底稿簿》，光绪七年十月十二日、二十四日，第 49 册，第 22810、22812 页。

济压力，能短期内审讯定供结案者，则催促臬司、发审局及早审结；悬宕难结案件，省友则会向书吏承应使费，设法拨弄，将解省役犯发回州县。光绪七年五月前后，兰州府华亭县禹生财，因捉奸砍伤奸夫禹生发，致使禹生发死亡。①禹生财夫妇于五月十八日申刻押解到省，关押于皋兰县监狱，等待谳局审讯。②因该案原告关押班房，患病沉重，至闰七月尚无结局，而役犯口食日日必需，拖累不轻。③待至十二月，省友表示"待至明春若不定供，即可播弄由司发还，设法圆通，免受处分，亦不过花费三四十金而已"④。省友的想法可能没有得到州县官的支持，再加上是人命要案，直至光绪八年三月初十日，该案方才定供。⑤后来又因原告儿子禹生得不肯画供，拖至四月二十日尚未结案。⑥

案子长年不结，州县官需承担巨额的包案费用。⑦道光二十九年(1849 年)甘肃清查案内，前任岷州知州陈昌言声称在任 8 年，省书包案用过银 9 853 两。⑧

2. *发审经费*

甘肃发审局，设于兰州府署，以兰州府为提调，不支薪水。另派

---

① 《陕甘总督谭钟麟题报甘肃兰州府华亭县民禹生财捉奸砍伤奸夫禹生发身死拟绞监候事》，光绪九年九月二十八日，题本，档号：02-01-07-4088-015。

② 《光绪朝法律公牍(华亭县)》，光绪七年五月十九日，第 51 册，第 24066 页。

③ 《光绪朝法律公牍(华亭县)》，光绪七年闰七月十九日、廿八日，第 51 册，第 24076—24077 页。

④ 《光绪朝法律公牍(华亭县)》，光绪七年腊月十五日，第 51 册，第 24092—24094 页。

⑤ 《光绪朝法律公牍(华亭县)》，光绪八年三月初十日，第 51 册，第 24096 页。

⑥ 《光绪朝法律公牍(华亭县)》，光绪九年四月二十八日，第 51 册，第 24122—24123 页。

⑦ 光绪九年省友对华亭县雷文渊表示役犯口食垫支很多，捉襟见肘，请他尽快接济。参见《光绪朝法律公牍(华亭县)》，光绪九年正月廿八日，第 51 册，第 24113 页。

⑧ 任国维主编：《祁寯藻集》第 1 册《日记・甘肃查办全案》，太原：三晋出版社，2009 年，第 323 页。

委正审 4 名，每月各支薪水银 30 两；帮审 2 名，每月各支薪水银 16 两。总共每年支薪水银 1 824 两，由统捐局按月支领。另有发审经费银2 500 两，除藩司摊银 200 两、臬司摊银 100 两，余银 2 200 两在甘肃优缺府州县中摊派。此外还有发审局幕友修金、书吏饭食银 1 401 两，按各厅州县缺分派定银数，径解兰州府。因各属延不批解，此款由藩司按季在州县应领工料银项下划扣，发给兰州府领用。①

这也可从省友禀稿信件簿中得到印证。甘肃府州县每年应解发审经费，由藩司从州县工料银中扣清后，发给州县印收。②与之相应，若州县工料银未领未发，藩司也不划扣发审经费。③这种情况下，兰州知府会檄文催解发审饭食银。④

如表 6-9 所示，《甘肃清理财政说明书》中所列“甘肃各府厅州县每年摊解省城发审经费表”数额，多低于甘肃省友禀稿簿中所报藩司扣款额。以东乐分县为例，据《甘肃清理财政说明书》载，其每年应摊发审经费银仅 20 两，内含修金银 16 两、饭食银 4 两。⑤然而，省友宋树森禀报“东乐每岁应解发审经费银四十两⑥，系由藩库按季于请领工料银内划扣”，称光绪十八年东乐分县春夏两季发审经费已经扣清，藩司出给印收。⑦另外，抚彝厅每年应划扣发

---

① (清)傅秉鉴编:《甘肃清理财政说明书》，载北京图书馆出版社影印室辑《清末民国财政史料辑刊》第 18 册，北京:北京图书馆出版社，2007 年，第 586—587 页。

② 《高台县禀稿簿》，光绪十六年五月十九日，第 17 册，第 331 页。

③ 《高台县禀稿簿》，光绪十六年十一月初二日，第 17 册，第 354 页。

④ 《光绪朝法律公牍(华亭县)》，光绪七年闰七月初五日，第 51 册，第 24075 页。

⑤ (清)傅秉鉴编:《甘肃清理财政说明书》，载北京图书馆出版社影印室辑《清末民国财政史料辑刊》第 18 册，北京:北京图书馆出版社，2007 年，第 593 页。

⑥ 每岁分为四季，故推算藩司从东乐分县春夏两季工料银中共划扣 20 两。

⑦ 《东乐草稿簿》，光绪十八年八月廿六日，第 35 册，第 16250—16251 页。

表 6-9　光绪朝州县发审经费支出表

单位：两

州县	每年应摊发审经费			藩司实际划扣		划扣/兑交时间	省友实际兑交		
	经费	修金	饭食	划扣额	所扣款项		局幕修金	饭食银	审案规费纸价
平罗县①		34	7	30+		光绪七年七月			4
抚彝厅②		24	4	24.5	秋季工料	光绪九年十一月			
				24.5	春季工料	光绪十年六月			
东乐分县③		16	4	*20*	春夏两季工料	光绪十八年八月			
华亭县④		8	4			光绪七年闰七月		4	
高台县⑤	100	36	6		春季工料	光绪十六年四月			
宁朔县⑥		34	5			光绪九年三月			8

说明：1. “每年应摊发审经费”栏数据来源于（清）傅秉鉴编：《甘肃清理财政说明书》，载北京图书馆出版社影印室辑《清末民国财政史料辑刊》第 18 册，北京：北京图书馆出版社，2007 年，第 590、592—594 页。

2. “藩司实际划扣”与“省友实际兑交”栏数据来源于“甘肃省友禀稿信件簿”，具体出处参见“州县”栏各州县脚注。

3. 斜体为推算数字。

---

① 《平罗底稿簿》，光绪七年七月初六日、十九日，第 49 册，第 22784、22787 页。

② 《抚彝禀稿簿》，光绪九年十一月初十日、光绪十年六月十六日，第 31 册，第 14640、14668 页。

③ 《东乐草稿簿》，光绪十八年八月廿六日，第 35 册，第 16250 页。

④ 《光绪朝法律公牍（华亭县）》，光绪七年闰七月初五日，第 51 册，第 24075 页。

⑤ 《高台县禀稿簿》，光绪十六年四月二十四日，第 17 册，第 327 页。

⑥ 《光绪朝法律公牍（宁朔县）》，光绪九年三月初七日，第 51 册，第 24164 页。

审经费银为28两，但据省友所报，抚彝厅每季工料银中就要被划扣24.5两，高于《甘肃清理财政说明书》所报数据。个中原因为何，是否是省友有意多报不得而知，但在宣统二年巩秦阶道巩昌府属州县秋季进出款报告册中，依然存在这种现象。

表6-10 宣统二年巩昌府属州县发审经费开支表 单位：两

州县	每年应摊发审经费				每季实解兰州府发审经费（修金、节敬）	每季实解兰州道发审经费
	经费	修金	饭食	总额		
陇西县		10	4	14	11.5	16
宁远县		10	4	14	19.5	13.5
通渭县		16	4	20	15	20
岷州		12	4	16	11.5	18
伏羌县		16	4	20		20
会宁县		12	4	16		14
西和县		10	4	14		18
洮州厅		12	3	15		10
安定县		12	3	15		
陇西分县		6	4	10		

资料来源：1.（清）傅秉鉴编：《甘肃清理财政说明书》，载北京图书馆出版社影印室辑《清末民国财政史料辑刊》第18册，北京：北京图书馆出版社，2007年，第589页。

2.《甘肃巩秦阶道并所属巩昌府属各州县宣统二年秋季分入款出款报告汇册》，载国家图书馆分馆编《清代边疆史料抄稿本汇编》第16册，北京：线装书局，2003年，第123、128、148—150、170、209、230、252—253、279、300页。

表6-10中所列"每季实解兰州府发审经费"仅为秋季的开支，若按一年四季核算，每年实际解缴兰州府的发审经费开支几乎为《甘肃清理财政说明书》中所载应摊发审经费的3倍左右。这种数据差异，或因《甘肃清理财政说明书》所载数据系发审局创办之初

所定，相对俭省，久而久之逐渐演变为一种停留在纸面上的经制数据。而在实际执行过程中，发审经费划扣标准随着时间的推移而有所提高。

需要指出的是，州县发审经费开支，不止解缴兰州府的这些。除兰州府发审局经费外，州县还需要承担本道发审局经费开支。宣统二年秋季，巩秦阶道各州县共解兰州道发审经费银 350.001 两。①从表 6-10 可以看出，州县每季实际向兰州道解缴的发审经费，与每年应摊发审经费总额不相上下。此外，州县招审案件经过发审局时，还需支应发审房费②。据《甘肃清理财政说明书》所载，由甘肃“优缺”府州县摊扣的经制发审经费共计 3 601 两，其中，经费银 2 200 两、修金与饭食银 1 401 两③。

由上可知，除官亲寿辰节诞开支外，州县凡造册赍司，则有册费、饭食、纸札各项房费，按缺分繁简摊扣，“办一事即增一费，名目繁多，需索日甚”，州县领解款项，堂扣、房费更不待言。④凡此种种，日积月累，成为州县在省城的主要财政开支。河南州县每年少者需银六七百两，多者达 1 000 余两；全省州县每年不下 10 万两。⑤

---

① 《甘肃巩秦阶道并所属巩昌府属各州县宣统二年秋季分入款出款报告汇册》，第 16 册，第 87 页。

② 《平罗底稿簿》，光绪七年七月十九日，第 49 册，第 22786—22787 页。

③ （清）傅秉鉴编：《甘肃清理财政说明书》，载北京图书馆出版社影印室辑《清末民国财政史料辑刊》第 18 册，北京：北京图书馆出版社，2007 年，第 587 页。

④ （清）傅秉鉴编：《甘肃清理财政说明书》，载北京图书馆出版社影印室辑《清末民国财政史料辑刊》第 19 册，北京：北京图书馆出版社，2007 年，第 217—218 页。

⑤ 《河南全省财政说明书》，载中央财经大学图书馆辑《清末民国财政史料辑刊补编》第 6 册，北京：国家图书馆出版社，2008 年，第 647 页。

第三节　州县官的省城债务

学界公认乾隆后期起日益繁重的摊捐使养廉银归于有名无实①，嘉道之际官员廉俸银为筹补地方财政缺口而被摊扣无几②，摊捐成为州县衙门经费赤字的重要原因之一③。事实上，对甘肃这样的边陲州县来说，不待藩司摊捐坐扣，州县官的廉俸银也多因门包节敬、书吏使费、差役口食、省城采购、人情世故等，已在省城被开销得七七八八。除少数“优缺”州县官在省城有财政结余外④，廉俸寡薄的州县官则债台高筑，不得不从州县筹措银钱汇解至省，用以偿还省城的各项债务。

一、州县官债务的来源

1. 省衙费用开支

省城司院衙门书吏使费、上宪规礼与门包、解省审讯案件差役与囚犯口食支出，是州县官在省城债务的主要来源。光绪八年五

① 刘凤云：《养廉银无以养廉——以乾嘉时期摊捐官员养廉银为中心的考察》，《史学月刊》2020 年第 11 期；郑振满：《清代福建地方财政与政府职能的演变——〈福建省例〉研究》，《清史研究》2002 年第 2 期。

② 周健指出嘉道之际，州县的摊捐负担普遍超过养廉银，致使州县养廉银制度名存实亡。参见周健：《清代财政中的摊捐——以嘉道之际为中心》，《中国经济史研究》2012 年第 3 期。

③ 瞿同祖：《清代地方政府》，范仲信等译，北京：法律出版社，2011 年，第 41 页。

④ 光绪十五年十二月省友代平番县领到秋季工料工食、冬季廉费马价等银 2 180 余两，交给平番县兵书押运回平番县。参见《各友启事稿簿》，光绪十五年涂月望九，第 34 册，第 15883 页。

月陇西县叶令离任前，省友报告自去年中秋节以来，省城开支有贵德交代银 46 两、陇西估拨费 8 两、有无事故局费 7 两、各项逃遣规费 2 两、秋审纸价银 4 两、援赦各犯费 3 两、驿站交代院房出奏费 4 两、抄录案稿笔资 1 000 文，张永福使钱 3 000 文，共计 74 两、钱 4 000 文；仅领获其贵德任内三成俸银62.14 两，除去堂扣、库费、司院房费外，实收兰平银 50 两①，需要陇西县叶令归还省友垫支的银 24 两、钱 4 000 文。

光绪二十年三月高台县的省城账务状况，也显示州县省城花费积少成多的可怕。省友禀称：

> 省中各事，谅面细述矣。易观察银五十两、王智航银四十两，遵均措交，收条再呈。……前折开呈敝处共垫银式百三十七两八钱九厘，雪翁临行又使车价银五两，均乞记档。去年杂税因手紧窄，银未交清，故未开列，遵赶措交，期速收库，必不敢误。减半草束，应费笔费，减说至再，例价每两应费一钱，照减若干，按数计付。该管虽已承充（按：允），揭（按：竭）力援办，奈蒙薇峰阅批未准。遵托司管，复再签案，婉为援办，能否邀准，办定再禀。征收折报错误一案应费四金，托力婉转，幸已办妥，得免负过。谨将司批照录呈览。应否酌给征规，诸期顺办，免再搜求之处，前已缕禀，仍候鸿夺，赐示祇遵。易换粮册已赍，循旧应办，不致有误。②

由此可知，省友已垫银 237.809 两，此次雪翁出发前又从省友处借使车价银 5 两，另有征收折报错误案花费 4 两，减半草束笔费、

① 《陇西县稿底簿》，光绪八年五月十九日，第 31 册，第 14355—14356 页。

② 《高台县禀稿簿》，光绪二十年三月廿二日，第 17 册，第 500—502 页。

司管征规银等开支有待支付。

2. 州县官在省城商号的赊贷

(1) 商号采购

为满足州县官眷属与衙署生活需要，省友经常从省城代为采办生活用品。光绪十五年，省友代化平厅采购洋沙大灯、油布套子、绒花、杏皮等物。[1]光绪十六年二月，高台县三老爷来省采购，支用海菜银 251.3 两、青器银 34.1 两、丸药钱 3 400 文(合银 2.27 两)、绸缎银 20.5 两，支用路费 30 两，省友共垫银 338.17 两。[2]其中，海菜花费最多。这是因为甘肃州县官供应上宪大差或年节送礼时多用海菜。

光绪十八年闰六月，省友向东乐分县县丞吴沆禀报，“学宪蔡定于十六日自省起马往考甘凉。宫保西巡，尚无定期。厨夫、海菜、铺垫一切，势所必需”[3]。省友采买海菜以备大差使用的提议，得到吴沆的首肯。八月底，省友已经采购好所需海菜，找机会托人带回。[4]九月十一日，宋树森托熊老爷赴肃便车带回海菜，具体品种如下：

所购海菜，早已办齐，因乏妥便，故致迟迟。兹熊老爷觅获陈华清兄并其姪(按：侄)熊澍暹兄同伴赴肃之便，嘱晚将购获海参拾斤计二包、尤鱼五斤计一包、鱼翅拾斤计四包、燕菜壹斤计一匣、鱼肚五斤计一串、蜜枣弍斤计一包、金钱饼弍斤计一包、洋糖拾斤计弍包、凤尾壹斤计一包、莲籽拾斤计二包、

① 《化平厅草簿》，光绪十五年四月十四日，第 33 册，第 15376 页。
② 《高台县禀稿簿》，光绪十六年二月十四日，第 17 册，第 306 页。
③ 《东乐草稿簿》，光绪十八年闰六月初七日，第 35 册，第 16233 页。
④ 《东乐草稿簿》，光绪十八年八月廿六日，第 35 册，第 16254 页。

> 山查羔柒斤半计一匣、江摇珠壹斤计一包、南酒弍大罈、火腿八条，计重四拾柒斤，共装竹篓三个、蔑包一个，点交代呈，到乞查收。带物过重，议付车脚银肆两肆钱，敝处由省均已给清，祈请记档。①

宋树森此次为东乐分县采办海菜，因永泰丰号货劣价昂，选择与他经常交往的店铺采购。②采办海菜共用银 79.72 两，宋树森将账单寄呈东乐分县县丞查阅。③

兰州海菜商号有集义成、集美丰、顺成生、永泰丰等。④有些州县官会指定商号，请省友前往采购。光绪十七年正月二十一日，狄道州喻炎丙请宋树森到集美丰照单购办海菜⑤，但该店伙计在货款支付上拘泥死板，令宋树森很不开心。宋树森言在集美丰购办海菜所需价银，“该号不肯放心，定要约期订兑钱铺始行交货。尊（按：遵）商李纪，订兑益泰永代为担承，言定二月抵（按：底）三月初照数交给，尤望早赐，免受逼迫。似此该铺之交易，恐难来往”⑥。当日，他也给喻香山大少爷发函抱怨：

> 集美丰之货，虽已取出，而该铺近年生意剥落，且伙计鼠目性劣，不善交易，所取之货，初则不应，继则要将价银议约定期，订至殷实钱铺始行交货。弟商李爷，货已包好，兼蒙老爷

---

① 《东乐草稿簿》，光绪十八年九月十一日，第 35 册，第 16255—16256 页。
② 《东乐草稿簿》，光绪十八年十月初四日，第 35 册，第 16260 页。
③ 《东乐草稿簿》，光绪十九年四月初六日，第 35 册，第 16295—16296 页。
④ 《丹噶尔分府禀稿簿》，光绪十一年八月廿七日，第 33 册，第 15302 页；《狄道草稿簿》，光绪十七年正月二十一日，第 17 册，第 97 页；《碾伯公牍禀稿簿》，光绪七年闰七月初九日，第 29 册，第 13779 页；《东乐草稿簿》，光绪十八年十月初四日，第 35 册，第 16260 页。
⑤ 《狄道草稿簿》，光绪十七年正月二十一日，第 17 册，第 97 页。
⑥ 《狄道草稿簿》，光绪十七年正月二十三日，第 17 册，第 98 页。

吩示取该铺之货，以故忍气吞声，约算价银伍拾余两，订至益泰永，说定于二月底三月初照数取银，尤望早日带来，免受该铺之逼迫。一切请询李爷，自悉梗概。似此该铺，恐难久交，应否有当，希高明夺之。①

从中可知，狄道州喻炎丙指定宋树森从集美丰赊购海菜。该铺伙计最初不同意，继则要求“将价银议约定期，订至殷实钱铺”。鉴于海菜已包好，再加上狄道州喻老爷吩咐要取该铺之货，宋树森不得不忍气吞声，与狄道州派赴省城接洽的李爷商定由益泰永钱铺代为担保，于二月底至三月初照数还银，商家方才出货。宋氏为此愤愤不平，言集美丰商铺恐难久交，希望狄道州喻大少爷能够明决。然而此后狄道州依然托省友从集美丰赊购。光绪十七年端午节，狄道州呈送上宪的节礼，如兰州道所收南酒二坛，“系由继（按：集）美丰取运，业令该号载入帐折”②。

省友代州县采购海菜时，大多先赊欠后归款。宋树森代高台县订购海菜用银 251.3 两，限期 3 个月归还，省友拟用高台县应领款项扣抵。③丹噶尔分府自集义成曹姓手中买办海菜的费用，也由省友从经手的州县应领养廉银中扣抵。④若州县应领银款较少，赊欠的海菜货款很可能成为州县官省城债务的一个主要来源。每届三节，海菜商号便找省友催讨州县官所欠海菜债款。⑤

---

① 《狄道草稿簿》，光绪十七年新正廿三日，第 17 册，第 101—102 页。

② 《狄道草稿簿》，光绪十七年五月初三日，第 17 册，第 123—124 页。

③ 《高台县禀稿簿》，光绪十六年二月十四日，第 17 册，第 306 页。

④ 省友领取丹噶尔分府养廉银 147 两，除开销票号借贷本利银 104 两，余银约 43 两转给曹姓。参见《丹噶尔分府禀稿簿》，光绪十一年八月廿七日，第 33 册，第 15302 页。

⑤ 光绪七年闰七月初八日，顺成生海菜铺董姓前往宋树森家中，讨取碾伯县所欠海菜银 43 两。参见《碾伯公牍禀稿簿》，光绪七年闰七月初九日，第 29 册，第 13779 页。

（2）票号借贷

平遥票号“天成亨”“蔚丰厚”“协同庆”①在兰州设有分号，经营汇兑与存放款业务。晚清时期，地方各级官员多是票号的常客。②省府州县官员，或为得到实缺，或因赴任、解缴赋税，或在省城采办物品，经常向票号、商号借款周转。据省友所记，甘肃省州县官员与天成亨票号有着密切的业务往来。

天成亨票号创办于清道光六年（1826 年），在北京、兰州、太原、西安、肃州、迪化、上海、杭州、汉口、成都、重庆等地设有分号③，经营汇兑业务，包括赋税输解、军饷转运等④。州县官在天成亨的信函、账单各件，由省友代为办理。⑤以抚彝厅为例，州县官在省城的各项开支，经天成亨票号汇兑。光绪十年八月初十日，因临近中秋节，司院房友开始讨索饭食、节礼。宋树森尚未接到天成亨号汇票，故而竭力推诿。⑥待十九日宋树森收到天成亨票信和汇银 100 两，立即向周绵堂、周莲峰等 3 处送银 76 两。⑦

天成亨票号与甘肃藩司也有密切的合作关系，可请托藩司从州县官应领款项中扣抵其欠款。光绪十三年春季化平厅共领银 230 余两，除支付借垫前任解款 60 余两及各项交代使费外，余剩银 100 两。宋树森打算自己收用，而以夏季领款偿还化平厅在天成亨票号的欠款。⑧待夏季领款发放时，化平厅张彦笃又打算用领款抵

---

① 王克强：《百川通》，太原：山西经济出版社，1999 年，第 3—4 页。
② 王克强：《百川通》，太原：山西经济出版社，1999 年，第 8 页。
③ 张正明、高春平编著：《平遥》，北京：旅游教育出版社，2001 年，第 22 页。
④ 黄鉴晖编：《山西票号史料》，太原：山西经济出版社，2002 年，第 571 页。
⑤ 《高台县禀稿簿》，光绪十九年六月十七日，第 17 册，第 457 页。
⑥ 《抚彝禀稿簿》，光绪十年八月初十日，第 31 册，第 14671 页。
⑦ 《抚彝禀稿簿》，光绪十年八月廿五日，第 31 册，第 14672 页。
⑧ 《化平厅草簿》，光绪十二年五月廿　日，第 33 册，第 15327　15328 页。

解地丁银。因天成亨票号与宋树森交好的管事薛姓上个月回老家时,“特将伊经手官场借项均开清单,呈交藩台查扣旧款”。宋树森认为张彦笃以领款抵解地丁银并延期归还票号欠款的计划恐难成功,言:“遵商号友,恐难缓待。如此一来,领项核发,定必划扣。”①果然,八月初藩司悬牌核发化平厅夏季领款时,照数划扣本利兰平银 230 两。宋树森从天成亨票号抽取借券,交化平厅陈爷带回。②

除了天成亨票号外,元兴昌商号也代甘肃州县官周转资金。光绪十七年,狄道州应解兰州府库平银 46.68 两、陈孟彪车价兰平银 80 两,由省友持喻炎丙信函赴元兴昌号取银呈交。③光绪十八年五月,省友代狄道州置办道宪寿礼十色,由元兴昌取兑门包银 17 两、小费钱 2 000 文。④光绪十八年六月,狄道州请领磨帖纸红共需银 50.2 两,省友自元兴昌借银 50 两,余银 2 钱自己垫付。⑤由此可知,省友持狄道州信函,可向元兴昌号取用银钱。若无信函凭据,元兴昌则推诿不给。⑥这些零星借支,最终仍由省友经手结账。⑦

若州县官暂时无领项归偿债务,省友需想法挪借。光绪九年九月,抚彝厅在福泰裕商号 50 两借款到期⑧,宋树森在其他商铺挪借银 50 两归还⑨。若州县官长期借款不还,票号索债时也毫不客

① 《化平厅草簿》,光绪十三年七月廿六日,第 33 册,第 15334 页。
② 《化平厅草簿》,光绪十三年八月十九日,第 33 册,第 15336 页。
③ 《狄道草稿簿》,光绪十七年腊月初三日,第 17 册,第 160—161 页。
④ 《狄道草稿簿》,光绪十八年五月二十一日,第 17 册,第 206 页。
⑤ 《狄道草稿簿》,光绪十八年六月廿五日,第 17 册,第 216—217 页。
⑥ 光绪十七年年底,宋树森致送藩臬两司幕友节敬银,元兴昌推诿不给,省友请狄道州喻大少爷派遣专人带至省城,以便分送。参见《狄道草稿簿》,光绪十七年十二月十三日,第 17 册,第 170 页。
⑦ 《狄道草稿簿》,光绪十八年三月二十日、闰六月初二日,第 17 册,第 196、218 页。
⑧ 《抚彝禀稿簿》,光绪九年九月二十四日,第 31 册,第 14633 页。
⑨ 《抚彝禀稿簿》,光绪九年十月十五日,第 31 册,第 14636 页。

气。光绪七年闰七月，天成亨汇局掌柜张姓与新补平凉县陈延芬，因酒后讨债发生争吵，臬宪拟予审办。①

在诸多官商冲突中，官员常携官势压制商人，商人似乎处于被动地位。但从省友的视角来看，并不尽然。一则，省城商铺钱号做州县官生意时，通过中间人省友来规避赊账、借款的潜在风险，即以省友经手领取的州县廉俸工食银来抵扣欠账。若州县官的廉俸工食银不足以抵还其省城欠款，商铺票号则会向省友讨债。二则，行商可通过罢市来抵制官方的索取。光绪十八年五月，甘肃首县皋兰县需放旱赈，向省城估衣行索借几百条口袋装运粮食。据省友言，"该行不惟抗不应给，统城百余家均十七日闭门罢市。经浼人开导，始各开门"，他感叹"铺民刁狡，殊为可恶"。②

3. 州县官在省人情开支

州县官在省人情世故开支，是一项难以预料的额外支出。光绪十二年十二月中旬，青海大臣丁忧回旗，途经兰州，于十七日"在省设奠，拟于念日出省北上回旗，穿孝百日期满，仍回本任。各处奠仪，派人候收"，省友咨询化平厅张彦笃是否致送奠仪。③光绪十六年八月中旬，朱筱堂丁忧，景况颇苦。省友言："府宪倡嘱同乡从丰惠助，以资回籍"，"闻李军门广珠、李云溪明府各送银二十两，即省中听鼓者亦各助银十两或八两不等"。省友似乎觉得送银 6 两有些少，请示化平厅是否再加一些。后因朱筱堂行期已迫，省友擅

① 《碾伯公牍禀稿簿》，光绪七年闰七月初六日，第 29 册，第 13778 页。

② 《狄道草稿簿》，光绪十八年五月十八日，第 17 册，第 204 页。

③ 《化平厅草簿》，光绪十二年十二月十九日，第 33 册，第 15310 页。

自做主送银 12 两,向化平厅呈送收条。①

二、州县官债务的清偿

1. 债务清偿节点

省友代州县官垫付省城开支时,当即开呈账单明细,向州县官报账,请求对方记账,以便将来归账核对。②归账时间,当与廉俸工食银的发放节奏一致,即按季清偿。光绪十五年,省友致平番县门上苑雨亭言,冬季已垫用银 51 两有余,现开呈细账,请苑雨亭代恳账房早日给还。③

年终是债务清偿的关键节点,省友会开具各账细目,向州县官索要。光绪二十三年省友代清水县垫用银两,除零星收款外,不敷银 537.393 两。十一月,省友开始要账,言年关将至,手头异常紧迫,请迅速赐给。④州县官收到省友的索款请求后,原则上应及早归还。归还债务的方式主要是用将来的领款抵扣、专人带往,或由钱铺票号汇兑。

2. 以藩司领款抵扣

省友代垫款项,多用藩司核发的州县廉工银抵扣。

省友从领款中直接抵扣的前提之一是藩司核发款项足以抵扣州县官的省城债务。道光年间历任贵州安顺府、黎平府的常恩,也将省城应领剩余款项转交坐省家人,如"赍发誊黄费银,并兵马奏

① 《化平厅草簿》,光绪十六年八月十六日、九月九日,第 33 册,第 15418、15419 页。
② 《化平厅草簿》,光绪十五年四月十四日,第 33 册,第 15376 页。
③ 《各友启事稿簿》,光绪十五年腊月十一日,第 34 册,第 15868 页。
④ 《清水县草簿》,光绪二十三年冬月初五日,第 33 册,第 15637—15638 页。

销等项"，"所有余银，祈〇交敝坐省倪元生堂可也"①，"敝处应领秋冬津贴银两，业已禀恳方伯扣收。应解之项，如承允准，其使费若干，弟当如数补给房科也。其余剩之项，即祈吾兄大人饬交敝坐省处，以便申解道辕"②。光绪十一年七月，丹噶尔厅有藩司核发廉俸工食各款共二百三四十两，袁昌鹗向省友允诺此次领款中，"若藩宪不扣，可还兄处一百五十金"，"藩宪若扣百金，自无庸议"。③结果，藩宪直接划扣丹噶尔分府在藩司借贷的本利银110余两，省友垫款依然无法归还。省友怅怅不已，言："厶之借项，逼迫甚急，藉赖领款，以资接济。似此无着，何能了局。"④

以藩司领款抵扣州县官欠款的第二个前提是需要征得州县官同意，否则省友有被州县官禀控、被藩司查办的风险。光绪二十四年六月，宋氏接到皋兰县差票传讯，称清水县方传获禀请藩司追出省友所领款项，解缴公款。宋氏乍闻之下，非常诧异。清水县账目，去年年底筱翁在省城时已经当面算清。清水县应领款项，由其家人朱爷一手领取，宋氏毫无染指。而宋氏代垫款项，方传获并未完全还清。如果方传获对账目有疑问，可以到省城来当面细算，怎能凭着一面之词来捏情禀控，如此"影射陷害，未免有伤世好"。面对皋兰县的差票传讯，宋氏据实向皋兰县供陈，并再次向方传获表示如有问题，请到兰州当面质询，言："人秉天良，神有堂察，想阁下

① （清）常恩：《道光三十年安顺府书禀稿》，载全国图书馆文献缩微复制中心《稀见清知府文档》第2册，北京：全国图书馆文献缩微复制中心，2004年，第607页。

② （清）常恩：《道光二十八年黎平府书禀稿》，载全国图书馆文献缩微复制中心《稀见清知府文档》第4册，北京：全国图书馆文献缩微复制中心，2004年，第1467页。

③ 《光绪朝法律公牍》，光绪十一年七月廿一日，第51册，第24052页。

④ 《丹噶尔分府禀稿簿》，光绪十一年七月二十八日，第33册，第15298—15299页。

鸿才隽发，鹏程远大，必不能昧己欺人……弟虽蠢愚，曷敢背良负义，以贻存殁之羞。”①

州县官应领廉工银不足以抵偿省友垫支银两时，省友会在三节时提醒州县官结清欠款。例如，平罗县自光绪七年夏初至九月下旬，经省友垫支银六百数十两，而省友从藩司实领平罗县廉俸等银仅二百五六十两②，省友屡次催促平罗县令尽早还债。若州县官不能及时偿还，则会使双方关系变得紧张。光绪十五年宋克用因讨索贷款，一度冒犯平罗县哈姓，宋树森事后写信道歉，表示已从严痛责其子。③

3. 州县官自本署财政支发

若藩司领款不足以抵扣债务，则需州县官自衙署财政收入中支拨。州县官或通过差人顺便带给省友，或通过票号汇寄至省城。光绪十年，宋树森经理抚彝厅省事垫银 300 余两④，抚彝厅通判于中秋节前后自天成亨票号汇银至兰州，先后 3 次共汇银 300 两⑤。

若官员拖延不给，省友会向州县官的账房师爷催讨。光绪十八年十二月初十日，宋树森自海州倪师爷处收到秦州太尊借还的兰平银 400 两，他给秦州账房高步青⑥、海山写信感谢，并请他们再

① 《清水县草簿》，光绪二十四年六月廿三日，第 33 册，第 15663 页。

② 《平罗底稿簿》，光绪七年九月二十日，第 49 册，第 22805 页。

③ 《各友启事稿簿》，光绪十五年六月廿三日，第 34 册，第 15821—15822 页。

④ 《抚彝禀稿簿》，光绪十年六月十六日，第 31 册，第 14668 页。

⑤ 《抚彝禀稿簿》，光绪十年八月廿五日、九月廿九日、十月廿三日，第 31 册，第 14672、14675、14676 页。

⑥ 高步青在秦州账房做事。参见《各友启事稿簿》，光绪十八年八月初四日，第 34 册，第 16096 页。

在太尊面前多加吹嘘，以便余欠钱款及早偿还。[①]光绪十六年，平凉县知县高心伯在曹姓商号所欠货款，省友请曹姓前往平凉县领取。[②]然而时机不巧，曹姓空跑一趟。高心伯许诺到兰州后设法归还，但是考虑到他请假禀文已被省宪批准，而平凉县又在甘肃省的东部，省友猜测他“去志已决，势不能再行来省”，遂请平凉县账房侯滋斋师爷从中关照，设法归还借垫款项。[③]

若州县官既无足够领款可以抵扣，又不主动汇寄或托人带省，省友会派专人前往州县衙署讨还。光绪七年九月，宋树森代华亭县垫款四五百两，除曾收到过华亭县还银 120 两外，尚欠银三百六七十两。[④]因每月利息很重，宋树森被逼无奈，令其舍弟专程前往华亭县领取。[⑤]光绪八年七月，其舍弟到华亭县，雷文渊仅赐给垫款银 120 两。宋树森表示这点还款相对垫款可谓杯水车薪，希望雷文渊能于下忙时多多掷还。[⑥]若州县官长期不还，省友久索无获，很容易导致双方关系恶化。

三、省友与州县官债务纠纷

1. 省友垫付资金争执

州县在省城出入各账折，省友会核对缮折，禀呈州县账房对账[⑦]，

① 《各友启事稿簿》，光绪十八年十二月十三日，第 34 册，第 16129 页。
② 《各友启事稿簿》，光绪十六年四月初五日，第 34 册，第 15918 页。
③ 《各友启事稿簿》，光绪十六年六月十二日，第 34 册，第 15928 页。
④ 《光绪朝法律公牍(华亭县)》，光绪七年九月廿一日，第 51 册，第 24086 页。
⑤ 《光绪朝法律公牍(华亭县)》，光绪七年冬月十五日，第 51 册，第 24089 页。
⑥ 《光绪朝法律公牍(华亭县)》，光绪八年七月二十日、九月初四日，第 51 册，第 24105、24106 页。
⑦ 《化平厅草簿》，光绪十三年五月二十一日，第 33 册，第 15328 页。

偶尔也会出现对不上的情况。光绪十六年三月二十五日，化平厅汇来营饷库平银400两，化平厅王爷到省，又带来兰平银60两。[①] 王爷在宋树森处先支用银14两，又续买烟土使用银7.5两，临行使用车价钱4.5两，共使用银26两。出乎省友意料的是，王爷回去后对化平厅说只在省友处支用银16两。面对化平厅张彦笃的质疑，宋树森一面表示"前后两禀如故，不符请即传询，设有错误，书甘领咎"[②]，一面给王次山写信请他在张彦笃面前如实汇报其在省使用款项：

次山仁兄大人阁下：昨驾踵省，畅聆面教，欣积慕之稍释，怅诸事而未周。彼此至好，谅必曲为原之于格外也。辰维福躬迪吉，潭祉嘉祥为慰。日前突奉上人来函，云阁下旋署面陈在省由敝处共使银一十六两。查核弟帐开列兄使二十六两，互较计错少银一十两。究系笔误或有别故，令即查覆，以免浮冒云云。祗奉之下，曷胜诧异，即饬小儿逐细查询，据陈阁下在省初次云做银活并送检□共取银一十四两，嗣于临行前一日复云购买烟土五十两应付价银七两五钱，又云车价川资尚应需银四两五钱，复取用银一十弍两，连前共使过银廿六两，并无错误等语。厶即如情备细函禀，意为传询台端，自可水落石出。弗料昨日复接上信，云询阁下只使过银一十六两，并无廿六两之说云云。阅之如凉水灌顶而下，令人闷听，殊不可解。兹特专函飞恳，务祈我兄念切素好，实使若干，在上人前代明，不白得盆冤昭雪，定当图报于毕生矣。并望回示，以慰

① 《化平厅草簿》，光绪十六年三月廿五日，第33册，第15405页。
② 《化平厅草簿》，光绪十六年五月初十日，第33册，第15411页。

翘盼。专此，福安百益。致化平王爷。①

由此信可知，王爷与省友报账不符，使化平厅张彦笃两次致信宋树森，询问他究竟是笔误，还是另有他因，以免浮冒。宋树森接信后，很是诧异，叮嘱其子宋克用查阅王爷在省支用细账，并无差错，但是王爷依然坚持前说。宋树森接到张彦笃的二次来信后，理解不了王爷为何坚称只用银 16 两，故而给王爷写信，开列支用细目，请他在张彦笃前代为剖白，并期盼他的回信。

宋树森随后又致信化平厅张彦笃，言："王也（按：爷）来省所用之项，查询至再，并无浮错，遵已专函致问，有何缘故，令其就近面禀矣。想渠素性朴实，厶所深知，端（按：断）不能因此区区数金陷人于不义也。借垫之项，请早掷偿，免受逼迫，是所盼祷。"②

2. 州县官延不结账

应解地丁正耗、商畜杂税、磨课银达 12 747.729 两之多的狄道州③，余润想必较其他"苦缺"州县为多，但依然拖欠省友垫款。光绪十六年十二月初，省友言百债俱兴、手头拮据，禀请狄道州早日赏发代垫款项。④同时，省友还给狄道州门上王连山写信，言："现值年终，群拥索讨，实属紧迫异常，务恳我兄于老爷前代陈苦况，恳其早为赐济。"⑤

令省友郁闷的是，狄道州朱爷到省，仅赐薪水银 12 两，省友于

---

① 《化平厅草簿》，光绪十六年六月廿日，第 33 册，第 15411—15413 页。
② 《化平厅草簿》，光绪十六年六月廿六日，第 33 册，第 15414 页。
③ （清）傅秉鉴编：《甘肃清理财政说明书》，载北京图书馆出版社影印室辑《清末民国财政史料辑刊》第 19 册，北京：北京图书馆出版社，2007 年，第 97 页。
④ 《狄道草稿簿》，光绪十六年腊月朔日、除月十一日，第 17 册，第 87、89 页。
⑤ 《狄道草稿簿》，光绪十六年全月十一日，第 17 册，第 89 页。

十二月二十一日回信称“祇聆寸感，难宣尺幅”，表示：

> 第届年终，诸债逼迫，百孔千疮，异常拮据。么处垫项屡开清折，函禀陈恳，谅在冰鉴。引领翘盼，满望此次专人来省，定荷赐济。讵询来人，非但折开之项分毛无赏，即日前呈解下忙应承各项所需小费半文未带。逖听之次，似凉水灌顶而下，无米之炊，焦愁万状。左敲右打，半筹莫展。惟有抱赧函禀，再恳鸿慈垂怜旧雨，无论若何挪赏百金，以解倒悬，请与票号速赐一信，遵持领取，藉济然眉。顶荷宏施，誓图衔结于生生世世矣。①

省友过去的垫款，狄道州分毫未给；目前应解的下忙小费，狄道州半文未带。省友失望之情，溢于言表。二十二日，省友致信喻炎丙，表示年节关头，债务蜂集，异常拮据，但凡他稍能通融，不致屡次索要。②情急之下，他又给史湧泉、王连山写信，寻求帮助：

> ……而湧泉兄日前解缴下忙，应需库房各项小费并投文扯批等项，系敝处暂代担承，何未带来，岂忘却耶？但年下催索过急，请帐房如数催取，速即带省，免弟受逼，是所切盼。再，老爷处弟共垫银二百多金，屡禀肃垦（按：恳），并赖二兄极力怂恿，满拟必能从丰赐济，弗料朱爷来省，除薪水外，分文未偿。省中街道，久在洞鉴，诸债守付，为阎索命，无米之粥，筹措乏策，复禀无垦（按：恳），敢烦我兄垂青旧雨，力巧妇何为垦（按：恳），总期速赐以济然（按：燃）眉。连兄之项如已措就，尤祈并为掷省，以资贴补。缘敝事拮据，势逼处若此，稍能道

① 《狄道草稿簿》，光绪十六年全月廿一日，第17册，第90—91页。

② 《狄道草稿簿》，光绪十六年全月廿二日，第17册，第92—93页。

（按：动）挪，断不敢如斯琐烦也。诸希原鉴。①

省友愤懑之情，跃然纸上。他对经手下忙钱粮解缴的史湧泉抱怨：敝处代垫的库房小费及投文扯批等项为何没有带来，难道是忘记了吗？他代狄道州垫银达 200 多两，满心期望喻炎丙能够从丰赏发，未料到朱爷来省未带分文。

光绪十七年正月狄道州李爷运钱来省，方带来钱 10 串。②省友给喻香山大少爷写信，言："寄赐敝处钱壹拾串文，如数收获，惟是杯水车薪，实难济急。所垫各项，除客腊开折呈报外，尚有代垫呈解地丁应需各项小费银壹拾柒两，又朱爷旋署支用川资钱弍千文，均悬帐外，尤恳统赐掷下，以资接济为恳。"③

3. 官员还债无期

(1) 毛目分县县丞王梦龄

光绪十二年四月，宋树森拟领取毛目分县脚粮银来抵还垫款的想法落空。四月至九月，宋树森频频催促王梦龄寄来文领，以便领取养廉、俸工等项钱款，清偿旧债。④但王梦龄既不寄送文领，也不筹款还债。九月，宋树森再次催索：

毛目事宜，司院友人书力婉恳，鼎力护庇，悬牌委人约在明年。厶处借款，前奉钧谕，粮价公项不能挪用，容由省垣致函拨兑，或给领款，专人送省等语。遵奉之下，确然深信。各处债主当即仰人沿门告恳，限至秋节如数清还。讵料父台口

① 《狄道草稿簿》，光绪十六年全月廿二日，第 17 册，第 94—95 页。

② 《狄道草稿簿》，光绪十七年正月二十一日，第 17 册，第 97 页。

③ 《狄道草稿簿》，光绪十七年新正廿三日，第 17 册，第 100—101 页。

④ 《毛目分县稿簿》，光绪十二年四月廿一日、五月初二日、九月初三日，第 33 册，第 15486、15489、15493 页。

是心非，迄今数月杳无音信。各债蜂起，逐日踵门，屡次失信，厶乃汗颜，结舌无话，日处穷城，望眼将穿，势处急切，理合飞禀，叩恳父台大发慈悲，如（按：无）论何项，速为设措，即由甘州票号汇省，以解倒悬。汇费若干，由厶付给，或厶亲身束装来署，面为请领，均感无极。①

宋树森在信中指责王梦龄屡次失信，致使他被债主逼迫。他催请王梦龄自甘州票号汇款至省，所有汇费由他承担；或者他亲自前往毛目衙署讨领，均无不可。

光绪十二年年终结算债务时，宋树森仍未讨回借垫三年之久的款项。②光绪十三年二月，宋树森得知新任蔡世德③拟前往毛目分县接印，署任王梦龄卸任在即，他再次催讨旧欠：

书处借款，为数甚巨。现经悬牌，客商闻风，格外严逼，逐日踵门，吵闹守催。厶乃汗颜，无语可对，日受逼辱，一切苦情，实难细述。势处危急，专令舍亲卫姓定于初六日由省起程，兼程来署，面领榘训。借项银两，请即设措，照数清交舍亲手收，并请催令迅速回省，以解倒悬。④

王梦龄卸任在即，放贷各商纷纷找其省友宋树森讨债。宋树森自言无语相对，拟令卫姓于初六日自省城启程前往讨索。二月

① 《毛目分县稿簿》，光绪十二年九月廿日，第 33 册，第 15494 页。

② 《毛目分县稿簿》，光绪十三年新正廿六日，第 33 册，第 15500 页。

③ 蔡世德，字作庭，贵州婺川人，光绪十一年七月升任毛目分县县丞，实由王梦龄署理，光绪十三年四月回任。参见中国历史官员量化数据库（CGED），https://searchjsl.leecampbellgroup.blog/#/detail?uid=187920918200，2025 年 6 月 3 日；《毛目分县稿簿》，光绪十二年九月初三日、光绪十三年三月廿四日，第 33 册，第 15493、15507 页。

④ 《毛目分县稿簿》，光绪十三年二月初二日，第 33 册，第 15501 页。

二十日，宋树森的亲戚杨姓奉命前往毛目分县，宋树森请王梦龄将欠款“扫数交给敝亲手收，催即令赶即觅便，星夜回省”①，但结果令他非常失望。他在信中表示：

百债追呼，如坐针毡，日处愁乡，望眼频穿。正在渴盼，舍亲到省，雀跃无地，及展钧谕，如凉水从顶而下，么实惭愧，无语对人。窃思我父台所借各项，自到任以来，叠经催讨，屡次推缓。至去夏接奉手示，谕以不论有无领项，待至冬间另有他款可以归赵。设即卸事，专人来取，决不食言等语。遵即照信，而各债主沿门乞恳。讵意去腊只收数金，逼迫危急，后向他处通融济急，挖肉医疮，实难细述。今岁二月藩宪牌示，蔡大老爷饬赴新任，各债严催，推诿无奈，专人走领。满拟此次定能接济，弗料父台弃旧食言，赐领银四十两。遵查此项既列停缓，又经卸事，不能核发。关姓之银，前往婉说，推诿无项，均成画饼。以么屡作儿戏，父台岂似属昧良而害书？睹此情形，专人往返，车价、川资、劳金统共需银六十余金，徒劳跋涉，心实可恨。债主终日踵门逼辱，设法无术，仰请友人极力告恳，宽限旧还，幸计父台不日进省，定有一凡良术指示拯救，得出苦海也。②

在宋树森看来，光绪十二年夏天王梦龄信誓旦旦地保证，不论在藩司是否有领款，冬天有其他款项可以归还；如果离任，省友可派专人来取，决不食言。但是，去年冬天宋树森只收到几两银子，与巨额垫款相比微不足道；在王梦龄离任前派专人前去讨取，结果

① 《毛目分县稿簿》，光绪十三年二月廿日，第33册，第15503页。

② 《毛目分县稿簿》，光绪十三年四月二十二日，第33册，第15507—15509页。

只得到用于请领银40两的文领且实际无法领款。现在别无良法，唯等王梦龄到省后再议。因省友致毛目分县的禀函至此戛然而止，无从得知其垫款是否讨回，只知双方在光绪十七年六月尚有礼节性往来，王梦龄时任甘草店厘局。①

(2) 古浪县右堂

光绪十六年年初，古浪县右堂胡松亭上任时②，在省友处借用银40两，约定二月归还；经省友担保的日增廉海菜货款也定于三月归款。但是胡氏赴任后却玩起失联大法，逃避还款。闰二月十四日，省友写信催问：

松亭二尹大兄大人阁下：自荣任以来，连肃雁椷，未奉鱼还，岂概为洪桥所误也。怅怅。恭维履祉云臻，升猷日上，为欣为颂。弟守拙依然，乏善堪告，幸贱躯如常，儿辈清泰，附以上慰锦注耳。挪用之项，为日不久，应不启齿。惟此次出省所用不惑之数，原二月内如数清赏，日增廉海菜三月为期，均皆转瞬至期。若不早为筹备，难免逼迫之虞。叨在知好，故敢抱赧肃恳，伏望筹措，如期至省，以践前言，免弟失信于人，则感荷盛情于无既矣。诸希原鉴为叩。附呈京信一封，邸报二本，信资钱二百文，敝处已给付矣。专此，恭请升安。③

闰二月十五日，省友得到胡松亭来信，称前面一封信未能接到④，其借款亦无着落，至三月十五日仍未归还。省友再次讨要，

① 《各友启事稿簿》，光绪十七年六月初九日，第34册，第15973页。
② 《各友启事稿簿》，光绪十六年二月廿二日，第34册，第15904页。
③ 《各友启事稿簿》，光绪十六年闰二月十四日，第34册，第15905—15906页。
④ 《各友启事稿簿》，光绪十六年闰二月十五日，第34册，第15907页。

言:"所假之项,彼此至好,本宜推缓,应不启齿,但前约闰月内定使归赵,讵已过期,犹未带省。前途逐日严加追讨,致弟爽信,无语可答。兼之街道清苦,敝处拮据异常……恳阁下念切素爱,迅赐掷偿,免受追呼。"①

四月初三日,省友又致信胡松亭讨索,言:"素悉阁下一言九鼎,非言不顾行者流,故于友人处拍胸承揽,竭力张罗,以顾尊需。岂料迄今数月,竟效黄鹤飞去,致讨索者诸日重(按:踵)门,百船逼辱,真难细述。使厶爽信,无语可答",省友表示目前节届端午,商号催逼更急,请胡松亭赶紧措款带省,以便他转付商号,并表示如果一直收不到还款,将遣人前往领取。②

四月十三日,省友接到胡松亭来信,大意困苦难支,请再缓期。省友表示有心无力,很想帮助他,但自己也很拮据,拟于端午节前遣人前往讨索:

> 松亭仁兄大人阁下:顷接手书,备聆苦况。但兄既在陈,厶亦在蔡,欲效古人焚券之义,奈敝事拮据,捉襟见肘,实心有余而力不逮也。且弟依人成事,信义为衣食。素悉阁下言必顾行,故敢鼎力拍胸张罗。若系食言者流,弟亦断不敢如斯冒昧,自寻逼迫耳。目下届值节下,逾外严讨,朝三暮四,弟实无颜可推。逼处急迫,只得专人趋叩签阁,面为请领,以解倒悬。伏望恩施格外,体全始终。无论若何,俯赐扫数发交来手,令速返省,藉资归赵,以顾信义,则始终感荷盛情实无涯矣。想阁下慈悲在怀,定能悯恻,必不陷弟于火坑,致使代人受累耳。专此布恳,

① 《各友启事稿簿》,光绪十六年三月十五日,第 34 册,第 15910 页。
② 《各友启事稿簿》,光绪十六年四月初三日,第 34 册,第 15917 页。

伫候云霓，曷胜翘盼，待命之至。……致古浪右堂胡。[①]

省友自言他这行是“依人成事，信义为衣食”。他之所以敢担保张罗海菜，实因相信胡松亭言行一致。若是那种食言者，他是不会自找麻烦的。鉴于端午节前各商号讨债的压力，省友拟派专人前往面讨，请胡松亭全额发给来人。

光绪十六年六月二十六日，省友依然在向胡松亭催要其荣任时借用银款。这些债务已拖欠半年之久，胡松亭分毫未还。[②]面对商号的屡次催逼，省友别无他法，声言只好请这些商号自己前往讨取。[③]事实上，直至九月，胡松亭仍旧未能归还这笔借款。这让省友非常郁闷，省友言：“敝处借项，迄已九月，分毫无偿，且来函缄默，只字不提，殊堪诧异”[④]，“想阁下铜符在握，无论若何，自必周转较易”[⑤]，请他迅速还款。胡松亭回信说自己非常清苦，借项需要继续延期归还。省友屡索不得，焦灼万分，表示“敝处实系紧迫万分，若稍能挪腾，必当竭力斡旋，以全始终，何须既失信于友人，屡受其逼辱，复叠函催促，徒开罪于台端也?”省友请胡松亭及早归还借款，他将感激不尽。[⑥]

光绪十七年正月，古浪县金纪来省，胡松亭托金纪给省友带来薪金银8两。省友表示无功不敢受禄，拟将该8两抵还胡松亭的借款利息。[⑦]直到光绪十七年四月胡松亭即将卸任，该笔债务依然未

① 《各友启事稿簿》，光绪十六年四月十三日，第34册，第15914—15915页。
② 《各友启事稿簿》，光绪十六年六月廿六日，第34册，第15930—15931页。
③ 《各友启事稿簿》，光绪十六年六月廿八日，第34册，第15932页。
④ 《各友启事稿簿》，光绪十六年九月朔日，第34册，第15934页。
⑤ 《各友启事稿簿》，光绪十六年九月初九日，第34册，第15935页。
⑥ 《各友启事稿簿》，光绪十六年九月十九日，第34册，第15937页。
⑦ 《各友启事稿簿》，光绪十七年新正人日，第34册，第15959页。

能结清，省友打算等他回省城时当面索要。①

省友讨债难，难在屡催不得，还要赔本折利。宋树森曾对彭惕如感叹，派罗先生向陈大人讨债，仅“讨获银四十六两，而往返几近三月，盘费、脚价、人情并倒马各项，统作花销只莫空去空来，竟与陈大人送一借约耳，言之令人可怜。此言只可对知己者道，岂敢向外人言也”②。

四、省友与州县财政亏空

清代州县赋税征解、刑名案狱、仓库盘查等册报，经司院审核、汇造总册，目的在于规范州县施政，“表面上具有法治色彩，但实际结果却只是赋予了上司衙门胥吏更多营私舞弊的权力”③。据时人包世臣言：

> 司书讹索州县，情状百变。其小而显者，如送到册结，以注语不符、册式不合及挖补未盖印信（此层尤多，司书捏换）等情驳换。迨遵驳重造，又寻别端再驳，即继以查取错误迟延各职名，多方恫喝，必饱其欲而后已。④

清代财政支出中书吏工食银的缺失，使司院书吏核造州县簿册时苛驳滥索，“册费一项遂为州县岁出之一款”⑤。

---

① 《各友启事稿簿》，光绪十七年四月十四日，第34册，第15964页。

② 《各友启事稿簿》，光绪二十年九月初三日，第34册，第16207—16208页。

③ 魏光奇：《清代民国县制和财政论集》，北京：社会科学文献出版社，2013年，第24页。

④ （清）盛康辑：《清朝经世文续编》卷19《吏政二》，载（清）贺长龄、盛康编《清朝经世文正续编》第3册，扬州：广陵书社，2011年，第208页。

⑤ 《河南全省财政说明书》，载中央财经大学图书馆辑《清末民国财政史料辑刊补编》第6册，北京：国家图书馆出版社，2008年，第645页。

鉴于司院书吏核造文册时以各种名目索费，州县官不得不同意省友付费结案的提议，唯在册费数额上寄望于省友能从中说合，尽量节省。处于司院书吏多索与州县官少付夹缝中的省友，左右为难。若应承的册费少了，房友不答应①，州县文册或被驳回，或被司院书吏压搁不办；付多了，则难免受州县官谴责。光绪八年，礼县县令郑业启责备宋树森房费开支不够节俭，宋树森辩称："各案房费，书敢不竭尽心力节俭需用，以负我父台录用之至意"，并表态称："设有浪费，书甘领咎……省城办事，非书一家一人而已，曷敢欺哄？"②

州县官这种必不可少的省城行政经费开支，被时人认为是导致州县财政亏空的主要原因。居中说合、支付使费的省友，被视为罪魁祸首。陕甘总督先福和给事中牛鉴认为，省友从中关说使费，州县官为偿还省友代垫款项而辗转侵挪，是州县产生财政赤字的根本原因：

> 再，甘肃向有省友名目，每于州县官初到兰州，即寅缘推荐，或为借贷盘费，或为赊取什物，该州县藉资通挪，延订为友。迨赴任后，若辈常驻省垣，名为探听信息，实则勾通各衙门书吏，狼狈为奸，遇事生风，开销使费，无而为有，以少报多，不数年间州县官负欠若辈之债，盈百累千，莫能清厘。甚至批解公项到省，若辈辄先收还私欠，或将州县应领之款，概行扣收借项。州县官因负欠既多，相率隐忍，遂致仓库亏缺，是此等省友最为地方之害。奴才到任后，风闻其事，当经通饬严

① 《高台县禀稿簿》，光绪十五年冬月十八日，第17册，第295页。

② 《光绪朝法律公牍（礼县）》，光绪八年新正初六日，第51册，第24131—24132页。

禁，并密差查拏，而积习相沿，几至牢不可破。[①]

正是省友这种用藩司领款支付州县官在省城各项积欠的行为，被陕甘总督先福和给事中牛鉴认为是积弊之由，进而与州县财政亏空联系起来。他们认为，省友从中关说的“使费”，即房友规费，是州县在省城或者省友那里有欠款的直接诱因。州县官为偿还省友那里“盈百累千”的款项，辗转侵挪，捏饰弥缝，最后酿成亏空。这种说法不见得是无的放矢，但将使费产生的原因归咎于省友的从中说合，把此类债务归为省友的“私欠”，无疑失之偏颇。

首先，上自六部下至州县的书役索费现象，是清代吏役俸食发放体制所引起的问题，此类款项属于州县必要的行政经费支出。实际上，清代各级下属机构大多需要事先派人与上司衙门书吏进行联络，于规费一节达成共识，方能使各项事务顺利推进。[②]有鉴于此，光宣之际财政清理时，甘肃省提出在官员廉俸之外，划出专门公费，用于省衙幕友修金、家丁工食、书吏饭食纸札、差役工食等开支，全部蠲除各衙门“旧有摊解、摊扣、摊派、册费、饭食、纸札，暨节寿、门包一切无名之费，并领解款项一应房费、陋规，暨本管上司衙门一切支应”，“永不准再有前项名目”。[③]

其次，州县省城债务主体是州县官而非省友，省友仅居中代表

① 《陕甘总督先福奏报甘肃查拿省友严肃吏治情形事》，嘉庆二十年九月十二日，录副奏片，档号：03-1859-032。

② 这种现象非省级衙门所独有，上自六部，下至州县，无处不有。咸丰二年（1852 年）章惠致吴煦的信中，就漕粮部费嘱咐道：“至部费每处若干，亦与部友先行商定，免致挑剔。”参见太平天国历史博物馆编：《吴煦档案选编》第 6 辑，南京：江苏人民出版社，1983 年，第 127 页。

③ （清）傅秉鉴编：《甘肃清理财政说明书》，载北京图书馆出版社影印室辑《清末民国财政史料辑刊》第 19 册，北京：北京图书馆出版社，2007 年，第 229 页。

州县官支应筹垫。省友遵州县官之命代办海菜、绸缎等日常用品，支付州县差役在省城的生活费用。此类开支，州县官很少以现银支付，多由省友向商铺票号借贷钱款，暂为支垫。因此，州县官本应为其在省城的各项开支买单。尽管不排除省友从中侵渔的可能，但省友经手的“盈百累千”的省城欠款，仍难与州县动辄巨万的钱粮亏空画上等号。[①]在陕甘总督杨遇春看来，尽管省书用州县官领款抵扣书吏使费的行为，会导致州县官挪移库款来偿还债务，但省书并非州县钱粮亏空的唯一原因。采买兵粮、仓粮折价、摊廉修理工程等，均可导致州县钱粮亏空。[②]

最后，甘肃地瘠民贫，州县官入不敷出，是其钱粮亏空的主要原因。道光二十年参与甘肃清查案的官员，公认甘肃地瘠民贫，地方出息本少[③]，又差务络绎，州县官因公赔累，难免亏挪[④]。道光二十九年，丁忧岷州知州陈昌言揭称，他弥补历任亏短下色粮 7 644 石有余，合银 5 924.574 两；摊补陈故任归仓无着上色粮 1 514 石余，合银 2 346.847 两；又摊销过各项银 3 320 余两，因公赔累用过银 13 215 两；院司道府节寿、门包、公帮等项用银 13 723 两。[⑤]陈昌言禀揭出来的开支多是因公赔累。或谓节寿门包系私人赠送，但作为官场中人，

---

① 陇西县令郑大老爷在任时，“亏项巨万”。参见《陇西信件簿》，光绪七年冬月初六日，第 29 册，第 13869 页。

② 《陕甘总督杨遇春呈酌拟甘肃省杜亏章程十条清单》，道光十一年八月十八日，录副奏折，档号：03-3368-069。

③ 礼县缺，每年赢余仅千金，不足济官员贫。参见(清)张集馨：《道咸宦海见闻录》，杜春和、张秀清整理，北京：中华书局，1981 年，第 237 页。

④ 任国维主编：《祁寯藻集》第 1 册《日记·甘肃查办全案》，太原：三晋出版社，2009 年，第 336 页。

⑤ 任国维主编：《祁寯藻集》第 1 册《日记·甘肃查办全案》，太原：三晋出版社，2009 年，第 323 页。

似难脱官场潜规则。“减摊捐,却供应”[①],方为节省州县财力、清厘州县交代亏空的正道。

小　结

时人和学界经常以幕友修金之高来对比官员养廉银之薄,以19世纪藩司频繁的摊捐坐扣,来论证州县官浮收勒折的制度困境。甘肃州县养廉银的领取和支用说明,州县廉俸银既不用于养廉,也不用来雇请幕友,主要用于致送上宪的节寿陋规、书吏工食等常规省城行政经费开支。缺分较优的狄道州,如光绪十七年正月藩司发放俸工银、半廉银589两,可直接抵扣各项摊帮银百余两,尚余银400多两。[②]缺分较差者,若遇捐解各款,势需另外筹措。[③]这说明自雍正时推行的养廉银制度,至光绪时期已失去养廉本意,沦为州县在省事务及采购、人情应酬款项的来源,成为州县平衡省城财政收支的主要财政保障。

① (清)谭钟麟:《谭钟麟奏稿校注》,赵维玺标点、校注,长沙:岳麓书社,2023年,第265页。

② 《狄道草稿簿》,光绪十七年正月二十三日,第17册,第97—98页。

③ 光绪十五年冬,贵德厅应解缴藩司捐款48两,嘱托省友在省城设法张罗,代为交纳。省友因“街道清苦,告借无出,致未呈交”,直至光绪十六年三月贵德厅交代时,省友“恐因此区区有碍交盘,遵于月初极力摒(按:拼)凑,扫数呈解藩署兑收”,并禀报称已取获收条,“催房行县,不日即可札饬贵德也”。参见《各友启事稿簿》,光绪十六年三月初十日,第34册,第15911—15912页。

第七章
省友与州县官的幕友家人

第一节　省友的荐举与包揽

一、荐举幕友家人

1. 荐举幕友

本书第一章提到省友宋氏父子雇有专职书吏从事文案工作，内有一位名叫彭惕如的书吏在光绪十三年被炒了鱿鱼。这位彭惕如并非他人，实为宋树森的女婿、宋克用的妹夫。宋克用在向清水县令邓朝卿推荐彭惕如为书启幕友的信中表示“有幕友彭君，名立乾，号惕如，年四十一岁，皋兰县人，系舍妹丈，历在西宁、金县、靖远、灵台、崇信、海城各处游幕多年，办理日行书启诸件”，“至修金，前在靖远每月系十二两，火食月费节敬在外”。由此可见，彭惕如是甘肃皋兰县人，长期在甘肃西宁、金县、靖远等处游幕，办理书启事务，每月修金 12 两左右。①

---

① 《清水县草簿》，光绪二十七年八月廿日，第 33 册，第 15723 页。

彭惕如与宋家的姻亲关系，应缔结于光绪十四年之前。光绪十四年彭惕如去靖远县做幕友的时候，宋克用提及“昨请贵内人前来舍下款住数日，因店（按：惦）姑母生产作古，收拾奠祭，送回府上，询悉家中□费不及，并送礼无项，弟即令人给钱叁串，以资济急。如署中能以通挪，请托便人多寄几千，免使缺乏。贵内过用节俭，谅不奢花”①。宋克用请彭惕如之妻到自己家住，还因彭家拮据而给钱三串，大概只因兄妹之情，方能如此。

也正因为这种姻亲关系，宋氏父子积极为彭惕如谋求幕职。光绪十五年七月十九日，宋克用给在靖远县做幕的彭惕如写信，称其东家已经交卸，听说“宝君”幕中缺人，问他是否愿意过去。②光绪十八年八月，彭惕如打算辞馆返省，宋克用听说后有些担忧，对其好友海城县师爷马星阶言：“惕如兄拟辞官返省一节，闻之不胜惶异。刘公之待人固苛，而与惕如闻尚洽合，即有龃龉，亦属宾东之常。谚云处人廊檐下，曾有不低头？……若急返来，虽云以惕如之年腹精华，何常无加璧于聘者？佘近来事少人浮，图谋属为不易。”③该年冬初，彭惕如受聘为崇信师爷④，后因事机不顺，又有返回省城的想法。宋克用打算把他举荐给新任海城县邓朝卿作幕，也请马星阶在邓朝卿面前代为美言，无论结果如何都要告诉他。⑤

光绪二十七年八月二十日，宋克用向清水县令推荐其妹夫彭惕如入幕，内言：

---

① 《各友启事稿簿》，光绪十四年三月十三日，第 34 册，第 15808 页。
② 《各友启事稿簿》，光绪十五年七月十九日，第 34 册，第 15837 页。
③ 《各友启事稿簿》，光绪十八年八月十七日，第 34 册，第 16092 页。
④ 《各友启事稿簿》，光绪十八年全月初九日，第 34 册，第 16124 页。
⑤ 《各友启事稿簿》，无日期（约为光绪十八年十二月中下旬），第 34 册，第 16132 页。

令郎世兄到省，祗悉老伯大人精神矍铄，政祉胜常，藉抒私衷。惟闻署中各事系躬亲理料，聆之令人难安。窃以老伯寿高古稀，正宜节劳尊崇，种福一方，不可过劳频烦，有失颐养之道。虽云精神强健，而署中公私棼如，举凡日行公牍及账务诸事，似宜请人佐理，藉可专心政治，为民造福。世叻挚爱，冒昧赘陈，如以刍荛为可，有幕友彭君……悉臻妥靠。今夏始由北路返省，尚在赋闲，久钦仁风，愿来帮助。恭荷俯允，请即赐示，以便束装。……至彭君之纯粹品学，姪（按：侄）所夙佩，似较程虞、章迥不相等。应否有当，伏望鸿夺，训示祗遵。①

宋克用以清水县令年事已高、署中事务纷繁为由，建议他雇人料理日行公牍及账房事务，以便专心治民理政。而彭惕如品学仁厚，故而荐举。

宋克用之外，另有宋树森的亲戚徐子端，原本以儒生身份在家教读为生，每岁修银不到 30 两。宋树森念其在家谋事艰难，请古浪捕厅胡松亭将其推荐给古浪县李清济，每年可得银 40 两。临行时，宋树森叮嘱徐子端“平静作为，佳境当无限也”。不料，徐子端很快辞职回省。宋树森很生气，责其行径“未免太不尽人情，不惟其图事路塞，即厶亦对不住于溪翁”。宋树森给胡松亭写信道歉，表示“总之，怪厶目力不周，破山石视作崐山玉，今而后再不作曹丘生也。彼虽至省，尚未晤面。若此有始无终之人，何暇与其礼貌。既不愿干，只好听之，厶亦再不与其话也。吾兄于询，故以实闻，尚望于云翁代达鄙衷，是为至要”。②

① 《清水县草簿》，光绪二十七年八月廿日，第 33 册，第 15722—15724 页。
② 《各友启事稿簿》，光绪十六年闰二月十五日，第 34 册，第 15907—15908 页。

2. 觅雇家丁人等

兰州作为甘肃省会城市，既是州县官员们赴任的起点，也是他们离任后的暂住地。谋生活者纷聚于此，希望跟随即将赴任的官员们讨生活。

宋树森笔下记载有名张福者，甘肃渭源县人，常年在狄道州衙门当差。光绪十六年四月，狄道州衙署跟丁大半告退，宋树森推测新署狄道州喻炎丙驱使乏人，便应张福之请推荐他前往效命。四月十三日，他在给喻炎丙之子喻香山的信中言，张福年三十二岁，"其人忠厚可靠，历在狄道各前任处当差，公私均无贻误，藉资熟手，当即命渠执函前来"，请他"口角春风，鼎力成全"。[①]同日，宋树森也给狄道州喻炎丙发信，言张福托他介绍前往投效，请求喻炎丙能够量材收用。[②]为提高成功率，宋树森还致函狄道州门上王连山、史湧泉等，言："因闻贵同仁诸位大半告假，办理一切，想必缺人，故不揣冒昧，着令前来，尚恳阁下等口角阳春，倘事有谐，谅伊自必勤和襄埋。"[③]在宋树森全方位攻关下，张福如愿被喻炎丙收用。[④]否则，便像宋树森记录中提到的李西桥那样，因未能被皋兰县收用，依然处于闲居状态。[⑤]

州县官若需家丁人等，也托省友在省城寻觅可靠者前往供差。光绪十七年，远在新疆迪化府的奇台县刘大老爷给宋树森写信，托他物色一位办差家丁前来。宋树森表示难以应命，因为"旧仆范荣

---

① 《狄道草稿簿》，光绪十六年四月十三日，第17册，第51—52页。
② 《狄道草稿簿》，光绪十六年四月十三日，第17册，第51页。
③ 《狄道草稿簿》，光绪十六年四月十三日，第17册，第53页。
④ 《狄道草稿簿》，光绪十六年四月二十四日，第17册，第63页。
⑤ 《狄道草稿簿》，光绪十六年四月二十四日，第17册，第57页。

等现均有事，兼因眷累，弗能西来”，其他办事妥当可靠者固不乏人，但“奈长途迢迢，川资车价，所费不赀，而谋事者皆属寒苦之流，筹措乏术”，无力前往。①

除家丁外，兰州还有很多厨子。②一种是趁州县官承办大差时寻求高价短雇机会。光绪十七年，狄道州承办陕甘总督出巡大差，临时雇用厨子 10 名，自出省日起至回省日止，无论赋闲、做事，每名每日支钱 500 文③，厨夫启程车价钱 8 000 文、盘费钱 3 000 文。④差毕，狄道州少给 4 天工钱，短发钱 20 000 文。厨子们以事先言明每人每日 500 文、同样办差的河州并未短发为由，至宋树森处吵闹不休，令宋贴补。⑤经过三番五次请示后，宋树森决定向每位厨夫补发1 000 文了事。⑥狄道州短发厨子工价，固然有州县承办大差厨子坐地起价的因素，亦有州县官依恃官威对底层民众的压榨，但也可从侧面反映州县官在支出上锱铢必较、能省则省的心理。

另一种厨子是长期受雇于州县官，每月工价银 4—5 两不等。光绪十五年十一月，狄道州喻炎丙有意延请厨子陈善谷，宋树森前往商说。陈善谷因家事不能出省，转荐周姓厨子，据云“此人手艺高强，前同善谷在省开设至湘亭酒馆及隆德各处办理大差多次，诸臻妥靠，并云临洮都司袁大老爷深知其人，每月工价要银五两”，请示喻炎丙是否可令周姓厨子前往。⑦光绪十六年开年，化平厅张彦

---

① 《各友启事稿簿》，光绪十八年补十七年九月初三日，第 34 册，第 16084 页。
② 《狄道草稿簿》，光绪十七年四月十八日，第 17 册，第 120 页。
③ 《狄道草稿簿》，光绪十七年三月廿九日，第 17 册，第 115 页。
④ 《狄道草稿簿》，光绪十七年五月初五日，第 17 册，第 126 页。
⑤ 《狄道草稿簿》，光绪十七年五月廿八日，第 17 册，第 134—135 页。
⑥ 《狄道草稿簿》，光绪十七年六月卅日，第 17 册，第 138 页。
⑦ 《狄道草稿簿》，光绪十五年冬月十二日，第 17 册，第 7—8 页。

笃请宋树森雇觅厨子，工食银每月兰平银 4 两。宋树森找到两位。其一是王姓厨子，宋树森代为垫支安家、脚价、盘川银 4 两，以便其前往化平厅。①其二是张姓厨子，据宋言"人尚壮可靠，精于烹调，言定工食每月四两"，待找到车脚便立即出省。②化平厅厨夫工资，由宋树森在省城就近支付。光绪十六年二月，"王厨夫室兄李姓来索工资十金"，宋树森答应稍后兑交，请化平厅早日支给，以免担负高额利息。③光绪十七年二月，宋树森自省城支付王厨子工资银 16 两，托化平厅衙署张大爷带呈收条。④

车夫是州县官寻雇的另一群体。光绪十四年二月，化平厅张彦笃请宋树森寻觅车夫前来，条件是人不懒怠、不吸洋烟。⑤三月初，宋树森找到一位萧姓车夫，称其"年卅余岁，系皋兰人，不食洋烟，人尚诚实，而于喂养种种亦极精熟，愿投案以供鞭镫"，并借支川资钱 3 000 文以便其前往化平厅供差。⑥不知何故，萧车夫未被收用，于五月返回兰州。宋树森称萧车夫"前用二两往返盘川，已用罄尽，追还无出"，请张彦笃赏给，以免他凭空赔垫。⑦

二、调和主宾关系

1. 请幕友关照州县官

光绪十八年十二月，海城县刘熙纯丁忧，遗缺委候补县令邓朝

① 《化平厅草簿》，光绪十六年二月初四日、闰三月十四日，第 33 册，第 15402、15404 页。
② 《化平厅草簿》，光绪十六年正月廿六日，第 33 册，第 15403 页。
③ 《化平厅草簿》，光绪十六年二月十四日，第 33 册，第 15405 页。
④ 《化平厅草簿》，光绪十七年二月初九日，第 33 册，第 15432 页。
⑤ 《化平厅草簿》，光绪十四年二月初七日，第 33 册，第 15346 页。
⑥ 《化平厅草簿》，光绪十四年三月初六日，第 33 册，第 15347 页。
⑦ 《化平厅草簿》，光绪十四年五月十二日，第 33 册，第 15350 页。

卿署理。宋克用给海城县师爷马星阶写信，言邓朝卿老成朴厚，与其父宋树森“相契二三十年，颇称款洽”，请他们多加关照：

> 弟父子已将我先生熟悉精练、端方热肠及在公勤慎各情，面细备述矣。到时一切务望妥为关照，所有应办地方利弊并交代事宜，均望不避嫌怨，概切指导，俾免贻误，则不独受者知感已也。①

宋克用表示，在邓朝卿启程前，宋氏父子已对其盛赞马师爷熟悉公务，做事精练，勤慎奉公，品性端方。此信中，宋克用拜托马师爷关照邓朝卿交代事宜与地方应办事务，以免出现差错。随后的两封信中，宋氏反复叮嘱马师爷关照即将到任的邓朝卿②，并表示“阁下在公廉慎各情，已面细述矣。想邓父台素性忠朴，必不以鄙吝为何汉也”③。

2. 撮合主宾情谊

狄道州喻炎丙曾聘熊浣卿为刑名师爷。光绪十五年年底熊浣卿因咎被辞，闲居省城，屡向宋树森谈及“深知既往之咎，有负厚意”，“时欲仍投台端，求其录用”，“但赋闲日久，诸事为艰，川资车价无以为出，且未知肯否容纳，未能贸然而来”，请省友从中说合。光绪十六年二月初，宋树森遂不揣冒昧，请喻炎丙恩赐熊浣卿前往任使的机会。④闰二月中旬，喻炎丙回信已聘定刑席幕友，宋树森遵命措辞谢绝熊浣卿的请求。⑤

---

① 《各友启事稿簿》，光绪十八年全月初九日，第 34 册，第 16124 页。

② 《各友启事稿簿》，光绪十八年十二月十三日，第 34 册，第 16127 页。

③ 《各友启事稿簿》，无日期(约为光绪十八年十二月下旬)，第 34 册，第 16131—16132 页。

④ 《狄道草稿簿》，光绪十六年二月廿七日，第 17 册，第 25—26 页。

⑤ 《狄道草稿簿》，光绪十六年闰二月十四日，第 17 册，第 35 页。

第二节　省友与州县官幕友家人的交往

省友在省城长期工作，与省级衙门、府道州县衙署内的诸多幕友、门上、书吏交好，形成一个相对熟悉的人际圈。光绪十四年腊月，宋克用见到回省城过年的彭惕如后，给平番县幕友蔡百川写信，感谢他对宋树森往返甘凉时的照顾，称与他相别已经一年多了，“未识何日我等棠棣方得团聚，以伸积幕之私也”[①]。“以伸积幕之私”一句，揭显宋克用、蔡百川与彭惕如三人的幕友情谊。省友与州县官的幕友、家人凭借广泛建立的人际关系网，分享信息，运作政务，追逐利润。

一、互通政情

1. 省垣政情

省城督司人宪的职任变动，是省友与州县幕友交流的主要内容。光绪十四年二月初十日，陕甘总督谭钟麟双目失明，奏请开缺回籍调养，二十五日清廷旨准。[②]省友宋树森于三月十七日告诉平番县幕友蔡百川，督宪谭钟麟告退请求已被皇帝旨准，陕甘督篆已简放杨昌濬，秋间可到甘肃。[③]

---

① 《各友启事稿簿》，光绪十四年腊月廿七日，第 34 册，第 15784 页。

② （清）谭钟麟：《谭钟麟奏稿校注》，赵维玺标点、校注，长沙：岳麓书社，2023 年，第 314—315 页。

③ 《宋克用信稿》，光绪十四年三月十七日，第 52 册，第 24549 页。

2. 州县在省政务

光绪十六年，靖远县地亩案在省衙核办时，省友直接给靖远县负责该事的常稿爷写信，称该管“日前始将银粮花名细册全行核就，拟即缮办”，只是印册不多，不够缮写使用，若来省城，请多带印册，或由驿速寄印册一二百页，以便及早了结该案，“俾卸你我经手之责”①。

光绪十六年正月，狄道州向藩司详报雨水申文时，其幕友误将衔名填为兰州道恩霖。司房书吏打算援案记过。省友恰好因公事至藩司，便与书吏极力商说，承诺付费 4 两，将原文抽出寄回，请狄道州门上史湧泉、李西榴尽快更换申文，迅速递省，以便转交备案。省友表示“弟恐有碍上人处，并未与闻。所许笔资，应由谁出，祈即带省，以便归赵为祷”②。宋树森担心喻炎丙知道后，相关幕友、书吏会受惩处，故请门上转告经手者支付这笔使费。二月初，狄道州门上王连山发来更换好的详文，由宋树森转交藩司。宋树森再三讨价还价后，使费减为 2 两，他请王连山早日寄省，以便转付，了结此事。③

二、互通商情

1. 皮行牙帖

同治八年，陕甘总督左宗棠参照湖北厘税章程④，于甘肃省开办厘捐，设立省局，按鄂省章程酌减三成征收牙帖⑤。甘肃牙帖共

① 《各友启事稿簿》，光绪十六年三月十九日，第 34 册，第 15912—15913 页。

② 《各友启事稿簿》，光绪十六年新正十七日，第 34 册，第 15893—15894 页。

③ 《狄道草稿簿》，光绪十六年二月初二日，第 17 册，第 22 页。

④ 《陕甘总督左宗棠奏为试办牙帖分别地方繁盛偏僻酌减三成请饬部议核施行》，同治九年七月十八日，军机处档，编号：故机 102883。

⑤ 光绪朝《清会典事例》卷 241《户部九・厘税》，北京：中华书局，1991 年，第 848 页。

有牙帖正收、牙帖加增、牙帖捐输三款，需缴纳的牙行有牲畜行、酒行、斗行、秤行、布行、屠行、杂货行、油行、羊毛行、皮行、猪牙行、羊牙行、驴牙行、骡牙行、花布行。牙帖不分等则，原额 909 张，每张自银 5.248 两至 0.1 两不等。①

牙帖是牙商、牙行做生意的凭证。光绪十八年，海城县师爷马星阶女婿与“新商”角逐皮行经营权。宋氏父子称督宪左宗棠定准甘肃牙帖征税章程后，皮行牙帖已经额定，不得增加。只是“钱通神路”，“新商至省，搬请多人，加银争办”，藩司“援案详请给帖”。宋克用与马星阶女婿商量再三，称“若不奋力一战，不但事归乌有，前功尽弃，而人面亦觉放不下去”。所幸陕甘总督部院主管与宋克用是至好亲戚，虽然“新商”给钱多也不为所动。宋克用“遵同令婿前去力恳，说之再再，欣承允许，为我出力，商拟一禀，投递援办，竭力谋为，或不被他人夺去”②。

在马星阶的重托下，宋克用费尽九牛二虎之力，于十二月十三日办妥皮行牙帖一事。宋氏除抄录详禀批词发给马星阶阅看外，还交代其中关节：

> 皮行之事，即承谆托，敢不竭力斡旋，以副雅命。费尽九牛二虎之力，幸已如愿办妥。详禀批词，照抄呈阅。但虽事已谐，惟恐藩台犯忌根究，故令贵婿迅速返海。所花之数，系与人来(按：来人)同面商应，请于年内专人送省，免弟受紧，是所切盼，幸勿有误为祷。再，闻新商以此事所费不少，事虽如

① (清)傅秉鉴编：《甘肃清理财政说明书》，载北京图书馆出版社影印室辑《清末民国财政史料辑刊》第 18 册，北京：北京图书馆出版社，2007 年，第 341—342 页。

② 《各友启事稿簿》，光绪十八年仝月初九日，第 34 册，第 16123—16124 页。

> (此),岂能干休善罢?司房徒受人财,亦恐不解事处,犹虑另生枝节,皆宜预为谋防,免受暗箭之误。我兄留心世务,谅能善晓世情。弟有一言为阁下陈之,是否可行,请勿以无厌之求见怪。弟拟于此行中请搭一分,每年亦不定较,抽丰多寡听众意足矣。不过有此名色,省中若再有事,亦好不避嫌怨,力向斡旋,彼此一心,两有裨益。知己之前,故敢直陈,可否请嘱同人商议,速赐覆示。如前途不愿,亦请赐知为盼。再,此次省中之事,请假名他人。无论何处,万勿说系弟处托办,庶免锡嘏生忌,是为至要。①

宋克用提醒马星阶注意以下四个问题。其一,他托请陕甘总督部院主管办成皮行牙帖之事,但"新商"给藩司书吏送钱不少,恐怕不会善罢甘休。他担心藩宪根究此事,另生枝节,一则催促马星阶女婿迅速返回海城,二则提醒马星阶早为预防,免受暗箭之伤。其二,此次运作皮行牙帖一事的花费,请于年内派遣专人送省。其三,宋克用提出从皮行中抽成一分,以便将来在省中斡旋出力。其四,不可向任何人透露是他们在省操办此事,以免原任海城县刘锡嘏忌疑。

为表示对宋氏父子竭力斡旋的感谢,马星阶派其亲戚送来羊羔6只、狼皮3张。省友感慨道:"皮行之事,前途凭银斡旋,谚云钱通神路,几难挽回。幸弟奋力与敌,虽费尽心力,托赖福荫,未被他人夺去。人事两赢,俾免贻羞另人,谅兄闻之亦色喜",并催促马星阶尽早支付皮行一事的花销,以免他受累。②

① 《各友启事稿簿》,光绪十八年十二月十三日,第34册,第16126—16127页。
② 《各友启事稿簿》,无日期(约为光绪十八年十二月中下旬),第34册,第16131页。

2. 代购运粮

光绪十八年十二月，省中粮价高昂，人心惶惶，宋树森家中食指浩繁，很是焦虑。因新任海城县邓朝卿与宋树森交好多年，宋拟从海城县购粮，遂“商之邓大老爷，拟藉回车，函恳刘锡翁赐麦米各数石，乘便运省，以资糊口”。转念想到州县交代之际，“但恐刘翁不肯，预请邓翁设法。倘邓翁甫经履新，不便发粮”，就请海城县马星阶师爷“代买若干，交车运兰，并请遣人送来，方免沿途亏短之弊”，“至需车价及专人薪工，统由弟付，决不致误，有负盛谊”。宋氏叮嘱马师爷，此事重要，千万不可耽误，“缘弟舍人多，前遭夭年，所损不少，伤弓之鸟不得不早作庚癸之呼也”①。

十二月十三日，宋氏再次函恳马师爷购备小麦、元豆各 2 车，以便邓令赴任车辆到海城县后，运回兰州。宋氏坦言虽已函恳前任刘令，并已得到后任邓令的允诺，但恐“两任交接不清，急难发粮”，有误事机，不若托付马师爷代办为妥。宋氏告诉马师爷，邓君所坐 4 车，“每车约能载海斗二石五斗四升，共装海斗十石，计省斗才四石耳”，请马师爷为他购备小麦、元豆各两车，“按袋粘条，过秤书数，专人押省，以便照秤秤收，庶免折耗之弊”，所运之粮“将来或照数补价，抑由邓君仍以粮归还，均惟命是遵，决不有误，致负厚爱”。②随后，宋氏又发信提醒马师爷，邓君回兰州便车挽运粮豆一事至关紧要，“无论若何，幸勿有误，致弟徒糜脚银，切要切要，拜托拜托”③。

---

① 《各友启事稿簿》，光绪十八年全月初九日，第 34 册，第 16124—16125 页。

② 《各友启事稿簿》，光绪十八年十二月十三日，第 34 册，第 16127—16128 页。

③ 《各友启事稿簿》，无日期（约为光绪十八年十二月中下旬），第 34 册，第 16131—16132 页。

三、荐举厘金包卡差使

甘肃自同治元年回变以来，设局抽厘，抽收名目有牙帖捐、百货捐，盐、茶统归货厘抽收。收款以百货厘金为大宗，盐厘次之，每年岁入约银 40 万两，解运司库及善后局支销。因甘肃省山径纷歧，故多设分卡，以杜绝商人绕越。[①]包揽州县厘卡差使[②]，成为甘肃省低级官员谋求的一种职位。

光绪十五年十月前后，狄道州新任喻炎丙上任。其省友宋树森于十一月二十一日给喻炎丙写信，请求他能赏赐其侄一个厘卡差使：

> 兹有舍姪（按：侄）宋耀卿，年五十六岁，人极谨慎。因渠胞弟现任临洮营把总，故来往其间，于狄邑情形颇为熟悉，前在尊治傅、张各任内管收税务，素慕仁风，拟投报效，诸臻妥协。如有机缘，叩恳父台赐赏一枝，藉资衣食，倘有误虞，书甘领受，感报大德，不独书等已也。[③]

信中言，其侄宋耀卿的胞弟现任临洮营把总，宋耀卿往来其间，对狄道州路况、厘卡比较熟悉。前任傅、张在任时，宋耀卿即包办厘卡税务，和各位州县官相处融洽。宋树森愿为其侄担保，恳请

---

① （清）傅秉鉴编：《甘肃清理财政说明书》，载北京图书馆出版社影印室辑《清末民国财政史料辑刊》第 19 册，北京：北京图书馆出版社，2007 年，第 284—285 页；《覈议甘省收支厘金数目片》，光绪十年十二月十七日，载马大正、吴丰培主编《清代新疆稀见奏牍汇编（同治、光绪、宣统朝卷）》中册，乌鲁木齐：新疆人民出版社，1997 年，第 638 页。

② 卫瑞卿的父亲同张宝田在秦州包厘税并置有产业。参见《各友启事稿簿》，光绪十八年八月初四日，第 34 册，第 16095—16096 页。

③ 《狄道草稿簿》，光绪十五年冬月廿一日，第 17 册，第 14—15 页。

新任狄道州喻炎丙仍能赐其侄一个厘卡差使。

与此同时，宋克用还给狄道州门上家人西榴、湧泉发函，请他们向新任狄道州推荐其侄宋耀卿来做税差：

西榴、湧泉仁兄大人阁下：……敬恳者。有族兄宋耀卿，人极可靠，欲求税差，藉以糊口。如有机缘，望祈鼎言，感激同源。除上人处另函禀恳外，专此。恭请钧安。①

从信中可以看出，宋树森父子与狄道州门上家人交好，故除专函向狄道州喻炎丙恳请之外，为保险起见，又给狄道州门上写信，增加宋耀卿谋求税差的胜算。从后续资料来看，宋耀卿如愿以偿，得以继续包办厘税。②

宋树森父子除积极运作宋耀卿谋求厘差一事外，也为自己争取包办厘税的机会。光绪十六年二月，他们听说狄道州新添铺新、店儿、西乡三处厘关，有换他人包税的传言。宋树森父子想自己包办，遂请宋耀卿打听这三处厘关的余润空间：

昨狄道来人，闻新添铺新、店儿、西乡三处之税，有换包他人之说，朴拟与喻公致函恳包。奈未悉收数若何，倘无余润可沾，则何若代人作马牛耳。兹特达字台端，请暗侦询，每月以钱三百吊包此三处，除交官项外，有无余润可沾否，探明可烦速寄信，以便勘酌。设能办理，朴拟亲来关说。如能成，将来一切，拟请足下帮同料理。余言不尽。专此。即询近好。③

包厘的目的是赚钱，宋树森父子向狄道州恳请包办之前，需先

---

① 《各友启事稿簿》，光绪十五年冬月廿一日，第 34 册，第 15864—15865 页。
② 《各友启事稿簿》，光绪十六年二月初四日，第 34 册，第 15903 页。
③ 《各友启事稿簿》，光绪十六年二月初四日，第 34 册，第 15902—15903 页。

弄清楚这些关卡的余润空间。为此，他们请熟谙狄道州厘税的宋耀卿帮忙打听，每月以 300 吊钱包办铺新、店儿、西乡三处厘税，交完官项后是否还有余润空间，以便他们决定是否向喻炎丙恳请包办。如若能成，远居省城的宋树森父子拟将该三卡税务委托宋耀卿打理。后来，宋氏父子拿下了这三处厘卡的包办权，委托宋耀卿代为征税。①

光绪十七年，听宋耀卿说西乡税务不太赚钱，十二月十五日，宋树森写信询问宋耀卿西乡税务余润如何，若“收数畅旺，有润可沾，即可自收，不必更易”，“若赚钱无多，实难兼顾，欲另包他人，即乞迅速回信”。②宋树森欲为其朋友之子古德盛谋求税务包办差使。光绪十七年二月他发信给宋耀卿时已提到：

> 耀卿贤姪（按：侄）如晤：相别以来，光阴荏苒，不觉倏届桃花时矣。遥想起居多佳，权务畅旺，至以为慰。余桑榆暮景，善状毫无，惟日含饴弄孙，与酒作缘，聊以消遣晚景耳。兹恳者，有敝友之子古得（按：德）盛，河州人，少年老成，人极谨慎。其父与余系患难契友，去腊来省，面托余转求尊处有零股小卡转包一处，俾资步（按：安）身。彼时因届年终，故莫沏函。兹令德盛趋叩台端，面为商请，务望推情格外，无论大小赐包一处。其钱若干，面已谆嘱，按月清缴，决不有误。设实无地可包，即请设法荐一局丁亦可。倘荷收录，饮水思源，志感大德非余一人已也。专恳。③

① 《各友启事稿簿》，光绪十七年十二月十五日，第 34 册，第 16016 页。
② 《各友启事稿簿》，光绪十七年十二月十五日，第 34 册，第 16016 页。
③ 《各友启事稿簿》，光绪十七年二月廿五日，第 34 册，第 15962—15963 页。

宋树森表示，基于古德盛父亲与他的患难友情，他想请宋耀卿从其包办的厘卡中，不论大小，转包一处给古德盛。若实在无地可包，也请设法帮古德盛谋个局丁差使。

从后来古德盛对西乡税务“收获畅旺者只冬、腊几月，若正、二等月遇货稀少，势必赔垫”的评论来看，古德盛当时正考虑是否接手包办西乡税务。

从古德盛的回信中可以看出，西乡税务每月以 100 吊包办有些划不来，他想以每月 85 吊包办。这需要征得狄道州喻炎丙的同意。宋树森和喻大少爷，以及狄道州门上王连山、史湧泉商量，请他们转恳喻大老爷准照每月 85 吊之数，让古姓接手包办。①

四、代办幕友省城私务

1. 代购代办物资

省友除请托州县幕友置办本地特产外，也在省城代州县幕友采购。

光绪十八年，宋树森代秦海山订兑水烟赊银 20 余两，代高步青在三顺和订兑京货赊银 11 两有余。这些幕友托他订兑时，都承诺不久还款，结果到年底时还未寄给。年关时，宋树森不得不催索货款，言铺号来催，“弟节次说缓，奈日过久，朝三暮四，实亦无言而可推矣”，“恳望我二兄先将此项，务于年内迅速掷省，以资转交，免受吵闹。用弟之项，亦请于正月内托便带省”。②

光绪十四年年底，平番幕友蔡百川请省友宋克用更换其省中当

---

① 《各友启事稿簿》，光绪十七年十二月十九日，第 34 册，第 16018—16019 页。

② 《各友启事稿簿》，光绪十八年十二月十二日，第 34 册，第 16129—16130 页。

票，宋克用称“饬换当票，遵算清利，另行斢换，俟有妥便，即交代呈，以免驿递遗误之虞。计需息银二两六分六厘，弟已如数垫给”①。

2. 代为捐纳

在晚清捐纳繁兴的大环境下，甘肃幕友书吏群体也择机捐纳，以期谋得一官半职。光绪十八年八月，秦州师爷马星阶托宋克用查询增贡捐复设训导例的费用，宋克用回复：

> 托查由增贡捐复设训导例，需正项银弍百九十七两，以四成折实银一百十八两八钱，部照费银一两九钱八分弍厘。缘由廪贡只需实银七十余两，例载增贡加捐照依廪贡所需之数酌加五成，故阁下如办必得一百十八两零。是否举办，请酌之。现因顺天水、蝗成灾，奉文开捐，准纳职衔，不收实官。如捐实官，仍归海防新章赈捐，极其便宜，议定每百概以廿五两实银上兑。查由俊秀捐监，应需正杂银廿七两，外加汇费银五钱四分。如要乡试，仍旧补足例数。如由俊秀捐从九职衔，只需正杂银弍拾两四钱，余可类推，较之海防需数大减。世兄辈可否乘此捐一虚衔，后再加升，则省钱多矣。②

据此可知，当时甘肃有四种捐纳。其一，增贡捐复设训导例，以正项银 297 两的四成上兑，需实银 118.8 两，另需部照费银 1.982 两，而廪贡只需实银 70 余两，这是因为由增贡加捐需照廪贡捐银加增五成。其二，顺天水、蝗成灾而开捐赈灾，准纳职衔，不收实官。其三，海防新章赈捐，可捐实官，每百两兑交 25 两实银，非常便宜。其四，由俊秀捐监，需正杂银 27 两，另加汇费银 0.54 两，

---

① 《各友启事稿簿》，光绪十四年腊月廿七日，第 34 册，第 15784 页。

② 《各友启事稿簿》，光绪十八年八月十七日，第 34 册，第 16090—16093 页。

如要乡试，仍照数补足。若由俊秀捐从九职衔，只需正杂银 20.4 两，较海防新章需款少很多。宋克用建议先捐虚衔，这样可以省下不少钱。

3. 转递家信银款

光绪十二年年关，彭理堂通过天成亨票号往兰州汇银 25 两，托宋克用取出，送给家人使用。宋克用便于二十八日前往天成亨讨取。天成亨票号以未收到信为由，不肯支付。宋克用考虑到临近年关，彭理堂家人开销急用，设法挪银 25 两，送交其家人使用。三十日天成亨收到彭理堂所汇湘平银 25 两，宋克用前往取回。[①]狄道州门上王连山，也托省友从省城票号往陕西汇兑银两。光绪十六年四月二十日，省友致信王连山称："汇陕银两一事，商及票号，照数能兑，如有便人，请将廿金寄省，同敝处代挪四金，遵交汇去，不致有误。"[②]

小　结

省友代办州县省事的特有属性，使其除与州县官互通禀函外，也与州县官的亲属、幕友、家人互相沟通。这种沟通，既有向州县官推荐幕友、家人的层面，也有请州县官的幕友、家人代为推荐州县省事的层面。省友与州县官幕友、家人通过函信往来，互通省、县政情与商情。其中，既有州县要事、领款讨账、册报使费等公务，

---

① 《宋克用信稿》，光绪十三年新正十二日，第 52 册，第 24429 页。
② 《狄道草稿簿》，光绪十六年四月二十日，第 17 册，第 53—55 页。

也有信函转递、采购物品、转账代支等私事，甚至还有荐举州县厘金包卡差使等。也正是因为省友与州县官的长期合作，以及与幕友的亲密情谊，使之成为州县官与幕宾关系的居间协调者。省友或请幕友关照新上任的州县官，或请州县官考虑宾主情谊，返聘州县官已经辞退的幕友。

第八章
省友的权力空间

省友既非衙门内的胥吏，亦非正印官的幕友，与地方政治似乎颇为遥隔。时人认为此辈“不过藉供驱策，并无事权”①。省友也坚持随时随事向州县官禀报而后行的职业准则，以免有“陨越”“擅专”之嫌。②然而，在官方话语中，省友却被冠以“最为地方之害”③之名，因吏治与钱粮亏空等问题不断受到清廷和督抚的查拿与禁革。④这里面究竟是否有省友擅专州县事务、败坏吏治的因素？本章拟通过清代省友与藩臬两司、督抚部院的书吏在利益驱动下对州县省务的运作，探讨清代省级行政机构与州县衙门基于“文书”之外的行政运作实态，说明省友有促进上下级行政机构有效沟通、提高地方衙

① (清)钱景星:《露桐先生年谱·前编》卷4，载北京图书馆编《北京图书馆珍本年谱丛刊》第109册，北京:书目文献出版社，1999年，第389页。

② 《清水县草薄》，光绪十七年全月三十日，第33册，第15566页;《东乐草稿簿》，光绪十八年六月十六日，第35册，第16225页。

③ 《陕甘总督先福奏报甘肃查拿省友严肃吏治情形事》，嘉庆二十年九月十二日，录副奏片，档号:03-1859-032。

④ 《吏科给事中牛鉴奏陈甘肃州县仓库亏空情形参劾藩司方载豫独霸一方之称事》，道光十年九月十五日，录副奏折，档号:03-3367-026;《吏科给事中牛鉴奏请严禁甘肃坐省书吏事》，道光十年九月十五日，录副奏折，档号:03-2850-057;《宣宗成皇帝实录》卷174，道光十年九月十五日，北京:中华书局，1986年，第711页。

门行政效率的作用，省友的长期存在实乃源于协办省城与州县衙门政务的切实需要。

第一节　省友擅专的空间

省友办理州县省务，需随时随事向州县官请示，遵循州县官旨意行事。①但这种行事准则因州县治地远近而有所不同。渭源县距省城兰州较近，省友可随时禀请州县官旨意行事。②大多数府厅州县与省城相距较远，省城事务千变万化，省友需要相机办理，难以随时随事请示而后行。宋树森代理宁朔县省务时便言："惟是书相距远窎，如遇要事，请示匪易，只可遂机酌办，以免延误。"③作为州县省事的经手者，省友具有一定的"擅专"空间，主要表现在应承使费、领用钱粮、运作州县交代等方面。

一、应承使费

清代文书治国及权力层级式向上集中模式，使州县官申详文册皆需藩臬两司、督抚批准而后行。在文书处理进程中，司院衙门书吏承担文案主体工作④，使其有了权力寻租的空间。若上宪精明

① 《宋克用信稿》，光绪十四年五月廿九日，第 52 册，第 24562 页；《狄道草稿簿》，光绪十五年小阳月吉日，第 17 册，第 4 页。

② 《光绪朝法律公牍（渭源县）》，光绪八年二月十五日，第 51 册，第 24180 页。

③ 《光绪朝法律公牍（宁朔县）》，光绪八年十月十一日，第 51 册，第 24147 页。

④ 藩司作为全省钱粮总汇之地，一切收解支发工作俱由书吏经手承办。参见中国第一历史档案馆编：《嘉庆道光两朝上谕档》第 24 册，桂林：广西师范大学出版社，2000 年，第 261 页。

强干，可自主准驳州县的申详文案，书吏舞文弄墨空间受到限制。否则，上宪稍不留意，书吏便会播弄事端，讹诈州县官，无所不至。州县官苟满其欲，司院书吏则玩法百端，“不遂所欲则驳诘无已”。于是，“州县各遣家人、书吏，名为坐省，以使与院书、司书关说”①，由省友从中承应使费，运作州县省事。

1. 州县官署任期满留任

晚清各省州县官署任以一年为期，期满则换。②甘肃省也不例外。光绪十二年八月，毛目分县王梦龄署事期满，藩宪打算另择署任官员。宋树森知道后，托请主管书吏将之延期，如能延至十一月，定当从丰酬谢，“如此一来，今年粮石谅能收清”③。哪位官员何时署任期满，吏科主管书吏最清楚。宋树森以酬谢书吏的方式，在上宪未能察觉的情况下进行运作，不失为延长官员署理期限的一种便宜之举。

若藩宪确知某位官员署任期限将满时，宋树森则利用藩宪对署任官员的肯定，积极运作延长州县官的署理期。碾伯县姚长龄约于光绪六年十二月前后到任④，光绪七年下半年即将署任期满。八月二十日，西宁道邓承伟致信藩宪，盛赞姚长龄忠厚爱民，藩宪当即饬令吏房暂缓委员，并会商各宪，准许姚长龄留任。⑤这种操作相

---

① 《掌陕西道监察御史胡承珙奏请查禁胥吏积弊事》，嘉庆二十年六月二十九日，录副奏折，档号：03-2403-018。

② 《湖南巡抚王文韶奏为湖南省委署州县拟请查照部章量为变通期无窒碍》，光绪二年四月二十三日（朱批日期），军机处档册，编号：故枢 003644。

③ 《毛目分县稿簿》，光绪十二年八月初八日，第 33 册，第 15493 页。

④ 光绪七年五月初五日，姚长龄已到碾伯任半年。参见《碾伯公牍禀稿簿》，光绪七年五月初五日，第 29 册，第 13744 页。

⑤ 《碾伯公牍禀稿簿》，光绪七年十月廿七日，第 29 册，第 13817 页。

比绅民禀恳州县官留任要顺利很多。十月初碾伯县绅民禀恳姚长龄留任请求经西宁道递到藩司，藩宪杨昌濬批示：“百姓留官有干例禁，拟具文稿，详院批示。”宋树森颇为惶恐，立即托商书吏，由司批道，万勿详报陕甘总督。①同时，宋树森承应使费，托请吏房准许姚长龄留任，“勿庸详院，由司饬府，免生枝节，应许八金”，于十月底办理妥当。②

在省友看来，姚长龄署理期满留任一事，全赖藩宪杨昌濬的庇护，即直接由藩司饬令西宁府准其留任。待光绪八年四月，行事细敏的新任陕甘总督谭钟麟察觉后，立即饬委他员接署碾伯县，原任姚长龄拟另委他缺。③

2. 州县文册核转

省友一般会提前告知州县官某案某册需费多少，旧规如何，现在房友需索多少，让州县官决定应该给付多少。若州县官示意数目与旧规或者房友索要数额差距过大，主管书吏则会暂时搁置该案，甚至驳回。因路途遥远，请示不易，省友多根据情况擅行酌量增添，以便房友及时办理州县册案。

以平罗县交代为例，交代册得以核转的前提是及时向司房、院房主管书吏承应使费。该县驿站、钱粮交代册先后于光绪七年六月十一、十五日到省，省友即托司房书吏照章办理，按例承应规费，并催促平罗县早日寄来空印册页，以备更换。④平罗驿站交代册在

① 《碾伯公牍禀稿簿》，光绪七年十月十九日、二十一日、二十七日，第 29 册，第 13805、13806、13817 页。

② 《碾伯公牍禀稿簿》，光绪七年十月廿八日、冬月初六日，第 29 册，第 13807、13808 页。

③ 《碾伯公牍禀稿簿》，光绪八年四月十四日，第 29 册，第 13826 页。

④ 《平罗底稿簿》，光绪七年六月十七日，第 49 册，第 22778 页。

省友向司院各房书吏支付使费银 26 两的前提下很快办结，由总督部院咨送兵部；钱粮交代册结则因使费数额争执而搁置。藩司书吏坚持依例索要规费 60 两、先生核册费 6 两，共银 66 两，而平罗县左寿源只批准银 50 两，司房书吏不答应。省友进退维谷，虑及钱粮交代册中确实“牵混太多，舛错过甚”，担心司房书吏欲壑不满，致使交代册被驳，将违误交代例限。在向前任平罗县“省书”张子贞确定前此均照房费 60 两、核册 6 两标准给付后，省友“再四思维”，“擅专添数”，“照依旧规，无论核册，一包在内，应许六十”，“司书方允承办，逐款核算，改正更换”。①

经过与藩司书吏的一番较量，钱粮交代册详报督抚部院核查、咨报时，左寿源再未明谕规费数额，省友循照旧规 32 两、核册 6 两的标准令院房书吏办理②，共支银 38 两。较省友六月二十九日所报的书吏 30 两、先生核册 4 两(共计 34 两)旧规，增出 4 两；较七月十三日信中所言的院房讨索笔规 36 两、先生核册 6 两，减少 4 两。③这说明州县交代使费，在参考以往旧规的前提下，有一个上下浮动的空间。州县与省垣间距离遥隔所带来的请示不便问题，使省友在司院各房使费支出上可以酌量增减，存在着一定的“擅专”空间。

至于省友群体在使费上的擅专空间，时人有省友与司院书吏表里为奸、需索尤甚的说法。④然而据省友的记录，其所谓的“擅专”，并非随心所欲。某案册应支付多少使费，省友除遵照旧例外，

---

① 《平罗底稿簿》，光绪七年六月廿九日、七月初一日，第 49 册，第 22781—22783 页。

② 《平罗底稿簿》，光绪七年七月十三日，第 49 册，第 22785 页。

③ 《平罗底稿簿》，光绪七年六月廿九日、七月十三日，第 49 册，第 22781、22785 页。

④ 《掌陕西道监察御史胡承珙奏请查禁胥吏积弊事》，嘉庆二十年六月二十九日，录副奏折，档号：03-2403-018。

往往会根据州县官谕示，比照邻县支付标准，与司房、院房书吏讨价还价。

上级衙门书吏随案索取使费，其结果是自府至司院各房，州县“随举一事，必有规费”①。使费逐案累积，尤为州县之累。②这笔开支也成为州县官在省城财政开支中必不可缺的部分。

二、领用钱粮

1. 擅领藩司发款

所谓“擅领”，即省友急于领用州县钱款而州县文领又迟迟不到，省友便用手中存剩的州县空印文册，托司房书吏代为查核应领款额，缮写文领，投文领取。光绪十四年腊月，省友因债主追呼，急不可待，觅获化平厅用剩印文一套，缮文投领冬季各项钱款，并表示待藩司核发后，向化平厅抄录领款数目。③

省友作为州县的合法代表，经州县官同意可以投文代领藩司核发的款项，但在州县官迟延不寄文领的情况下，省友多自省城缮写文领，擅领州县钱款。虽然省友会于投领前后向州县官汇报“擅领”款目、投领数额以及领款的支用、余存数额，但擅领钱粮与扣用钱款两条，使其在官方话语中与州县钱粮亏空密切相关，进而被抨击责难。

2. 收用州县领款

与擅领钱粮相比，扣用所领钱款，成为省友备受诟病的主要原

① （清）贺长龄辑，魏源编：《皇朝经世文编》，载（清）魏源撰，魏源全集编辑委员会编校《魏源全集》第 14 册，长沙：岳麓书社，2011 年，第 53 页。

② 《掌陕西道监察御史胡承珙奏请查禁胥吏积弊事》，嘉庆二十年六月二十九日，录副奏折，档号：03-2403-018。

③ 《化平厅草簿》，光绪十五年新正八日，第 33 册，第 15369 页。

因。乾隆后期福建巡抚富纲曾言坐省辈“混称例规使费，藉以开销”[①]。清末甘肃省友不仅是州县省事使费的筹措垫支者，也是州县官的省城“代购”与杂务经纪。相关费用多由省友代为措垫，甚或向商铺告贷，使省友成为房友讨要使费、商铺追索债务的首要对象。领用藩司核发的州县款项，抵扣垫款与债务，乃是省友收用州县钱粮的主要原因。

以化平厅为例，光绪十三年省友筹垫该厅地丁火耗银、库书小费、投文扯批钱等共银 7.45 两[②]，还另为垫买湖茶、蓝油布、大山纸、大小洋广针等物品[③]。在化平厅不能及时偿还垫款时，省友便从该厅应领款项中直接扣抵。光绪十三年省友领取该厅春季各项实发银 230 余两，除支付借垫前任解款 60 余两及交代各项使费外，省友收用余银 100 两，以稍济燃眉之急。[④]该年冬，省友就近缮投、领获化平厅冬季各款银 240 余两，用于该厅奏销、估拨、逃遣各案及司院规费、饭食等项开销。[⑤]省友用领款来抵扣州县欠债的惯常处理办法，在官方看来是省友擅自挪用州县钱粮，而据省友所言是为了抵偿州县的省城开支。即便如此，省友也往往难以做到收支相抵。[⑥]

由上可知，省友领用钱粮的“擅专”之处在于：一、缮写文领，

---

① 《福建巡抚富纲奏为遵例汇奏闽省各属官员现无坐省家人名目情弊事》，朱批奏折，乾隆四十五年十二月二十日，档号：04-01-01-0375-041。

② 《化平厅草簿》，光绪十三年三月初二日，第 33 册，第 15318 页。

③ 《化平厅草簿》，光绪十三年二月十六日，第 33 册，第 15312 页。

④ 《化平厅草簿》，光绪十三年五月卅日，第 33 册，第 15327 页。

⑤ 《化平厅草簿》，光绪十三年腊月廿六日，第 33 册，第 15343 页。

⑥ 省友拟于中秋节后前往化平厅催讨垫款，清理历年账目。参见《化平厅草簿》，光绪十五年七月初四日，第 33 册，第 15383—15384 页。

投文领取州县钱款，未把所领钱款全额转交州县；二、用领获银两抵扣代垫债务。但是，需要说明的是：其一，省友抵支州县钱款，会向州县官禀呈收支细账，并非“暗扣”①；其二，省友并未克扣州县所有领项。若省城开支较少，领款较多，抑或奉州县官谕令，省友会把领款转寄州县②。因此，省友可以“收用”“挪用”州县钱粮，但具体到扣用数额以及是否造成州县亏空，尚需专文探讨。

三、运作廉工银加季发放

甘肃在清代财政预算中属于受协济省份，因此中央及时向甘肃拨解额定饷银，是各州县廉工银定时定量发放的前提。中法战争时，各处协饷不能如期足额解至甘肃，影响其廉工银的正常发放。光绪十年（1884 年）云南、广西兴兵，甘饷解不足额，陕甘总督谭钟麟、藩宪魏光焘、臬宪谭继洵共同商讨廉工银发放章程，“将州县应领廉费、役食等项，分别缺分之优劣，有缓发一季、二季、三季者”③，缓发款项，俟年终由本管道、府查明无亏，出具印结，于次年请领补发。④

面对新章，省友与州县官商量，拟以所发银两不敷办公为由，争取州县廉工银的加季发放。平番县禀请加季发放的理由是，地贫民瘠而又当通衢大道，军务公文往来不绝，若工料只发二季，款项不足，

① 《化平厅草簿》，光绪十三年八月十九日、光绪十五年七月初四日，第 33 册，第 15336、15384 页。

② 《碾伯公牍禀稿簿》，光绪七年四月廿九日，第 29 册，第 13743 页；《各友启事稿簿》，光绪十五年七月初四日，第 34 册，第 15883 页。

③ （清）谭钟麟：《谭钟麟奏稿校注》，赵维玺标点、校注，长沙：岳麓书社，2023 年，第 265 页；《抚彝禀稿簿》，光绪十年四月廿三日，第 31 册，第 14662 页。

④ 《抚彝禀稿簿》，光绪十年闰五月初三日，第 31 册，第 14666 页；《化平厅草簿》，光绪十三年八月初七日，第 33 册，第 15335 页。

难免有延误公事之虞。各上宪遂准许将平番县工料添发一季，每年共给三季。抚彝厅省友宋树森闻知平番县加季发放消息后，即刻禀请抚彝厅，以该厅地面虽狭而属大道通衢之地、过往公文络绎不绝为由，请求上宪加季发放工料。宋树森称，该禀文可由抚彝厅直接禀详，也可向他寄付空白印禀，由他在省城托人办理。①

抚彝厅工料加季发放一事，因人事变动没有完整记载下来②，但可以肯定的是，平番县工料加季发放的先例被其他州县所模仿。光绪十一年(1885 年)，丹噶尔分府新任通判袁昌鹗到任，省友宋树森以丹噶尔边缺苦寒为由，禀请添发，如愿获批。丹噶尔分府廉俸银从一季增至两季，工料银从两季增至三季。③

由上可知，在甘肃饷源不继、缓发廉工银等常规行政经费时，省友以不敷办公为由，为抚彝厅、丹噶尔分府争取廉工银的加季发放。虽然这些行为与甘肃藩库的库款支用原则、新定廉工发放章程有所违碍，但在维持地方行政机构正常运转这一名目的掩护下，似乎又是言之成理、无法驳回的。

第二节　上宪的震慑与州县的牵制

省友在清代地方政务体制运行中，有促进上下级行政机构有

① 《抚彝禀稿簿》，光绪十年七月廿九日，第 31 册，第 14670—14671 页。
② 光绪十年九月二十五日，藩宪牌示新任抚彝厅宋金坛赴任，宋树森经手的抚彝厅省务暂告结束。参见《抚彝禀稿簿》，光绪十年九月廿五日，第 14675 页。
③ 《丹噶尔分府禀稿簿》，光绪十一年三月廿八日、四月廿二日，第 33 册，第 15288、15289 页。

效沟通、提高地方衙门行政效率的积极作用，亦有败坏地方吏治、侵蚀州县钱款的一面。然而，省友对地方政治的参与程度，受到地方人际关系与社会风气、政治生态等因素的制约。州县官的处事方式、上宪的执政态度、司院书吏的协作程度，都会对省友的运作空间产生一定的影响。省友的“擅专”和司院书吏的协作是否足以柄州县之政？从清代“甘肃省友禀稿信件簿”来看，并不尽然。藩臬两司和陕甘总督对省友和司院书吏有惩治的威力；州县官也不乏牵制省友的手段。

一、上宪的震慑

时人言，“官贪则吏必逞其私，官惰则吏必揽其权”，若官“果能立志为好官，则书差亦奉令惟谨”。[①]司院书吏在省友的请托下操作州县事务时，就非常在意上宪的办事作风，并据上宪关防严密程度而定行止。沈晋祥任甘肃布政使期间，凡是一切公事，“躬亲阅办，十分谨细，即幕府办定，亦常多反复者”。这种情况下，书吏办事难度较大，“非力费周转，遽难邀准也”[②]。以州县交代中的钱粮欠解而言，藩司书吏有操作的空间，但能够进行到何种程度也因人因事而异。此处以平凉县光绪十三年与光绪十五年的两次交代为例，略作阐述。

光绪十三年平凉钱粮交代册到达藩司，册内有“前任移交库储银三千八百余金”，即有 3 800 多两的欠款，于册尾注明年终时报解

---

① (清)胡林翼:《胡林翼集》第 2 册，胡渐逵等校点，长沙：岳麓书社，2008 年，第 897 页。

② 《高台县禀稿簿》，光绪二十年四月廿四日，第 17 册，第 507 页。

藩司。当时交代章程要求“交代案内如有欠款，统令解清再行造册交代，册内不准列造‘库储’二字”。为此，藩司主管书吏打算驳诘平凉交代册，待欠款解清后再为办理。就解款方式而言，省友本来想让房友“行文催解”，但“藩宪阅案，见银甚巨，册内叙明年底清解，用文行催恐有耽误”，当即饬令房中书吏撰写札稿，委令王绍虞明府亲自到平凉守候催提。省友预计专人催解已无回旋余地，提醒新任平凉县令，若确实接收了这笔钱，就及时解缴藩司；若是囿于情面而代人受过，要及时向藩宪说明情况，以免自己受累。①

光绪十五年平凉县高心伯离任交代时，应解银 3 674.278 两，实解银 2 946.324 两，尚欠银 727.954 两，应全部解清后方能办理交代。省友考虑到交代已经逾限，“若再延搁，恐获重咎”，托人“从内照拂，托房援承，先将欠款由司借垫，俟解来省，再收还款，赶将交代迅速详咨，以顾迟虞”。②即先从司中借款垫交，办结交代事宜。此时藩司恰好处于前后任交接时期，需要“清厘库款”，省友和书吏的这桩买卖没有做成。平凉县高心伯必须解清所有欠款后，交代册方能从藩司详报督院，由督院咨报户部。③

通过光绪十三年与光绪十五年平凉县两次钱粮交代可以看出，藩司书吏是州县文册案卷处理的关键参与者，在不违背律例与成案的前提下，具有一定的操作空间，但空间大小要依督抚、藩臬两司治事态度而定。若省城上宪介入各项事务中，并提出具体的处理意见，书吏也只有遵循的份儿，其操作空间就相应受到挤压，

---

① 《宋克用信稿》，光绪十三年七月十三日，第 52 册，第 24480—24482 页。

② 《各友启事稿簿》，光绪十五年十二月廿五日，第 34 册，第 15886—15887 页。

③ 《各友启事稿簿》，光绪十六年正月十二日，第 34 册，第 15891 页。

隐性权力也受到限制；反之，其操作的自由度则会较高。省友只能利用司院书吏传出的信息来谋划州县省事，以使费的方式委托司院书吏照应州县事务，并在不同程度上受到州县官态度、司院书吏协作程度、上宪震慑等因素的制约。

二、州县的牵制

1. 限寄文领，防止省友擅领钱款

甘肃各州县应领廉工银、春秋祭祀等款，向来由藩司按季支发。州县官并不十分清楚应领款项名目与额度，向来由省友托藩司书吏查核应发数目，然后誊写到州县官寄来的空印册页上，向藩司投文领取。[①]每届俸工领项核发之期，省友会提前向州县官催索“文领”。[②]领取钱款后，省友禀知州县官应领额数、各项扣费、实领数目，并汇报所领银两的存贮与支用情况，以便州县账房备案查核。[③]在实际操作中，州县官基本上遵循随用随寄的原则，省友执持州县官所寄文领前往领款。[④]省友能否及时领取州县钱粮，受到州县官文领寄送频率与速度的牵制。若州县官迟迟未寄文领，省友用手中余剩空印册页填写投领，而又未能得到州县官同意，则有被查治处罚的可能。毛目分县县丞脚粮银领解案，即毛目

---

① 《碾伯公牍禀稿簿》，光绪七年四月廿三日、廿六日，第29册，第13740—13742页。

② 省友自五月开始向丹噶尔分府同知袁昌鹗催要廉工文领，但袁昌鹗直到六月底才托人捎来两份文领。参见《丹噶尔分府禀稿簿》，光绪十一年五月十二日，六月十三日、廿三日、廿八日，第33册，第15293、15295—15296页。

③ 《化平厅草簿》，光绪十三年四月初，第33册，第15322—15323页；《光绪朝法律公牍（渭源县）》，光绪八年十月十九日，第51册，第24199页；《碾伯公牍禀稿簿》，光绪七年九月初四日，第29册，第13799—13800页。

④ 《毛目分县稿簿》，光绪十一年六月廿三日，第33册，第15459页。

分县县丞王梦龄与宋树森在领用钱粮上的纠纷，是一个很好的案例。

自光绪十一年（1885 年）夏起至光绪十二年（1886 年）三月止，宋树森先后为毛目分县县丞王梦龄筹措借垫银约七百五六十两，内含：

> 伏查去夏父台赴任借贷开销并付潘大老爷各项约共银叁佰有零，又去冬饬给楚筱翁助仪银壹佰伍拾两，郑太太月费五金，按期遵给，并屡奉谕饬付给各项，去岁至今使银四五十两以上，共银六佰有奇，利银至今又在半百，统共算起用过实银七百五六十两。内除去年二次领款共收实银一百廿两外，尚欠借项共银六百四十余两，均系各铺告贷之项，屡次催讨，书力推诿。[①]

按照宋树森的说法，以上用度均从省城各商铺借贷而来，商铺催讨甚急。他本拟以春季领款抵还借项，不料春季领款照章缓发。[②]就在宋树森为债款愁闷不已时，前任常县丞亏短脚粮银 230 余两解至藩司，宋树森遂禀知王梦龄，拟请领该款，以抵扣王梦龄的欠款。[③]

宋树森具领该项脚粮银的想法，得到了藩司房友的允可。三月二十七日，宋树森告知王梦龄脚粮银已经拟稿呈投。随之，又将脚粮银投领文稿，抄寄王梦龄，并解释他之所以擅领还仓要款，是由于王梦龄欠债不还、节次失信在先。[④]

---

① 《毛目分县稿簿》，光绪十二年四月初三日，第 33 册，第 15484—15485 页。
② 《毛目分县稿簿》，光绪十二年二月初四日，第 33 册，第 15480 页。
③ 《毛目分县稿簿》，光绪十二年二月廿七日、三月初七日，第 33 册，第 15482、15483 页。
④ 《毛目分县稿簿》，光绪十二年四月初三日，第 33 册，第 15485 页。

手头本不宽裕、缺分较差的王梦龄自然不答应，这笔银款是用来买粮还仓的，怎能轻易动用？大概于四月初，宋树森接奉王梦龄不准挪用该款的谕示。宋氏也未坚持领用脚粮银两，仅请王梦龄重新寄来四五套空印文领，用来领取毛目分县各季廉俸工食银。[①]然而，令宋树森大为恼火的是，王梦龄400里飞禀藩宪，状告宋树森投文领取还仓要款以抵扣私欠：

顷闻藩司接到来禀，内开：卑职于三月廿日接奉宪台札饬，常县丞脚粮银两业已交清，饬令卑职请领等因。卑职遵奉之下，随即派差请领各情由申覆在案。忽于月之十三日接办省事宋树森函称，此项银两渠已领用。卑职曾经付过托领别款之空印文领，具呈请领，伊即扣收私款。卑（职）闻之，不胜惊惧。伏思此银系前任交买还仓要款，即卑职欠伊私债，亦须另行设法，曷敢以此作抵？且卑职并非抗债不还，去岁三季领款均付领用，虽未清楚，陆续措还，亦是常情。[②]

从中可以看出，毛目分县县丞王梦龄将省友宋树森代垫代支的款项称为“私款”，声称虽然拖欠宋树森债款属实，但已将去年三个季度的领款均交宋树森领用，余剩债款也将慢慢偿还，宋树森不得动用这笔还仓要款抵扣“私款”。请求藩宪谭继洵为公款慎重起见，查悉追缴该款。[③]

王梦龄的做法，激怒了宋树森，他回辩道：

伏维大老爷冰壶在怀，做官为官，予民分忧，念经拜佛，

---

① 《毛目分县稿簿》，光绪十二年四月廿一日、廿七日，第33册，第15486页。
② 《毛目分县稿簿》，光绪十二年五月初二日，第33册，第15487页。
③ 《毛目分县稿簿》，光绪十二年六月十一日，第33册，第15491页。

□□□去夏赴任借用川资车骡共银一百五六十两，照厅潘大老爷借贷本利还银一百一十余两[1]，借助乡台楚大老爷进京验看送银百五十两，垫办公事需银数十两，以上各项统共借银四百七八十两。如何动用，是公是私，书全不知。书办省事，凭有关书，并未招摇，亦未撞骗。屡次借贷，俱有见证，亦有信据。去夏至今，共负利银百数十两。去腊领银百廿两，清利办公，尚不敷愆。转瞬瓜期，兼届端阳，客商借贷，纷纷催逼，书力支持。脚粮价银，往来函商，未蒙允准，不敢具领。遽迩冒禀，依官挟势，假公济（私），似乎不通，岂不思该人钱财，何有□还？下民易灭，上天难欺。书若负义，天神共击，天网恢恢，疏而不漏。书沐厚恩，故敢直陈。脚粮银两既是公款，不准还债，养廉各项，请赐空印以资具领。去年寄省领纸三套，秋冬今春虽未全发，俱已用尽。伏祈衡裁。是否有当，训示祗遵，禀请升安。[2]

宋树森纳闷王梦龄"做官为官，予民分忧，念经拜佛"，怎可如此颠倒黑白。王梦龄借欠本利银约 480 两，"如何动用，是公是私，书全不知"。这些借贷俱有凭据可以为证，怎可妄言为宋树森的"私款"？他谴责王梦龄依仗官势，假公济私，冒为禀控，难道欠人钱财不该及时偿还吗？宋树森最后发誓，"下民易灭，上天难欺，书若负义，天神共击，天网恢恢，疏而不漏"。所幸宋树森

① 照厅潘大老爷，疑为甘肃布政司照磨潘文镜。若推断属实，则说明兰州底层官员经营放贷业务。参见《毛目分县稿簿》，光绪十一年七月初九日、光绪十二年二月廿七日，第 33 册，第 15460、15482 页。

② 《毛目分县稿簿》，光绪十二年五月初二日，第 33 册，第 15488—15489 页。

得信后及时运作，藩宪谭继洵饬查各房时，未查到宋树森请领毛目分县款项的只字片纸，谭继洵也没有继续追查下去①，宋树森得以免遭查处。

州县官在文领上的严密与谨慎，可使省友受到牵制。一则，州县官可自行决定是否寄出文领，以及寄送文领的时间和数量，对省友领款形成牵制。二则，省友若用手中存剩的州县空印文册领取州县钱款，应事先禀明州县官并得其同意。若未经州县官同意，省友擅行投文领取州县钱粮，州县官可以禀详上宪，凭借官势查惩省友的不法行为。

2. 取缔省友的钱款收用权

省友原则上应将所领钱款转递州县官，或者暂行收储，听候州县官拨用。②但这是以州县领款数额较巨、省友垫支钱款能够及时回款为前提的。若州县领款本来较少，又不能及时结清省友筹办州县省事时的垫支，就会出现省友扣用州县钱款的问题。为防止省友频繁擅抵挪用，州县官不乏管制之策。

其一，截领藩司发款。前面讲到省友一而再、再而三地擅领化平厅钱粮，可能引起该厅张彦笃不满。光绪十五年春该厅俸工等银 20 余两，本由省友投文领取。不料，发银时张彦笃却发信委托

① 《毛目分县稿簿》，光绪十二年六月十一日，第 33 册，第 15491 页。

② 宋树森请高台县陈昌寄送夏季工料文领时言："除解项外，用剩若干，定当扫数敬谨存储，听候拨用，决不敢挪用分厘，自取咎戾，致负我父台栽培至再之至意。"参见《高台县禀稿簿》，光绪十六年六月十三日，第 17 册，第 334 页。光绪十五年十一月高台县省友领获各项银2 070 余两，遵照高台县陈昌谕令开销，不敷之处，省友又代垫银 336 两，并将收用细数、取获收条与借据呈请陈昌查核。参见《高台县禀稿簿》，光绪十五年冬月廿二日，第 17 册，第 296 页。

藩司库书代领。①这说明州县官可以随时函委他人代领钱款，防止省友用所领款项抵扣债务。

其二，转委当铺收管州县钱款。为防止省友随意扣用领款，有些州县官径自取消省友收存州县领款的权力，另委当铺管理领款与省城出纳事务。光绪二十二年至二十四年，邓朝卿辗转署任巴燕戎格厅、贵德厅、清水县，应领钱粮俱由省友领出后如数移交省城某当铺收存。省友向邓朝卿呈交当铺收条，当铺函告邓朝卿省友移交款额与日期。藩司发款数额，“均有司中行知为凭”，州县官不难根据藩司发银数目与日期来判断省友是否如数移交。②

省友既无收用州县领款的便利，州县官当另筹省事所需费用。省友领取邓朝卿巴燕戎格厅任内衣单粮价银 140.757 两，如数转交当铺收存。同时，省友也请示邓朝卿“免赔刀矛及请抵亏粮所需笔费，应否请由当铺照数拨付”③。对于邓朝卿委托当铺收存藩司核发银款，并由当铺转支地丁解费、奏销、饭食各费的做法，省友大概是不开心的。光绪二十六年三月，省友在禀信中写道：

> 去冬解费，此次当铺如何开清，即请照发以资转交，其余奏销、饭食各费，统归当铺一手经理，谅必格外从俭妥办。敝处即勿须再行染指，以免纷歧。拨款修城应许小费酌给若干，并各案交代应用诸费，前均分晰禀明，务望鸿夺补发，以免赔累。④

---

① 《化平厅草簿》，光绪十五年五月十七日，第 33 册，第 15380 页。

② 《清水县草簿(贵德厅)》，光绪二十三年九月十二日，第 33 册，第 15700 页。

③ 《清水县草簿(贵德厅)》，光绪二十三年八月初七日，第 33 册，第 15697 页。

④ 《清水县草簿》，光绪二十六年三月初九日，第 33 册，第 15719 页。

奏销、饭食各费由当铺一手“从俭妥办”一语，隐含着邓朝卿对省友支应使费数额的猜忌，省友不被信任的感觉跃然纸上。

事实上，这种做法只能限制省友领用州县钱款的自由度，在省友投文领款的前提下，省友扣留、挪借州县领款的现象无法完全杜绝。光绪二十三年正月，省友向邓朝卿汇报领获土勇口食银 294.87 两，除将银 200 两送交当铺外，自己收存余银 94.87 两。①当年冬季，省友领获巴燕戎格厅廉俸工料等银 300 余两，扣除自己经手开销银 115.35 两后，方将余剩库平银 217.79 两转交当铺。②光绪二十二年冬，省友因擅自挪用领获的土勇口食银 335 两有余，未按时送交当铺，受到邓朝卿严词责备。③这说明省友可利用首先接触领款的优势，抵扣自己的垫款或挪作他用，但较那些全手领用州县钱粮者而言，则受到一些限制。

由上可知，省友独断和“擅专”并非毫无底线，州县官的牵制使其“擅专”空间受到一定程度的制约；督抚与藩臬两司的震慑及对他们违法作弊的惩治，也使省友和司院书吏有所顾忌，不敢肆意妄为。

第三节　省友的禁革及其在晚清的转型

对“坐省家人”“省书”“省友”诸辈而言，包揽州县在省事务，可借此获得生业；对州县官而言，此辈是可依托的办事熟手；对藩臬

---

① 《清水县草簿(巴燕戎格厅)》，光绪二十三年正月廿一日，第 33 册，第 15684 页。
② 《清水县草簿(贵德厅)》，光绪二十三年腊月十三日，第 33 册，第 15705 页。
③ 《清水县草簿(巴燕戎格厅)》，光绪二十二年冬月廿二日，第 33 册，第 15678 页。

两司而言，此辈又是汇办钱粮奏销、赦案时的传催对象；对陕甘总督而言，此辈也可作为了解州县事务的一个途径。省友在地方行政机构运作中的诸多便宜之处，大概是此辈在各省普遍存在，并且屡经雍正、乾隆、嘉庆、道光诸朝禁革而依然延存于光绪朝的原因所在。

一、清代坐省的普遍性

清代府厅州县官员在省城派驻“坐省家人”“省友”的现象，并非甘肃省独有，而是遍布浙江、广东、河南、湖南、湖北、四川、云南等省①；并非仅限光绪朝，而是历经康熙、雍正、乾隆、嘉庆、道光诸朝②，并沿袭至民国时期③。

① 依次参见（清）张泰交：《受祜堂集》卷9《抚浙下·拏属员坐省家人》，载《四库禁毁书丛刊》编纂委员会编《四库禁毁书丛刊》集部第53册，北京：北京出版社，1997年，第516页；光绪《丰顺县志》卷3《解款》，清光绪十年刻本，第30页；（清）田文镜：《抚豫宣化录》，郑州：中州古籍出版社，1995年，第257—258页；王钟翰点校：《清史列传》卷26《大臣传次编一·刘墉》，北京：中华书局，1987年，第1987页；《世宗宪皇帝朱批谕旨》卷73，载（清）纪昀等总纂《影印文渊阁四库全书》第419册，台北：台北商务印书馆，第332—333页；《四川总督琦善奏为撤回坐省册书裁禁空白印结印册整顿官风事》，道光二十九年二月初三日，朱批奏折，档号：04-01-01-0833-026；民国《马关县志》卷8《艺文志》，民国二十一年石印本，第16页。

② 依次参见（清）张泰交：《受祜堂集》卷9《抚浙下·拏属员坐省家人》，载《四库禁毁书丛刊》编纂委员会编《四库禁毁书丛刊》集部第53册，北京：北京出版社，1997年，第516页；《世宗宪皇帝实录》卷4，雍正元年二月十六日，北京：中华书局，1985年，第103页；《高宗纯皇帝实录》卷94，乾隆四年六月初二日，北京：中华书局，1985年，第435页；《高宗纯皇帝实录》卷1112，乾隆四十五年八月初二日，北京：中华书局，1985年，第864页；《仁宗睿皇帝实录》卷75，嘉庆五年十月二十四日，北京：中华书局，1986年，第1012页；《四川总督琦善奏为裁革走院坐省人员事》，道光二十九年二月二十五日，录副奏片，档号：03-2854-052；《西宁府裕为移各州县所用省书应饬报明姓名并取连环互结挂名应差事致循化厅》，光绪三十二年十一月初五日，青海档案，全宗号07，案卷号1795，第11—12页。

③ 民国《马关县志》卷8《艺文志》，民国二十一年石印本，第16页；沃邱仲子：《民国十年官僚腐败史》，上海：中华图书集成公司，1923年，第135页。

据目前统计的资料来看[①]，清代十八直省中的多数省份，都或早或晚地出现过坐省群体。康熙四十二年浙江巡抚张泰交札令严拿属下坐省家人。[②]刘荫枢在云南按察使任上（康熙四十五至四十七年）时，鉴于“各属府州县例用亲信人坐省，与院司家仆、胥吏交通”，革除坐省。[③]雍正帝即位伊始，即谕令直省督抚注意各属坐省所带来的关防不密问题。随之，直隶、河南两地督抚查禁驱逐坐省家人。[④]乾隆初年，广东奉谕查禁坐省。[⑤]乾隆四十五年，乾隆帝通谕全国各省禁革坐省，并要求各督抚于年终汇奏本省有无坐省现象。[⑥]

从乾隆后期直省督抚长达 14 年的坐省家人例行奏报来看，坐省现象相当普遍。贵州、甘肃、陕西三省明确承认此前有坐省，现在已经禁绝；安徽、福建、湖北、湖南、四川、广东含糊奏称坐省家人久经驱逐禁革；山东、山西、江苏、浙江、河南、云南含糊具奏现无坐省家人；奉天、直隶、江西、广西则称向无坐省。然而，无论直省督抚如何奏报，嘉道、同光年间，直隶、福建、浙江、陕西、甘肃、四川、广东、广

---

① 为使清代各省在各时期的坐省情况更为直观，笔者依据所收集的资料，制作“清代直省坐省统计表”，详见附录一。

② （清）张泰交：《受祜堂集》卷 9《抚浙下·拏属员坐省家人》，载《四库禁毁书丛刊》编纂委员会编《四库禁毁书丛刊》集部第 53 册，北京：北京出版社，1997 年，第 516 页。

③ （清）李元度：《国朝先正事略》卷 10《刘乔南中丞事略》，易孟醇点校，长沙：岳麓书社，2008 年，第 311 页。

④ 《世宗宪皇帝实录》卷 4，雍正元年二月十六日，北京：中华书局，1985 年，第 103 页；宋少珍：《河北省国家档案馆清档珍藏清代信票、宪牌、宪票一览》，《档案天地》2008 年第 5 期；（清）田文镜：《抚豫宣化录》，郑州：中州古籍出版社，1995 年，第 257—258 页。

⑤ 《高宗纯皇帝实录》卷 94，乾隆四年六月初二日，北京：中华书局，1985 年，第 435 页。

⑥ 《高宗纯皇帝实录》卷 1115，乾隆四十五年九月二十三日，北京：中华书局，1985 年，第 902 页。

西、云南等省均有坐省踪迹。[1]即使晚清新设的、驻扎上海的江海关道也未能免俗。[2]省友在清代普遍且连续存在，与州县钱粮领解、刑名案狱，以及州县官谋缺升迁等因素密切相关。

二、清廷对坐省的禁革

清代“小政府”管理模式下，正印官公务繁杂，应接不暇，需要幕友和书吏的协作。其中，幕友拥有自上派生出的权力，即上宪决策权的延伸[3]；书吏处于审核转发文册的关口，是接近“权力核心”的必经通道[4]。因此，幕友和书吏有机会分食“官”的权力，可以从中把持操纵，上下其手。作为州县省事代理者的省友，主要通过应承使费的方法，换得司房、院房书吏的协作，催促司院各房书吏尽快办结州县交代、刑名案狱等事务，在省与州县政务运作中起着居间协调作用。然而，与其紧密相关的州县亏空、吏治不清等问题，诸如雍正三年(1725 年)湖北巡抚法敏奏言此辈“串通书役，捕风捉影，遇事生波，欺骗本官，花销银两，作奸犯科，最为可恶”[5]，使其屡

---

① 详见“附录一：清代直省坐省统计表”。

② 晚清文学《二十年目睹之怪现状》中提到叶伯芬得江海关道缺后，委托从南京来祝贺他上任的时肖臣“在南京做个坐探，所有南京官场一举一动，随时报知”。参见(清)吴趼人：《二十年目睹之怪现状》，北京：华文出版社，2018 年，第 656 页。

③ 陕甘总督乐斌幕友彭雨亭，“恃为该督所信任，揽权舞弊”，“外间有升迁调降须问老彭之谣”。参见《福建道监察御使裘德俊奏为特参陕甘总督乐斌贪污大吏请查办事》，录副奏折，咸丰十一年十月二十四日，档号：03-4581-042。

④ “直省督抚、藩臬衙门俱有本房稿房掌案书办”，“一切官弁升降、刑名钱谷之事，皆伊等查例呈稿，缮写承发。督抚、藩臬不过从中斟酌，照稿签行”。参见《世宗宪皇帝实录》卷 134，雍正十一年八月二十五日，北京：中华书局，1985 年，第 729 页。

⑤ 中国第一历史档案馆编：《雍正朝汉文朱批奏折汇编》第 5 册，南京：江苏古籍出版社，1990 年，第 637—639 页。

被地方大吏抨击，被清廷查禁。

1. 雍正朝的查禁

清廷对坐省的查禁，最早见于雍正朝。雍正元年（1723年），雍正帝鉴于各属坐省家人与督抚司阍一气相通，有预为贿嘱等弊，谕令直省督抚密切防范因之引起的关防不密问题。[①]督抚们遂遵旨查禁坐省家人。直隶总督饬禁各属家人偷赴省城。[②]河南巡抚田文镜谕令各属撤回坐省家人，若有违犯，官遭参处，家人立即杖毙。[③]

在禁革驱逐的大环境下，各属坐省家人可能会有所顾忌，但肆意妄行者亦不少见。雍正十年（1732年）五月湖北巡抚王士俊奏称抚楚以来，"一切坐省家人悉皆饬行驱逐，不许潜居省会，恣意招摇"，然而不乏阳奉阴违者。他奏言该年三月二十三日拆阅各属公文时，于兴国州知州魏钿申文内发现该知州幕友刘容私信一封，内称"坐省人已如昔矣，夜郎（按：暗指湖北巡抚王士俊，贵州人）乌知之"。鉴于坐省家人事关吏治，王士俊饬令藩臬两司传讯兴国州魏钿，檄行武昌府康忱提讯坐省家人苏贵与幕友刘容。[④]

2. 乾隆朝的长期禁革

乾隆帝对坐省家人仍持禁革态度。乾隆四年（1739年），因广东各府州县长随长住省城，有结交上宪家人、幕宾、胥吏，探知督抚司道言行举动，迎合上宪意向等弊，乾隆帝谕令严行查禁。[⑤]乾隆五

① 《世宗宪皇帝实录》卷4，雍正元年二月十六日，北京：中华书局，1985年，第103页。

② 宋少珍：《河北省国家档案馆清档珍藏清代信票、宪牌、宪票一览》，《档案天地》2008年第5期。

③ （清）田文镜：《抚豫宣化录》，郑州：中州古籍出版社，1995年，第257—258页。

④ 《世宗宪皇帝朱批谕旨》卷73，载（清）纪昀等总纂《影印文渊阁四库全书》第419册，台北：台北商务印书馆，1986年，第332—333页。

⑤ 《高宗纯皇帝实录》卷94，乾隆四年六月初二日，北京：中华书局，1985年，第435页。

年，陕西道监察御史胡定奏准，坐省、坐府听差在上司衙门勾结串线、遇事生风，宜照坐省家人之例一并革除。[①]乾隆初年，江西按察使凌焘发布檄文，饬禁坐省。[②]

乾隆四十五年(1780 年)，乾隆帝再次谕令在全国范围内查禁坐省家人，并令各省督抚于年终奏报所属是否有坐省家人。乾隆后期对坐省现象的整治，缘于贵州按察使兼署布政使粮道德隆于乾隆四十五年六月的奏陈。德隆在奏折中称，坐省有探听上司消息、开销州县钱款、勒索使费、侵挪州县钱粮等弊，从前久经查禁，然而积习相沿，未能裁抑，故而奏请再次禁革。[③]乾隆帝认为此等名目属于各省恶习，谕令各地督抚严令查禁，并于年终奏报本省有无坐省等弊。[④]自乾隆四十五年(1780 年)至乾隆五十八年(1793 年)前后，各省督抚遵旨于年终汇奏本省无坐省家人情弊。[⑤]

此次查禁是清朝历史上范围最广、持续时间最长的一次，但效果依然值得怀疑。时隔五年之后，乾隆帝察觉外省督抚视此等汇奏事件为具文，每至年底不过以一奏塞责，很不可信，恐怕各省积

---

① 《陕西道监察御史胡定奏为敬陈整饬吏治事》，乾隆五年九月十七日，朱批奏折，档号：04-01-01-0051-004。

② (清)凌焘：《西江视臬纪事》卷 3《文檄·饬禁长随坐省檄》，载《续修四库全书》编纂委员会编《续修四库全书》史部第 882 册，上海：上海古籍出版社，2002 年，第 98 页。

③ 《署贵州按察使兼署布政使粮道德隆奏为对地方事务敬陈管见仰祈圣鉴事》，乾隆四十五年六月十五日，军机处档，编号：故机 028076。

④ 《高宗纯皇帝实录》卷 1112，乾隆四十五年八月初二日，北京：中华书局，1985 年，第 864 页；《高宗纯皇帝实录》卷 1115，乾隆四十五年九月二十三日，北京：中华书局，1985 年，第 902 页。

⑤ 参见“附录　：清代直省坐省统计表”。

习相沿，阳奉阴违者不少。①再从乾隆帝对督抚奏折的批示来看，亦怀疑各省是否如实查禁坐省。例如，对乾隆五十一、五十五、五十六年陕西巡抚的奏折，乾隆先后批为“恐怕未能查办如实也”“以实为之，毋久而懈”“竟成具文，然不可不留心”。②于山东巡抚乾隆五十五年的奏报，亦批示“恐怕不能详查”。③

乾隆帝的怀疑，并非毫无根由。从福建省来看，该省巡抚浦霖于乾隆五十八年奏称各属无家人坐省及设立听差探听等弊，乾隆帝批令“以实为之”④。然而，据《露桐先生年谱》所载，乾隆六十年该省即有藩司司书郭瀚登串通省书林元熙雕刻假印、伪造龙岩营游击关防冒支养廉银之事；嘉庆三年（1798年）该省州县官亦有长班坐省照料省事的现象。⑤

3. 嘉道年间的禁革

嘉道年间甘肃对坐省的禁革，则与钱粮亏空密切相关。嘉庆二十年（1815年）甘肃清查钱粮亏空时，陕甘总督先福奏称，省友

---

① 《高宗纯皇帝实录》卷1268，乾隆五十一年十一月二十二日，北京：中华书局，1985年，第1110页。

② 《陕西巡抚巴延三奏为查明陕省州县均无坐省家人首府首县亦无为上司承办筵席及送门包押席银两等情事》，乾隆五十一年十一月二十六日，朱批奏折，档号：04-01-01-0419-025；《陕西巡抚秦承恩奏为查明汇奏陕省州县本年并无坐省家人等项情弊事》，乾隆五十五年十一月二十日，朱批奏折，档号：04-01-01-0428-047；《陕西巡抚秦承恩奏为循例年终查明本年陕西省各州县并无坐省家人勒取门包等情弊事》，乾隆五十六年十二月初一日，朱批奏折，档号：04-01-01-0437-004。

③ 《山东巡抚书麟奏为循例汇奏东省本年实无换帖宴会无故上省及坐省家人等情弊事》，乾隆五十五年十一月二十三日，朱批奏折，档号：04-01-01-0427-003。

④ 《福建巡抚浦霖奏为乾隆五十八年福建查无官员换帖宴会托故赴省扣展公出日期家人坐省等情弊事》，乾隆五十八年十一月十五日，朱批奏折，档号：04-01-01-0453-030。

⑤ （清）钱景星：《露桐先生年谱·前编》卷4，载北京图书馆编《北京图书馆珍本年谱丛刊》第109册，北京：书目文献出版社，1999年，第383、389页。

勾结串通各衙门书吏，任意开销使费，用州县领款抵扣私债，使州县在数年间负债盈百累千，遂致仓库亏缺，“是此等省友最为地方之害”，应对此辈从重惩治。嘉庆帝允准先福之奏，通谕直省督抚驱逐省城此等劣幕，并严饬所属州县不准延请省友。①

道光十年(1830 年)九月，吏科给事中牛鉴奏陈甘肃州县仓库亏空问题时，再次请求禁革坐省书吏。牛鉴奏称省书以垫办公务为辞，将州县每年所领藩库银两“子母算除，扣还私债”，“计中缺以上每年将应领之项开除二三千金，其次千余金，其次数百金不止”，以致州县辗转侵挪，酿成亏空。道光帝遂谕令禁革省友。②道光二十九年甘肃清查案中暴露出来的省书师福麟、郭升，因支发岷州提省人犯口粮时侵渔银 10 余两及 7 两不等，师福麟被革去捐纳县丞职衔，与郭升一起照不应重律，杖八十，折责发落。在逃省书刘鉴堂，即文生员刘照藜，经祁寯藻咨明礼部及陕甘学政斥革，待拿获后另案审结。③

嘉道年间清廷对坐省的查禁，虽不像乾隆朝那样普遍和长久，但在立法上却趋于严苛。具体到对官员的惩罚而言，乾隆朝是对延用坐省的府州县官降一级调用，上司降一级留任，嘉庆朝议准将

---

① 《陕甘总督先福奏报甘肃查拿省友严肃吏治情形事》，嘉庆二十年九月十二日，录副奏片，档号:03-1859-032;《仁宗睿皇帝实录》卷 310，嘉庆二十年九月十二日，北京：中华书局，1986 年，第 118 页。

② 《吏科给事中牛鉴奏陈甘肃州县仓库亏空情形参劾藩司方载豫独霸一方之称事》，道光十年九月十五日，录副奏折，档号:03-3367-026;《吏科给事中牛鉴奏请严禁甘肃坐省书吏事》，道光十年九月十五日，录副奏折，档号:03-2850-057;《宣宗成皇帝实录》卷 174，道光十年九月十五日，北京:中华书局，1986 年，第 711 页。

③ 任国维主编:《祁寯藻集》第 1 册《日记・甘肃查办全案》，太原:三晋出版社，2009 年，第 332 页。

违令州县官奏参革职，道光朝议准严参仍用省书的州县官，且一并参处失察道、府、直隶州官员；对坐省家人的惩治，则由乾隆朝的驱逐，发展到嘉道时按书役犯罪例加等科罪，道光朝进一步明确与省友结交的书吏与省友同罪。①

然而，严苛的法令未能使坐省现象从地方行政机构中绝迹。清廷的严行查禁，也未能使此辈销声匿迹。“甘肃省友禀稿信件簿”的留存，及甘肃省“坐省”“省友”“省书”现象自乾隆至嘉庆、道光、光绪、宣统年间的持续存在，说明坐省禁革之难。因此，在清末地方官制改革中，地方大吏在处理坐省问题时，开始由堵转疏。

三、光宣以来省友由私转公

光绪三十二年（1906 年）甘肃藩司鉴于“此种人本系身后办事，无的名可指，即难言裁，又不能驱逐，虽有查禁之令，亦不过阳奉阴违，莫可究诘”，“计惟有化私为公，通行各属，令将所用省书姓名据实报明，并取具各省书等连环互结，赴本司投递，挂名应差”，认真承办州县省事。若有不实不尽情弊，除将省书革惩外，并将互结之人一并惩处。②此举意图把省友纳入常规行政管理体制中。

民国元年，云南省就坐省压搁公文、解款迟误问题，声称“坐省

① 《高宗纯皇帝实录》卷 1115，乾隆四十五年九月二十三日，第 902 页；《陕甘总督先福奏报甘肃查拿省友严肃吏治情形事》，嘉庆二十年九月十二日，录副奏片，档号：03-1859-032；《仁宗睿皇帝实录》卷 310，嘉庆二十年九月十二日，第 118 页；《陕甘总督杨遇春呈酌拟甘肃省杜亏章程十条清单》，道光十一年八月十八日，录副奏折，档号：03-3368-069。

② 《西宁府裕为移各州县所用省书应饬报明姓名并取连环互结挂名应差事致循化厅》，光绪三十二年十一月初五日，青海档案，全宗号 07，案卷号 1795，第 11—12 页。

之设，本满清旧习，由来已久，营此业者皆无甚学识且无责任之人，何能热心将事？”“维是坐省之役已成习惯，一时殊难改革”，当下只有尽力整饬而已，为此通令云南各属今后将公署往来公文全行改归邮递，而不由“省号”经手，以杜省号压搁之风。若州县解款交由省号经手，则应由地方官扣定解款到省日期，并声明款项数目及经手人姓名字号，呈报主管衙门，以便指名稽催解款。[①]这说明云南试图从行政程序上，采取能避者避之、避不开者加强管理的办法，以解决坐省迟误压搁解款的问题。

可见，坐省难以驱逐禁革的现状，使地方大吏结合本省的实际情况，制定适当的政策，限制和减少坐省对地方行政事务所带来的不良影响。云南、甘肃两省对坐省的整顿办法虽然有地域差别，但与清朝中后期的严行查禁政策相比，呈现用其利而去其弊的发展趋向。

小　结

清代权力自下而上、层级式地集中于州县官、督抚与皇帝手中，繁杂的文书运行模式，给书吏和省友留下一定的操作空间。省友的运作空间，主要依州县官的牵制力、司房与院房书吏操持州县省务时的灵活性及省中上宪的关防严密程度而定。其中，省城司院书吏的使费需索和违规操作程度，乃是其中的关键环节。“使

① 蔡锷：《饬各公署往来公文改归邮递以杜压搁之风令》(1912 年 8 月 26 日)，载曾业英编《蔡锷集》，长沙：湖南人民出版社，2008 年，第 711—712 页。

费”诱使下的司院两房书吏，可在省友的撺掇下，违规操作文案，蒙蔽地方督抚与藩臬两司，使上司的审核与法令则例的执行有所折扣。其结果是各种潜规则代替法定操作程序，逐渐形成清代行政机构运行中的次级秩序，导致清代权力结构发生癌变，政治运作出现各种不规范现象。

结　语

瞿同祖先生认为，私人性、非正式的因素在正式结构中运作，可以起到减少行政局限、争取更高效率的作用，但其适用的职业群体似乎只限于幕友。书吏、衙役和长随则倾向于通过非法的手段去获取金钱酬偿、权力地位等，倾向于将政府和公众心目中的越轨或腐败行径当作行业性约定俗成的规范。①事实上，由于州县与省级衙门对省友在公私事务上的共同需要，省友这种利用体制外的非正式和私人因素从事州县省事运作的群体，同幕友一样，都在一定程度上弥补了清代制度设计与实际运作相背离的缺陷，起到了简化行政程序和提高行政效率的作用。

清代高度集权的统治模式，是坐省现象持续存在的制度性原因。清代行省之权，集中于督抚部院与藩臬两司。他们既向道府州县等下属机构传达清廷旨谕，又肩负着考核选任属员与汇奏钱粮、刑名案件等职责，在地方事务中具有决策权。道府州县官的仕途命运，几乎皆视督抚等上宪意旨而定。各府州县为获得有效信息，规避潜在的政治风险，派人在上级衙门，诸如州县与道府之间，

① 瞿同祖：《清代地方政府》，范仲信等译，北京：法律出版社，2011年，第315—317页。

府厅州县与藩臬两司、督抚部院之间，协办公务，刺探情报，及时了解规定范围以外的信息。

帝制中国的"小政府"模式，即以较小的政府规模处理不断增多的政务，也是省友得以长期存在的另一个原因。据张仲礼估计，清光绪六年(1880年)约有2.7万名文职官员①，而其所治理的是一个人口超过4亿的国家。为保证以文书传递为主体的官僚体制的正常运转，官员们不仅要在各级衙门内使用大量的书吏、差役来协助处理政事，还要派人协办各级衙门间的公务。省友的存在，既便于州县官了解其在省事务的进度与关节，也便于以使费的方式催办州县省务，在州县与督抚部院、藩臬两司衙门间起着居间协调的作用。

清代省友凭借关书、文领与使费成为州县省事的合法代表，处理州县衙门在省级主管行政机构藩司、臬司与督抚部院的相关事务。在办理州县省务的过程中，省友以使费为条件换得藩臬两司及督抚部院书吏乃至上宪幕友的密切协作，努力实现州县利益的最大化。省友在承应使费、使用州县空印册页方面的灵活变通，使其在运作州县省务时具有一定的"擅专"空间。

从钱粮交代、刑名案件以及请领款项等州县常规事务的处理过程可以看出，清代省衙和州县行政机构，并非仅仅依赖上宪的札文与下属的禀详等常规文书便可以顺利运转。省友作为州县官派驻省城的代表，与司院书吏、幕友沟通、协调、解决州县的行政难题。凡遇州县公文详册及紧要案件，省友先与主管书吏协商，预先

① 张仲礼:《中国绅士的收入》,费成康、王寅通译,上海:上海社会科学院出版社,2001年,第42页。

筹划解决办法，承应使费，然后再由书吏按照商议结果拟稿，上报藩臬两宪审批。尽管省友与司院书吏在使费基础上对州县省务的操纵属于违规行为，但这可为州县争取利益，帮助州县官规避惩处，加快州县在省事务的办理进程。

司院书吏的协作程度，要视上宪的关防严密程度而定，并在大清法律法规和各种省规所允许的范围内弹性延伸。同时，省友的“擅专”余地还受到州县官的牵制。无论如何，晚清地方政治中，确实存在省友与司院书吏在利益驱动下截流地方信息和情报，改写事件原委，蒙蔽地方督抚与藩臬两司的现象。这种对州县省务的不规范运作，生动地反映出清代省级行政机构与州县衙门在“文书”之外的行政运作实态。

省友探听消息而有损吏治官风，浮开使费而致州县钱粮亏空，故而迭遭清廷与督抚疆臣查禁驱逐，但该群体却是屡禁而不革，自清朝延续于民国，甚或更久。省友之所以能长期存在，除各府州县距省城遥远以及交通通信手段有限等客观因素外，也是上下级行政机构有效沟通、提高行政效率等客观需要的产物。清代地方行政机构中需要有效的行政架构和人员来协助办理省级机构与州县衙门间的公务，需要“坐府家人”“坐省家人”“坐京家人”来共同运作各级衙门的行政事务，以克服清代中央集权体制和“小政府”管理模式的缺陷所带来的局限。

参考文献

一、史料

《丹噶尔分府禀稿簿》(光绪十年十二月至光绪十一年十月)，载全国图书馆文献缩微复制中心《清代(未刊)上谕　奏疏　公牍电文汇编》第 33 册，北京：全国图书馆文献缩微复制中心影印，2005 年。

《狄道草稿簿》(光绪十五年十月至光绪十九年正月)，载国家图书馆分馆编《清代边疆史料抄稿本汇编》第 17 册，北京：线装书局影印，2003 年。

《东乐草稿簿》(光绪十八年闰六月至光绪十九年正月)，载全国图书馆文献缩微复制中心《清代(未刊)上谕　奏疏　公牍　电文汇编》第 35 册，北京：全国图书馆文献缩微复制中心影印，2005 年。

《董志潘草稿簿》(光绪十二年五月至光绪十三年十月)，载全国图书馆文献缩微复制中心《清代(未刊)上谕　奏疏　公牍　电文汇编》第 33 册，北京：全国图书馆文献缩微复制中心影印，2005 年。

《抚彝禀稿簿》(光绪九年八月至光绪十年十一月)，载全国图书馆文献缩微复制中心《清代(未刊)上谕　奏疏　公牍　电文汇编》第31册,北京:全国图书馆文献缩微复制中心影印,2005年。

《高台县禀稿簿》(光绪十五年五月至光绪二十年六月),载国家图书馆分馆编《清代边疆史料抄稿本汇编》第17册,北京:线装书局影印,2003年。

《各友启事稿簿》(光绪十四年九月至光绪二十年十二月),载全国图书馆文献缩微复制中心《清代(未刊)上谕　奏疏　公牍　电文汇编》第34册,北京:全国图书馆文献缩微复制中心影印,2005年。

《光绪朝法律公牍》(光绪七年二月至光绪九年六月),载全国图书馆文献缩微复制中心《清代(未刊)上谕　奏疏　公牍　电文汇编》第51册,北京:全国图书馆文献缩微复制中心影印,2005年。

《化平厅草簿》(光绪十二年十一月至光绪十七年七月),载全国图书馆文献缩微复制中心《清代(未刊)上谕　奏疏　公牍　电文汇编》第33册,北京:全国图书馆文献缩微复制中心影印,2005年。

《陇西信件簿》(光绪七年正月至十二月),载全国图书馆文献缩微复制中心《清代(未刊)上谕　奏疏　公牍　电文汇编》第29册,北京:全国图书馆文献缩微复制中心影印,2005年。

《陇西县稿底簿》(光绪八年正月至八月),载全国图书馆文献缩微复制中心《清代(未刊)上谕　奏疏　公牍　电文汇编》第31册,北京:全国图书馆文献缩微复制中心影印,2005年。

《毛目分县稿簿》(光绪十一年六月至光绪十三年四月),载全国图书馆文献缩微复制中心《清代(未刊)上谕　奏疏　公牍　电文汇编》第33册，北京：全国图书馆文献缩微复制中心影印，2005年。

《碾伯公牍禀稿簿》(光绪七年正月至光绪八年六月)，载全国图书馆文献缩微复制中心《清代(未刊)上谕　奏疏　公牍　电文汇编》第29册，北京：全国图书馆文献缩微复制中心影印，2005年。

《平罗底稿簿》(光绪七年四月至光绪八年五月)，载全国图书馆文献缩微复制中心《清代(未刊)上谕　奏疏　公牍　电文汇编》第49册，北京：全国图书馆文献缩微复制中心影印，2005年。

《清水县草簿》(光绪十七年正月至光绪二十八年六月)，载全国图书馆文献缩微复制中心《清代(未刊)上谕　奏疏　公牍　电文汇编》第33册，北京：全国图书馆文献缩微复制中心影印，2005年。

《宋克用信稿》(光绪十三年正月至光绪十四年八月)，载全国图书馆文献缩微复制中心《清代(未刊)上谕　奏疏　公牍　电文汇编》第52册，北京：全国图书馆文献缩微复制中心影印，2005年。

朱批奏折，北京：中国第一历史档案馆藏。

录副奏折，北京：中国第一历史档案馆藏。

题本，北京：中国第一历史档案馆藏。

宫中档，台北：台北故宫博物院藏。

军机处档，台北：台北故宫博物院藏。

青海档案，西宁：青海省档案馆藏。

青海省档案馆编：《清代循化厅档案史料选编》，北京：商务印书馆，2023年。

中国第一历史档案馆编：《嘉庆道光两朝上谕档》，桂林：广西师范大学出版社,2000年。

台北故宫博物院编:《宫中档乾隆朝奏折》,台北:台北故宫博物院,1986年。

(清)雍正敕编:《世宗宪皇帝朱批谕旨》,载(清)纪昀等总纂《影印文渊阁四库全书》第419册,台北:台北商务印书馆,1986年。

中国第一历史档案馆编:《雍正朝汉文朱批奏折汇编》,南京:江苏古籍出版社,1990年。

中国第一历史档案馆编:《光绪朝朱批奏折》,北京:中华书局,1995年。

光绪朝《清会典事例》,北京:中华书局,1991年。

《世宗宪皇帝实录》,北京:中华书局影印,1985年。

《高宗纯皇帝实录》,北京:中华书局影印,1985年。

《仁宗睿皇帝实录》,北京:中华书局影印,1986年。

《宣宗成皇帝实录》,北京:中华书局影印,1986年。

太平天国历史博物馆编:《吴煦档案选编》,南京:江苏人民出版社,1983年。

全国图书馆文献缩微复制中心:《稀见清知府文档》,北京:全国图书馆文献缩微复制中心,2004年。

马大正、吴丰培主编:《清代新疆稀见奏牍汇编(同治、光绪、宣统朝卷)》,乌鲁木齐:新疆人民出版社,1996年。

(清)阿桂等修:《钦定吏部则例》,载故宫博物院编《故宫珍本丛刊》第282册,海口:海南出版社影印,2000年。

江西律例馆续纂:《定例汇编》,乾隆二十六年刻本,华东师范大学图书馆藏。

（清）承启、英杰等纂：《钦定户部则例》，台北：成文出版社，1968年。

（清）董恂等纂修：《户部则例》，清同治十三年刻本，华东师范大学图书馆藏。

（清）舒赫德、于敏中等奉敕撰：《钦定兰州纪略》，载《影印文渊阁四库全书本》第362册，台北：台北商务印书馆，1984年。

（清）于敏中等修：《钦定户部则例》，载故宫博物院编《故宫珍本丛刊》第284册，海口：海南出版社影印，2000年。

《江苏省例》，清同治八年江苏书局刻本，华东师范大学图书馆藏。

（清）佚名辑：《增修现行常例》，清光绪刻本，上海图书馆藏。

王钟翰点校：《清史列传》，北京：中华书局，1987年。

（清）李元度：《清朝先正事略》，载周骏富辑《清代传记丛刊》第192册，台北：明文书局，1986年。

《缙绅全书》（光绪十九年春），载清华大学图书馆、科技史暨古文献研究所编《清代缙绅录集成》第53册，郑州：大象出版社影印，2008年。

《缙绅全书·中枢备览》（光绪二十三年秋），载清华大学图书馆、科技史暨古文献研究所编《清代缙绅录集成》第61册，郑州：大象出版社影印，2008年。

（清）傅秉鉴编：《甘肃清理财政说明书》，载北京图书馆出版社影印室辑《清末民国财政史料辑刊》第18、19册，北京：北京图书馆出版社影印，2007年。

《甘肃巩秦阶道并所属巩昌府属各州县宣统二年秋季分入款

出款报告汇册》，载国家图书馆分馆编《清代边疆史料抄稿本汇编》第16册，北京：线装书局影印，2003年。

光绪《丰顺县志》，清光绪十年刻本，国家图书馆藏。

宣统《甘肃新通志》，清宣统元年刻本，国家图书馆藏。

同治《湖口县志》，清同治九年刻本，国家图书馆藏。

民国《马关县志》，民国二十一年石印本，国家图书馆藏。

民国《平凉县志》，抄本，国家图书馆藏。

咸丰《青州府志》，清咸丰九年刻本，国家图书馆藏。

光绪《重纂礼县新志》，清光绪十六年刻本，国家图书馆藏。

光绪《岷州志稿》，民国三十三年抄本，国家图书馆藏。

光绪《武昌县志》，清光绪十一年刻本，国家图书馆藏。

民国《西宁府续志》，民国二十七年青海印刷局铅印本，国家图书馆藏。

民国《清水县志》，民国三十七年石印本，国家图书馆藏。

光绪《丹噶尔厅志》，清宣统二年甘肃官报书局铅印本，国家图书馆藏。

光绪《洮州厅志》，清光绪三十年抄本，载《中国方志丛书·华北地方》第349号，台北：成文出版社，1970年。

杨景修编纂：《庆阳府志续稿》，庆阳市地方志办公室整理，王立明点校，兰州：甘肃文化出版社，2013年。

民国《东乐县志》，民国十二年兢业石印馆石印本，国家图书馆藏。

宣统《狄道州续志》，清宣统元年刻本，国家图书馆藏。

民国《重修皋兰县志》，民国六年陇右乐善书局石印本，国家图书馆藏。

杜宏春编著:《陶模行述长编》,合肥:黄山书社,2019 年。

(清)杜凤治:《杜凤治日记》,邱捷点注,广州:广东人民出版社,2021 年。

(清)贺长龄辑,魏源编:《皇朝经世文编》,载(清)魏源撰,魏源全集编辑委员会编校《魏源全集》第 13、14 册,长沙:岳麓书社,2011 年。

(清)贺长龄、盛康编:《清朝经世文正续编》,扬州:广陵书社,2011 年。

(清)何绍基:《何绍基诗文集》,龙震球、何书置点校,长沙:岳麓书社,1992 年。

(清)黄六鸿:《福惠全书》,周保明点校,扬州:广陵书社,2018 年。

(清)李星沅:《李星沅日记》,袁英光、童浩整理,北京:中华书局,1987 年。

(清)凌焘:《西江视臬纪事》,载《续修四库全书》编纂委员会编《续修四库全书》史部第 882 册,上海,上海古籍出版社,2002 年。

(清)钱景星:《露桐先生年谱》,载北京图书馆编《北京图书馆珍本年谱丛刊》第 109 册,北京:书目文献出版社,1999 年。

(清)钱仪吉纂:《碑传集》,北京:中华书局,1993 年。

(清)钱泳:《履园丛话》,北京:中华书局,1979 年。

(清)田文镜:《抚豫宣化录》,郑州:中州古籍出版社,1995 年。

任国维主编:《祁寯藻集》,太原:三晋出版社,2009 年。

曾业英编:《蔡锷集》,长沙:湖南人民出版社,2008 年。

魏永春:《蓼泉拙集》,载全国图书馆文献缩微复制中心《清季西北函电折奏八种》第33册,北京:全国图书馆文献缩微复制中心影印,2010年。

沃邱仲子:《民国十年官僚腐败史》,上海:中华图书集成公司,1923年。

(清)吴趼人:《二十年目睹之怪现状》,北京:华文出版社,2018年。

佚名:《偏途论》,载章伯锋、顾亚主编《近代稗海》第11辑,成都:四川人民出版社,1988年。

(清)徐珂:《清稗类钞》,北京:中华书局,1984年。

(清)许振祎:《督河奏疏》,载沈云龙主编《近代中国史料丛刊续辑》第997册,台北:文海出版社,1984年。

(清)延昌:《知府须知》,载《四库未收书辑刊》编纂委员会编《四库未收书辑刊》第4辑第19册,北京:北京出版社,2000年。

(清)张集馨:《道咸宦海见闻录》,杜春和、张秀清整理,北京:中华书局,1999年。

(清)张泰交:《受祜堂集》,载《四库禁毁书丛刊》编纂委员会编《四库禁毁书丛刊》集部第53册,北京:北京出版社,1997年。

(清)谭钟麟:《谭钟麟奏稿校注》,赵维玺标点、校注,长沙:岳麓书社,2023年。

(清)胡林翼:《胡林翼集》,胡渐逵等校点,长沙:岳麓书社,2008年。

(清)曾国荃撰,梁小进主编:《曾国荃集》,长沙:岳麓书社,2008年。

(清)彭玉麟:《彭玉麟集》,长沙:岳麓书社,2008年。

秦国经主编:《清代官员履历档案全编》,上海:华东师范大学出版社,1997年。

中国历史官员量化数据库(CGED), https://searchjsl.lee-campbellgroup.blog/#/detail?uid=187920918200, 2025年6月3日。

二、研究著作

蔡东洲等:《清代南部县衙档案研究》,北京:中华书局,2012年。

傅宗懋:《清代总督巡抚制度之研究》,台北:政治大学,1963年。

何平:《清代赋税政策研究:1644—1840年》,北京:中国社会科学出版社,1998年。

黄鉴晖编:《山西票号史料》,太原:山西经济出版社,2002年。

黄昭仁:《清代台湾知府之研究》,新北:花木兰文化出版社,2013年。

刘伟:《清季州县改制与地方社会》,北京:北京师范大学出版社,2019年。

刘文鹏:《清代驿传系统的管理体制及其变革》,北京:中国人民大学出版社,2004年。

马世嘉:《破译边疆·破解帝国:印度问题与清代中国地缘政治的转型》,罗盛吉译,台北:台北商务印书馆,2019年。

[美]曼纽尔·卡斯特:《传播力》,汤景泰、星辰译,北京:社会

科学文献出版社,2018 年。

茅海建:《戊戌变法的另面:“张之洞档案”阅读笔记》,上海:上海古籍出版社,2014 年。

那思陆:《清代州县衙门审判制度》,北京:中国政法大学出版社,2006 年。

邱捷:《晚清官场镜像:杜凤治日记研究》,北京:社会科学文献出版社,2021 年。

瞿同祖:《清代地方政府》,范仲信等译,北京:法律出版社,2011 年。

孙洪军:《清代按察使研究》,合肥:合肥工业大学出版社,2014 年。

陶希圣:《清代州县衙门刑事审判制度与程序》,台北:食货出版社,1972 年。

魏光奇:《有法与无法——清代的州县制度及其运作》,北京:商务印书馆,2010 年。

魏光奇:《清代民国县制和财政论集》,北京:社会科学文献出版社,2013 年。

魏秀梅:《陶澍在江南》,台北:近代史研究所,1985 年。

伍跃:《中国的捐纳制度与社会》,南京:江苏人民出版社,2013 年。

许大龄:《明清史论集》,北京:北京大学出版社,2000 年。

徐炳宪:《清代知县职掌之研究》,台北:东吴大学中国学术著作奖助委员会,1974 年。

[日]岩井茂树:《中国近代财政史研究》,付勇译,北京:社会科

学文献出版社，2011 年。

张研：《清代县级政权控制乡村的具体考察：以同治年间广宁知县杜凤治日记为中心》，郑州：大象出版社，2011 年。

张正明、高春平编著：《平遥》，北京：旅游教育出版社，2001 年。

张仲礼：《中国绅士的收入》，费成康、王寅通译，上海：上海社会科学院出版社，2001 年。

郑金刚：《文书转述：清代州县行政运作与文字·技术》，北京：人民出版社，2016 年。

周保明：《清代地方吏役制度研究》，上海：上海书店出版社，2009 年。

朱金甫、张书才主编：《清代典章制度辞典》，北京：中国人民大学出版社，2011 年。

[日]佐伯富：《清雍正朝的养廉银研究》，郑梁生译，台北：台北商务印书馆，1996 年。

周振鹤主编：《中国行政区划通史》（清代卷），上海：复旦大学出版社，2013 年。

陈立正：《永登及周边方言词语汇释》，兰州：甘肃文化出版社，2013 年。

方汉奇主编：《中国新闻事业通史》，北京：中国人民大学出版社，1992 年。

[日]夫马进：《中国善会善堂史》，伍跃等译，北京：商务印书馆，2005 年。

魏淑民：《清代乾隆朝省级司法实践研究》，北京：中国人民大学出版社，2013 年。

[美]王业键:《清代田赋刍论:1750—1911》,高风等译,北京:人民出版社,2008年。

王克强:《百川通》,太原:山西经济出版社,1999年。

三、论文

包诗卿、裴丹青:《清代甘肃"省友"禀稿信件簿》,《历史档案》2016年第3期。

丁武光:《〈安顺、黎平府公牍〉与知府常恩》,《贵州文史丛刊》2018年第3期。

冯贤亮:《从国家到地方:清代江南的府县秩序与行政控制》,《学术月刊》2010年第5期。

关晓红:《晚清直省"公费"与吏治整顿》,《历史研究》2010年第2期。

郭润涛:《清代的"家人"》,载朱诚如、王天有主编《明清论丛》第1辑,北京:紫禁城出版社,1999年,第376—395页。

何平:《清代不完全财政制度下的赋税负担与税收失控》,《税务研究》2000年第2期。

胡铁球:《清代各地"仓斗"形成的机制考释》,《清华大学学报(哲学社会科学版)》2021年第2期。

江晓成:《清代的坐省家人》,《中国史研究》2018年第3期。

李坤:《道光、咸丰时期贵州知府的官场交往——从〈安顺、黎平府公牍〉所见》,《贵州文史丛刊》2010年第4期。

李贵连、胡震:《清代发审局研究》,《比较法研究》2006年第4期。

郑振满:《清代福建地方财政与政府职能的演变——〈福建省例〉研究》,《清史研究》2002 年第 2 期。

刘凤云:《养廉银无以养廉——以乾嘉时期摊捐官员养廉银为中心的考察》,《史学月刊》2020 年第 11 期。

刘文鹏:《论清代中央集权中的补偿性政治控制》,《学术界》2002 年第 3 期。

刘增合:《"常"与"变":光绪前期清理州县积亏及制度因革》,载刘增合《嬗变之境:晚清经济与社会研究疏稿》,北京:中国社会科学出版社,2017 年,第 159—176 页。

邱捷:《同治、光绪年间广东首县的日常公务——从南海知县日记所见》,《近代史研究》2008 年第 4 期。

宋少珍:《河北省国家档案馆清档珍藏清代信票、宪牌、宪票一览》,《档案天地》2008 年第 5 期。

王泰升等:《论清朝地方衙门审案机制的运作——以〈淡新档案〉为中心》,《历史语言研究所集刊》第 86 本第二分册(2015 年 6 月)。

魏光奇:《清代州县官任职制度探析》,《江海学刊》2008 年第 1 期。

张世明、冯永明:《"包世臣正义"的成本:晚清发审局的法律经济学考察》,《清史研究》2009 年第 4 期。

赵秀玲:《论清代知府制度》,《清史研究》1993 年第 2 期。

赵诺:《中法战争前期清政府情报工作片论》,《理论月刊》2014 年第 9 期。

周健:《清代财政中的摊捐——以嘉道之际为中心》,《中国经济史研究》2012 年第 3 期。

周雪光:《从“黄宗羲定律”到帝国的逻辑:中国国家治理逻辑的历史线索》,《开放时代》2014年第4期。

刘晓伟:《新旧之间:清代的辕门抄与地方政治信息传播》,《新闻界》2024年第5期。

郭永钦:《清代钱粮奏报体例源流初探——以〈赋役全书〉、地方志、奏销册、征信册文本为中心》,《中国社会经济史研究》2020年第1期。

刘增合:《光绪前期户部整顿财政中的规复旧制及其限度》,《历史语言研究所集刊》2008年第2期。

李光伟:《晚清赋税征缴征信系统的建设》,《历史研究》2014年第4期。

李光伟:《清季赋税征信制度设计探论》,《史月学刊》2016年第6期。

陈文祥:《膏肓之医:晚清民欠征信册制度考论》,《福建论坛》2014年第9期。

郭永钦:《清嘉道时期地丁数字核算模式初探——兼论财政地丁类抄档使用问题》,《中国史研究》2018年第4期。

裴丹青:《清代“省友”初探》,《近代史研究所集刊》第88期(2015年6月)。

裴丹青:《清代省友、司院书吏与州县省事》,《清史研究》2017年第3期。

裴丹青:《清代州县的“省务”运作》,《历史教学问题》2018年第1期。

裴丹青:《清代河南大工加价论析》,《史学月刊》2024年第

9 期。

匡小烨:《清代存留制度与地方社会——以湖北为例》,华中师范大学中国古代史硕士论文,2004 年。

茅海建:《清代的驿站、书信、电报与〈缙绅录〉》,上海:上海书评,https://www.thepaper.cn/newsDetail_forward_9688049,2020 年 10 月 24 日。

四、外文文献

Bradly W. Reed, "Review of Dykstra, Maura, Uncertainty in the Empire of Routine: The Administrative Revolution of the Eighteenth-Century Qing State", *H-Asia*, *H-Net Reviews* (September, 2023), https://www.h-net.org/reviews/showrev.php?id=59763.

Bradly W. Reed, *Talons and Teeth: County Clerks and Runners in the Qing Dynasty*, Stanford: Stanford University Press, 2000.

R. Kent Guy, *Qing Governors and Their Provinces: The Evolution of Territorial Administration in China, 1644—1796*, Seattle: University of Washington Press, 2016.

Emily Mokros, *The Peking Gazette in Late Imperial China: State News and Political Authority*, Washington: University of Washington Press, 2021.

Philip A. Kuhn, *Soulstealers: The Chinese Sorcery Scare of 1768*, Cambridge, Mass.: Harvard University Press, 1990.

John R. Watt, *The District Magistrate in Late Imperial China*, New York: Columbia University Press, 1972.

Maura Dykstra, *Uncertainty in the Empire of Routine: The Administrative Revolution of the Eighteenth-Century Qing State*, from Harvard East Asian Monographs Series, Cambridge Mass.: Harvard University Asia Center, 2022.

[日]佐伯富:《清代における坐省の家人》,载佐伯富《中国史研究第二》,京都:东洋史研究会,1971 年。

附录一:清代直省坐省统计表

省份	府厅州县	时间	坐省名称	涉及内容	史料来源
奉天		乾隆五十二年	坐省家人	"所属府厅州县从无坐省家人。"	《侍郎兼管奉天府府尹事务宜兴、奉天府府尹奇臣奏为奉天地方并无出派坐省家人探听公事收受门包等弊情事》,乾隆五十二年十一月十五日,朱批奏折,档号:04-01-01-0423-002
直隶		乾隆四十九年、乾隆五十五年	坐省家人	"伏查直隶向无坐省家人名目,臣现在留心察访,各属实无家人坐省";"臣在直年久,素知尚无坐省家人名目,仍当随时留心查禁……。朱批:毋为虚言。"	《直隶总督刘峨奏为遵旨查明本年各属并无坐省家人诸弊情形事》,乾隆四十九年十一月三十日,朱批奏折,档号:04-01-01-0399-019;《直隶总督梁肯堂奏为遵旨汇奏直省本年查无坐省家人派令首席承办宴会等情弊事》,乾隆五十五年十一月二十五日,朱批奏折,档号:04-01-01-0427-035
		道光三年	缺主①	"每一缺主包揽州县二三处不等,凡州县各公事能操准驳之权,使费多则可禀准申详,使费少则必归以驳诘。"	《江南道监察御史王世绂奏请整饬直隶省各衙书吏幕友弊端事》,道光三年十二月十一日,录副奏片,档号:03-2543-027
山东		乾隆五十二年	坐省家人	"现在各州县并无家人坐省坐府听差之事。"	《山东巡抚长麟汇奏本省官员并无坐省家人等事》,乾隆五十二年十二月十三日,录副奏折,档号:03-0290-047

① 从传统意义上讲,缺主应为清代衙门内各房书吏的头目,操控司房、院房公事和书吏缺额的录用,并以此顶卖渔利。王世绂折奏中的缺主,其职能和省友颇有相似之处,因此将其作为省友的一个特例来处理。

续 表

省份	府厅州县	时间	坐省名称	涉及内容	史料来源
山西		乾隆四十五年、乾隆四十六年	坐省家人	“晋省并无此项名目。……兹据覆称，各府州县实无此等坐省家人以致滋弊之事”；“至外府州县，咸知坐省家人有干功令，一体革除。”	《山西巡抚喀宁阿奏为遵旨汇奏本年晋省各府州县并无坐省家人及派委属员承值筵席情弊事》，乾隆四十五年十二月十三日，朱批奏折，档号：04-01-01-0375-046；《山西巡抚雅德汇奏本省属员并无宴会及坐省家人事》，乾隆四十六年十二月初七日，录副奏折，档号：03-0288-015
河南		雍正三年	坐省家人、坐省长随	《禁逐坐省家人以省繁费等事》(驱逐属员坐省家人)；“田公文镜抚豫十有二年……查逐坐省长随。”	(清)田文镜：《抚豫宣化录》，郑州：中州古籍出版社，1995 年，第 257—258 页；(清)钱泳：《履园丛话》，北京：中华书局，1979 年，第 24 页
		乾隆四十六年	坐省家人	“至府州县坐省家人最为恶习，臣凛遵圣训，实力禁革。豫省现在尚无此项名色。”	《河南巡抚富勒浑汇奏本省并无坐省家人及承办宴席等事》，乾隆四十六年十二月初三日，录副奏折，档号：03-0288-009
江苏		乾隆四十五年、乾隆五十八年	坐省家人	“上下江、江西向无坐省坐府家人交通各衙门书役，探听上司消息暨购备礼物馈送，并勾串经书勒索使费，包纳解项，预备空白印领私领银两，侵挪掩饰弊窦等情事”；“各属颇知儆惕，委无坐省家人。”	《署理两江总督陈辉祖奏为查明所属各省现在并无府州县坐省家人潜匿招摇交结等事》，乾隆四十五年十一月十八日，朱批奏折，档号：04-01-13-0064-028；《江苏巡抚奇丰额奏为乾隆五十八年江苏查无换帖宴会家人坐省等陋习事》，乾隆五十八年十一月二十二日，朱批奏折，档号：04-01-01-0454-015
安徽		乾隆五十三年、乾隆五十八年	坐省家人	“至各府州县坐省家人久经禁革，无此名目”；“乾隆五十八年分各属并无无故上省公出、换帖燕(按：原文如此，与档案名不统一，照录)会，各府州县亦无坐省家人。朱批：毋久而懈。”	《安徽巡抚陈用敷奏报各属无换帖宴会事》，载台北故宫博物院编《宫中档乾隆朝奏折》第 70 辑，1987 年，第 66—67 页；《安徽巡抚朱珪奏为乾隆五十八年各属并无无故上省公出换帖宴会各属亦无派令家人坐省及首府县承值宴银等事》，乾隆五十八年十一月初三日，朱批奏折，档号：04-01-01-0453-024

续 表

省份	府厅州县	时间	坐省名称	涉及内容	史料来源
江西		乾隆四十六年	坐省家人	"臣上年曾将查明江西各府州县向无坐省家人等弊具奏,诚恐仍有阳奉阴违,随时督同司道遍加查察,各府州县实无敢设立家人听差坐省滋事。"	《江西巡抚郝硕奏报查明州县并无坐省家人等事》,乾隆四十六年十月二十七日,录副奏折,档号:03-0353-014
福建		乾隆四十五年、乾隆五十年、乾隆五十五年	坐省长随、坐省家人	"闽省会城向无坐省长随名目,各府州县亦无听差家人在省在府等情";"缘闽省此风禁绝已久……各府州县俱皆恪遵功令,并未设有坐省家人,即各县亦无家人在府听差之事";"现在各府州县恪遵功令,俱未设有坐省家人,即各县亦无家人在府听差之事。朱批:毋为虚应故事。"	《福建巡抚富纲奏为遵例汇奏闽省各属官员现无坐省家人名目情弊事》,乾隆四十五年十二月二十日,朱批奏折,档号:04-01-01-0375-041;《闽浙总督雅德奏为遵例汇奏闽省本年并无坐省家人名目事》,乾隆五十年十一月初三日,朱批奏折,档号:04-01-01-0412-043;《闽浙总督伍拉纳奏为遵例汇奏闽省本年查无坐省家人名目事》,乾隆五十五年十月二十日,朱批奏折,档号:04-01-01-0428-010
	龙岩营	乾隆六十年	省书	"该管司书郭瀚登起意伪造游击关防,串通省书林元熙以石雕刻假印,冒支养廉。"	(清)钱景星:《露桐先生年谱·前编》卷4,载北京图书馆编《北京图书馆珍本年谱丛刊》第109册,北京:书日文献出版社,1999年,第387页
	各州县	嘉庆三年	坐省长班	"各州县距省穹远……向来设立长班坐省照料,每年给予工食。"	(清)钱景星,《露桐先生年谱·前编》卷4,载北京图书馆编《北京图书馆珍本年谱丛刊》第109册,北京:书目文献出版社,1999年,第389页
浙江		康熙四十二年	坐省	两浙官员内之不肖之徒"远差心腹潜住杭城,谓之曰坐省。"	(清)张泰交:《受祜堂集》卷9,载《四库禁毁书丛刊》编纂委员会编《四库禁毁书丛刊》集部第53册,北京:北京出版社,1997年,第516页
		乾隆五十年	坐省长随	"……亦无托故赴省换帖宴会及设有坐省、坐府长随名目。"	《浙江巡抚福崧汇奏浙省属下无坐省家人等弊事》,乾隆五十年十一月二十六日,录副奏折,档号:03-0358-011

续　表

省份	府厅州县	时间	坐省名称	涉及内容	史料来源
浙江	乌程县	道光二十三年	坐省	该县"钱粮每征正银一两，加耗六钱八分二厘"，坐省分成一厘	《浙江乌程县收支账册》(1843年)，载太平天国历史博物馆编《吴煦档案选编》第7辑，南京：江苏人民出版社，1983年，第15页
湖北	兴国州	雍正十年	坐省家人	"坐省人已如昔矣，夜郎乌知之"；"潜遣家人坐省，专伺上司意指，希图掩饰趋避，勾通院司书吏。"	(清)雍正敕编：《世宗宪皇帝朱批谕旨》卷73，载(清)纪昀等总纂：《影印文渊阁四库全书》第419册，台北：台北商务印书馆，1986年，第332—333页
湖北		乾隆四十六年、乾隆五十七年	坐省家人	"其府州县坐省家人名目，均久经禁除"；"其坐省家人最为陋习，历年于湖南北两省屡经通行饬禁，现在细加体访，尚无此种流弊。朱批：毋久而懈。"	《湖北巡抚郑大进奏报本省官员无换帖宴会及无故上省扣展公出事》，载台北故宫博物院编《宫中档乾隆朝奏折》第49辑，台北：台北故宫博物院，1986年，第486页；《湖广总督毕沅奏为遵例年终汇奏湖南北两省尚无家人坐省及收受门包等恶习事》，乾隆五十七年十月十九日，朱批奏折，档号：04-01-01-0444-053
湖南		乾隆四十五年、乾隆四十六年	坐省家人	湖北布、按两使详称"各属坐省家人久经例禁，驱逐革除，并无潜住省城听差名目"；巡抚刘墉奏称"其坐省家人名目亦复严行示禁，无敢阳奉阴违……伏查各属坐省家人，自奉例禁以后，久经驱逐革除。"	《湖南巡抚刘墉奏为遵旨汇奏本年湖南各属官员并无坐省家人及派令属员承值筵席弊端事》，乾隆四十五年十一月二十八日，朱批奏折，档号：04-01-01-0375-030；《湖南巡抚刘墉奏报本省各属无坐省家人及承值筵席等事》，载台北故宫博物院编《宫中档乾隆朝奏折》第49辑，台北：台北故宫博物院，1986年，第393—394页
湖南		乾隆四十五年	坐省	"省会地方多有游手无业之民数十辈，号曰坐省，结连院司吏胥，夤缘为奸，州县辄为所愚，吏治日下。墉至，首革除之。"	咸丰《青州府志》卷49《人物传》，清咸丰九年刻本，第15—16页

续 表

省份	府厅州县	时间	坐省名称	涉及内容	史料来源
陕西		乾隆四十五年禁革以前	家人、书办	“府州县等派有家人、书办居住省中，探听督抚衙门事体，自臣初任时严行驱逐以后，各属咸知警惕。数载以来，并未派有住省之人”；“所有外府州县派拨家人住省探听上司衙门事权，臣久经严行饬禁，现在并无违犯。”	《陕西巡抚毕沅汇奏属员并无坐省家人等弊事》，乾隆四十七年十一月二十四日，录副奏折，档号：03-0354-044；《陕西巡抚毕沅奏为遵旨查明本年陕省并无坐省家人等情弊事》，乾隆四十九年十二月初一日，朱批奏折，档号：04-01-01-0375-025
	韩城	嘉庆二年	长班	韩城县令杨辉灿家人漫忠奉命将银3 000两、信一封，送交省城姚臬司门上汪诚收下，次日领到“回书”，漫忠将回书交韩城县长班寄回	中国第一历史档案馆编：《嘉庆道光两朝上谕档》第2册，桂林：广西师范大学出版社，2000年，第59页
甘肃	武威县、固原州	乾隆三十九年至四十二年	坐省长随	“武威县知县朱家庆、固原州知州郭昌泰，各馈送王亶望银两或二千或三千，交坐省长随送进”；“又商议设立坐省长随，凡各州县馈送王亶望银两，俱令坐省长随送进。”	(清)舒赫德、于敏中等奉敕撰：《钦定兰州纪略》卷13、16，载《影印文渊阁四库全书本》第362册，台北：台北商务印书馆，1984年，第392、432页
		乾隆四十九年之前	坐省家人	“臣查坐省家人，甘省从前多有此恶习，因而藉端舞弊。”	《陕甘总督福康安奏报甘省州县等官并无坐省家人等弊事》，乾隆四十九年十二月初一日，录副奏折，档号：03-0187-034
	永昌县	嘉庆二十年	省友、驻省幕友	“甘肃向有省友名目，大为地方之害”；“驻省幕友皋兰县人苏生兰。”	《陕甘总督先福奏为访获省友苏生兰私求空白印文报充典吏为害地方比例定拟事》，嘉庆二十年十二月初十日，朱批奏折，档号：04-01-01-0558-003；《陕甘总督先福奏报审明张价如、李化鹏舞弊考取典吏一案事》，嘉庆二十年八月十九日，录副奏折，档号：03-1570-027
		道光十年	省书、坐省书吏	“甘肃候补各州县于到省之时，俱招募一人在省办事，名曰省书”；“该省无一县无坐省之书吏，无一官不受省书之愚。”	《吏科给事中牛鉴奏请严禁甘肃坐省书吏事》，道光十年九月十五日，录副奏折，档号：03-2850-057；《宣宗成皇帝实录》卷174，道光十年九月十五日，北京：中华书局，1986年，第711页

续 表

省份	府厅州县	时间	坐省名称	涉及内容	史料来源
甘肃		光绪三十二年	省书	"甘省僻居边隅,领解款项无多,各州县又以道路僻远,往往仿坐省家人之例,延用一人代办省事,似幕非幕,名曰省书。"	《西宁府裕为移各州县所用省书应饬报明姓名并取连环互结挂名应差事致循化厅》,光绪三十二年十一月初五日,青海档案,全宗号07,案卷号1795,第11—12页
	巩昌府属州县	宣统二年	省友、省书、坐省书识、在省候办公事书办	巩昌府属伏羌、会宁、通渭、岷州等州县向其省友支发薪金	《甘肃巩秦阶道并所属巩昌府属各州县宣统二年秋季分入款出款报告汇册》,载国家图书馆分馆编《清代边疆史料抄稿本汇编》第16册,北京:线装书局,2003年,第176、221、243、262页
四川		乾隆五十年、乾隆五十三年	坐省长随	"无坐省坐府长随滋弊";"其管门家人及坐省、坐府长随名色久已革除。朱批:以实为之。"	《四川总督李世杰汇奏并无坐省家人等弊事》,乾隆五十年十一月十三日,录副奏折,档号:03-0358-002;《四川总督李世杰奏为禁革官常陋弊遵旨并案汇奏折》,载台北故宫博物院编《宫中档乾隆朝奏折》第69辑,台北:台北故宫博物院,1987年,第774—775页
	川南各营	道光二十一年	坐省提塘	"刘庆远来辞,赴川南查收各营工程银两,因悉司房发银与坐省提塘每百抽两成,司得一分五厘,提塘得五厘,共合七万有奇,所得不少。"	(清)李星沅:《李星沅日记》,袁英光、童浩整理,北京:中华书局,1987年,第223—224页
	所属文武官员	道光二十九年	走院、走司、坐省家人;坐省提塘、坐省册书	"川省文职设有走院、走司及坐省家人,武职设有坐省提塘、册书,盘踞省城。"	《四川总督琦善奏为撤回坐省册书裁禁空白印结印册整顿官风事》,道光二十九年二月初三日,朱批奏折,档号:04-01-01-0833-026
广东	距省稍远者	乾隆四年	坐省长随	"闻广东各府州县,去城稍远之处,必择长随中最狡黠者,令长住省城,厚给使费。"	《高宗纯皇帝实录》卷94,乾隆四年六月初二日,北京:中华书局,1985年,第435页
		乾隆四十五年前	坐省家人	"府州县坐省家人,无非为窥探钻营、夤缘结交而起,实为外省恶习。臣到任后节经访拿驱逐,无许阳奉阴违。数月以来留心体察,各属咸知敛戢,并无坐省家人名目。"	《广东巡抚李湖奏为遵旨汇奏广东各属官员并无坐省家人及派令属员承值筵席情弊事》,乾隆四十五年十一月三十日,朱批奏折,档号:04-01-01-0375-037

续 表

省份	府厅州县	时间	坐省名称	涉及内容	史料来源
广东	广宁	同治五年	坐省家人	制宪堂期,杜凤治因未备门包及一切小费,门口不肯上辞行手本。杜凤治令其坐省家人前来订定初九全付,始上手本禀辞	杜凤治:《杜凤治日记》第1册,邱捷点注,广州:广东人民出版社,2021年,第93页
	宁阳	同治六年、同治七年	坐省家人	坐省家人黄俊来信,送来四会小须知单;坐省家人黄俊,住省城小马站	杜凤治:《杜凤治日记》第1、2册,邱捷点注,广州:广东人民出版社,2021年,第431、436页
	潮州府	光绪十年以前	坐省	"解本府坐省抄报工墨十二两,遇闰加银一两。"	光绪《丰顺县志》卷3《解款》,清光绪十年刻本,第30页
	广东	光宣之际	驻省经理	各署往来包封公文向来由驻省经理接收转递,于府城、州城亦有驻道、驻府、驻州等名目,与驻省同。所需工墨银两按月给发。此款相沿已久,由各府厅州县自行筹拨支用	(清)广东清理财政局编订,广东省财政科学研究所整理:《广东财政说明书》,广州:广东经济出版社,1997年,第746页
广西		乾隆四十五年	坐省家人	"臣查坐省家人实属外省恶习,虽粤西向无设立,臣于钦奉谕旨后,立即行知藩臬两司,通饬各属严行饬禁。"	《广西巡抚姚成烈奏为遵旨严饬各属衙门剔除坐省家人及派令首府首县承值筵席弊端事》,乾隆四十五年十一月初九日,朱批奏折,档号:04-01-01-0375-025
	浔州府	光绪六年	坐省师爷、坐省长班	"此节(按:坐省师爷)万不可少,亦视缺分如何耳。请定,奉送关书,按月寄送修金,所有省城年节贺禀信件等事,即可拜托一并办理。来往致函,大可通声气也";"各府俱有坐省长班,每日辕门抄按期寄到,一切礼节,渠辈无不熟悉。……每月赏项,分别酌给。"	(清)延昌:《知府须知》卷3《到省事宜》,载《四库未收书辑刊》编纂委员会编《四库未收书辑刊》第4辑第19册,第245页
云南		康熙四十三年	坐省	"公至滇……各属坐省者多豪横,与游棍为非,公重惩之,严饬各属,远近闻风,无不帖然。"	(清)钱仪吉纂:《碑传集》卷68《康熙朝督抚下之下·刘荫枢》第6册,北京:中华书局,1993年,第1963页

续 表

省份	府厅州县	时间	坐省名称	涉及内容	史料来源
云南		乾隆四十五年	坐省家人	“恐此等坐省家人名目在所不免，当经会同督臣福康安申明例禁，严饬革除。现在省城内外已无若辈踪迹。”	《署理云南巡抚刘秉恬奏为遵例汇奏本年滇省各属官员并无坐省家人情弊事》，乾隆四十五年十二月十六日，朱批奏折，档号：04-01-01-0375-044
云南	马关	清末	坐省	“马兰，首县旧仆，后充坐省……凡两院之苞苴，皆一人之过付。”	民国《马关县志》卷8《艺文志》，民国二十一年石印本，第16页
云南		民国元年	省号、坐省	“至省号延搁公文，迟误解款，最为恶习”；“坐省之设，本满清旧习，由来已久。”	蔡锷：《饬各公署往来公文改归邮递以杜压搁之风令》（1912年8月26日），载曾业英编《蔡锷集》，长沙：湖南人民出版社，2008年，第711—712页
云南		民国初年	省号、幕友、坐省	“他省官场坐省皆家人，滇独称省号为幕友。各属解款皆由坐省经手。”	沃邱仲子：《民国十年官僚腐败史》，上海：中华图书集成公司，1923年，第135页
贵州	各府州县	康熙四十三年至四十五年	坐省	“各属府州县，例用亲信人坐省，与院司家仆胥吏交通，公首革之。”	（清）李元度：《清朝先正事略》卷10《名臣·刘乔南中丞事略》，载周骏富辑《清代传记丛刊》第192册，台北：明文书局，1986年，第368页
贵州	各府州县	乾隆四十五年前	坐省	“各府州县坐省家人名目宜严行革除，以杜流弊也。查府州县距省穹远，往往于长随内派拨一人长住省城，名曰坐省。”	《署贵州按察使兼署布政使粮道德隆奏为对地方事务敬陈管见仰祈圣鉴事》，乾隆四十五年六月十五日，军机处档，编号：028076
贵州		乾隆四十六年	坐省家人	“据藩司孙永清、臬司奇丰额会同粮储道、贵东、贵西三道详称，坐省家人早经禁革。”	《贵州巡抚李本奏报属员并无坐省家人事》，乾隆四十六年十一月二十一日，录副奏折，档号：03-0353-046
贵州	安顺府	道光二十八年至三十年	坐省	贵州安顺府知府常恩有坐省倪姓，住于元生堂，经手常恩的信件转递、省城领款等事务	（清）常恩：《道光二十九年安顺府书禀稿》，载全国图书馆文献缩微复制中心《稀见清知府文档》第2册，北京：全国图书馆文献缩微复制中心，2004年，第509—510、607、1467页

附录二：省友宋树森大事记

宋树森，浙江山阴人，监生，有子宋克用。

同治年间，宋树森于甘肃营幕从事文案工作；克用年幼时，其母亡故，宋树森九弟代为安葬。宋树森未奔妻丧，不知亡妻葬于何处。

光绪七年，宋树森在陕甘总督号房当差，兼理平番、平罗、贵德、碾伯、庆阳、平凉、毛目、陇西、庄浪、华亭、靖远、甘州府共 12 府州县及周曙谷等省事，并包揽清水、中卫等厘金局省务。

光绪八年，宋树森转为藩司李慎的执帖家人，兼理州县省务。

光绪十二年十二月二十一日，宋树森孙女诞生，数日而夭。

光绪十三年，宋树森安享孙子牵裙呱呱之乐。

光绪十三年，宋树森承办平番、秦州等处省务。

光绪十六年，宋树森捐职为候选巡检。

光绪十六年，宋树森为古浪县李清济、古浪捕厅胡松亭省友。

光绪十七年，宋树森为古浪县张守栋、古浪捕厅张渭川省友。

光绪十九年正月，宋树森以典史身份被分发到甘肃试用。

光绪二十三年四月至光绪二十九年春，宋树森补任庆阳府正宁县典史。

后　记

2010年9月读博前，我曾在河南大学图书馆古籍部工作5年。从学术历程上看，我失去了宝贵的5年学术黄金期，但在古籍普查过程中积累的目录学知识、在古籍阅览室的取书经历，以及对《点石斋画报》画幅文字120余万字的点校，练就了我寻觅史料的眼力，培养了我阅读史料时的细节把控力。事后来看，清代"甘肃省友禀稿信件簿"的意外发现，便有这种因缘在里面。

2012年10月查阅博士论文清代河工资料时，我在《清代（未刊）上谕　奏疏　公牍　电文汇编》中意外发现十几种格式雷同、内容相似、性质不明的"禀稿簿"。在好奇心驱使下，我一度中断河工资料查抄，颇有兴致地读起这批稿本。因稿本字体潦草，识读不易，我边看边录，一个多月后从几十万字的点校中搜到"省友""省书"关键词，朦胧意识到这可能是光绪朝甘肃州县坐省家人留存的资料。我向恩师刘昶教授报告这一发现，刘老师谨慎地问我这批资料有多少，够不够研究的量？随后我抱着写一篇小论文的心态，专心研读起了这批资料。

从事省友研究，或许还与我个人生活经历有关。我家过去在地方上颇有声望，"西院"里那座建于道光己亥年（1839年）的墙倒屋不塌正房，作为七座正房中仅存的一座，是我们儿时玩耍嬉戏和读书借书的好去处。那高大宏敞的堂屋、屋前的石阶石柱、堂屋内悬挂的“耕田莫嫌三伏热，读书须耐五更寒”楹联和屋内雕琢精致的清式黑漆家具，历经岁月的沧桑，诉说着家族过去的辉煌。我家及伯父家作为“西院”分出来的一支，两家的屋舍紧邻其东边而建。新式砖瓦房的单调乏味，显然难以与西院古宅的文化底蕴相媲美。这三所宅子就这样毗邻而居，坐落于乡政府、派出所、银行、邮局等乡镇机关环抱之中，或者说乡政府、银行用地多多少少与我家有一定的关联。

1985 年前后母亲执意让父亲在家门前的街道边上搭了个不足 10 平方米的小铁房，做起了糖烟酒小卖部的营生，这是我家除农田收入外唯一的经济来源。印象中，我不到 6 岁便搬个小凳子站柜台了。与火柴、糖果、散酒等微利薄销商品相比，我更喜欢卖香烟。最低档的白河桥每包售价 0.25 元，只赚 2 分钱，但出货率高，积少成多；高档些的香烟每包可赚 5 角钱，但十天半月难得卖出一包。在 20 世纪的八九十年代，吸得起烟、买得起什么档次的烟，往往反映了某位男士的生活水平和社会地位。每位顾客前来买烟时，我都好奇地打量他们的衣着与付钱方式，推测他们会买什么样的烟。时间久了，我就知道从机关出来买烟的人，无论是机关工作人员，还是急匆匆去机关办事的人，都可能会带来一笔“大买卖”。

这是因为乡民到派出所、银行办事时，经常会因忘记带证件或所带证件不合要求而白跑一趟，有时会在我家小卖部前稍坐片刻，抽烟解闷。善良的母亲会主动问他们碰到什么难处了，用自己平时的“信息储备”帮他们想办法。对于那些小事儿，母亲会鼓动他们买两包上档次的香烟,带着他们一起去机关找经手人通融通融,事情也许就能得到解决。乡民们因而很感激母亲,毕竟从乡下赶十几里甚至几十里路过来不容易,把事儿办成了就可以安心回家种地了。对母亲来讲,她也可以多卖两包香烟,当然,也仅仅是多卖两包香烟罢了。

这种生活经历,使我对省友宋树森、宋克用父子的生活充满了强烈的好奇,对他们的办事方式、处理问题技巧产生了深刻的共鸣。此后相当长一段时间内,我饶有兴致地搞起了省友研究,把博士论文抛于脑后。囿于博士毕业的压力,我曾几次和刘老师商量放弃资料浩繁、门槛较高的河工研究,专做省友。刘老师当然知道省友可作为一篇博士论文来写,但他每次听完我的描述,仍坚定地鼓励我将河工研究做下去,说博士几年是学术积累的关键期,河工是一个很好的研究课题,建议我不要着急,慢慢来。“讨价还价”失败,我只好硬着头皮双管齐下。六年博士时光,就这样东一榔头,西一棒槌,在爬梳省友与河工资料中度过。

自 2012 年发现这批资料起,至今已有十几个年头。最开始几年,我曾就此写过三四篇文章。其中,成功发表的第一篇文章《清代“省友”初探》让我备尝学术写作的艰辛。刘老师每次都会对我的草稿提出非常重要的修改建议,有时我甚至不得不回头重新梳理一遍史料。三易其稿,不愿继续下功夫的我,径自违背师命,擅自投稿……至今我依然为自己当初的无知无畏唏嘘不已。当然,有了刘老师手把手地教我修改文章所积累的经验,后面的论文发表就顺利了很多,基本上一投即中,相继被《历史档案》《清史研究》《历史教学问题》录用。在此我想诚挚地感谢这些接纳我论文的期刊，感谢优秀的期刊编辑部老师们给予我发表机会。我那文白夹杂、逻辑跳跃的行文风格，无疑会使编辑老师们的编校负担徒增许多。

在这些研究成果的支撑下，我申报的浙江省哲学社会科学规划课题“省友与清代地方政治运作研究”顺利获批。现因课题项目结项在即，遂匆匆成稿。本书中约有四成内容曾在期刊上发表，成书时又经大幅整合和修改。因个人学识与精力、时间所限，书中讹误在所难免，望各位读者海涵。

最后我想特别感谢我的家人。我在本该兼顾家庭的年龄读博，自觉上亏双亲，下欠孩子，心实难安。所幸的是，一路走来，有一直鼓励我好好读书的双亲，有坚定支持我“赌博”的先生，有默默替我承担家务的公婆，还有在人生不同阶段帮助过我的师友们……这让我得以心无旁骛地在书海中畅游。感激之情，铭记于心！谨以此书献给我的母亲！

图书在版编目(CIP)数据

省友与清代地方政治运作研究 / 裴丹青著. -- 上海 : 上海社会科学院出版社, 2025. -- ISBN 978-7-5520-4745-5

Ⅰ. D691.2

中国国家版本馆 CIP 数据核字第 202519TL11 号

省友与清代地方政治运作研究

著　　者：裴丹青
责任编辑：曹艾达
封面设计：杨晨安
出版发行：上海社会科学院出版社
　　　　　上海顺昌路 622 号　邮编 200025
　　　　　电话总机 021-63315947　销售热线 021-53063735
　　　　　https://cbs.sass.org.cn　E-mail:sassp@sassp.cn
照　　排：理工出版信息技术(南京)有限公司
印　　刷：镇江文苑制版印刷有限责任公司
开　　本：890 毫米×1240 毫米　1/32
印　　张：12.5
字　　数：307 千
版　　次：2025 年 6 月第 1 版　2025 年 6 月第 1 次印刷

ISBN 978-7-5520-4745-5/D·758　定价:99.00 元